Die Durchsetzung markenrechtlicher Ansprüche gegenüber Produktpiraten

Europäische Hochschulschriften
Publications Universitaires Européennes
European University Studies

Reihe II
Rechtswissenschaft

Série II Series II
Droit
Law

Bd./Vol. 3616

PETER LANG
Frankfurt am Main · Berlin · Bern · Bruxelles · New York · Oxford · Wien

Alexander Gaul

Die Durchsetzung markenrechtlicher Ansprüche gegenüber Produktpiraten

PETER LANG
Europäischer Verlag der Wissenschaften

Bibliografische Information Der Deutschen Bibliothek
Die Deutsche Bibliothek verzeichnet diese Publikation in der Deutschen Nationalbibliografie; detaillierte bibliografische Daten sind im Internet über <http://dnb.ddb.de> abrufbar.

Zugl.: Augsburg, Univ., Diss., 2002

D 384
ISSN 0531-7312
ISBN 3-631-50740-2

www.peterlang.de

Meinen Eltern

Vorwort

Die vorliegende Abhandlung zeigt auf, welche Möglichkeiten bestehen, markenrechtliche Ansprüche gegenüber Produktpiraten durchzusetzen. Durch die umfassende Behandlung der in der Praxis regelmäßig auftretenden Probleme wird sie sowohl dem mit der Materie befassten Rechtsanwalt als auch den Gerichten von Nutzen sein.

An dieser Stelle möchte ich Herrn Professor Dr. Volker Behr für die bereitwillige und fruchtbare Betreuung der Arbeit danken. Dank gilt auch meinem langjährigen Kollegen, Herrn Rechtsanwalt Dr. Volker Spitz, für seine wertvollen Anregungen. Meinen Eltern möchte ich schließlich für ihre allseitige Unterstützung meinen herzlichen Dank sagen.

München, im Januar 2003 — Alexander Gaul

Inhaltsverzeichnis

Abkürzungsverzeichnis

a.A.	andere Ansicht
ABl. EG	Amtsblatt der Europäischen Gemeinschaften
Abs.	Absatz
a.F.	alte Fassung
AG	Amtsgericht
Anm.	Anmerkung
AO	Abgabenordnung (AO 1977)
Art.	Artikel
Aufl.	Auflage
Az.	Aktenzeichen
bzw.	beziehungsweise
betr.	betreffend
BGB	Bürgerliches Gesetzbuch
BGBl. I, II, III	Bundesgesetzblatt mit I = Teil I, mit II = Teil II, mit III = Teil III
BGH	Bundesgerichtshof
BlPMZ	Blatt für das Patent-, Muster- und Zeichenwesen
BRAGO	Bundesgebührenordnung für Rechtsanwälte
BR-Drucks.	Bundesrats-Drucksache
BT-Drucks.	Bundestags-Drucksache
BVerfG	Bundesverfassungsgericht
ca.	circa
CR	Computer und Recht
ddz	der deutsche Zollbeamte
d.h.	das heißt
Einf.	Einführung
Einl.	Einleitung
EU	Europäische Union
EuGH	Gerichtshof der Europäischen Gemeinschaften
EWG	Europäische Wirtschaftsgemeinschaft

EWR	Europäischer Wirtschaftsraum
f., ff.	und folgende (Seite, Randnummer)
Fn.	Fußnote
Frhr.	Freiherr
gem.	gemäß
GACG	Global Anti-Counterfeiting Group
GEMA	Gesellschaft für musikalische Aufführungs- und mechanische Vervielfältigungsrechte
GmbH	Gesellschaft mit beschränkter Haftung
GmbHG	Gesetz betreffend die Gesellschaften mit beschränkter Haftung
GRUR	Gewerblicher Rechtsschutz und Urheberrecht
GRUR Int.	Gewerblicher Rechtsschutz und Urheberrecht – Internationaler Teil
GRUR-RR	Gewerblicher Rechtsschutz und Urheberrecht – Rechtsprechungs-Report
Halbs.	Halbsatz
Hdb.	Handbuch
h.L.	herrschende Lehre
h.M.	herrschende Meinung
i.d.F.	in der Fassung
i.d.R.	in der Regel
i.V.m.	in Verbindung mit
JBeitrO	Justizbeitreibungsordnung
JuS	Juristische Schulung
KG	Kammergericht
krit.	kritisch
LG	Landgericht
lit.	litera
MA	Markenartikel
MarkenG	Markengesetz

MarkenR	Zeitschrift für deutsches, europäisches und internationales Markenrecht
Mitt.	Mitteilungen der deutschen Patentanwälte
m.w.N.	mit weiteren Nachweisen
NJW	Neue Juristische Wochenschrift
NJW-RR	Neue Juristische Wochenschrift – Rechtsprechungs-Report Zivilrecht
Nr.	Nummer
OLG	Oberlandesgericht
OWiG	Gesetz über Ordnungswidrigkeiten
PatG	Patentgesetz
PrPG	Gesetz zur Stärkung des Schutzes des geistigen Eigentums und zur Bekämpfung der Produktpiraterie
Rdnr.	Randnummer
RiStBV	Richtlinien für das Straf- und Bußgeldverfahren
RIW	Recht der internationalen Wirtschaft
S.	Satz; bei Literaturangaben: Seite
StGB	Strafgesetzbuch
StPO	Strafprozeßordnung
UrhG	Gesetz über das Urheberrecht und verwandte Schutzrechte
UWG	Gesetz gegen den unlauteren Wettbewerb
v.	vom; von
vgl.	vergleiche
VO	Verordnung
Vor	Vorbemerkung
WiB	Wirtschaftsrechtliche Beratung
WRP	Wettbewerb in Recht und Praxis
WZG	Warenzeichengesetz
z.B.	zum Beispiel
ZPO	Zivilprozeßordnung

Literaturverzeichnis

Ahrens, Hans-Jürgen: in: Pastor/Ahrens, Der Wettbewerbsprozeß; Ein Praxisbuch, 4. Aufl., Köln/Berlin/Bonn/München 1999

Ahrens, Hans-Jürgen: Die fristgebundene Vollziehung einstweiliger Verfügungen; Für eine Neuinterpretation des § 929 Abs. 2 ZPO, WRP 1999, 1-8

Ahrens, Hans-Jürgen: Wettbewerbsverfahrensrecht zum vorbeugenden Rechtsschutz durch einstweiligen Rechtsschutz, Köln/Berlin/ Bonn/München 1983

Albert, Florian / Heath, Christopher: Markenrecht und Paralleleinfuhr, GRUR 1998, 642-647

Asendorf, Claus Dietrich: Gesetz zur Stärkung des Schutzes geistigen Eigentums und zur Bekämpfung der Produktpiraterie, NJW 1990, 1283-1286

Bähr, Peter: in: Pastor/Ahrens, Der Wettbewerbsprozeß; Ein Praxisbuch, 4. Aufl., Köln/Berlin/Bonn/München 1999

Bart, Gerhard: Anmerkung zu BGH, Urteil vom 6.3.1980, GRUR 1980, 844-846

Bastian, Eva-Marina / Knaak, Roland: Der Markenverletzungsprozeß in Ländern der Europäischen Gemeinschaft; Ergebnisse einer rechtstatsächlich-rechtsvergleichenden Untersuchung, GRUR Int. 1993, 515-526

Baumbach, Adolf / Hefermehl, Wolfgang: Warenzeichenrecht und Internationales Wettbewerbs- und Zeichenrecht; Warenzeichengesetz, Pariser Verbandsübereinkunft, Madrider Herkunftsabkommen, Madrider Markenabkommen, Nizzaer Klassifikationsabkommen, Zweiseitige Abkommen, 12. Aufl., München 1985

Baumbach, Adolf / Hefermehl, Wolfgang: Wettbewerbsrecht; Gesetz gegen den unlauteren Wettbewerb, Zugabeverordnung, Rabattgesetz und Nebengesetze, 22. Aufl., München 2001

Baumgärtel, Gottfried: Beweislastpraxis im Privatrecht; Die Schwierigkeiten der Beweislastverteilung und die Möglichkeiten ihrer Überwindung, Köln/Berlin/Bonn/München 1996

Baumgärtel, Gottfried: in: Baumgärtel, Handbuch der Beweislast im Privatrecht, Band 1, Allgemeiner Teil und Schuldrecht BGB mit VOB, HOAI, KSchG und ProdhaftG, 2. Aufl., Köln/Berlin/Bonn/München 1991

Bayreuther, Frank: Gewerblicher und bürgerlicher Rechtsschutz des Vereinssymbols; Zugleich eine Urteilsanmerkung zu OGH Urteil v. 17. 9. 1996 und OLG München Urteil v. 8.8.1996, WRP 1997, 820-825

Bayreuther, Frank: Rechtsprobleme im Zusammenhang mit dem Schutz von Vertriebsbindungssystemen nach Markenrecht, WRP 2000, 349-362
Beckmann, Roland Michael: Die Reichweite des Erschöpfungsgrundsatzes nach neuem Markenrecht; Zugleich Anm. zum Urteil des EuGH v. 16. 7. 1998 Rs C-355/96 – Silhouette, GRUR Int. 1998, 836-841
Berlit, Wolfgang: Aufbrauchsfrist im Gewerblichen Rechtsschutz und Urheberrecht; Zur Frage eines Anspruchs auf Einräumung einer Aufbrauchsfrist bei Konflikten im Gewerblichen Rechtsschutz und im Urheberrecht, München 1997
Berneke, Wilhelm: Die einstweilige Verfügung in Wettbewerbssachen, München 1995
Bernreuther, Friedrich: Zusammentreffen von Unterlassungserklärung und Antrag auf Erlaß einer einstweiligen Verfügung, GRUR 2001, 400-402
Beuthien, Volker / Wasmann, Dirk: Zur Herausgabe des Verletzergewinns bei Verstößen gegen das Markengesetz; Zugleich Kritik an der sogenannten dreifachen Schadensberechnung, GRUR 1997, 255-261
Borck, Hans-Günther: Andere Ansichten in Kostenfragen, WRP 2001, 20-27
Brändel, Oliver C.: Die Problematik eines Anspruchs auf ergänzende Rechnungslegung bei Schutzrechtsverletzungen, GRUR 1985, 616-620
Braun, Edwin: Produktpiraterie; Rechtsschutz durch Zivil-, Straf- und Verwaltungsrecht sowie ausgewählte Probleme der Rechtsdurchsetzung, Köln/Berlin/Bonn/München 1993
Braun, Edwin: Produktpiraterie; Überblick über die rechtliche Erfassung durch Zivil-, Straf- und Verwaltungsrecht, CR 1994, 726-733
Braun, Thorsten / Heise, Alexandra: Die Grenzbeschlagnahme illegaler Tonträger in Fällen des Transits; Zugleich Anmerkung zum Urteil des EuGH v. 6.4.2000 Rs. C-383/98 „Polo/Lauren", GRUR Int. 2001, 28-32
Brouer, Dirk: Kampf der Produktpiraterie, in: Marketing Akademie Hamburg René Weber GmbH, Produktpiraterie, Köln 1991, 13-20
Bruchhausen, Karl: in: Benkard, Patentgesetz; Gebrauchsmustergesetz, 9. Aufl., München 1993
Busse, Rudolf / Starck, Joachim: Warenzeichengesetz nebst Pariser Verbandsübereinkunft und Madrider Abkommen, 6. Aufl., Berlin/New York 1990
Buydens, Mireille: Produktpiraterie und unlauterer Wettbewerb; Die Situation in Belgien und Frankreich mit Hinweisen auf die Rechtslage in Deutschland, GRUR Int. 1995, 15-25
Cuonzo, Gabriel / Trevisan, Luca: Der vorläufige Rechtsschutz zur Verteidigung des Markenrechts in Italien; Strategien und Verfahrenstechniken im Lichte der kürzlich reformierten Gesetzesbestimmungen, GRUR Int. 1995, 7-15

Cramer, Peter: in: Schönke/Schröder, Strafgesetzbuch Kommentar, 26. Aufl., München 2001

Cremer, Richard: Die Bekämpfung der Produktpiraterie in der Praxis; Zur Handhabung des Produktpirateriegesetzes, Mitt. 1992, 153-180

Delahaye, Hans: Kernprobleme der Schadensberechnungsarten bei Schutzrechtsverletzungen, GRUR 1986, 217-221

Deutsch, Volker: in: Pastor/Ahrens, Der Wettbewerbsprozeß; Ein Praxisbuch, 4. Aufl., Köln/Berlin/Bonn/München 1999

Diekmann, Rolf: Der Vernichtungsanspruch; Ein Beitrag zur Lehre von den Verletzungsansprüchen im gewerblichen Rechtsschutz und im Urheberrecht, Tübingen 1993

Dierck, Ralf / Lehmann, Michael: Die Bekämpfung der Produktpiraterie nach der Urheberrechtsnovelle; Neue Strategien, CR 1993, 537-544

Dreier, Thomas: TRIPS und die Durchsetzung von Rechten des geistigen Eigentums, GRUR Int. 1996, 205-218

Drijber, Berend Jan: Die neueste europäische Rechtsprechung zum Markenrecht; Die Vereinheitlichung des Markenrechts in der EG führt von oben nach unten, MarkenR 2001, 1-11

Eichmann, Helmut: Die Durchsetzung des Anspruchs auf Drittauskunft, GRUR 1990, 575-591

Eichmann, Helmut: in: Eichmann/v. Falckenstein, Geschmacksmustergesetz; Gesetz betreffend das Urheberrecht an Mustern und Modellen, 2. Aufl., München 1997

Ensthaler, Jürgen: Produktpirateriegesetz, GRUR 1992, 273-282

Fezer, Karl-Heinz: Markenrecht; Kommentar zum Markengesetz, zur Pariser Verbandsübereinkunft und zum Madrider Markenabkommen; Dokumentation des nationalen, europäischen und internationalen Kennzeichenrechts, 3. Aufl., München 2001

Fezer, Karl-Heinz: Schadensersatz und subjektives Recht im Wettbewerbsrecht, WRP 1993, 565-571

Fezer, Karl-Heinz: Wettbewerbsrechtlicher und markenrechtlicher Bestandsschutz funktionsfähiger Distributionssysteme selektiven Vertriebs vor Außenseiterwettbewerb; Die Bedeutung der Rechtsprechung des EuGH für die Vertriebsbindungssysteme in den Mitgliedstaaten der EU, GRUR 1999, 99-107

Finke, Björn: Breitseiten gegen Produkt-Piraten, markt + wirtschaft 4/1998, 16-18

Fischer, Thomas: in: Tröndle/Fischer, Strafgesetzbuch und Nebengesetze, 50. Aufl., München 2001

Fritze, Ulrich: Durchsetzung von Rechten des geistigen Eigentums – Verfahren und Sanktionen bei einer Verletzung von Patenten und Marken (TRIPS und das deutsche Recht); Bericht für die Deutsche Landesgruppe, GRUR Int. 1997, 143-149

Füllkrug, Dieter: Bayer ./. Winter, ein Fall der Markenpiraterie (Baygon), WRP 1987, 713-718

Gamm, Otto-Friedrich Frhr. v.: Sequestration im gewerblichen Rechtsschutz und Urheberrecht, GRUR 1958, 172-174

Gamm, Otto-Friedrich Frhr. v.: Warenzeichengesetz Kommentar, München/Berlin 1965

Geimer, Reinhold: in: Zöller, Zivilprozeßordnung mit Gerichtsverfassungsgesetz und den Einführungsgesetzen, mit Internationalem Zivilprozeßrecht, Kostenanmerkungen, 23. Aufl., Köln 2002

Gladt, Karl Wolfgang: Die „Ausbeutung" von Kennzeichen im Wettbewerb; Einkreisung eines Rechtsproblems, Wien/New York 1991

Gloy, Wolfgang: in: Gloy, Handbuch des Wettbewerbsrechts, 2. Aufl., München 1997

Götting, Horst-Peter: Die Entwicklung neuer Methoden der Beweisbeschaffung zur Bekämpfung von Schutzrechtsverletzungen; Die Anton-Piller-Order – Ein Modell für das deutsche Recht?, GRUR Int. 1988, 729-744

Götting, Horst-Peter: Die persönliche Haftung des GmbH-Geschäftsführers für Schutzrechtsverletzungen und Wettbewerbsverstöße, GRUR 1994, 6-11

Goldrian, Hans: Zum Entwurf eines Pirateriegesetzes, CR 1989, 84-84

Grauel, Holger: Bericht der Bundesregierung zur Produktpiraterie, MarkenR 2000, 91-92

Gravenreuth, Günther Frhr. v.: Entwurf eines Gesetzes zur Bekämpfung der Produktpiraterie; Ein halber Schritt in die richtige Richtung?, BB 1988, 1614-1617

Gravenreuth, Günther Frhr. v.: Kritische Anmerkungen zur Novelle des Urheberstrafrechts, GRUR 1985, 111-114

Gravenreuth, Günther Frhr. v.: Mehrfachabmahnungen auch bei Sonderschutzrechten, WRP 1986, 191-192

Gravenreuth, Günther Frhr. v.: Stellungnahme der DGIR zum Referentenentwurf eines „Gesetzes zur Bekämpfung der Produktpiraterie", CR 1988, 968-968

Gravenreuth, Günther Frhr. v.: Strafverfahren wegen Verletzung von Patenten, Gebrauchsmustern, Warenzeichen oder Urheberrechten, GRUR 1983, 349-357

Greger, Reinhard: in: Zöller, Zivilprozeßordnung mit Gerichtsverfassungsgesetz und den Einführungsgesetzen, mit Internationalem Zivilprozeßrecht, Kostenanmerkungen, 23. Aufl., Köln 2002

Groeben, Christoph Graf v.: Zuwiderhandlungen gegen die einstweilige Verfügung zwischen Verkündung und Vollziehung des Unterlassungsurteils, GRUR 1999, 674-675

Gruber, Michael: Der wettbewerbsrechtliche Unterlassungsanspruch nach einem „Zweitverstoß", WRP 1991, 279-284

Harte-Bavendamm, Henning / Scheller, Eva: Die Auswirkungen der Markenrechtsrichtlinie auf die Lehre von der internationalen Erschöpfung, WRP 1994, 571-577

Harte-Bavendamm, Henning: in: Gloy, Handbuch des Wettbewerbsrechts, 2. Aufl., München 1997

Hartisch, Andreas / Nacken, Gert: Produktpiraterie bei ungeprüften Schutzrechten, WRP 1989, 1-5

Hartmann, Peter: in: Baumbach/Lauterbach/Albers/Hartmann, Zivilprozeßordnung mit Gerichtsverfassungsgesetz und anderen Nebengesetzen, 60. Aufl., München 2002

Heil, Ulf / Roos, Michael: Zur dreifachen Schadensberechnung bei Übernahme sonderrechtlich nicht geschützter Leistungen – zugleich eine Anmerkung zu BGH GRUR 1993, 757 ff. – Kollektion „Holiday", GRUR 1994, 26-31

Heinrichs, Helmut: in: Palandt, Bürgerliches Gesetzbuch, 61. Aufl., München 2002

Heinrichs, Helmut: in: Palandt, Gesetz zur Modernisierung des Schuldrechts; Ergänzungsband zu Palandt, BGB, 61. Aufl., München 2002

Heerma, Jan Dirk: § 32 BRAGO – Gebührenfalle bei der Abmahnung; Zugleich Besprechung von LG Braunschweig, Urteil v. 11.08.1999 – 9.O.610/99 – „Sunpoint", WRP 2000, 148-151

Heermann, Peter W.: Schadensersatz und Bereicherungsausgleich bei Patentrechtsverletzungen, GRUR 1999, 625-637

Hees, Volker: Vollstreckung aus erledigten Unterlassungstiteln nach § 890 ZPO; Kein Ende des Streits in Sicht, GRUR 1999, 128-131

Herget, Kurt: in: Zöller, Zivilprozeßordnung mit Gerichtsverfassungsgesetz und den Einführungsgesetzen, mit Internationalem Zivilprozeßrecht, Kostenanmerkungen, 23. Aufl., Köln 2002

Hörstel, Reinhard: Kollision von Familiennamen im geschäftlichen Verkehr, GRUR 1965, 408-410

Hoffmeister, Klaus: Die Zollverwaltung als Partner der Wirtschaft bei der Bekämpfung der Marken- und Produktpiraterie; Sog. Grenzbeschlagnahmeverfahren, ddz 1998, 12-15 (Teil 1), ddz 1998, 17-18 (Teil 2), ddz 1998, 25-29 (Teil 3), ddz 1998, 33-37 (Teil 4)

Hoffmeister, Klaus / Harte-Bavendamm, Henning: in: Harte-Bavendamm, Handbuch der Markenpiraterie in Europa, München/Wien/Bern 2000

Holler, Ursula: in: Harte-Bavendamm, Handbuch der Markenpiraterie in Europa, München/Wien/Bern 2000
Honig, Gerhart: Werbung und Produktgestaltung, WRP 1997, 807-814
Ingerl, Reinhard / Rohnke, Christian: Markengesetz; Gesetz über den Schutz von Marken und sonstigen Kennzeichen, München 1998
Jacobs, Rainer: in: Jacobs/Lindacher/Teplitzky, UWG Großkommentar, 7. Lieferung: Vor § 13 UWG, Abschnitt D, Berlin/New York 1993
Jahn, Friedrich-Adolf: Moderne Piraten; Produktpiraterie und ihre Bekämpfung, WRP 1988, 413-417
Jestaedt, Bernhard: Auskunfts- und Rechnungslegungsanspruch bei Sortenschutzverletzung, GRUR 1993, 219-223
Jestaedt, Bernhard: in: Pastor/Ahrens, Der Wettbewerbsprozeß; Ein Praxishandbuch, 4. Aufl., Köln/Berlin/Bonn/München 1999
Johannes, Hartmut: Zur Vorlage des BGH an den EuGH, wer im Markenrecht die Erschöpfung darzulegen und zu beweisen hat, MarkenR 2000, 251-252
Jung, Heike: Gesetz zur Bekämpfung der Produktpiraterie, JuS 1990, 856-858
Kelz, Andreas / Wich, Donald: Internationale Markenpiraterie, Mitt. 1986, 28-31
Klados, Charalabos: Darlegungs- und Beweislast bei Parallelimporten im Markenrecht, WRP 1999, 1018-1021
Klaka, Rainer: Erschöpfung und Verwirkung im Licht des Markenrechtsreformgesetzes, GRUR 1994, 321-330
Klaka, Rainer: in: Althammer/Ströbele/Klaka, Markengesetz, 6. Aufl., Köln/Berlin/Bonn/München 2000
Klaka, Rainer: Markenrechtliche Erschöpfungslehre im neuen Licht (gestern – heute – morgen), in: Loewenheim/Raiser, Festschrift für Fritz Traub zum 65. Geburtstag, Frankfurt am Main 1994, 173-191
Klaka, Rainer: Persönliche Haftung des gesetzlichen Vertreters für die im Geschäftsbetrieb der Gesellschaft begangenen Wettbewerbsverstöße und Verletzungen von Immaterialgüterrechten, GRUR 1988, 729-735
Kleinknecht, Theodor / Meyer-Goßner, Lutz: Strafprozeßordnung; Gerichtsverfassungsgesetz, Nebengesetze und ergänzende Bestimmungen, 45. Aufl., München 2001
Knaak, Roland: Der Schutz geographischer Herkunftsangaben im neuen Markengesetz, GRUR 1995, 103-112
Knaak, Roland: Die nationalen und internationalen Arbeiten gegen die Markenpiraterie; Eine Zwischenbilanz, GRUR Int. 1988, 1-11
Knaak, Roland: in: Harte-Bavendamm, Handbuch der Markenpiraterie in Europa, München/Wien/Bern 2000
Knieper, Judith: Die Vollziehung von Unterlassungsverfügungen, WRP 1997, 815-817

Knieper, Judith: Mit Belegen gegen Produktpiraten, WRP 1999, 1116-1118
Köhler, Helmut: Die Begrenzung wettbewerbsrechtlicher Ansprüche durch den Grundsatz der Verhältnismäßigkeit, GRUR 1996, 82-92
Köhler, Helmut: in: Jacobs/Lindacher/Teplitzky, UWG Großkommentar, 1. Lieferung: Vor § 13 UWG, Abschnitte A, B, C, Berlin/New York 1991
Köhler, Helmut: in: Köhler/Piper, UWG; Gesetz gegen den unlauteren Wettbewerb mit Zugabeverordnung, Rabattgesetz und Preisangabenverordnung, 2. Aufl., München 2001
Köhler, Helmut: Zum "Wiederaufleben der Wiederholungsgefahr" beim wettbewerblichen Unterlassungsanspruch, GRUR 1989, 804-808
Körner, Eberhard: Die Aufwertung der Schadensberechnung nach der Lizenzanalogie bei Verletzung gewerblicher Schutzrechte durch die Rechtsprechung zum "Verletzervorteil" und zu den "aufgelaufenen Zinsen", GRUR 1983, 611-614
Körner, Eberhard: Schadensausgleich bei Verletzung gewerblicher Schutzrechte und bei ergänzendem Leistungsschutz, in: Baur/Hopt/Mailänder, Festschrift für Ernst Steindorff zum 70. Geburtstag am 13. März 1990, Berlin/New York 1990, 877-896
Kraßer, Rudolf: Schadensersatz für Verletzungen von gewerblichen Schutzrechten und Urheberrechten nach deutschem Recht, GRUR Int. 1980, 259-272
Kretschmer, Friedrich: Bundesjustizministerium: Anhörung zur Produktpiraterie, GRUR 1989, 28-29
Kreft, Gerhart: in: Jacobs/Lindacher/Teplitzky, UWG Großkommentar, 1. Lieferung: Vor § 13 UWG, Abschnitte A, B, C, Berlin/New York 1991
Krieger, Ulrich: Zum Anspruch auf Auskunftserteilung wegen Warenzeichenverletzung, GRUR 1989, 802-804
Kröger, Bernd / Bausch, Thorsten: Produktpiraterie im Patentwesen, GRUR 1997, 321-328
Kurtze, Helmut: Der „insbesondere"-Zusatz bei Unterlassungsanträgen in Wettbewerbsprozessen, in: Bruchhausen/Hefermehl/Hommelhoff/Messer, Festschrift für Rudolf Nirk zum 70. Geburtstag am 11. Oktober 1992, München 1992, 571-586
Larenz, Karl / Canaris, Claus-Wilhelm: Lehrbuch des Schuldrechts, Zweiter Band, Besonderer Teil, 2. Halbband, 13. Aufl., München 1994
Leisse, Gerd: Schadensersatz durch befristete Unterlassung; Versuch der Belebung eines ungenutzten Rechtsinstituts, in: Loewenheim/Raiser, Festschrift für Fritz Traub zum 65. Geburtstag, Frankfurt am Main 1994, 229-249
Leisse, Gerd / Traub, Fritz: Schadensschätzung im unlauteren Wettbewerb; Beitrag zur Bezifferung des entgangenen Gewinns, GRUR 1980, 1-14

Lenckner, Theodor / Perron, Walterin: Schönke/Schröder, Strafgesetzbuch Kommentar, 26. Aufl., München 2001
Leppin, Klaus H.: Besichtigungsanspruch und Betriebsgeheimnis; Ein Beitrag zum eingeschränkten Besichtigungsanspruch gemäß §§ 809, 242 BGB und zur Möglichkeit eines Geheimverfahrens im Zivilprozeß unter besonderer Berücksichtigung der Patentverletzung, GRUR 1984, 552-564 (Teil 1), GRUR 1984, 695-713 (Teil 2), GRUR 1984, 770-778 (Teil 3)
Levin, Marianne: Was bedeutet „counterfeiting"?, GRUR Int. 1987, 18-27
Lieb, Manfred: in: Rebmann/Säcker/Rixecker, Münchener Kommentar zum Bürgerlichen Gesetzbuch, Band 5, Schuldrecht, Besonderer Teil III (§§ 705-853), Partnerschaftsgesellschaftsgesetz, Produkthaftungsgesetz, 3. Aufl., München 1997
Lieben, Detlev: Strafrechtliche Bekämpfung der Videopiraterie durch die §§ 257 ff. StGB, GRUR 1984, 572-577
Litten, Rüdiger: "Inverkehrbringen" und "Erschöpfung" im neuen Markenrecht; Zur Frage, in welchem Umfang der Markeninhaber den Import und Re-Import "seiner" Waren in die EU verhindern kann, WRP 1997, 678-684
Loewenheim, Ulrich: in: Pastor/Ahrens, Der Wettbewerbsprozeß; Ein Praxishandbuch, 4. Aufl., Köln/Berlin/Bonn/München 1999
Loewenheim, Ulrich: Nationale und internationale Erschöpfung von Schutzrechten im Wandel der Zeiten, GRUR Int. 1996, 307-316
Lubberger, Andreas: Anmerkungen zu stüssy, WRP 2001, 75-82
Lührs, Wolfgang: Verfolgungsmöglichkeiten im Fall der „Produktpiraterie" unter besonderer Betrachtung der Einziehungs- und Gewinnabschöpfungsmöglichkeiten (bei Ton-, Bild- und Computerprogrammträgern), GRUR 1994, 264-269
Mankowski, Peter: Für einen Wegfall des Fortsetzungszusammenhangs bei der Unterlassungsvollstreckung, WRP 1996, 1144-1148
Maier, Adolf: Die Haftung des GmbH-Geschäftsführers für Wettbewerbsverstöße im Unternehmen, WRP 1986, 71-75
Meister, Herbert E.: Aspekte der Produktpiraterie, WRP 1991, 137-143
Meister, Herbert E.: Das Phänomen Produktpiraterie, WRP 1989, 559-567
Meister, Herbert E.: Der Kampf gegen die Markenpiraterie, in: Dichtl/Eggers, Marke und Markenartikel als Instrumente des Wettbewerbs, Mannheim/München 1992, 269-286
Meister, Herbert E.: Die Verteidigung von Marken; Eine Skizze zum neuen Recht, WRP 1995, 366-377
Meister, Herbert E.: Leistungsschutz und Produktpiraterie; Fragmente zu einem Phänomen, Frankfurt/Main 1990

Meister, Herbert E.: Praktische Erfahrungen mit dem neuen Markengesetz, WRP 1995, 1005-1014

Meister, Herbert E.: Praxis und Dogmatik im Kampf gegen Produktpiraterie, MA 1988, 447-453

Meister, Herbert E.: Produktpiraterie – Teil 1, MA 1987, 157-160

Meister, Herbert E.: Produktpiraterie – Teil 2, MA 1987, 420-425

Meister, Herbert E.: Produktpiraterie und Marketing-Rechtsmanagement, MA 1992, 550-556

Meister, Herbert E.: Wettbewerbsrechtlicher Leistungsschutz gegen Produktpiraterie und Schutzrechts-Management, in: Marketing Akademie Hamburg René Weber GmbH, Produktpiraterie, Köln 1991, 45-52

Melullis, Klaus-Jürgen: Handbuch des Wettbewerbsprozesses unter besonderer Berücksichtigung der Rechtsprechung, 3. Auflage, Köln 2000

Melullis, Klaus-Jürgen: Zur Schadensberechnung im Wege der Lizenzanalogie, in: Loewenheim/Raiser, Festschrift für Fritz Traub zum 65. Geburtstag, Frankfurt am Main 1994, 287-303

Mes, Peter: Si tacuisses. – Zur Darlegungs- und Beweislast im Prozeß des gewerblichen Rechtsschutzes, GRUR 2000, 934-942

Meyer-Kessel, Ulf: Die Darlegungs- und Beweislast im Rahmen des Erschöpfungseinwands nach § 24 MarkenG, GRUR 1997, 878-880

Möller, Doris: Keine Gnade für Plagiate; Gewerbliche Schutzrechte nutzen, Deutscher Industrie- und Handelstag DIHT (274), Bonn 1995

Mühlens, Peter: Neue Waffe gegen Produktpiraterie; Das Gesetz zur Stärkung des Schutzes des geistigen Eigentums und zur Bekämpfung der Produktpiraterie, CR 1990, 433-438

Nieder, Michael: Aufbrauchfrist via Unterlassungserklärung, WRP 1999, 583-585

Nieder, Michael: Zur Bekanntgabe von Abnehmern, Abnahmemengen, Lieferdaten und -preisen im Kennzeichenrecht, GRUR 1999, 654-656

Nordemann, Wilhelm / Nordemann, Axel / Nordemann, Jan Bernd: Wettbewerbs- und Markenrecht, 8. Aufl., Baden-Baden 1996

Oppermann, Klaus: Der Auskunftsanspruch im gewerblichen Rechtsschutz und Urheberrecht; Dargestellt unter besonderer Berücksichtigung der Produktpiraterie, Berlin 1997

Osten, Horst v. der: Zum Anspruch auf Herausgabe des Verletzergewinnes im Patentrecht, GRUR 1998, 284-288

Pagenberg, Jochen: Die amerikanische Schadensersatzpraxis im gewerblichen Rechtsschutz und Urheberrecht; Mehrfacher Schadensersatz für Patentverletzungen als Modell für Europa?, GRUR Int. 1980, 286-298

Pickrahn, Günter: Die Bekämpfung von Parallelimporten nach dem neuen Markengesetz, GRUR 1996, 383-389

Pietzcker, Rolf: Schadensersatz durch Lizenzberechnung, GRUR 1975, 55-57

Pinzger, Werner: Das deutsche Warenzeichenrecht; Kommentar zum Warenzeichengesetz vom 5. Mai 1936 nebst internationalen Verträgen, 2. Aufl., München/Berlin 1937

Piper, Henning: in: Köhler/Piper, UWG; Gesetz gegen den unlauteren Wettbewerb mit Zugabeverordnung, Rabattgesetz und Preisangabenverordnung, 2. Aufl., München 2001

Pitz, Johann / Spitz, Volker: in: Bartenbach/Buddeberg/Hecker/ Klinger/Metzlaff/ Pitz/Schulze/Schweyer/Spitz/Volz/Zindel, Formularsammlung zum gewerblichen Rechtsschutz mit Urheberrecht, 2. Aufl., Weinheim/New York/Chichester/ Brisbane/Singapore/Toronto 1998

Plassmann, Clemens: Die Darlegungs- und Beweislast bei § 24 Abs. 1 MarkenG, WRP 1999, 1011-1018

Retzer, Konrad: Einige Überlegungen zum Vernichtungsanspruch bei der Nachahmung von Waren oder Leistungen, in: Erdmann/Gloy/Herber, Festschrift für Henning Piper, München 1996, 421-438

Rieble, Volker: Das Ende des Fortsetzungszusammenhangs im Recht der Vertragsstrafe, WM 1995, 828-832

Rogge, Rüdiger: in: Benkard, Patentgesetz; Gebrauchsmustergesetz, 9. Aufl., München 1993

Rogge, Rüdiger: Schadensersatz nach Lizenzanalogie bei Verletzung von Patenten, Urheberrechten und anderen Schutzrechten, in: Bruchhausen/Hefermehl/Hommelhoff/Messer, Festschrift für Rudolf Nirk zum 70. Geburtstag am 11. Oktober 1992, München 1992, 929-947

Rowedder, Heinz: in: Rowedder, Gesetz betreffend die Gesellschaften mit beschränkter Haftung (GmbHG), 3. Aufl., München 1997

Sack, Rolf: Der Benutzungszwang im internationalen Markenrecht, in: Erdmann/Gloy/Herber, Festschrift für Henning Piper, München 1996, 603-626

Sack, Rolf: Der markenrechtliche Erschöpfungsgrundsatz im deutschen und europäischen Recht, WRP 1998, 549-576

Sack, Rolf: Die Durchfuhr im europäischen Markenrecht nach der EuGH-Entscheidung vom 6.4.2000 zur ProduktpiraterieVO (EG) Nr. 3295/94, WRP 2000, 702-704

Sack, Rolf: Export und Transit im Markenrecht, RIW 1995, 177-186

Sammet, Rolf: Milliardenumsätze mit gefälschten Produkten, MA 1985, 60-62

Samwer, Sigmar-Jürgen: Die Störerhaftung und die Haftung für fremdes Handeln im wettbewerblichen Unterlassungsrecht, WRP 1999, 67-70

Samwer, Sigmar-Jürgen: in: Gloy, Handbuch des Wettbewerbsrechts, 2. Aufl., München 1997

Schabenberger, Andreas: Zur Hemmung nach § 204 Abs. 1 Nr. 9 BGB in wettbewerbsrechtlichen Auseinandersetzungen, WRP 2002, 293-301

Scharen, Uwe: in: Pastor/Ahrens, Der Wettbewerbsprozeß; Ein Praxishandbuch, 4. Aufl., Köln/Berlin/Bonn/München 1999

Scheja, Katharina: Bekämpfung der grenzüberschreitenden Produktpiraterie durch die Zollbehörden, CR 1995, 714-722

Scherbauer, Katja: Die Grenzbeschlagnahme von Produktpirateriewaren im Immaterialgüterrecht, Starnberg 2000

Scherf, Dieter: Wettbewerbliche Unterlassungsverfügung als „Hauptsache", WRP 1969, 393-398

Schneider, Egon: Die vollstreckungsrichterliche Durchsuchungsanordnung, NJW 1980, 2377-2386

Schöner, Karlheinz: Die Bekämpfung der Produktpiraterie durch die Zollbehörden, Mitt. 1992, 180-186

Schricker, Gerhard: Rechtsgutachten zur Beweislast bei Markenverletzungen, München 1996

Schünemann, Wolfgang B.: Die wettbewerbsrechtliche "Störer"-Haftung; Ein Konstrukt zwischen "praktischer Notwendigkeit" und dogmatischer Begründbarkeit, WRP 1998, 120-124

Schulte, Wolfgang: in: Pastor/Ahrens, Der Wettbewerbsprozeß; Ein Praxishandbuch, 4. Aufl., Köln/Berlin/Bonn/München 1999

Schulz, Andreas: Von Umsätzen, Angebotsempfängern, Abnehmeradressen, Gestehungskosten & Lieferantennamen, in: Herbst, Festschrift für Rainer Klaka, München 1987, 27-43

Schuschke, Winfried: Wiederholte Verletzungshandlungen: Natürliche Handlungseinheit, Fortsetzungszusammenhang und Gesamtstrafe im Rahmen des § 890 ZPO, WRP 2000, 1008-1013

Schweyer, Stefan / Zindel, Johannes: in: Bartenbach/Buddeberg/Hecker/Klinger/Metzlaff/Pitz/Schulze/Schweyer/Spitz/Volz/Zindel, Formularsammlung zum gewerblichen Rechtsschutz mit Urheberrecht, 2. Aufl., Weinheim/New York/Chichester/Brisbane/Singapore/Toronto 1998

Sosnitza, Olaf: Territoriale Grenzen markenrechtlicher Erschöpfung und Europarecht; Anmerkungen zu EuGH, WRP 1998, 851 – "Silhouette", WRP 1998, 951-959

Spätgens, Klaus: in: Ahrens/Spätgens, Einstweiliger Rechtsschutz und Vollstrekkung in UWG-Sachen; Ausgewählte Probleme, 4. Aufl., Köln 2001

Spätgens, Klaus: in: Gloy, Handbuch des Wettbewerbsrechts, 2. Aufl., München 1997

Spitz, Volker / Klinger, Alfred N.: in: Bartenbach/Buddeberg/Hecker/Klinger/Metzlaff/Pitz/Schulze/Schweyer/Spitz/Volz/Zindel, Formularsammlung zum gewerblichen Rechtsschutz mit Urheberrecht, 2. Aufl., Weinheim/New York/Chichester/Brisbane/Singapore/Toronto 1998

Starck, Joachim: Markenmäßiger Gebrauch; Besondere Voraussetzung für die Annahme einer Markenverletzung, GRUR 1996, 688-693

Stauder, Dieter: Umfang und Grenzen der Auskunftspflicht im gewerblichen Rechtsschutz und Urheberrecht; zur neueren Entwicklung im englischen und deutschen Recht, GRUR Int. 1982, 226-231

Steiniger, Hans-Jürgen: Unterlassungstitel – Verletzungshandlungen – Kerntheorie – oder warum man Untersagungsgeboten Folge leisten sollte, WRP 2000, 1415-1417

Stöber, Kurt: in: Zöller, Zivilprozeßordnung mit Gerichtsverfassungsgesetz und den Einführungsgesetzen, mit Internationalem Zivilprozeßrecht, Kostenanmerkungen, 23. Aufl., Köln 2002

Stree, Walter: in: Schönke/Schröder, Strafgesetzbuch Kommentar, 26. Aufl., München 2001

Taeger, Jürgen: Softwareschutz durch Geheimnisschutz, CR 1991, 449-457

Teplitzky, Otto: Die jüngste Rechtsprechung des Bundesgerichtshofs zum wettbewerblichen Anspruchs- und Verfahrensrecht III, GRUR 1991, 709-717

Teplitzky, Otto: Grenzen des Verbots der Verquickung unterschiedlicher Schadensberechnungsmethoden, in: Loewenheim/Raiser, Festschrift für Fritz Traub zum 65. Geburtstag, Frankfurt am Main 1994, 401-410

Teplitzky, Otto: Klageantrag und konkrete Verletzungsform, WRP 1999, 75-79

Teplitzky, Otto: Wettbewerbsrechtliche Ansprüche; Unterlassung – Beseitigung – Schadensersatz, 7. Aufl., Köln/Berlin/Bonn/München 1997

Thomas, Heinz: in: Palandt, Bürgerliches Gesetzbuch, 61. Aufl., München 2002

Thomas, Heinz / Putzo, Hans: Zivilprozeßordnung mit GVG, den Einführungsgesetzen, EuGVÜ und AVAG, 23. Aufl., München 2001

Thun, Andrea: Der immaterialgüterrechtliche Vernichtungsanspruch, München 1998

Tilmann, Winfried: Der Auskunftsanspruch, GRUR 1987, 251-262

Tilmann, Winfried: Der Schutz gegen Produktpiraterie nach dem Gesetz von 1990, BB 1990, 1565-569

Tilmann, Winfried: Zum Anspruch auf Auskunftserteilung wegen Warenzeichenverletzung II, GRUR 1990, 160-163

Traub, Fritz: Unterbrechung der Verjährung durch Antrag auf Erlaß einer einstweiligen Verfügung, WRP 1997, 903-906

Traub, Fritz: Wettbewerbsrechtliche Verfahrenspraxis; Örtliche Besonderheiten in der Rechtsprechung der Oberlandesgerichte, 2. Aufl., Frankfurt am Main 1991

Tröndle, Herbert: in: Tröndle/Fischer, Strafgesetzbuch und Nebengesetze, 50. Aufl., München 2001

Ulrich, Gustav-Adolf: Anmerkung zu OLG Hamburg, Beschluß v. 6.6.1996 – „Original Alpha", WRP 1996, 1047-1049

Ulrich, Gustav-Adolf: in: Pastor/Ahrens, Der Wettbewerbsprozeß; Ein Praxisbuch, 4. Aufl., Köln/Berlin/Bonn/München 1999

Ulrich, Gustav-Adolf: Die Befolgung und Vollziehung einstweiliger Unterlassungsverfügungen sowie der Schadensersatzanspruch gemäß § 945 ZPO, WRP 1991, 361-368

Ulrich, Gustav-Adolf: Die fortgesetzte Handlung im Zivilrecht, WRP 1997, 73-76

Ungern-Sternberg, Joachim: Auskunftsanspruch bei Verwendbarkeit der Auskunft zur Begründung von Vertragsstrafeansprüchen oder Anträgen auf Verhängung von Ordnungsmitteln?, WRP 1984, 55-57

Vollkommer, Max: in: Zöller, Zivilprozeßordnung mit Gerichtsverfassungsgesetz und den Einführungsgesetzen, mit Internationalem Zivilprozeßrecht, Kostenanmerkungen, 23. Aufl., Köln 2002

Walchner, Wolfgang: Der Beseitigungsanspruch im gewerblichen Rechtsschutz und Urheberrecht; Widerruf – Vernichtung – Urteilsveröffentlichung, Köln/Berlin/Bonn/München 1998

Wedemeyer, Ulrich: in: Pastor/Ahrens, Der Wettbewerbsprozeß; Ein Praxisbuch, 4. Aufl., Köln/Berlin/Bonn/München 1999

Wich, Donald: Internationale Markenpiraterie, Nürnberg 1985

Wilke, Dietrich / Jungeblut, Dieter: Abmahnung, Schutzschrift und Unterlassungserklärung im gewerblichen Rechtsschutz, 2. Aufl., München 1995

Winter, Franz: Die internationale Markenpiraterie – Ein Prüfstein unseres Rechts gegen den Mißbrauch des freien Warenverkehrs, GRUR 1981, 782-788

Winter, Franz: Internationale Markenpiraterie; Möglichkeiten der Bekämpfung, MA 1983, 392-398

Wölfel, Helmut: Rechtsfolgen von Markenverletzungen und Maßnahmen zur Bekämpfung der Markenpiraterie, Köln/Berlin/Bonn/München 1990

Wolter, Matthias / Lubberger, Andreas: Wo steht die Lückenlosigkeit?, GRUR 1999, 17-34

Zumbusch, Ludwig v.: Durchsetzung von Rechten des geistigen Eigentums – Verletzung und Haftung bei Marken (TRIPS und das deutsche Recht); Bericht für die Deutsche Landesgruppe, GRUR Int. 1997, 134-143

ohne Autor: Aktuelle Berichte – Gesetz gegen Produktpiraterie: Regierungsentwurf, GRUR 1989, 581-582
ohne Autor: Aktuelle Berichte – Strafrechtliche Verfolgung von Schutzrechtsverletzungen, GRUR 1994, 706-707
ohne Autor: Boom für Produktpiraten, Südwest Presse vom 2.7.1998
ohne Autor: Lukrativ wie Drogenhandel, Münchner Merkur vom 2.7.1998
ohne Autor: Menschen, Märkte, Meinungen – Globaler Kampf gegen Produktpiraterie, MA 1998, 52
ohne Autor: Mitteilungen aus der Deutschen Vereinigung für gewerblichen Rechtsschutz und Urheberrecht – Eingabe betr. den Referentenentwurf eines Gesetzes zur Änderung des Gesetzes über Urheberrecht und verwandte Schutzrechte, GRUR 1985, 867-869
ohne Autor: Mitteilungen aus der Deutschen Vereinigung für gewerblichen Rechtsschutz und Urheberrecht – Eingabe zum Referentenentwurf „Markenrechtsänderungsgesetz 1996", GRUR 1996, 181-182
ohne Autor: Mitteilungen aus der Deutschen Vereinigung für gewerblichen Rechtsschutz und Urheberrecht – Stellungnahme zum Grünbuch der Europäischen Kommission zur Bekämpfung von Nachahmung und Produkt- und Dienstleistungspiraterie im Binnenmarkt KOM (98) 559 endg., GRUR 1999, 560-565
ohne Autor: Mitteilungen aus der Deutschen Vereinigung für gewerblichen Rechtsschutz und Urheberrecht – Stellungnahme zum Referentenentwurf eines Gesetzes zur Bekämpfung der Produktpiraterie, GRUR 1989, 29-34
ohne Autor: Produktpiraterie nimmt explosionsartig zu, Die Welt vom 2.7.1998
ohne Autor: Produktpiraterie und Zoll; Fakten, herausgegeben vom Bundesministerium der Finanzen, Referat Öffentlichkeitsarbeit, Bonn 1996

Einleitung und Gang der Untersuchung

Am 1. Juli 1998 veranstaltete die Global Anti-Counterfeiting Group (GACG) den ersten jährlich stattfindenden „World Anti-Counterfeiting Day“ in Deutschland, Frankreich, Italien und England. Der GACG gehören Organisationen verschiedener Länder an, die es sich zur Aufgabe gemacht haben, die international kontinuierlich zunehmende Produktpiraterie zu bekämpfen. Ziel der Veranstaltung war es, die Öffentlichkeit für das Phänomen Produktpiraterie zu sensibilisieren, das gemeinhin noch immer als Kavaliersdelikt betrachtet wird. Die Wirkung wurde nicht verfehlt. In Deutschland berichtete die Presse ausführlich. Schlagzeilen wie „Produktpiraterie nimmt explosionsartig zu“[1], „Lukrativ wie Drogenhandel“[2] und „Boom für Produktpiraten“[3] verdeutlichen nur beispielhaft, daß Produktpiraterie zwischenzeitlich eine etablierte Form der Wirtschaftskriminalität und damit ein Problem darstellt, das zu Unrecht bagatellisiert wird. Hinter der Produktpiraterie stehen in nicht geringem Umfang Organisationen, die diese Wirtschaftsform nicht zuletzt als Waschanlage für kriminelle Gelder nutzen[4]. In Italien gibt es bereits sichere Anzeichen für die Verstrickung krimineller Vereinigungen, wie der sizilianischen Mafia, der Andrangheta aus Kalabrien oder der neapolitanischen Camorra, in die Produktion von nachgeahmten Waren[5].

Der durch Produktpiraterie angerichtete Schaden ist enorm. In dem von der Kommission der Europäischen Gemeinschaften im Oktober 1998 vorgelegten Grünbuch zur Bekämpfung von Nachahmungen und Produkt- und Dienstleistungspiraterie werden Fälschungen nach Angaben der Internationalen Handelskammer (IHK) kostenmäßig auf 5 bis 7 % des Welthandels[6] und der damit einhergehende Verlust von Arbeitsplätzen auf jährlich 100.000 für die Europäische Gemeinschaft und 120.000 für die Vereinigten Staaten von Amerika beziffert[7].

1 Die Welt vom 2.7.1998.
2 Münchner Merkur vom 2.7.1998.
3 Südwest Presse vom 2.7.1998.
4 Meister, WRP 1989, 559 (560).
5 Cuonzo/Trevisan, GRUR Int. 1995, 7 (14).
6 Vgl. auch die Homepage www.vbp.org der Vereinigung zur Bekämpfung von Produktpiraterie e.V., auf der von 10 % die Rede ist. Buydens, GRUR Int. 1995, 15 (15), spricht von 3-9 %, Lührs, GRUR 1994, 264 (264) nennt Quellen, die von 4-5 % bzw. 10 % ausgehen.
7 Dokument KOM (98) 569, S. 4.

Den daraus erwachsenden wirtschaftlichen Schaden veranschlagt der Deutsche Industrie- und Handelstag (DIHT) auf weltweit jährlich 255 Milliarden Euro[8]. In Deutschland wird ein jährlicher Verlust von 40.000 bis 70.000 Arbeitsplätzen beklagt[9]. Geht man davon aus, daß Deutschland mit 11,5 % am Welthandel beteiligt ist, ergibt sich hierzulande ein wirtschaftlicher Schaden von über 29 Milliarden Euro. Nahezu alle Branchen sind betroffen. Neben „Klassikern" wie Textilien, Parfums, Kosmetik, Uhren und Schmuck sind es vermehrt Waren des täglichen Gebrauchs, auf die Plagiatoren ihre kriminelle Energie lenken[10]. Aber auch Arzneimittel, Pflanzenschutzmittel, medizinische Geräte oder Ersatzteile für Luft- und Straßenfahrzeuge werden kopiert und bedeuten eine Gefahr für Leben, Gesundheit und öffentliche Sicherheit[11]. Der Verbraucher erwirbt zudem statt des begehrten Originals ein in den meisten Fällen qualitativ erheblich minderwertigeres Produkt, das viel zu teuer bezahlt ist[12].

Der deutsche Gesetzgeber ist mit dem am 1. Juli 1990 in Kraft getretenen Gesetz zur Stärkung des Schutzes des geistigen Eigentums und zur Bekämpfung der Produktpiraterie (Produktpirateriegesetz)[13] dem Vorwurf[14] begegnet, er lasse die Wirtschaft mit ihrem Problem allein[15]. Es handelt sich um ein Artikelgesetz,

---

8 MA 1998, 52 (52), wobei zum damaligen Zeitpunkt noch von 500 Milliarden Deutsche Mark die Rede war. Der zweite Produktpirateriebericht der Bundesregierung geht – basierend auf Schätzungen der Internationalen Handelskammer – von jährlich 60 bis 100 Milliarden US-Dollar aus. Diese Zahlen beruhen allerdings auf Annahmen, die von der Internationalen Handelskammer Mitte der 80er Jahre dem Europäischen Parlament übermittelt wurden, so daß die Schätzung des Deutschen Industrie- und Handelstags eher den heutigen Realitäten entsprechen dürfte (vgl. Grauel, MarkenR 2000, 91 (91)).

9 Honig, WRP 1997, 807 (812). Lührs, GRUR 1994, 264 (264), spricht von 50.000 bis 130.000 Arbeitsplätzen, die Vereinigung zur Bekämpfung von Produktpiraterie e.V. auf ihrer Homepage (www.vbp.org) von ca. 50.000 Arbeitsplätzen.

10 Vgl. Finke, markt + wirtschaft 4/1998, 16 (16); Ensthaler, GRUR 1992, 273 (274).

11 Vgl. Harte-Bavendamm, in: Gloy, Handbuch des Wettbewerbsrechts, § 43, Rdnr. 137. Umfangreiche Aufzählungen betroffener Branchen und Produkte finden sich bei Meister, Leistungsschutz und Produktpiraterie, S. 22 f., Meister, MA 1987, 157 (157 f.), und Braun, Produktpiraterie, S. 13.

12 Vgl. Produktpiraterie und Zoll, S. 2.

13 BGBl. I 422. Einen Überblick über das Gesetz verschaffen Asendorf, NJW 1990, 1283 (1283 ff.), und Jung, JuS 1990, 856 (856 ff.).

14 Vgl. Winter, MA 1983, 392 (393 ff.); Winter, GRUR 1981, 782 (783 ff.).

15 Kritik fand der Entwurf des Produktpirateriegesetzes lediglich durch einzelne Vertreter des Handels, die das angestrebte Ziel vor allem für ungeprüfte Schutzrechte als mit überzogenen und daher unverhältnismäßigen Mitteln verwirklicht sahen (Hartisch/Nacken, WRP 1989, 1 (1 ff.)). Hiergegen zu Recht Meister, WRP 1989, 559 (567); vgl. auch Goldrian, CR 1989, 84 (84); Kretschmer, GRUR 1989, 28 (28 f.); v. Gravenreuth, CR 1988, 986 (986).

das im wesentlichen gleichlautende Änderungen und Ergänzungen des früheren Warenzeichengesetzes, Urheberrechtsgesetzes, Patentgesetzes, Gebrauchsmustergesetzes, Geschmacksmustergesetzes, Sortenschutzgesetzes und Halbleiterschutzgesetzes beinhaltet. Insbesondere wurden die strafrechtlichen Sanktionsmöglichkeiten verschärft, Vernichtungs- und Einziehungsmöglichkeiten erweitert, ein besonderer Auskunftsanspruch geschaffen und die bislang nur im früheren Warenzeichengesetz vorgesehene Grenzbeschlagnahme erweitert und für alle Schutzrechte des geistigen Eigentums eingeführt.

Die vorliegende Abhandlung soll aufzeigen, welche Möglichkeiten bestehen, markenrechtliche Ansprüche gegenüber Produktpiraten durchzusetzen. Hierbei werden in der Praxis immer wieder auftauchende Probleme einer eingehenden rechtlichen Analyse unterzogen und geprüft, ob die vom Gesetzgeber nicht zuletzt auch durch das Produktpirateriegesetz zur Verfügung gestellten „Hilfsmittel" richtig umgesetzt werden. Weiterhin wird untersucht, ob diese „Hilfsmittel" unter Zugrundelegung der mittlerweile ergangenen Rechtsprechung ausreichen, um Markenverletzungen wirksam zu bekämpfen.

In Abschnitt A der Abhandlung werden zunächst für das Verständnis wichtige Begriffe erklärt. Abschnitt B geht sodann näher auf die sogenannte Markenverletzung ein. Im Anschluß behandelt Abschnitt C die einzelnen dem Markeninhaber gegenüber dem Produktpiraten zustehenden Ansprüche. Die Schranken des markenrechtlichen Schutzes, die den Ansprüchen entgegengehalten werden können, werden in Abschnitt D angesprochen. Mit der Durchsetzung der Ansprüche beschäftigt sich Abschnitt E, wobei die Vorbereitungshandlungen, das Strafverfahren, das Zivilverfahren und das Grenzbeschlagnahmeverfahren erläutert werden. Eine Zusammenfassung der Abhandlung findet sich schließlich in Abschnitt F.

A. Begriffe

I. Produktpiraterie – Markenpiraterie

Bis heute hat sich keine einheitliche Definition des Begriffs „Produktpiraterie" durchgesetzt. Zudem trifft man bei der Lektüre einschlägiger Abhandlungen auf unterschiedliche Schlagwörter wie „Piraterie", „Produktpiraterie", „trade mark piracy", trade mark forgery", „Markenpiraterie", „counterfeiting", „knockoff", „Nachahmung", „Mißstand", „Identfälschung" und „Klonung"[1], die häufig synonym und jedenfalls ohne eindeutige Abgrenzung verwendet werden[2]. Zum Teil wird die Notwendigkeit einer besonderen Definition in Frage gestellt und die Ansicht vertreten, daß man sich nicht von verschiedenen Begriffen für sachlich gleiche Vorgänge ablenken lassen sollte[3]. Hiergegen wird eingewandt, daß eine einheitliche Definition geeignet wäre, die Verabschiedung und Durchführung eines Pakets geeigneter Maßnahmen zu erleichtern[4]. Wenn nämlich alle diejenigen, die sich um die Bekämpfung der Produktpiraterie bemühten, darunter nicht dasselbe verstünden, blieben die Aussichten, praktische Ergebnisse zu erzielen, bestenfalls auf den kleinsten gemeinsamen Nenner begrenzt[5].

Da sich die vorliegende Abhandlung im wesentlichen auf die einschlägigen Ansprüche aus dem Markengesetz beschränkt, sollen an dieser Stelle lediglich die nationalen Schlagwörter „Markenpiraterie" und „Produktpiraterie" einer kurzen Betrachtung unterzogen sowie eine Abgrenzung zur „herkömmlichen" Schutzrechtsverletzung vorgenommen werden. Im übrigen hat der Gesetzgeber eine einheitliche Verbesserung der Durchsetzungsmechanismen der bereits bestehenden gewerblichen Schutzrechte der Schaffung eines speziellen Piraterietatbestandes vorgezogen, so daß die oben genannte Definitions- und Abgrenzungsproblematik nach der hier vertretenen Ansicht ohnehin nur noch theoretischer Natur sein dürfte.

---

1 Vgl. Braun, Produktpiraterie, S. 4.
2 Harte-Bavendamm, in: Gloy, Handbuch des Wettbewerbsrechts, § 43, Rdnr. 140.
3 Meister, MA 1987, 420 (420); Meister, Leistungsschutz und Produktpiraterie, S. 34.
4 Levin, GRUR Int. 1987, 18 (18).
5 Levin, GRUR Int. 1987, 18 (18).

1. Markenpiraterie

Der Begriff „Markenpiraterie“ entstand Ende der siebziger Jahre, als zahlreiche Produkte die Märkte überschwemmten, die zwar Marken trugen, aber nicht von dem jeweiligen Originalhersteller stammten[6]. Teile der Literatur legen diesen seinem Wortlaut entsprechend eng aus. Hiernach versteht man unter „Markenpiraterie“ lediglich das vorsätzliche Versehen eines eigenen, selbst oder durch Dritte hergestellten Produkts mit einer fremden Marke, um den Abnehmer über die Herkunft dieser Ware zu täuschen; das fremde Zeichen wird identisch oder zumindest nahezu identisch für imitierte Waren benutzt[7].

Eine derart enge Auslegung des Begriffs der „Markenpiraterie“ wird jedoch den Intentionen der Mehrzahl seiner Verwender nicht gerecht[8] und entspricht auch nicht dem heutigen Verständnis im Markengesetz, das beispielsweise auch die geschäftliche Bezeichnung schützt[9]. Unter „Markenpiraterie“ sollte daher ein übergeordneter Begriff verstanden werden, der die unzulässige Imitation des äußeren Erscheinungsbildes eines gewerblichen Produktes bezeichnet, wobei es sich sowohl um die vorsätzliche Verwendung der Marke, des Namens und der Geschäftsbezeichnung eines anderen als auch der Verpackung und der Präsentation handeln kann[10]. Hiernach kommt es entscheidend darauf an, ob die Ausführung in einer solchen Weise geschieht, daß die Nachahmung als Original erscheint[11]. Demgemäß fällt allerdings der sogenannte Technologieraub, bei dem die Eigenschaften eines Produktes unverändert nachgebildet werden und dieses unter einer eigenen, also neuen Marke kommerzialisiert wird, nicht mehr unter den Begriff der „Markenpiraterie“[12].

---

6 Meister, in: Dichtl/Eggers, Marke und Markenartikel, S. 270.

7 Wölfel, Rechtsfolgen von Markenverletzungen und Maßnahmen zur Bekämpfung der Markenpiraterie, S. 35; Harte-Bavendamm, in: Gloy, Handbuch des Wettbewerbsrechts, § 43, Rdnr. 137 f.; Braun, Produktpiraterie, S. 3; vgl. auch Knaak, GRUR Int. 1988, 1 (1 ff.), der Gleichartigkeit der Waren ausreichen läßt.

8 Vgl. Levin, GRUR Int. 1987, 18 (23).

9 Siehe dazu unten A III.

10 Vgl. Sammet, MA 1985, 60 (60); Levin, GRUR Int. 1987, 18 (23); Lührs, GRUR 1994, 264 (264); Ensthaler, GRUR 1992, 273 (274).

11 Vgl. Levin, GRUR Int. 1987, 18 (23).

12 A.A. Wich, Internationale Markenpiraterie, S. 13; Kelz/Wich, Mitt. 1986, 28 (29).

2. Produktpiraterie

Da auch Produkte imitiert werden, die nicht gekennzeichnet sind[13], hat sich Mitte der achtziger Jahre der Ausdruck „Produktpiraterie“, eine Begriffsklammer für ökonomische Sachverhalte, deren gemeinsamer Kern die Übernahme fremder Leistung ohne besondere eigene Anstrengung ist[14], durchgesetzt[15]. Man unterscheidet – aufgrund der Vielschichtigkeit der betroffenen Bereiche – zwischen Produktpiraterie im engeren und im weiteren Sinne[16].

Produktpiraterie im engeren Sinne stellt sich als Oberbegriff dar, der sich aus vier Komponenten zusammensetzt: der Markenpiraterie, den Formen von gezielten, systematischen Verletzungen der anderen gewerblichen Schutzrechte, des Urheberrechts und der rechtswidrigen Nachahmung sonderrechtlich nicht geschützter Produkte[17]. Vereinfacht läßt sich dies auf die Formel „Markenpiraterie plus Nachahmung von Produkten, ohne daß gleichzeitig eine Kennzeichnung gefälscht wird“ reduzieren[18].

Produktpiraterie im weiteren Sinne sind Lebenssachverhalte wie das Anhängen an den Ruf anderer, z.B. an bekannte Marken oder deren Verwendung für eigene gewerbliche Zwecke, die Übernahme einer fremden Marketing-Idee, beispielsweise eine Werbekampagne in ihren prägenden Elementen, und vergleichbare andere Formen von „Ideenklau“, soweit sie mittelbar mit gewerblichen Erzeugnissen zu tun haben[19].

Das Produktpirateriegesetz definiert den Begriff „Produktpiraterie“ nicht. Der Gesetzgeber hat seinerzeit nach kontrovers geführten Diskussionen[20] und

---

13 Einen knappen, aber informativen Überblick über die verschiedenen Schutzmöglichkeiten bietet Möller, Keine Gnade für Plagiate, S. 7 ff.

14 Meister, WRP 1991, 137 (138); Harte-Bavendamm, in: Gloy, Handbuch des Wettbewerbsrechts, § 43, Rdnr. 140.

15 Meister, in: Dichtl/Eggers, Marke und Markenartikel, S. 270.

16 Meister, MA 1992, 550 (550 f.); Meister, WRP 1991, 137 (137); Meister, WRP 1989, 559 (560); Meister, in: Marketing Akademie Hamburg René Weber GmbH, Produktpiraterie, S. 45; Meister, Leistungsschutz und Produktpiraterie, S. 34.

17 Meister, Leistungsschutz und Produktpiraterie, S. 34; Meister, WRP 1991, 137 (137); im Ergebnis ebenso Braun, Produktpiraterie, S. 7, Lührs, GRUR 1994, 264 (264), Oppermann, Der Auskunftsanspruch im gewerblichen Rechtsschutz und Urheberrecht, S. 3, die allerdings nicht zwischen Produktpiraterie im engeren und weiteren Sinne unterscheiden.

18 Vgl. Ensthaler, GRUR 1992, 273 (274).

19 Meister, WRP 1991, 137 (137 f.); ähnlich Braun, Produktpiraterie, S. 7; Ensthaler, GRUR 1992, 273 (274); Lührs, GRUR 1994, 264 (264); Oppermann, Der Auskunftsanspruch im gewerblichen Rechtsschutz und Urheberrecht, S. 3; wohl enger Jahn, WRP 1988, 413 (413).

20 Vgl. dazu Tilmann, BB 1990, 1565 (1565, 1567).

Definitionsversuchen angesichts der sich in einem dauernden Wandel befindlichen Erscheinungsformen zu Recht auf eine Legaldefinition und einen eigenen Piraterietatbestand verzichtet[21]. Andernfalls hätte die Gefahr bestanden, daß sich findige Piraten schnell auf die bestehende Gesetzeslage eingestellt und entsprechende Umgehungsformen von Schutzrechtsverletzungen entwickelt hätten[22].

Laut Begründung zum Regierungsentwurf sollen durch das Produktpirateriegesetz vor allem Voraussetzungen für eine schnelle und wirkungsvolle Bekämpfung der Schutzrechtsverletzungen geschaffen werden, die seit geraumer Zeit und mit nach wie vor ansteigender Tendenz planmäßig, gezielt und massenhaft begangen werden und für die die Umschreibung „Produktpiraterie" gebräuchlich geworden ist[23]. Hierunter fällt nicht die rechtswidrige Nachahmung sonderrechtlich nicht geschützter Produkte, geschweige denn die oben als Produktpiraterie im weiteren Sinne beschriebenen Lebenssachverhalte. Insofern faßt der Gesetzgeber den „Produktpiraterie"-Begriff enger als die gängige und hier vertretene Meinung. Er vertraut auf die höchstrichterliche Rechtsprechung zu dem insofern einschlägigen § 1 UWG, die gerade auf diesem Gebiet sehr reichhaltig ist und beweist, daß man die Generalklausel des § 1 UWG nicht durch Sondertatbestände ergänzen und dadurch verwässern muß, um zu sachgerechten Lösungen zu kommen[24].

3. *Abgrenzung Produktpiraterie – „herkömmliche" Schutzrechtsverletzung*

Der Gesetzgeber hat im Produktpirateriegesetz zwar von einer Definition des Begriffs „Produktpiraterie" abgesehen[25], weist aber in der Begründung zum Regierungsentwurf darauf hin, daß die sogenannte Piraterie kein aliud zur „herkömmlichen" Schutzrechtsverletzung sei, sondern ein Fall von Schutzrechtsverletzung, der sich durch besonders großen Unrechtsgehalt oder hohen Schaden auszeichne[26]. Aus diesem Grund wurde auch die eingangs angesprochene einheitliche Verbesserung der Durchsetzungsmechanismen der bereits bestehenden gewerblichen Schutzrechte angestrebt. Die genannten Kriterien sind allerdings

---

21 Dierck/Lehmann, CR 1993, 537 (537 f.); vgl. auch Mühlens, CR 1990, 433 (434).

22 Vgl. Oppermann, Der Auskunftsanspruch im gewerblichen Rechtsschutz und Urheberrecht, S. 113.

23 BT-Drucksache 11/4792, S. 15.

24 Vgl. Aktuelle Berichte - Gesetz gegen Produktpiraterie: Regierungsentwurf, GRUR 1989, 581 (582); vgl. dazu auch Brouer, in: Marketing Akademie Hamburg René Weber GmbH, Produktpiraterie, S. 19.

25 Siehe dazu oben A I 2.

26 BT-Drucksache 11/4792, S. 17.

zu unbestimmt, um eine Abgrenzung zu ermöglichen. Auch ist nicht einzusehen, aus welchem Grund bei einem nur geringen Schaden lediglich von einer „herkömmlichen“ Schutzrechtsverletzung auszugehen sein soll.

Befürworter der Schaffung eines eigenen Pirterietatbestandes schlugen vor, als Abgrenzungskriterium auf den Grad der äußerlich erkennbaren Übereinstimmung der Nachahmung mit dem Original abzustellen[27]. Diese Auffassung ist jedoch zu eng, da sie mehr oder weniger nur das sklavische Kopieren von Produkten umfaßt, das nach gängiger und hier vertretener Meinung keineswegs die einzige Form schwerer Schutzrechtsverletzungen ist[28].

Ebenfalls zu eng ist die Ansicht, die den Unterschied zur „herkömmlichen“ Schutzrechtsverletzung darin sieht, daß der einzige Zweck der gewerblichen Betätigung des Betreffenden die Nachahmung, d.h. die Fälschung fremder Produkte ist[29]. Zu Recht wird darauf hingewiesen, daß hierdurch Unternehmen, die zwar auch eine legale Tätigkeit entfalten, daneben aber absichtlich einen „Nebenzweig Produktnachahmung“ betreiben, fälschlicherweise nicht erfaßt würden[30].

Eine Abgrenzung läßt sich aber auf subjektiver Ebene vornehmen. Der Produktpirat handelt mit Verletzungsabsicht, er greift vorsätzlich in fremde Schutzrechte ein. Geschieht die Schutzrechtsverletzung dagegen – oftmals im Tempodruck des alltäglichen Wettbewerbs[31] – ohne Verletzungsabsicht, etwa aufgrund interner Koordinierungsfehler, unzureichender Recherchen oder Fehlbeurteilungen der Schutzrechtslage, ist sie „herkömmlicher“ Natur[32]. Hierunter fallen also auch die Fälle, in denen der Unternehmer die fremden Rechte zwar kennt, jedoch unbeabsichtigt die nicht immer klar gezogenen Grenzen überschreitet[33].

---

27 So schon die Mitteilung aus der Deutschen Vereinigung für gewerblichen Rechtsschutz und Urheberrecht – Eingabe betr. den Referentenentwurf eines Gesetzes zur Änderung des Gesetzes über Urheberrecht und verwandte Schutzrechte, GRUR 1985, 867 (868); Mühlens, CR 1990, 433 (434).

28 Vgl. Mühlens, CR 1990, 433 (434).

29 Meister, MA 1988, 447 (447).

30 Braun, Produktpiraterie, S. 7 f., Fn. 29.

31 Meister, WRP 1991, 137 (138); Meister, WRP 1989, 559 (562).

32 Braun, Produktpiraterie, S. 7.

33 Vgl. Wölfel, Rechtsfolgen von Markenverletzungen und Maßnahmen zur Bekämpfung der Markenpiraterie, S. 34.

II. Marken

Der frühere Begriff des Warenzeichens wird im Markengesetz nicht mehr verwendet. Oberbegriff ist nun das Kennzeichen, das Marken, geschäftliche Bezeichnungen und geographische Herkunftsangaben umfaßt[34].

Marken sind nach § 1 Nr. 1 MarkenG geschützte Kennzeichen[35]. § 3 Abs. 1 MarkenG umschreibt die Marke als ein Zeichen, das geeignet ist, Waren oder Dienstleistungen eines Unternehmens von denjenigen anderer Unternehmen zu unterscheiden. Sie ist mithin ein Unterscheidungszeichen zur Identifikation von Unternehmensprodukten auf dem Markt[36].

Der Begriff der Marke wird im Markengesetz für alle Arten von Marken verwendet, d.h. Warenmarken, Dienstleistungsmarken und Kollektivmarken, und schließt auch die nach dem Madrider Markenabkommen und dem Protokoll zum Madrider Markenabkommen registrierten internationalen Marken ein. Gemeinschaftsmarken sind hingegen keine Marken im Sinne des Markengesetzes; auf diese ist das Markengesetz durch ausdrückliche Verweisung lediglich teilweise anwendbar[37]. Von deren Behandlung wird in der vorliegenden Abhandlung abgesehen.

Gemäß § 4 MarkenG unterscheidet man nach der Entstehung des Markenschutzes drei Kategorien von Marken:

- die Registermarke, die durch Eintragung eines Zeichens in das beim Deutschen Patent- und Markenamt geführte Register Markenschutz entfaltet (§ 4 Nr. 1 MarkenG).
- die Benutzungsmarke, die durch die tatsächliche Ingebrauchnahme im geschäftlichen Verkehr Markenschutz entfaltet, soweit das Zeichen innerhalb beteiligter Verkehrskreise als Marke Verkehrsgeltung besitzt (§ 4 Nr. 2 MarkenG).
- die Notorietätsmarke, die durch ihre notorische Bekanntheit im Sinne des Artikels 6bis der Pariser Verbandsübereinkunft zum Schutz des gewerblichen Eigentums Markenschutz entfaltet (§ 4 Nr. 3 MarkenG).

---

34 Vgl. § 1 MarkenG.

35 Fezer, Markenrecht, Einl., Rdnr. 17.

36 Fezer, Markenrecht, Einl., Rdnr. 17; zur Problematik der Markenrechtsfähigkeit von Vereinssymbolen, die vor allem bei bekannten Vereinen von Dritten in Form von nicht lizensierten Fanartikeln mißbraucht werden, vgl. Bayreuther, WRP 1997, 820 (821 ff.).

37 Vgl. Ingerl/Rohnke, Markengesetz, § 1 MarkenG, Rdnr. 5.

Bei einer Marke handelt es sich um ein subjektives Recht, das in § 14 Abs. 1 MarkenG als Ausschließlichkeitsrecht geregelt ist[38]. Es gewährt dem Inhaber der Marke unternehmerische Freiräume der wirtschaftlichen Betätigung auf dem Markt. Er kann jedem Dritten Eingriffe in sein Markenrecht verbieten. Weiterhin folgt aus der subjektivrechtlichen Struktur des Markenrechts die Qualität der Marke als Verfassungseigentum[39].

Bei einer Registermarke kann das Ausschließlichkeitsrecht gegen jede Verletzung innerhalb der Bundesrepublik Deutschland geltend gemacht werden, selbst wenn die Markenbenutzung nur in einem Teilgebiet Deutschlands erfolgt, weil die Registermarke das gesamte Territorium erfaßt. Gleiches gilt für die Notorietätsmarke[40]. Demgegenüber beschränkt sich das Ausschließlichkeitsrecht bei der Benutzungsmarke auf das Territorium, in dem diese benutzt wird, wobei allerdings eine natürliche, künftige Ausdehnungstendenz Berücksichtigung finden kann[41].

III. Geschäftliche Bezeichnungen

Firmen- und Unternehmensnamen, besondere Geschäftsbezeichnungen, Geschäftsabzeichen und Werktitel wurden bis zum 31.12.1994 nach § 16 UWG geschützt. Nunmehr sind sie unter dem Oberbegriff „geschäftliche Bezeichnung" nach § 1 Nr. 2 MarkenG geschützte Kennzeichen. Während Marken produktidentifizierende Unterscheidungszeichen darstellen, sind geschäftliche Bezeichnungen unternehmensidentifizierende oder werkidentifizierende Unterscheidungszeichen[42].

§ 5 Abs. 1 MarkenG untergliedert den Begriff der geschäftlichen Bezeichnung in Unternehmenskennzeichen und Werktitel. Diese werden in § 5 Abs. 2 und 3 MarkenG definiert. Hiernach sind Unternehmenskennzeichen Zeichen, die im geschäftlichen Verkehr als Name, Firma oder als besondere Bezeichnung eines Geschäftsbetriebs oder eines Unternehmens benutzt werden. Der besonderen Bezeichnung eines Geschäftsbetriebs stehen solche Geschäftsabzeichen und sonstige zur Unterscheidung des Geschäftsbetriebs von anderen Geschäftsbetrieben bestimmte Zeichen gleich, die innerhalb beteiligter Verkehrskreise als Kennzeichen eines Geschäftsbetriebes gelten. Werktitel sind die Namen oder besonderen

---

38 Vgl. Fezer, Markenrecht, § 14 MarkenG, Rdnr. 8.
39 Vgl. Fezer, Markenrecht, § 14 MarkenG, Rdnr. 10.
40 Vgl. Ingerl/Rohnke, Markengesetz, § 14 MarkenG, Rdnr. 28.
41 Vgl. Klaka, in: Althammer/Ströbele/Klaka, Markengesetz, § 14 MarkenG, Rdnr. 5 m.w.N.
42 Vgl. Fezer, Markenrecht, § 5 MarkenG, Rdn. 7.

Bezeichnungen von Druckschriften, Filmwerken, Tonwerken, Bühnenwerken oder von sonstigen vergleichbaren Werken.

Unternehmenskennzeichen entfalten unabhängig von einer Registrierung Kennzeichenschutz durch die tatsächliche Aufnahme der Benutzung des Zeichens im geschäftlichen Verkehr, wenn die Bezeichnung natürliche Namensfunktion bzw. Unterscheidungskraft besitzt[43]. Fehlt es an letzterem, entsteht der Kennzeichenschutz nicht schon mit der ersten Benutzungsaufnahme, sondern erst zu dem Zeitpunkt, zu dem dem im geschäftlichen Verkehr benutzten Zeichen aufgrund des Erwerbs von Verkehrsgeltung Unterscheidungskraft zukommt[44].

Dagegen entfalten Geschäftsabzeichen und sonstige Kennzeichen zur Unterscheidung des Geschäftsbetriebs von anderen Geschäftsbetrieben nach dem Wortlaut des § 5 Abs. 2 S. 2 MarkenG Kennzeichenschutz nicht schon mit der ersten Benutzungsaufnahme, sondern stets erst mit nachgewiesener Verkehrsgeltung.

Werktitel schließlich entfalten Kennzeichenschutz wie Unternehmenskennzeichen durch Benutzungsaufnahme, sofern die notwendige natürliche Unterscheidungskraft vorliegt, wenn diese fehlt, erst mit der durch Verkehrsgeltung erreichten Unterscheidungskraft[45].

Um den Umfang der vorliegenden Abhandlung in einem überschaubaren Rahmen zu halten, wird lediglich die Verletzung von Marken behandelt. Die Verletzung geschäftlicher Bezeichnungen führt in rechtlicher Hinsicht – soweit hier interessierend – ohnehin zu keinen nennenswerten Unterschieden.

IV. Geographische Herkunftsangaben

Geographische Herkunftsangaben sind nach § 1 Nr. 3 MarkenG geschützte Kennzeichen. Rechtsgrundlagen für ihren Schutz können die Vorschriften des nationalen Markenrechts (§§ 126 – 129 MarkenG) und eine Eintragung gemäß der Verordnung (EWG) Nr. 2081/92 (§§ 130 – 136 MarkenG) sein. Der Theorienstreit, ob sie – ebenso wie Marken und geschäftliche Bezeichnungen – als subjektive Kennzeichenrechte geschützt sind[46] oder ihr Schutz lediglich als

43 Vgl. Klaka, in: Althammer/Ströbele/Klaka, Markengesetz, § 5 MarkenG, Rdnr. 18.
44 Vgl. Fezer, Markenrecht, § 5 MarkenG, Rdnr. 3.
45 Vgl. Klaka, in: Althammer/Ströbele/Klaka, Markengesetz, § 5 MarkenG, Rdnr. 55.
46 So Fezer, Markenrecht, § 126 MarkenG, Rdnr. 4; Knaak, GRUR 1995, 103 (105).

wettbewerbsrechtlicher Schutz ausgestaltet ist[47], soll hier nicht weiter vertieft werden.

Die Berechtigung zur Nutzung geographischer Herkunftsangaben, die keinen „Inhaber" wie etwa die Marke oder geschäftliche Bezeichnung haben, ist unabhängig von rechtsgeschäftlichen Erklärungen, Handlungen von Behörden oder Gerichten etc., sondern knüpft ausschließlich an rein tatsächliche Verhältnisse, nämlich die Herkunft der Produkte einerseits und die Verkehrsauffassung andererseits, an[48]. Die widerrechtliche Benutzung einer geographischen Herkunftsangabe setzt damit weder eine Produktnachahmung durch vorsätzliche Verwendung der Marke, des Namens, der Geschäftsbezeichnung, der Verpackung oder der Präsentation eines anderen noch die sonstige Übernahme fremder Leistung voraus, so daß sie nach der hier vertretenen Auffassung nicht unter den Begriff „Produktpiraterie" fällt.

47 So Klaka, in: Althammer/Ströbele/Klaka, Markengesetz, § 126 MarkenG, Rdnr. 5; Ingerl/Rohnke, Markengesetz, Vor §§ 126-139 MarkenG, Rdnr. 1.

48 Vgl. Ingerl/Rohnke, Markengesetz, Vor §§ 126-139 MarkenG, Rdnr. 1.

B. Markenverletzung im Sinne von § 14 MarkenG

I. Kollisionstatbestände

In § 14 Abs. 2 Nr. 1 bis 3 MarkenG werden drei Kollisionstatbestände normiert, die einer Marke Identitätsschutz, Verwechslungsschutz und Bekanntheitsschutz gewähren.

1. Identische Zeichen innerhalb des Waren-/Dienstleistungsidentitätsbereichs

Eine Markenverletzung gemäß § 14 Abs. 2 Nr. 1 MarkenG liegt vor, wenn ein mit der Marke identisches Zeichen für Waren oder Dienstleistungen benutzt wird, die mit denjenigen identisch sind, für die sie Schutz genießt. Vorausgesetzt werden mithin Markenidentität und Waren- bzw. Dienstleistungsidentität. Da Fälle der Produktpiraterie am häufigsten die sogenannten Identfälschungen betreffen, sind erstere in der Regel diesem Tatbestand zuzuordnen.

2. Identische oder ähnliche Zeichen innerhalb des Waren-/Dienstleistungsidentitäts- oder Waren-/Dienstleistungsähnlichkeitsbereichs

Eine Markenverletzung gemäß § 14 Abs. 2 Nr. 2 MarkenG liegt vor, wenn wegen der Identität oder Ähnlichkeit des benutzten Zeichens mit der Marke und der Identität oder Ähnlichkeit der durch die Marke und das Zeichen erfaßten Waren oder Dienstleistungen für das Publikum die Gefahr von Verwechslungen besteht, einschließlich der Gefahr, daß das Zeichen mit der Marke gedanklich in Verbindung gebracht wird. Vorausgesetzt wird mithin Verletzungsgefahr, die Folge einer Identität oder Ähnlichkeit der kollidierenden Marken und der Waren bzw. Dienstleistungen ist. Unter diesen Tatbestand fallen diejenigen Fälle der Produktpiraterie, in denen die Kennzeichnung des Verletzungsgegenstands – häufig unbeabsichtigt – geringfügige Abweichungen von der Marke der Originalware aufweist.

3. Identische oder ähnliche Zeichen außerhalb des Waren-/Dienstleistungsähnlichkeitsbereichs

Eine Markenverletzung gemäß § 14 Abs. 2 Nr. 3 MarkenG liegt vor, wenn ein mit der Marke identisches Zeichen oder ein ähnliches Zeichen für Waren oder Dienstleistungen benutzt wird, die nicht denen ähnlich sind, für die die Marke Schutz genießt, wenn es sich bei der Marke um eine im Inland bekannte Marke handelt und die Benutzung des Zeichens die Unterscheidungskraft oder die Wertschätzung der bekannten Marke ohne rechtfertigenden Grund in unlauterer Weise ausnutzt oder beeinträchtigt. Vorausgesetzt werden mithin eine unlautere und nicht gerechtfertigte Markenausnutzung oder Markenbeeinträchtigung einer bekannten Marke außerhalb ihres Waren- bzw. Dienstleistungsähnlichkeitsbereichs. Dieser Tatbestand betrifft Fälle der Produktpiraterie, in denen bekannte und prestigeträchtige Marken für andere Produktkategorien (z.B. Textilien statt Uhren, Kosmetika statt Whiskey) mißbraucht werden[1].

II. Handeln im geschäftlichen Verkehr

Eine Markenverletzung im Sinne des § 14 Abs. 2 MarkenG setzt ein Handeln im geschäftlichen Verkehr voraus. Privatverkehr, Eigengebrauch und betriebsinterne Handlungen sind markenrechtlich frei[2], so daß es insofern einer Abgrenzung bedarf.

1. Geschäftlicher Verkehr – Privatverkehr

Der Begriff des geschäftlichen Verkehrs im Markenrecht entspricht demjenigen im Gesetz gegen den unlauteren Wettbewerb (UWG) sowie in den wettbewerbsrechtlichen Nebengesetzen und ist dementsprechend weit auszulegen[3]. Er setzt weder eine auf Erwerb gerichtete Tätigkeit[4] noch Gewinnerzielungsabsicht, Ent-

---

1 Vgl. Harte-Bavendamm, in: Gloy, Handbuch des Wettbewerbsrechts, § 43, Rdnr. 137.

2 Vgl. Ingerl/Rohnke, Markengesetz, § 14 MarkenG, Rdnr. 36 ff., der noch weitere Bereiche vom geschäftlichen Verkehr abgrenzt, die in Fällen der Produktpiraterie aber nicht relevant sind.

3 Fezer, Markenrecht, § 14 MarkenG, Rdnr. 40 f.

4 BGH, Urteil vom 30.3.1953, GRUR 1953, 446 (447).

geltlichkeit oder das Bestehen eines Wettbewerbsverhältnisses voraus[5]. Ausreichend ist jede Handlung, die der Förderung eines beliebigen eigenen oder fremden Geschäftszwecks dient[6]. Der Geschäftszweck kann ebenfalls beliebiger Natur sein. Zum geschäftlichen Verkehr gehören geschäftliche Betätigungen im weitesten Sinne, auch die Erwerbstätigkeit der freien Berufe (z.B. Ärzte, Rechtsanwälte, Steuerberater, Wirtschaftsprüfer, Künstler, Wissenschaftler) sowie die wirtschaftliche Tätigkeit der öffentlichen Hand[7]. Zusätzlich stellt die Rechtsprechung zum Begriff des geschäftlichen Verkehrs darauf ab, ob die gekennzeichnete oder unter dem Zeichen angekündigte Ware zum Inverkehrbringen bestimmt ist, die Ware also nicht nur selbst (Eigengebrauch) oder innerbetrieblich (betriebsinterne Handlungen) gebraucht werden soll[8]. Privatverkehr ist schließlich alles, was sich im Bereich des einzelnen außerhalb von Erwerb und Berufsausübung abspielt[9].

2. *Eigengebrauch*

Der Markeninhaber kann einem Dritten nicht verwehren, eine Ware, die dieser nicht in Verkehr setzen, sondern nur selbst gebrauchen will, mit der Marke zu versehen. Gegenüber dem bloßen Gebrauch der Ware unter der geschützten Marke scheidet ein markenrechtlicher Schutz sogar dann aus, wenn die namentliche Verwendung der Öffentlichkeit gegenüber erfolgt[10]. Zum Eigengebrauch gehört somit auch das Tragen hochwertiger Markenware oder das Schmücken mit Luxusgegenständen, selbst wenn mit einer Steigerung des Ansehens in der Öffentlichkeit, auch bei geschäftlichen Kontakten, gerechnet wird; die Art, sich zu kleiden, gehört zum persönlichen, privaten Bereich eines jeden Menschen, die Art seines Auftretens bleibt seine persönliche Note[11].

---

5 Vgl. Klaka, in: Althammer/Ströbele/Klaka, Markengesetz, § 15 MarkenG, Rdnr. 14 m.w.N.

6 BGH, Urteil vom 17.3.1953, GRUR 1953, 293 (294); BGH, Urteil vom 26.2.1960, GRUR 1960, 384 (386); BGH, Urteil vom 9.10.1963, GRUR 1964, 208 (209).

7 Vgl. Fezer, Markenrecht, § 14 MarkenG, Rdnr. 41 m.w.N.

8 Ingerl/Rohnke, Markengesetz, § 14 MarkenG, Rdnr. 38 f. m.w.N.

9 Vgl. Gloy, in: Gloy, Handbuch des Wettbewerbsrechts, § 11, Rdnr. 4 m.w.N.; Hörstel, GRUR 1965, 408 (409) m.w.N.

10 Vgl. BGH, Urteil vom 24.1.1991, GRUR 1991, 607 (608).

11 BGH, Urteil vom 12.2.1998, WRP 1998, 604 (605).

3. Betriebsinterne Handlungen

Ebensowenig kann der Markeninhaber innerbetriebliche Vorgänge, die nicht über den Unternehmensbereich hinauswirken, also rein betriebsinterne Handlungen darstellen, unterbinden[12]. In diesem Zusammenhang ist allerdings zu berücksichtigen, daß § 14 Abs. 3 Nr. 2 MarkenG und § 14 Abs. 4 Nr. 2 MarkenG ausdrücklich auch den Besitz widerrechtlich gekennzeichneter Gegenstände zum Zwecke des Anbietens oder Inverkehrbringens als Verletzungshandlung definieren, obwohl ein solcher gerade nicht über den Unternehmensbereich hinauswirkt. Aus diesem Grund müssen die Konkretisierungen der Absätze 2 und 3 insofern eine Ausweitung des Begriffs des geschäftlichen Verkehrs bewirken, da der Besitztatbestand andernfalls leerlaufen würde[13]. Entsprechendes gilt für die Anbringung eines Zeichens auf Waren, ihrer Aufmachung, Verpackung oder Kennzeichnungsmitteln gemäß § 14 Abs. 3 Nr. 1 MarkenG und § 14 Abs. 4 Nr. 1 MarkenG, die ebenfalls bereits als betriebsinterne Handlung und nicht etwa erst bei einem Inverkehrbringen eine Verletzungshandlung darstellt[14].

4. Die Entscheidung „Handtuchspender" des Bundesgerichtshofs

In einem Urteil des Bundesgerichtshofs aus dem Jahre 1987 heißt es, daß die Zeichenverwendung im geschäftlichen Verkehr nach dem Sinn und Zweck des Warenzeichens grundsätzlich alle Bereiche umfasse, in denen außerhalb des Privatbereichs einer unbestimmten Vielzahl von Personen die Ware unter dem fraglichen Warenzeichen angeboten werde[15]. Eine Lockerung des Erfordernisses des *geschäftlichen* Elements im geschäftlichen Verkehr kann hierin aber entgegen einer bisweilen anzutreffenden Ansicht[16] nicht gesehen werden, nachdem es in der Entscheidung ausdrücklich „außerhalb des Privatbereichs" heißt, die Förderung eines Geschäftszwecks also weiterhin erforderlich ist[17]. Vielmehr hat der Bundesgerichtshof die für den geschäftlichen Verkehr zusätzlich erforderliche

---

12 Fezer, Markenrecht, § 14 MarkenG, Rdnr. 42.

13 Ebenso Ingerl/Rohnke, Markengesetz, § 14 MarkenG, Rdnr. 39; unklar Fezer, Markenrecht, § 14 MarkenG, Rdnr. 42.

14 Ingerl/Rohnke, Markengesetz, § 14 MarkenG, Rdnr. 39, 108; vgl. auch Regierungsbegründung zum Markenrechtsreformgesetz, BT-Drucks. 12/6581, S. 76 f.; a.A. Fezer, Markenrecht, § 14 MarkenG, Rdnr. 465.

15 BGH, Urteil vom 10.2.1987, GRUR 1987, 438 (440).

16 Vgl. z.B. LG Berlin, Urteil vom 21.4.1997, Az.: 97 O 245/96.

17 Ebenso wohl Ingerl/Rohnke, Markengesetz, § 14 MarkenG, Rdnr. 38.

Bestimmung zum *Inverkehrbringen*[18] in Abgrenzung zum Eigengebrauch und betriebsinternen Handlungen definiert.

5. Grenzfälle aus der Praxis

Insbesondere beim sogenannten „Ameisenhandel"[19] im grenzüberschreitenden Verkehr wird von „Kleinverletzern", die mit widerrechtlich gekennzeichneten Produkten aufgegriffen werden, häufig behauptet, diese lediglich für die Familie, Freunde, Bekannte und Kollegen, als Spende für Hilfsbedürftige oder (bei Sportbekleidung) zur Ausstattung eines Sportvereins bzw. in dessen Auftrag erworben zu haben. Auch wenn dies in Einzelfällen zutreffen mag, handelt es sich doch häufig um reine Schutzbehauptungen, die den Zweck haben, sich den Ansprüchen des Markeninhabers zu entziehen. Fraglich ist allerdings, ob diese Sachverhalte tatsächlich allesamt markenrechtlich nicht relevant sind. Die erstinstanzliche Rechtsprechung stellt in diesem Zusammenhang überwiegend nur sehr geringe Anforderungen an das Vorliegen eines Handelns im geschäftlichen Verkehr. Das Landgericht Frankfurt am Main geht hiervon bereits bei einem Inverkehrsetzen widerrechtlich gekennzeichneter Ware in Form einer unentgeltlichen Weitergabe an Verwandte, Freunde und Bekannte aus[20]. Diese Meinung wird auch vom Landgericht Hagen vertreten[21]. Das Landgericht Mannheim führt aus, daß privater Gebrauch nicht vorliege, wenn widerrechtlich gekennzeichnete Ware mit der Absicht in die Bundesrepublik Deutschland eingeführt werde, sie – auch unentgeltlich – an Freunde oder Bekannte weiterzugeben[22]. Nach Auffassung des Landgerichts Bochum „kauft der Endverbraucher für sich selbst bestimmte Textilien in seiner Größe, aber nicht willkürlich Textilien aller Arten und Größen", so daß die Weitergabe dieser Ware an Kollegen aus Gefälligkeit

---

18 Vgl. oben B II 1.

19 Der Begriff des „Ameisenhandels" beschreibt den schwunghaften Handel mit gefälschten Waren, der derart organisiert ist, daß Einzelreisende kleinere Stückzahlen von Piraterieprodukten nach Deutschland einführen. Diese Ware wird von „Hintermännern" zentral gesammelt und beispielsweise auf Flohmärkten abgesetzt. Vgl. zum Ameisenhandel LG Düsseldorf, Urteil vom 10.1.1996, Az.: 34 O 173/95.

20 LG Frankfurt am Main, Urteil vom 15.3.1995, Az.: 2/6 O 811/94; LG Frankfurt am Main, Beschluß vom 9.5.1995, Az.: 2/6 O 156/95.

21 LG Hagen, Beschluß vom 29.9.1995, Az.: 24 O 56/95.

22 LG Mannheim, Urteil vom 25.6.1997, Az.: 21 O 28/97; vgl. auch LG Mannheim, Urteil vom 12.2.1999, WRP 1999, 1057 (1058), wonach die Einfuhr von pro Kopf über 23 Bekleidungsstücken, die zu Unrecht mit bekannten Marken versehen sind, für ein Handeln im geschäftlichen Verkehr spricht.

im geschäftlichen Verkehr erfolge[23]. Auch die unentgeltliche Ausstattung eines Fußballvereins mit widerrechtlich gekennzeichneten Textilien soll nach Ansicht des Landgerichts Berlin im geschäftlichen Verkehr erfolgen[24]. Diese Meinung vertritt auch das Landgericht Nürnberg-Fürth für den Fall des Handelns im Auftrag eines Sportvereins bei ansonsten identischer Konstellation[25].

All diesen Entscheidungen ist gemeinsam, daß sie entweder ohne jede Begründung von einem geschäftlichen Verkehr ausgehen oder aber offensichtlich den Begriff des Inverkehrbringens mit dem des geschäftlichen Verkehrs verwechseln bzw. gleichsetzen. Richtig ist zwar, daß in diesen Fällen ohne weiteres ein Inverkehrbringen an die genannten Abnehmer bzw. eine Absicht hierzu vorliegt. Ob allerdings ein eigener oder fremder Geschäftszweck gefördert werden soll, ist im einzelnen zu prüfen.

Die Anschaffung widerrechtlich gekennzeichneter Ware in der Absicht, diese an Familie, Freunde, Bekannte oder Kollegen zu verschenken oder auch zum Selbstkostenpreis abzugeben, fördert ebensowenig wie eine beabsichtigte Spende an Hilfsbedürftige oder einen Verein bzw. Besorgung in dessen Auftrag einen Geschäftszweck des „Anschaffenden", sie spielt sich vielmehr außerhalb von Erwerb und Berufsausübung ab[26]. Fraglich ist allerdings, ob ein fremder Geschäftszweck, nämlich der der Abnehmer, gefördert wird. Dies ist bei Familie, Freunden, Bekannten, Kollegen oder Hilfsbedürftigen zu verneinen, solange die Ware nicht zur entgeltlichen Weitergabe an Dritte bestimmt ist. Letzteres kann insbesondere bei einer Abgabe an Hilfsbedürftige dann der Fall sein, wenn diese die Ware nicht selbst nutzen können, sondern auf den Erlös durch Verkauf angewiesen sind. Wird einem Verein widerrechtlich gekennzeichnete Sportbekleidung gespendet oder in dessen Auftrag beschafft, um hiermit die Mitglieder auszustatten, fördert dies dessen Geschäftszweck grundsätzlich nicht, vielmehr liegt ein markenrechtlich nicht relevanter Eigengebrauch vor[27]. Eine andere Beurteilung kann allenfalls dann gegeben sein, wenn sich die Mitglieder aus kommerziellen Gründen zum Tragen bestimmter Markenwaren verpflichtet und insoweit auf ihr persönliches Selbstbestimmungsrecht verzichtet haben[28]. Dies ist aller-

23 LG Bochum, Urteil vom 31.8.1995, Az.: 14 O 94/95.

24 LG Berlin, Urteil vom 21.4.1997, Az.: 97 O 245/96.

25 LG Nürnberg-Fürth, Urteil vom 19.4.1996, Az.: 4HK O 10573/95.

26 Etwas anderes gilt nur dann, wenn die Abgabe in Form von Werbegeschenken erfolgen soll. In diesem Fall wird ein Geschäftszweck gefördert.

27 Beim bloßen Gebrauch der Ware scheidet ein markenrechtlicher Schutz auch dann aus, wenn die namentliche Verwendung der Öffentlichkeit gegenüber erfolgt, wie dies beispielsweise bei einem Fußballspiel vor Publikum der Fall ist (vgl. oben B II 2).

28 Vgl. BGH, Urteil vom 12.2.1998, WRP 1998, 604 (605).

dings lediglich bei professionellen Vereinen der Fall, die es dann kaum nötig haben dürften, widerrechtlich gekennzeichnete Kleidung zu tragen.

Im Ergebnis fehlt es in den eingangs genannten Fallkonstellationen regelmäßig an einem Handeln im geschäftlichen Verkehr, so daß der Markeninhaber hier entgegen der in der erstinstanzlichen Rechtsprechung vertretenen Meinung keine Handhabe hat. Spätestens einer Überprüfung durch den Bundesgerichtshof wird diese Rechtsprechung nicht standhalten.

III. Markenverletzende Benutzung

1. Allgemein

§ 14 Abs. 2 MarkenG verbietet Dritten bei Vorliegen der oben genannten Kollisionstatbestände[29] und eines Handeln im geschäftlichen Verkehr[30] die „Benutzung" des Zeichens für Waren oder Dienstleistungen ohne Zustimmung des Markeninhabers. Der Begriff der Benutzung ist im Markengesetz nicht definiert. Allerdings zählt § 14 Abs. 3 MarkenG beispielhaft[31], d.h. nicht abschließend, einen Katalog markenverletzender Benutzungshandlungen auf, der in § 14 Abs. 4 MarkenG um einen Katalog markenverletzender Vorbereitungshandlungen ergänzt wird. Mangels abschließender Aufzählung kommt als rechtserhebliche Benutzungshandlung jede Benutzung im geschäftlichen Verkehr in Betracht. Insofern unterscheidet sich die Vorschrift vom früheren Warenzeichengesetz, das in § 15 WZG das Ausschlußrecht des Inhabers einer eingetragenen Marke auf das Recht zur Kennzeichnung, das Recht zum ersten Inverkehrbringen und das Recht zur Benutzung in den Geschäftspapieren und in der Werbung beschränkt hat.

Im früheren Warenzeichengesetz wurde von der Rechtsprechung und der überwiegenden Meinung im Schrifttum nur der sogenannte zeichenmäßige bzw. markenmäßige Gebrauch eines Zeichens als Verletzungshandlung angesehen[32]. Hierunter verstand man einen Gebrauch, bei dem zumindest ein nicht ganz unerheblicher Teil der angesprochenen Verkehrskreise annehmen konnte, das Zeichen diene als Hinweis auf die betriebliche Herkunft des gekennzeichneten Produkts oder als Werbemaßnahme des Kennzeicheninhabers[33]. Das Erfordernis eines zeichenmäßigen Gebrauchs wurde mit der Begrenzung des Rechtsschutzes

29 Vgl. oben B I.
30 Vgl. oben B II.
31 Klaka, in: Althammer/Ströbele/Klaka, Markengesetz, § 14 MarkenG, Rdnr. 70.
32 Fezer, Markenrecht, § 14 MarkenG, Rdnr. 21 m.w.N.
33 Ingerl/Rohnke, Markengesetz, § 14 MarkenG, Rdnr. 48 m.w.N.

des Warenzeichens auf seine Herkunftsfunktion, mit der als abschließend verstandenen Aufzählung möglicher Verletzungshandlungen in §§ 15, 24, 25 WZG und mit der ausdrücklichen Bezugnahme auf den warenzeichenmäßigen Gebrauch in § 16 WZG begründet[34].

Für das Markengesetz ist umstritten, ob der markenmäßige Gebrauch des kollidierenden Zeichens rechtliche Voraussetzung eines Markenschutzes ist[35]. Dies kann vorliegend allerdings offen bleiben, da dieser wesentliches Merkmal der markenverletzenden Produktpiraterie ist. Dem Produktpiraten kommt es gerade darauf an, den Verkehrsteilnehmer zu der Annahme zu verleiten, die Marke diene als Hinweis auf die betriebliche Herkunft des gekennzeichneten Produkts – nämlich die des bekannten Markenherstellers, der für Qualität bürgt.

2. Einzelne Benutzungshandlungen

a) Anbringung des Zeichens auf Waren, ihrer Aufmachung oder Verpackung

Die in § 14 Abs. 3 Nr. 1 MarkenG verbotene Anbringung erfaßt jede körperliche Verbindung des fremden Zeichens mit der Ware, ihrer Aufmachung oder Verpackung. Durch die Begriffe „Aufmachung" und „Verpackung", die hier dieselbe Bedeutung haben, soll eine möglichst weite Erfassung aller Mittel, mit denen eine einzelne Sache oder Sachmenge ganz oder teilweise umgeben oder zusammengefaßt wird, erreicht werden[36].

b) Anbieten, Inverkehrbringen und Besitzen von Waren

Nach § 14 Abs. 3 Nr. 2 MarkenG ist es untersagt, unter einem fremden Zeichen Waren anzubieten, in den Verkehr zu bringen oder zu den genannten Zwecken zu besitzen.

Unter Anbieten versteht man jede Handlung gegenüber einer einzelnen Person, mehreren bestimmten Personen oder einem unbestimmten Personenkreis, die anregen soll, die Ware zur Begründung eigener Verfügungsgewalt (Besitz,

---

34 Ingerl/Rohnke, Markengesetz, § 14 MarkenG, Rdnr. 49 m.w.N.

35 Vgl. dazu ausführlich Fezer, Markenrecht, § 14 MarkenG, Rdnr. 29 ff., der die richtlinienkonforme Auslegung des § 14 MarkenG anspricht sowie dessen Wortlaut und Entstehungsgeschichte, die Gesetzesbegründung und -systematik, den Normzweck des Markenschutzes nach dem Markengesetz und den Normzweck des Art. 5 Abs. 5 MarkenRL behandelt; Starck, GRUR 1996, 688 (688 ff.).

36 Klaka, in: Althammer/Ströbele/Klaka, Markengesetz, § 14 MarkenG, Rdnr. 72.

Eigentum) oder zur Benutzung unabhängig von der rechtlichen Gestaltung (z.B. Kauf, Miete, Pacht, Leasing, Leihe oder Schenkung) zu erwerben[37].

Inverkehrbringen ist jede Tätigkeit, durch die der Eintritt der Ware in den Verkehr tatsächlich bewirkt und die Verfügungsmacht eines anderen ebenfalls unabhängig von der rechtlichen Gestaltung (z.B. Kauf, Miete, Pacht, Leasing, Leihe oder Schenkung) begründet wird[38].

Der Besitz, der zum Zwecke des Anbietens oder Inverkehrbringens stattfinden muß, wird durch die tatsächliche Sachherrschaft über die Ware begründet; zu den Besitzern zählen Personen aller Handelsstufen (Groß-, Zwischen-, Einzelhändler), aber auch Spediteure, Kommissionäre, Lagerhalter, Frachtführer und sonstige mit der Beförderung von Gütern beschäftigte Personen[39].

c) Anbieten und Erbringen von Dienstleistungen

Nach § 14 Abs. 3 Nr. 3 MarkenG ist auch das Anbieten oder Erbringen von Dienstleistungen unter einem fremden Zeichen wie das Anbieten einer Ware untersagt.

d) Einfuhr, Ausfuhr und Durchfuhr von Waren

§ 14 Abs. 3 Nr. 4 MarkenG untersagt die Ein- und Ausfuhr einer Ware unter einem fremden Zeichen, ohne daß es darauf ankommt, ob im Inland auch ein Anbieten bzw. Inverkehrbringen erfolgt oder unmittelbar bevorsteht. Die Durchfuhr, d.h. der nicht durch zeitweise Einlagerung unterbrochene Transit[40], ist dort dagegen nicht erwähnt.

Im früheren Warenzeichengesetz unterschied die Rechtsprechung und überwiegende Meinung in der Literatur nach einem Grundsatzurteil des Bundesgerichtshofs[41] zwischen Umsatz- und Veräußerungsgeschäften während der Durchfuhr einerseits und reinen Transporthandlungen andererseits[42]. Erstere wurden als ein inländisches Inverkehrbringen und damit als Verletzungshandlung ange-

37 Vgl. Klaka, in: Althammer/Ströbele/Klaka, Markengesetz, § 14 MarkenG, Rdnr. 80; Fezer, Markenrecht, § 14 MarkenG, Rdnr. 469.
38 Klaka, in: Althammer/Ströbele/Klaka, Markengesetz, § 14 MarkenG, Rdnr. 81.
39 Klaka, in: Althammer/Ströbele/Klaka, Markengesetz, § 14 MarkenG, Rdnr. 82; Fezer, Markenrecht, § 14 MarkenG, Rdnr. 475.
40 Klaka, in: Althammer/Ströbele/Klaka, Markengesetz, § 14 MarkenG, Rdnr. 88.
41 BGH, Urteil vom 15.1.1957, GRUR 1957, 231 (233 ff.).
42 Ausführlich Sack, RIW 1995, 177 (182) m.w.N.

sehen, letztere hingegen nicht[43]. Im Markengesetz hat der Gesetzgeber auf die Normierung der Durchfuhr als Verletzungshandlung bewußt verzichtet. In der Regierungsbegründung zum Markenrechtsreformgesetz heißt es zu § 14 Abs. 3 MarkenG wörtlich:

„Die Durchfuhr ist in Nummer 4 nicht ausdrücklich aufgenommen worden."[44]

Allerdings wird weiter ausgeführt:

„Dies beruht nicht etwa darauf, daß in der Durchfuhr keine Markenverletzung gesehen werden kann. Eine solche Schlußfolgerung verbietet sich schon wegen der nur beispielhaften Aufführung der Verletzungstatbestände in Absatz 3. Bei Durchfuhrtatbeständen kann vielfach auch der Einfuhr- und Ausfuhrtatbestand erfüllt sein. Im übrigen soll es der Rechtsprechung überlassen bleiben zu entscheiden, ob in bestimmten Durchfuhrfällen (wenn z.B. dem Inhaber der mit einer Marke versehenen durchgeführten Waren sowohl im Ausfuhrland wie im Bestimmungsland Markenschutz zusteht) von dem Vorliegen eines Verletzungstatbestands nicht gesprochen werden kann."[45]

Demgegenüber heißt es in der Regierungsbegründung zum Markenrechtsänderungsgesetz 1996 im Zusammenhang mit der Grenzbeschlagnahme nach § 146 MarkenG[46]:

„Die bloße Durchfuhr einer Ware, die aus dem Ausland kommt und für das Ausland bestimmt ist, bedeutet aber jedenfalls nach der bisher herrschenden Rechtsprechung und Lehre kein Inverkehrbringen im Inland und damit wegen des Grundsatzes der Territorialität des Rechts des geistigen Eigentums keine Verletzung eines deutschen Schutzrechts. Wenn auch einer Fortentwicklung der Rechtsprechung zu dieser Frage unter Berücksichtigung des neuen europäischen Rechts kein Hindernis in den Weg gelegt werden sollte, so spricht doch für diese Auffassung, daß die Durchfuhr allenfalls zu einer Gefährdung der Rechte des inländischen Schutzrechtsinhabers führt und damit eine andere Qualität hat als die z.B. in § 14 Abs. 3 MarkenG aufgeführten Verletzungshandlungen."[47]

Konnte man nach der Regierungsbegründung zum Markenrechtsreformgesetz noch schlußfolgern, daß die Durchfuhr zumindest grundsätzlich markenrechtlich zu erfassen sei, ist dies nach der Regierungsbegründung zum Markenrechtsänderungsgesetz 1996 zweifelhaft. Gleichwohl sprechen die besseren Ar-

43 Vgl. Sack, RIW 1995, 177 (182 f.) m.w.N.; Fezer, Markenrecht, § 14 MarkenG, Rdnr. 481 m.w.N.

44 Regierungsbegründung zum Markenrechtsreformgesetz, BT-Drucks. 12/6581, S. 75.

45 Regierungsbegründung zum Markenrechtsreformgesetz, BT-Drucks. 12/6581, S. 75.

46 Siehe zur Grenzbeschlagnahme unten E IV.

47 Regierungsbegründung zum Markenrechtsänderungsgesetz 1996, BR-Drucks. 888/95, S. 15 f.

gumente für eine uneingeschränkte Erstreckung des Markenschutzes auf die Durchfuhr.

Zunächst ist kein vernünftiger Grund erkennbar, bei der Durchfuhr andere Kriterien anzulegen als beim Export, was in der Regierungsbegründung zum Markenrechtsänderungsgesetz 1996 aber geschieht. Gemäß § 14 Abs. 3 Nr. 4 MarkenG gilt der Export als Verletzungshandlung, obwohl ebenso wie bei der Durchfuhr kein inländisches Inverkehrbringen, sondern lediglich eine Gefahr hierfür vorliegt. Es ist daher widersprüchlich, bei der Durchfuhr mangels Inverkehrbringens im Inland wegen des Grundsatzes der Territorialität eine deutsche Schutzrechtsverletzung zu verneinen, beim Export jedoch zu bejahen; auch Exportware wird nicht im Inland in den Verkehr gebracht[48].

Auch besteht gerade bei Piraterieware immer die Gefahr, daß eine reine Durchfuhr nur vorgetäuscht wird und von Anfang an beabsichtigt ist, inländische Umsatz- und Veräußerungsgeschäfte zu tätigen. Zumindest kann nicht ausgeschlossen werden, daß eine ursprünglich bestehende Durchfuhrabsicht geändert wird oder auch einzelne Waren von Dritten, die am Transport beteiligt sind, weisungswidrig im Inland veräußert werden. Derartige Erwägungen haben schon das Reichsgericht zur Bejahung der markenrechtlichen Relevanz des zum damaligen Zeitpunkt gesetzlich nicht geregelten Exports gekennzeichneter Waren veranlaßt[49].

Weiterhin ermöglicht eine markenrechtliche Erfassung der Durchfuhr eine effektivere Bekämpfung der internationalen Markenpiraterie, die es nötig macht, möglichst zu jeder Zeit jeden an der arbeitsteiligen Produktions- und Absatzkette Beteiligten zur Verantwortung ziehen zu können[50].

Zuletzt erfaßt auch die die Aussetzung der Überlassung bzw. Zurückhaltung von Piraterieware an der Grenze regelnde VO (EG) Nr. 3295/94 Fälle reiner Durchfuhr[51]. Dies hat der Europäische Gerichtshof in einem Vorabentscheidungsverfahren ausdrücklich bestätigt[52]. Würde die Durchfuhr nicht zu den relevanten Benutzungshandlungen im Sinne des § 14 Abs. 2 MarkenG zählen, ginge die VO (EG) Nr. 3295/94 insoweit ins Leere, da der Markeninhaber bei einer Aussetzung der Überlassung bzw. Zurückhaltung der Ware durch die Zollbehör-

48 Ebenso Sack, in: Erdmann/Gloy/Herber, Festschrift für Henning Piper, S. 615; Sack, RIW 1995, 177 (183).
49 RGZ 110, 176 (178); vgl. auch Sack, in: Erdmann/Gloy/Herber, Festschrift für Henning Piper, S. 614 f.; Sack, RIW 1995, 177 (183).
50 Ebenso Sack, RIW 1995, 177 (184) m.w.N.
51 Vgl. dazu unten E IV 2 d).
52 EuGH, Urteil vom 6.4.2000, MarkenR 2000, 169 (171).

den keine Möglichkeit hätte, die nach der VO (EG) Nr. 3295/94 erforderliche gerichtliche Entscheidung zu erwirken[53].

Nach alledem ist die Durchfuhr als selbständige Benutzungshandlung im Sinne des § 14 Abs. 2 MarkenG zu behandeln[54]. Ausnahmen sollten nicht gemacht werden, insbesondere überzeugt das in der Regierungsbegründung zum Markenrechtsreformgesetz hierfür angeführte Beispiel einer Schutzrechtsversagung für den Fall, daß dem Inhaber der mit einer Marke versehenen durchgeführten Ware sowohl im Ausfuhrland wie im Bestimmungsland Markenschutz zusteht, nicht. Zum einen kann die Reichweite des ausländischen Markenschutzes vom inländischen abweichen, so daß eine inländische Beschlagnahme von der Rechtslage im Ausland abhängen müßte, zum anderen kann dem Markeninhaber inländischer Markenschutz nicht einfach nur deshalb versagt werden, weil ihm im Ausfuhr- und Bestimmungsland Markenschutz zusteht[55].

Aufgrund der Widersprüchlichkeit der Regierungsbegründung zum Markenrechtsreformgesetz zu § 14 Abs. 3 Nr. 4 MarkenG einerseits und der Regierungsbegründung zum Markenrechtsänderungsgesetz 1996 zu § 146 MarkenG andererseits besteht in der Praxis eine erhebliche Rechtsunsicherheit, ob die Durchfuhr als selbständige Benutzungshandlung im Sinne des § 14 Abs. 2 MarkenG zu behandeln ist. Es wäre daher dringend angezeigt, die Durchfuhr aufgrund der vorstehenden Erwägungen in § 14 Abs. 3 Nr. 4 MarkenG ausdrücklich aufzunehmen.

e) Benutzung des Zeichens in Geschäftspapieren oder in der Werbung

Nach § 14 Abs. 3 Nr. 5 MarkenG ist es untersagt, ein fremdes Zeichen in Geschäftspapieren (Briefe, Geschäftsdrucksachen, Rechnungen, Preislisten, Speise- und Weinkarten, Telegramme, Fernschreiben etc.) oder in der Werbung jedweder, also auch mündlicher Form (Anzeigen, Kataloge, Dias, Werbefilme, Licht-

53 Ähnlich Sack, WRP 2000, 702 (703). Zur Frage der Erforderlichkeit der Vorlage einer gerichtlichen Entscheidung im Grenzbeschlagnahmeverfahren siehe unten E IV 4 b).

54 Ebenso Ingerl/Rohnke, Markengesetz, § 14 MarkenG, Rdnr. 124 m.w.N.; Klaka, in: Althammer/Ströbele/Klaka, Markengesetz, § 14 MarkenG, Rdnr. 88 m.w.N.; Fezer, Markenrecht, § 14 MarkenG, Rdnr. 483; KG, Urteil vom 7.11.2000, GRUR-RR 2001, 159 (161). Auch in einstweiligen Verfügungsverfahren untersagen die Gerichte eine Durchfuhr ohne weiteres und bejahen zudem eine Erstbegehungsgefahr für die Ein- und Ausfuhr (LG München I, Beschluß vom 12.4.2000, Az.: 7 HKO 6718/00; LG Hamburg, Beschluß vom 11.4.2000, Az.: 16 O 71/00; LG Berlin, Beschluß vom 10.2.1999, Az.: 102 O 29/99; LG Rostock, Beschluß vom 7.9.1999, Az.: 5 O 148/99); a.A. ohne Begründung Starck, GRUR 1996, 688 (693).

55 Vgl. dazu ausführlich Sack, RIW 1995, 177 (184).

reklame, Fernsehen, Rundfunk, Plakate, Transparente, Bilder, Stempel, Beschriftung von Fahrzeugen, Gebäuden und Schaufenstern, Stadien- und Bandenbeschriftungen, Himmelsschreiber etc.), zu benutzen[56].

3. Markenverletzende Vorbereitungshandlungen

§ 14 Abs. 4 Nr. 1 bis 3 MarkenG regelt die Anbringung eines mit der geschützten Marke identischen oder ähnlichen Zeichens auf Aufmachungen, Verpackungen und Kennzeichnungsmitteln wie Etiketten, Anhängern, Aufnähern oder dergleichen (Nr. 1), das Angebot, Inverkehrbringen und den Besitz derartiger Aufmachungen, Verpackungen und Kennzeichnungsmittel zu diesen Zwecken (Nr. 2) sowie deren Einfuhr und Ausfuhr (Nr. 3). Es handelt sich um markenverletzende Vorbereitungshandlungen, bei denen es an einer Benutzung im Sinne von § 14 Abs. 2 Nr. 1 – 3 und Abs. 3 MarkenG fehlt. Voraussetzung einer Untersagung ist hier das Bestehen einer Gefahr, daß die Aufmachungen oder Verpakkungen zur Aufmachung oder Verpackung oder die Kennzeichnungsmittel zur Kennzeichnung von Waren oder Dienstleistungen entgegen § 14 Abs. 2 und 3 MarkenG benutzt werden.

---

56 Vgl. Klaka, in: Althammer/Ströbele/Klaka, Markengesetz, § 14 MarkenG, Rdnr. 90 m.w.N.

C. Markenrechtliche Ansprüche aufgrund einer Markenverletzung

I. Unterlassungsanspruch gemäß § 14 Abs. 5 MarkenG

Gemäß § 14 Abs. 5 MarkenG kann der Markeninhaber denjenigen, der ein Zeichen entgegen § 14 Abs. 2 bis 4 MarkenG benutzt, auf Unterlassung in Anspruch nehmen, ohne daß es auf ein Verschulden des Verletzers ankommt. Der Unterlassungsanspruch ist in der Praxis von herausragender Bedeutung, da hierdurch drohende Verletzungshandlungen von vornherein verhindert bzw. zumindest weitere Verletzungshandlungen für die Zukunft unterbunden werden können.

1. Aktivlegitimation und Passivlegitimation

Aktivlegitimiert für den Unterlassungsanspruch ist der Inhaber der nach § 4 Nr. 1 MarkenG eingetragenen[1], der nach § 4 Nr. 2 MarkenG benutzten und der nach § 4 Nr. 3 MarkenG notorisch bekannten Marke, im Fall des Rechtsübergangs nach § 27 MarkenG der materiell Berechtigte und schließlich auch der dinglich Berechtigte im Sinne von § 29 MarkenG. Vereinbart der Markeninhaber eine dingliche Markenlizenz im Sinne von § 30 MarkenG, ist im Falle einer Markenverletzung durch einen Dritten auch der Lizenznehmer als Inhaber eines dinglichen Lizenzrechts – unabhängig davon, ob ihm eine einfache oder ausschließliche Lizenz erteilt ist – aus eigenem Recht aktivlegitimiert[2]. Diese Berechtigung steht allerdings gemäß § 30 Abs. 3 MarkenG unter dem Vorbehalt einer Zustimmung des Markeninhabers. Hiervon zu unterscheiden ist der schuldrechtlich wirkende Lizenz-Gebrauchsüberlassungsvertrag, der im Hinblick auf die allgemeine Vertragsfreiheit ebenfalls geschlossen werden kann. Ein hiernach legitimierter Lizenznehmer kann ebenso wie ein Dritter anstelle des Markeninhabers lediglich im Wege der gewillkürten Prozeßstandschaft, d.h. mit Ermächtigung

---

1 Nach § 28 Abs. 1 MarkenG wird vermutet, daß das durch die Eintragung einer Marke begründete Recht dem im Register als Inhaber Eingetragenen zusteht.

2 Vgl. Fezer, Markenrecht, § 30 MarkenG, Rdnr. 31; Ingerl/Rohnke, Markengesetz, Vor §§ 14-19 MarkenG, Rdnr. 7.

des Markeninhabers bei Vorliegen eines eigenen schutzwürdigen Interesses, klagen[3].

Passivlegitimiert ist der Verletzer des Markenrechts, also Täter, Mittäter, Anstifter oder Gehilfe, die – da Markenverletzungen unerlaubte Handlungen sind – gemäß §§ 830, 840 BGB als Gesamtschuldner haften.

2. *Wiederholungsgefahr und Erstbegehungsgefahr*

Entsprechend den zu § 1004 BGB und den wettbewerbsrechtlichen Unterlassungsansprüchen entwickelten Grundsätzen setzt der Unterlassungsanspruch nach § 14 Abs. 5 MarkenG voraus, daß die Gefahr besteht, daß entweder eine bereits begangene Verletzungshandlung zukünftig wiederholt wird (Wiederholungsgefahr) oder ihre erstmalige Begehung droht (Erstbegehungsgefahr)[4].

Die Wiederholungsgefahr wird bei bereits erfolgter Verletzung einer fremden Marke vermutet. Da die Zeichenverwendung für Waren, Dienstleistungen, Unternehmen oder Werke noch deutlicher auf Wiederholung ausgerichtet ist als andere Wettbewerbshandlungen, spielt die Widerlegung dieser Vermutung durch den Verletzer in der kennzeichenrechtlichen Praxis anders als die Widerlegung der Vermutung einer Wettbewerbsabsicht in Randbereichen des Wettbewerbsrechts so gut wie keine Rolle[5]. An die Ausräumung dieser vermuteten Gefahr werden demgemäß strenge Anforderungen gestellt. Sie wird praktisch nur durch Abgabe einer mit ausreichender Vertragsstrafe (§ 339 BGB) abgesicherten Unterlassungserklärung[6] oder gerichtliches Anerkenntnis beseitigt.

Die Erstbegehungsgefahr setzt die ernsthafte Gefahr einer unmittelbar bevorstehenden Markenverletzung voraus, die vom Markeninhaber darzulegen und zu beweisen ist. Die Ausräumung der Erstbegehungsgefahr unterliegt weniger strengen Anforderungen als die der Wiederholungsgefahr, insbesondere bedarf es nicht in jedem Fall einer Vertragsstrafezusage[7].

---

3 Ingerl/Rohnke, Markengesetz, Vor §§ 14-19 MarkenG, Rdnr. 8 m.w.N.

4 Vgl. Ingerl/Rohnke, Markengesetz, Vor §§ 14-19 MarkenG, Rdnr. 19.

5 Ingerl/Rohnke, Markengesetz, Vor §§ 14-19 MarkenG, Rdnr. 20. Eine umfassende Rechtsprechungsübersicht zum Wegfall der Wiederholungsgefahr durch Widerlegung seitens des Verletzers im Wettbewerbsrecht findet sich bei Schulte, in: Pastor/Ahrens, Der Wettbewerbsprozeß, Kap. 14, Fn. 158.

6 Klaka, in: Althammer/Ströbele/Klaka, Markengesetz, § 14 MarkenG, Rdnr. 110 ff. m.w.N.; vgl. dazu im einzelnen unten E III 1 f) aa).

7 Vgl. dazu ausführlich Ingerl/Rohnke, Markengesetz, Vor §§ 14-19 MarkenG, Rdnr. 32 f. m.w.N., der sich allerdings kritisch mit der auf Vorbereitungshandlungen beruhenden Erstbegehungsgefahr im Markenrecht auseinandersetzt und entgegen der herrschenden Meinung zumindest beim Erwerb eines eigenen kollidierenden Kennzei-

3. Umfang des Unterlassungsanspruchs

Der Unterlassungsanspruch richtet sich gegen die konkrete Markenverletzung, d.h. die einzelnen markenverletzenden Benutzungshandlungen (§ 14 Abs. 3 MarkenG) sowie die markenverletzenden Vorbereitungshandlungen (§ 14 Abs. 4 MarkenG). Allerdings sind Verallgemeinerungen bei der außergerichtlichen und gerichtlichen Geltendmachung des Unterlassungsverbots in gewissem Umfang möglich und sogar zweckmäßig[8]. Der Bundesgerichtshof führt hierzu aus, daß die durch eine Verletzungshandlung begründete Wiederholungsgefahr nicht nur die identische Verletzungsform erfasse, sondern auch alle im Kern gleichartigen Verletzungsformen[9], so daß sich der Unterlassungsanspruch des Verletzten nicht nur auf ein Verhalten der konkret beanstandeten Art erstrecke, sondern auf gewisse Verallgemeinerungen erweitert und entsprechend geltend gemacht werden könne[10]. Darüber hinaus begründet die tatsächliche Begehung einer bestimmten, in § 14 Abs. 3 MarkenG aufgezählten Verletzungshandlung häufig eine Erstbegehungsgefahr hinsichtlich der weiteren Verletzungshandlungen des § 14 Abs. 3 MarkenG[11].

II. Auskunftsanspruch gemäß § 19 MarkenG und § 242 BGB

Durch die Zunahme der internationalen Produktpiraterie in den achtziger Jahren wurde deutlich, daß das bis dahin bestehende Auskunftsrecht erhebliche Lücken aufwies. Das galt namentlich hinsichtlich Produktionsstätten, Vertriebswegen und Abnehmerkreisen der schutzrechtsverletzenden Piraterieprodukte[12]. Eine der bedeutendsten durch das Produktpirateriegesetz eingeführten Neuerungen war daher die (erste) gesetzliche Kodifizierung eines Auskunftsanspruchs unter anderem in § 25b WZG. Dieser wurde in § 19 MarkenG übernommen.

---

chenrechts für eine entsprechende Anwendung der strengeren Regeln über die Ausräumung der Wiederholungsgefahr plädiert.

8 Klaka, in: Althammer/Ströbele/Klaka, Markengesetz, § 14 MarkenG, Rdnr. 131. Für eine maßvolle ausdrückliche Einbeziehung naheliegender Erweiterungen des „Kerns" der Verletzungshandlung im Wettbewerbsrecht tritt auch Teplitzky, WRP 1999, 75 (75 ff.) ein. Vgl. auch Steiniger, WRP 2000, 1415 (1415 ff.).

9 Vgl. BGH, Urteil vom 9.11.1995, GRUR 1996, 290 (291); BGH, Urteil vom 1.4.1993, GRUR 1993, 579 (581); BGH, Urteil vom 25.4.1991, GRUR 1991, 772 (774); BGH, Urteil vom 16.2.1989, GRUR 1989, 445 (446).

10 BGH, Beschluß vom 16.11.1995, GRUR 1997, 379 (380).

11 Beispiele bei Ingerl/Rohnke, Markengesetz, Vor §§ 14-19 MarkenG, Rdnr. 30.

12 Fezer, Markenrecht, § 19 MarkenG, Rdnr. 2.

Gemäß § 19 Abs. 5 MarkenG bleiben weitergehende Ansprüche auf Auskunft unberührt. Neben § 19 MarkenG ist ein unselbständiger Auskunftsanspruch als Hilfsanspruch zur Durchsetzung markenrechtlicher Ersatzansprüche heute gewohnheitsrechtlich anerkannt und beruht auf § 242 BGB.

1. Funktion

a) § 19 MarkenG

§ 19 MarkenG normiert einen selbständigen und verschuldensunabhängigen Anspruch, der dem Inhaber einer Marke oder einer geschäftlichen Bezeichnung die Aufdeckung sowohl der Quelle als auch der Vertriebswege der kennzeichenrechtsverletzenden Gegenstände ermöglichen soll.

b) § 242 BGB

Im Markenrecht kommt dem Auskunftsanspruch aus § 242 BGB hauptsächlich die Funktion zu, den Schadensersatz- bzw. den Bereicherungsanspruch des Verletzten vorzubereiten[13]. Man bezeichnet ihn deshalb auch als Hilfsanspruch oder akzessorischen bzw. präparatorischen Auskunftsanspruch[14].

2. Auskunftsberechtigter und Auskunftsverpflichteter

a) § 19 MarkenG

Auskunftsberechtigter nach § 19 MarkenG ist der Verletzte, so daß eine Kennzeichenverletzung im Sinne der §§ 14, 15 und 17 MarkenG[15] Voraussetzung ist. Der Verletzte kann Inhaber einer Marke im Sinne des § 4 Nr. 1 bis 3 MarkenG sowie einer – hier nicht behandelten – geschäftlichen Bezeichnung im Sinne des

---

13 Zu der vorwiegend im Wettbewerbsrecht eine Rolle spielenden Funktion der Vorbereitung eines Beseitigungsanspruchs siehe Baumbach/Hefermehl, Wettbewerbsrecht, Einl. UWG, Rdnr. 401.

14 Köhler, in: Jacobs/Lindacher/Teplitzky, UWG-Großkommentar, Vor § 13 UWG, Abschnitt B, Rdnr. 402.

15 Vgl. oben B. § 15 MarkenG regelt die Ansprüche des Inhabers einer geschäftlichen Bezeichnung ähnlich wie § 14 MarkenG, § 17 MarkenG regelt die Ansprüche des Markeninhabers gegen den ungetreuen Agenten oder Vertreter, für den eine Marke angemeldet oder eingetragen wurde.

§ 5 MarkenG sein. Auch der Rechtsnachfolger des Verletzten sowie der Lizenznehmer, wenn der Markeninhaber seine Zustimmung, die auf den Auskunftsanspruch beschränkt werden kann, erteilt hat[16], sind auskunftsberechtigt[17]. Schließlich kann der Markeninhaber auch jeden Dritten zur Geltendmachung des Auskunftsanspruchs ermächtigen, sofern dieser ein eigenes rechtliches Interesse an der Rechtsverfolgung hat[18].

Auskunftsverpflichteter ist jeder, der eine Verletzungshandlung im Sinne der §§ 14, 15, 17 MarkenG begangen oder dabei mitgewirkt hat, also der Verletzer einer Marke im Sinne des § 14 MarkenG, der Verletzer einer – hier nicht behandelten – geschäftlichen Bezeichnung im Sinne des § 15 MarkenG und der ebenfalls hier nicht behandelte ungetreue Agent oder Vertreter im Sinne des § 17 MarkenG[19]. Da es auf ein Verschulden nicht ankommt, ist auch der gutgläubige Weitervertreiber auskunftsverpflichtet, nicht jedoch der private Letztverbraucher, der Piraterieprodukte zu nichtgeschäftlichen Zwecken erwirbt, einführt oder besitzt[20]. Die tatsächliche Auskunft kann jede dem Verletzer zurechenbare Person erteilen, etwa der Prokurist, Handlungsbevollmächtigte oder der Prozeßbevollmächtigte[21].

b) § 242 BGB

Nachdem der Auskunftsanspruch aus § 242 BGB der Vorbereitung des Schadensersatz- bzw. Bereicherungsanspruchs dient[22], entsprechen Auskunftsberechtigung und Auskunftsverpflichtung der dortigen Aktiv- und Passivlegitimation[23].

Als Hilfsanspruch setzt der Auskunftsanspruch aus § 242 BGB voraus, daß die Voraussetzungen eines Schadensersatz- bzw. Bereicherungsanspruchs dem Grunde nach gegeben sind und ein ersatzfähiger Schaden bzw. eine Bereicherung zumindest wahrscheinlich ist[24]. Wird der Auskunftsanspruch zur Berechnung von Schadensersatzansprüchen geltend gemacht, ist er folgerichtig ver-

---

16 Siehe § 30 Abs. 3 MarkenG.
17 Vgl. Fezer, Markenrecht, § 19 MarkenG, Rdnr. 5.
18 Vgl. Fezer, Markenrecht, § 19 MarkenG, Rdnr. 5.
19 Vgl. Ingerl/Rohnke, Markengesetz, § 19 MarkenG, Rdnr. 9; Fezer, Markenrecht, § 19 MarkenG, Rdnr. 6.
20 Vgl. Regierungsbegründung zum Produktpirateriegesetz, BT-Drucks. 11/4792, S. 31 f.; Ingerl/Rohnke, Markengesetz, § 19 MarkenG, Rdnr. 9; Fezer, Markenrecht, § 19 MarkenG, Rdnr. 6 f.; LG Düsseldorf, Urteil vom 6.4.1995, Mitt. 1996, 22 (23).
21 Vgl. Fezer, Markenrecht, § 19 MarkenG, Rdnr. 6.
22 Vgl. oben C II 1 b).
23 Siehe unten C IV 1.
24 Vgl. BGH, Urteil vom 26.11.1987, GRUR 1988, 307 (308); BGH, Urteil vom 25.6.1954, GRUR 1954, 457 (459).

schuldensabhängig. Da der Verletzte diesen aber stets auch auf den ihm verschuldensunabhängig zustehenden Bereicherungsanspruch stützen kann[25], spielt dies in der Praxis kaum eine Rolle. Die Wahrscheinlichkeit eines Schadens bzw. einer Bereicherung ist zumindest bei Verletzung benutzter Marken praktisch immer gegeben[26].

3. *Gegenstand des Auskunftsanspruchs*

a) § 19 MarkenG

Während § 19 Abs. 1 MarkenG den Gegenstand des Auskunftsanspruchs im Grundsatz regelt, wird dieser in § 19 Abs. 2 MarkenG näher konkretisiert. Der Verletzer hat Auskunft zu erteilen über die Herkunft und den Vertriebsweg von widerrechtlich gekennzeichneten Gegenständen (Abs. 1). Hierbei sind Angaben zu machen über Namen und Anschrift des Herstellers, des Lieferanten und anderer Vorbesitzer, des gewerblichen Abnehmers oder Auftraggebers sowie über die Menge der hergestellten, ausgelieferten, erhaltenen oder bestellten Gegenstände (Abs. 2).

§ 19 Abs. 1 und 2 MarkenG nehmen Bezug auf die Gegenstände der § 14 Abs. 3 und 4 MarkenG. Das sind zum einen die widerrechtlich gekennzeichneten Waren oder Hilfsprodukte von Dienstleistungen, Geschäftsbriefe und Empfehlungen sowie Werbemittel wie Anzeigen, Prospekte, Plakate oder Flugblätter, zum anderen Etiketten, Anhänger, Aufnäher und ähnliches[27]. Der Verletzer hat über alle Gegenstände, die sowohl hinsichtlich des verwendeten Zeichens als auch hinsichtlich der Art der Gegenstände noch derselben konkreten Verletzungsform zugeordnet werden können, Auskunft zu erteilen. Demgemäß ist beispielsweise nicht nur über Schuhe der entdeckten Modellart, sondern über alle Schuhe mit der angegriffenen Kennzeichnung Auskunft zu erteilen[28].

Hinsichtlich der in § 19 Abs. 2 MarkenG aufgezählten, vom Verletzer zu benennenden „Dritten" genügt deren tatsächliche Beteiligung an der Herstellung oder Verbreitung der rechtsverletzenden Erzeugnisse; unerheblich ist, ob dem Dritten eine Rechtsverletzung oder Teilnahme an einer Rechtsverletzung im Rechtssinn zum Vorwurf gemacht werden kann[29]. Letzteres wäre dem Verletzten

---

25 Vgl. BGH, Urteil vom 14.12 1995, GRUR 1996, 271 (275).
26 Ingerl/Rohnke, Markengesetz, Vor §§ 14-19 MarkenG, Rdnr. 77, 72 m.w.N.
27 Fezer, Markenrecht, § 19 MarkenG, Rdnr. 8.
28 Vgl. Ingerl/Rohnke, Markengesetz, § 19 MarkenG, Rdnr. 23.
29 Eichmann, GRUR 1990, 575 (577); vgl. auch Ingerl/Rohnke, Markengesetz, § 19 MarkenG, Rdnr. 24.

auch gar nicht möglich, da ihm die Dritten gerade unbekannt sind und durch die Auskunft erst in Erfahrung gebracht werden sollen. Da die Kenntnis der Hintermänner insbesondere zur Bekämpfung der Produktpiraterie von herausragender Bedeutung ist, soll der Verletzte durch die Auskunft auch solche Zwischenstationen der Vertriebskette aufdecken können, gegen die ein Unterlassungsanspruch nicht durchsetzbar ist[30]. Folgerichtig muß auch Auskunft über im Ausland ansässige Dritte im Sinne des § 19 Abs. 2 MarkenG erteilt werden, die keinerlei Handlungen im Inland vorgenommen haben oder aus anderen tatsächlichen oder rechtlichen Gründen als Kennzeichenverletzer ausscheiden[31].

b) § 242 BGB

Dem Auskunftsanspruch aus § 242 BGB unterfallen grundsätzlich alle Handlungen, die noch der von dem Ersatzanspruch erfaßten konkreten Verletzungsform zugeordnet werden können. Diesbezüglich sind allerdings nur diejenigen Angaben zu machen, die zur Prüfung und Berechnung des jeweiligen Ersatzanspruchs für alle Berechnungsalternativen[32] erforderlich sind, es sei denn, daß eine Berechnungsmethode im Einzelfall aus tatsächlichen oder rechtlichen Gründen von vornherein ausgeschlossen ist[33].

Nach Ansicht des Bundesgerichtshofs bedarf der Verletzte im Markenrecht – anders als im Leistungsschutzrecht[34] – keiner Auskunft über Lieferdaten, Lieferpreise oder Abnehmer[35] oder einer internen Aufschlüsselung der Unkosten, sondern nur der Angabe der jeweiligen Verletzerumsätze – aufgegliedert nach den in Frage kommenden Zeitabständen und räumlichen Bereichen – sowie allenfalls noch über Art und Umfang der getätigten Werbung[36]. Zur Begründung wird einerseits ausgeführt, daß die Schadensberechnung bei Kennzeichenverletzungen im Gegensatz zum Leistungsschutzrecht grundsätzlich nur durch Schätzungen möglich sei, weil der Gewinn nur zu dem auf die Kennzeichenverletzung zu-

---

30 Eichmann, GRUR 1990, 575 (577).

31 Ebenso Ingerl/Rohnke, Markengesetz, § 19 MarkenG, Rdnr. 24 m.w.N.; differenzierter Tilmann, BB 1990, 1565 (1569).

32 Siehe zu den Berechnungsalternativen unten C IV 3 a).

33 Ingerl/Rohnke, Markengesetz, Vor §§ 14-19 MarkenG, Rdnr. 84 m.w.N.

34 Patent-, Gebrauchsmuster-, Urheber- und Geschmacksmusterrecht.

35 Die gewerblichen Abnehmer sind nunmehr allerdings gemäß § 19 MarkenG bekanntzugeben.

36 BGH, Urteil vom 29.9.1994, GRUR 1995, 50 (54); BGH, Urteil vom 27.9.1990, GRUR 1991, 153 (155); BGH, Urteil vom 11.3.1982, GRUR 1982, 420 (423); BGH, Urteil vom 3.4.1981, GRUR 1981, 592 (594); BGH, Urteil vom 7.12.1979, GRUR 1980, 227 (233); BGH, Urteil vom 14.1.1977, GRUR 1977, 491 (494); BGH, Urteil vom 16.2.1973, GRUR 1973, 375 (377 f.).

rückzuführenden Teil herausgegeben werden müsse, dieser aber nur durch Schätzung zu ermitteln sei, andererseits, daß im Kennzeichenrecht regelmäßig nicht – wie im Leistungsschutzrecht – der vollständige Verletzergewinn herausverlangt werden könne. Dies überzeugt indes nicht.

Zweck des Auskunftsanspruchs ist es gerade, den Hauptanspruch genau beziffern zu können, um möglichst wenig Raum für eine, immer zahlreichen Unwägbarkeiten ausgesetzte, Schätzung zu lassen. Weiterhin hat der Verletzte auch bei einer Schätzung ein schützenswertes Interesse daran, die Grundlage für die Schätzung so weit wie möglich auszuloten[37]. Darüber hinaus kann insbesondere im Patent- und Geschmacksmusterrecht der Anteil der Verletzung am herauszugebenden Gewinn ebenfalls oft nur mit Hilfe einer Schätzung ermittelt werden, so daß die unterschiedliche Behandlung des Auskunftsanspruchs bei Markenverletzungen auch unter diesem Gesichtspunkt nicht gerechtfertigt ist[38].

Auch das Argument, im Kennzeichenrecht könne im Gegensatz zum Leistungsschutzrecht regelmäßig nicht der vollständige Verletzergewinn herausverlangt werden, geht fehl. Zum einen sind durchaus auch patent-, gebrauchsmuster-, urheber- oder geschmacksmusterrechtliche Fälle denkbar, bei denen der geschützte Teil dem Verletzungsgegenstand nicht das entscheidende Gepräge gibt, zum anderen kann gerade in Fällen der Produktpiraterie bei berühmten Marken, insbesondere im Parfum- und Textilienbereich, nicht ausgeschlossen werden, daß ohne deren rechtswidrige Verwendung nicht ein einziges Verletzererzeugnis abgesetzt worden wäre[39]. Ein Anspruch auf Herausgabe des kompletten rechtswidrig erzielten Gewinns oder aber nur eines Teils desselben ist mithin sowohl im Leistungsschutzrecht als auch im Kennzeichenrecht möglich, so daß auch insoweit eine Unterscheidung zwischen beiden Rechtsgebieten nicht gerechtfertigt ist.

Nachdem aber Namen und Anschriften von Kunden sowie die jeweiligen Liefermengen, -daten und -preise unter Wettbewerbern sensible Daten sind, gewährt die Rechtsprechung im Rahmen des unselbständigen Auskunftsanspruchs zur Schadensberechnung auch ohne dahingehenden Antrag von Amts wegen einen sogenannten Wirtschaftsprüfervorbehalt, sofern der Verletzer die bei Abwägung der beiderseitigen Interessen dafür sprechenden Umstände darlegt und erforderlichenfalls beweist[40]. Ein solcher Wirtschaftsprüfervorbehalt gestattet dem Auskunftspflichtigen, Namen und Anschriften seiner Abnehmer sowie die an sie gegangenen einzelnen Lieferungen statt dem Verletzten einem vom Verletzer

---

37 Ebenso Wölfel, Rechtsfolgen von Markenverletzungen und Maßnahmen zur Bekämpfung der Markenpiraterie, S. 116.

38 Vgl. Tilmann, GRUR 1987, 251 (255).

39 Vgl. Nieder, GRUR 1999, 654 (655).

40 Nieder, GRUR 1999, 654 (655) m.w.N.

benannten, zur Verschwiegenheit verpflichteten Dritten, in der Regel einem Wirtschaftsprüfer, zu offenbaren, wenn dieser gleichzeitig ermächtigt wird, dem Verletzten auf konkrete Nachfrage mitzuteilen, ob bestimmt bezeichnete Lieferungen oder Abnehmer in den ihm überlassenen Unterlagen enthalten sind.

Im Ergebnis ist nach der hier vertretenen Auffassung auch im Kennzeichenrecht in gleichem Umfang wie im Leistungsschutzrecht vollumfassend Auskunft zu erteilen, so daß neben den jeweiligen Verletzerumsätzen und Art und Umfang der getätigten Werbung auch Lieferdaten, Lieferpreise und Abnehmer – bei entsprechender Interessenlage allerdings lediglich an einen Wirtschaftsprüfer – bekanntzugeben sind und eine interne Aufschlüsselung der Unkosten vorzunehmen ist.

c) Rechnungslegungsanspruch

Der Rechnungslegungsanspruch ist eine besondere, gewissermaßen die am weitesten gehende Form des akzessorischen[41] Auskunftsanspruchs und findet seine Rechtsgrundlage mit Ausnahme weniger Gesetzesbestimmungen, in denen er ausdrücklich geregelt ist, in § 242 BGB[42]. Durch die Rechnungslegung wird dem Verletzer eine dem § 259 BGB entsprechende Abrechnung über Einnahmen und Ausgaben unter Vorlage der Belege, soweit diese üblicherweise zu geben sind[43], zuteil[44]. Der Rechnungslegungsanspruch umfaßt demgemäß den Gegenstand des Auskunftsanspruchs, darüber hinaus aber auch eine rechnungsartige Zusammenstellung der den Haupttatsachen vorgelagerten Tatsachen[45].

Allerdings muß für diese weitgehende Form der Auskunft in den gesetzlich nicht ausdrücklich geregelten Fällen ein entsprechendes Bedürfnis des Verletzten bestehen. Ein solches Bedürfnis bejaht die Rechtsprechung bisher grundsätzlich nur in solchen Fällen, in denen als Folge der Verletzung eines absoluten Schutzrechts eine Schadensberechnung auch nach entgangener Lizenzgebühr und dem Verletzergewinn in Betracht kommt und diese Berechnung nicht nur im Wege einer Schätzung, sondern durch Bezifferung eines ausschließlich auf die

---

41 Denkbar wäre auch ein primärer Rechnungslegungsanspruch als Form des Schadensersatzanspruchs, der jedoch wegen seiner Bedeutungslosigkeit außer Betracht bleiben kann (vgl. dazu Teplitzky, Wettbewerbsrechtliche Ansprüche, Kap. 39, Rdnr. 2 m.w.N.).

42 Vgl. Teplitzky, Wettbewerbsrechtliche Ansprüche, Kap. 39, Rdnr. 1.

43 Belege sind in Fällen der Produktpiraterie „üblicherweise" zu geben, nachdem es sich bei den Parteien regelmäßig um Kaufleute handelt.

44 Vgl. Loewenheim, in: Pastor/Ahrens, Der Wettbewerbsprozeß, Kap. 70, Rdnr. 18; Baumbach/Hefermehl, Wettbewerbsrecht, Einl. UWG, Rdnr. 409.

45 Tilmann, GRUR 1987, 251 (253 f.); Schulz, in: Herbst, Festschrift für Rainer Klaka, S. 28.

Rechtsverletzung zurückzuführenden Verletzergewinns oder von Stücklizenzen erfolgen kann und soll, mithin bei schuldhaften Patent- und Gebrauchsmusterverletzungen sowie in bestimmten Fällen (identischer) sklavischer Nachahmung und Verletzungen von Betriebsgeheimnissen[46].

Dagegen wird, wie bereits ausgeführt[47], die Auskunft bei Markenverletzungen mit der Begründung, daß eine Schadensberechnung hier grundsätzlich nur im Wege einer Schadensschätzung möglich sei und regelmäßig nicht der vollständige Verletzergewinn herausverlangt werden könne, allein über den Umfang der unter der verletzenden Kennzeichnung getätigten Umsätze sowie allenfalls noch über Art und Umfang der getätigten Werbung gewährt. Einer Rechnungslegung bedürfe es insoweit nicht[48]. Dieser Ansicht ist schon aus den oben angeführten Gründen[49] nicht zu folgen. Hinzu kommt, daß dem Rechnungslegungsanspruch auch eine Kontrollfunktion zukommt[50]. In diesem Zusammenhang ist nicht einzusehen, warum nicht der Patentinhaber, wohl aber der Inhaber einer verletzten Kennzeichnung bei der Umsatzauskunft auf Stichproben erlaubende Kontrolldaten verzichten muß und so der Wahrheitsliebe des Verletzers ausgeliefert sein soll[51]. Entscheidend ist mithin nicht, in welchem Umfang der Verletzergewinn herauszugeben ist, sondern vielmehr, daß die oben genannten Angaben im Kennzeichenrecht ebenso wie im Leistungsschutzrecht geeignete und notwendige Kontrolldaten für die zu offenbarenden Verletzerumsätze sind[52]. Im Ergebnis ist der Rechnungslegungsanspruch nach der hier vertretenen Auffassung auch im Kennzeichenrecht zu gewähren[53].

d) Belegvorlageanspruch

Ein Anspruch auf Vorlage der Belege ist nach der hier vertretenen Auffassung bereits im Rahmen des Rechnungslegungsanspruchs als Unterfall des Auskunftsanspruchs zu gewähren[54]. Aber auch als Ergänzung des Drittauskunftsan-

---

46 Vgl. im einzelnen Teplitzky, Wettbewerbsrechtliche Ansprüche, Kap. 39, Rdnr. 4 m.w.N.

47 Vgl. oben C II 3 b).

48 Vgl. BGH, Urteil vom 27.9.1990, GRUR 1991, 153 (155) m.w.N.; Ingerl/Rohnke, Markengesetz, Vor §§ 14-19 MarkenG, Rdnr. 85.

49 Siehe oben C II 3 b).

50 Tilmann, GRUR 1987, 251 (254); Schulz, in: Herbst, Festschrift für Rainer Klaka, S. 28.

51 Nieder, GRUR 1999, 654 (655).

52 Ebenso Nieder, GRUR 1999, 654 (655).

53 Ebenso Fezer, Markenrecht, § 14 MarkenG, Rdnr. 528; Baumbach/Hefermehl, Wettbewerbsrecht, Einl. UWG, Rdnr. 408.

54 Vgl. oben C II 3 c).

spruchs muß ein Belegvorlageanspruch nach § 242 BGB bzw. im Lichte einer funktionsgerechten Auslegung des § 19 MarkenG unter dem Gesichtspunkt der Kontrolle der Drittauskunft und der Beschaffung unverzichtbarer Beweismittel gegen Dritte zugebilligt werden[55]. Gerade in Fällen der Produktpiraterie kann nicht darauf vertraut werden, daß erteilte Auskünfte vollständig und richtig sind, so daß dem Verletzten die Möglichkeit einer Überprüfung eingeräumt werden muß[56]. Daneben ist in der Regel ein zügiges Vorgehen gegen Hersteller, Lieferanten und gewerbliche Abnehmer unabdingbar, wofür der Verletzte auf geeignete Glaubhaftmachungsmittel im einstweiligen Verfügungsverfahren, nämlich entsprechende Belege, dringend angewiesen ist.

In der Rechtsprechung wird demgegenüber zum Teil vertreten, daß zur Auskunftsverpflichtung nicht die Beschaffung von Beweismitteln gehöre, die der Verletzte in gerichtlichen Verfahren gegen etwaige Drittverletzer einsetzen möchte[57]. Hierbei wird allerdings übersehen, daß der Anspruch auf Drittauskunft gerade auch ein Vorgehen gegen Drittverletzer ermöglichen soll. Nachdem der Erstverletzer ohnehin als Zeuge gegen den Drittverletzer zur Verfügung stehen muß, ist nicht verständlich, weshalb er nicht seine entsprechenden Belege vorzulegen haben soll. Darüber hinaus hat der Verletzer im Rahmen der zu erteilenden Auskunft ohnehin die auf den Belegen enthaltenen Daten anzugeben und kann bei darüber hinausgehenden Daten eine Schwärzung vornehmen[58], so daß er durch die Belegvorlage auch nicht besonders beschwert ist[59].

Auch der in der Rechtsprechung in diesem Zusammenhang bisweilen anzutreffende Einwand, daß der Verletzte bereits über die schriftlich vorzunehmende Auskunftserteilung geeignete Beweismittel (Zeugen/Urkunde) bzw. Mittel der Glaubhaftmachung, die er in gerichtliche Verfahren einführen könne, erhalte[60], überzeugt nicht. Der Zeugenbeweis ist im einstweiligen Verfügungsverfahren untauglich, wenn der Zeuge nicht freiwillig bereit ist, als sogenannter „präsenter Zeuge“ mitzuwirken oder eine entsprechende eidesstattliche Versicherung zur Verfügung zu stellen. Hierzu wird ein Verletzer, der sich dem Zorn seines Hin-

---

55 Ebenso Harte-Bavendamm, in: Harte-Bavendamm, Handbuch der Markenpiraterie in Europa, § 5, Rdnr. 64; Cremer, Mitt. 1992, 153 (157); Knieper, WRP 1999, 1116 (1116).

56 Siehe zu den Problemen bei der Auskunftserteilung unten C II 7.

57 OLG Karlsruhe, Urteil vom 12.4.1995, GRUR 1995, 772 (773).

58 So auch der Vorschlag der Deutschen Vereinigung für gewerblichen Rechtsschutz und Urheberrecht in ihrer Stellungnahme zum Grünbuch der Europäischen Kommission zur Bekämpfung von Nachahmungen und Produkt- und Dienstleistungspiraterie im Binnenmarkt (GRUR 1999, 560 (563 f.)).

59 Cremer, Mitt. 1992, 153 (157).

60 OLG Köln, Urteil vom 17.3.1995, GRUR 1995, 676 (677).

termanns ausgesetzt sehen würde, kaum bereit sein[61]. Eine schriftlich erteilte Auskunft ist dagegen in ihrer Überzeugungskraft wesentlich schwächer als entsprechende Belege, bei denen sich der Hintermann auch weitaus weniger leicht „herausreden" kann[62].

In der Literatur wird gegen einen Belegvorlageanspruch auch vorgebracht, daß der Drittauskunftsanspruch dem Anspruch auf Vorlage eines Bestandsverzeichnisses im Sinne des § 260 BGB, welcher keine Belegvorlagepflicht kenne, weitgehend gleichartig sei, so daß grundsätzlich auch im Rahmen des § 19 MarkenG kein Anspruch auf Belegvorlage bestehen könne[63]. Dabei wird aber verkannt, daß ein Bestandsverzeichnis nur eine „Momentaufnahme" eines vorhandenen Bestandes beinhaltet, mithin keine Zu- und Abgänge verzeichnet und auch keine Angaben über die Herkunft fordert, was aber Gegenstand des § 19 MarkenG ist[64]. Dort muß der Verletzer nämlich über Namen und Anschrift des Herstellers, des Lieferanten und anderer Vorbesitzer, des gewerblichen Abnehmers oder des Auftraggebers sowie über die Menge der hergestellten, ausgelieferten, erhaltenen oder bestellten widerrechtlich gekennzeichneten Gegenstände Angaben machen. Insoweit ähnelt der Anspruch auf Drittauskunft eher dem Rechnungslegungsanspruch des § 259 BGB, der eine Belegvorlagepflicht ausdrücklich vorsieht[65]. Hiervon geht offensichtlich auch der Gesetzgeber aus[66], der im Gesetzesentwurf zum Produktpirateriegesetz im Hinblick auf den ursprünglich im Rahmen des Auskunftsanspruchs vorgesehenen Anspruch auf Abgabe der eidesstattlichen Versicherung[67] ausführt:

> „Die Vorschrift, *die dem Wortlaut des § 259 Bürgerliches Gesetzbuch angeglichen ist*, befreit den Auskunftsgläubiger jedoch von der sonst erforderlichen Verpflichtung, Gründe für das Vorliegen mangelnder Sorgfalt des Auskunftsschuldners bei Erteilung der Auskunft darzutun (vgl. § 259 Abs. 2 Bürgerliches Gesetzbuch)."[68]

Eine Parallele zum Auskunftsanspruch nach § 260 BGB zieht der Gesetzgeber hingegen nicht.

Entsprechend der hier vertretenen Auffassung spricht zumindest die erstinstanzliche Rechtsprechung dem Verletzten den Belegvorlageanspruch regelmäßig zu. So heißt es beispielsweise in einer Entscheidung des Landgerichts Frank-

61 Vgl. Knieper, WRP 1999, 1116 (1117).
62 Vgl. Knieper, WRP 1999, 1116 (1117).
63 Eichmann, GRUR 1990, 575 (576).
64 Cremer, Mitt. 1992, 153 (156).
65 Cremer, Mitt. 1992, 153 (156 f.).
66 Vgl. ausführlich Knieper, WRP 1999, 1116 (1117 f.).
67 Vgl. zum Anspruch auf Abgabe der eidesstattlichen Versicherung unten C II 7 b).
68 Regierungsbegründung zum Produktpirateriegesetz, BT-Drucks. 11/4792, S. 39.

furt am Main ausdrücklich, daß auch gut lesbare Kopien der jeweiligen Belege vorzulegen seien, da diese nicht nur zur Nachprüfung benötigt würden, sondern dem Kläger auch ermöglichten, gegenüber anderen Abnehmern Ansprüche entsprechend substantiiert vortragen und gegebenenfalls beweisen zu können[69]. Auch das Landgericht Hamburg ist der Auffassung, daß nur die Belegvorlage dem Kläger die nachprüfbare Gewißheit gebe, von wem die Beklagte die beanstandeten Produkte erworben habe, und die Möglichkeit gebe, gerichtlich gegen den Lieferanten vorzugehen[70]. In einer Entscheidung des Landgerichts Bochum heißt es, daß sich der den Klägerinnen zugesprochene Anspruch auf Auskunftserteilung – Vorlage gut lesbarer Kopien der Bestellschreiben der Beklagten an ihre Lieferantin sowie von deren Auftragsbestätigungen, Rechnungen und Lieferscheinen – aus § 14 a Abs. 3 GeschmMG i.V.m. § 101 a Abs. 2 UrhG und § 242 BGB ergebe[71].

Aufgrund der unterschiedlichen Meinungen, die zu einem Anspruch auf Belegvorlage vertreten werden, und der damit einhergehenden Rechtsunsicherheit sollte der Gesetzgeber den Auskunftsanspruch um eine Belegvorlagepflicht des Verletzers ergänzen[72]. Die Bundesregierung hat in ihrem zweiten Produktpirateriebericht vom 10.11.1999 bereits eine entsprechende Prüfung angekündigt[73].

e) Anspruch auf Einsichtnahme in die Geschäftsbücher des Verletzers

Von der Schaffung eines besonderen Anspruchs des Verletzten auf Einsichtnahme in die Geschäftsbücher des Auskunftsverpflichteten, wie er im Rahmen der Erörterungen des Referentenentwurfs des Produktpirateriegesetzes von einem

69 LG Frankfurt am Main, Urteil vom 23.12.1994, Az.: 3/12 O 73/94.

70 LG Hamburg, Urteil vom 14.12.1994, Az.: 3/15 O 510/94.

71 LG Bochum, Urteil vom 10.2.1996, Az.: 5 O 276/94. § 14 a Abs. 3 GeschmMG i.V.m. § 101 a Abs. 2 UrhG entspricht § 19 Abs. 1 MarkenG.

72 Ebenso Grauel, MarkenR 2000, 91 (92); vgl. auch den zweiten Produktpirateriebericht der Bundesregierung, BT-Drucks. 14/2111, S. 5. Auch die Deutsche Vereinigung für gewerblichen Rechtsschutz und Urheberrecht empfiehlt in ihrer Stellungnahme zum Grünbuch der Europäischen Kommission zur Bekämpfung von Nachahmungen und Produkt- und Dienstleistungspiraterie im Binnenmarkt insbesondere für den Bereich der Marken- und Produktpiraterie eine gesetzliche Festlegung, wonach der Auskunftsverpflichtete die Richtigkeit und Vollständigkeit seiner Auskunft durch Vorlage geeigneter Belege zu untermauern hat (GRUR 1999, 560 (563)).

73 Zweiter Produktpirateriebericht der Bundesregierung, BT-Drucks. 14/2111, S. 2.

Teil der Verbände[74] gefordert worden war, hat der Gesetzgeber bewußt abgesehen[75].

In der Regierungsbegründung zum Produktpirateriegesetz heißt es, daß eine solche Bestimmung zu einer unvertretbaren Bevorzugung der Interessen des Schutzrechtsinhabers gegenüber den Interessen des Verletzers an der Wahrung seiner Betriebs- und Geschäftsgeheimnisse führen würde und mit dem geltenden Rechtsschutzsystem unvereinbar wäre[76]. Auch die teilweise vorgeschlagene Regelung über die Einschaltung eines Sachverständigen zur Sicherung der Interessen des mutmaßlichen Verletzers, wonach das Gericht über die Weitergabe der Ermittlungen des Sachverständigen an den Antragsteller ohne dessen Beteiligung und ohne eine Gelegenheit zur Stellungnahme entscheide, sei dem deutschen Zivilprozeßrecht fremd und würde einen erheblichen, nicht zu rechtfertigenden Eingriff in sonstige zivilprozessuale Regelungen bedeuten[77]. Diese Argumentation überzeugt indes nicht.

Die Erfahrung hat mittlerweile gezeigt, daß ein erhebliches Defizit in der wirksamen Durchsetzung der Drittauskunftsansprüche und des Auskunftsanspruchs aus § 242 BGB besteht[78]. Ein Einsichtnahmerecht in die Geschäftsbücher des Auskunftsverpflichteten könnte hier wirksam Abhilfe schaffen[79]. Darf die Einsichtnahme nur durch einen vom Gericht bestellten und zur Verschwiegenheit verpflichteten Sachverständigen erfolgen, der darüber dem Gericht einen Bericht zu erstatten hat, und wird dem Betroffenen die Möglichkeit eingeräumt, den Bericht einzusehen und zu überprüfen und gegebenenfalls gegen seine Weitergabe Einwendungen zu erheben[80], kann von einer unvertretbaren Bevorzugung der Interessen des Schutzrechtsinhabers keine Rede mehr sein. Eine Beteiligung des Schutzrechtsinhabers an der Entscheidung über die Weitergabe der

---

74 Vgl. beispielsweise die Stellungnahme der Deutschen Vereinigung für gewerblichen Rechtsschutz und Urheberrecht zum Referentenentwurf eines Gesetzes zur Bekämpfung der Produktpiraterie (GRUR 1989, 29 (32)).

75 Regierungsbegründung zum Produktpirateriegesetz, BT-Drucks. 11/4792, S. 34.

76 Regierungsbegründung zum Produktpirateriegesetz, BT-Drucks. 11/4792, S. 33; vgl. auch Tilmann, BB 1990, 1565 (1569).

77 Regierungsbegründung zum Produktpirateriegesetz, BT-Drucks. 11/4792, S. 33.

78 Zweiter Produktpirateriebericht der Bundesregierung, BT-Drucks. 14/2111, S. 4 f.; vgl. auch die Stellungnahme der Deutschen Vereinigung für gewerblichen Rechtsschutz und Urheberrecht zum Grünbuch der Europäischen Kommission zur Bekämpfung von Nachahmungen und Produkt- und Dienstleistungspiraterie im Binnenmarkt (GRUR 1999, 560 (563 f.)). Zu den Problemen bei der Auskunftserteilung im einzelnen siehe unten C II 7.

79 Ebenso Grauel, MarkenR 2000, 91 (92).

80 So der Vorschlag der Deutschen Vereinigung für gewerblichen Rechtsschutz und Urheberrecht in ihrer Stellungnahme zum Referentenentwurf eines Gesetzes zur Bekämpfung der Produktpiraterie (GRUR 1989, 29 (32)).

Ermittlungen des Sachverständigen an ihn nebst Möglichkeit einer Stellungnahme könnte ohne weiteres gesetzlich geregelt werden. Inwieweit dann noch eine Unvereinbarkeit mit dem deutschen Rechtsschutzsystem bestünde, ist nicht ersichtlich.

Aufgrund der eindeutigen gesetzgeberischen Vorgabe verneint die Rechtsprechung einen Anspruch des Verletzten auf Einsichtnahme in die Geschäftsbücher des Verletzers allerdings zu Recht[81].

4. Zeitraum der auskunftspflichtigen Handlungen

a) Beginn des Zeitraums, über den Auskunft zu erteilen ist

aa) § 19 MarkenG

§ 19 MarkenG läßt offen, über welchen Zeitraum Auskunft zu erteilen ist. Selbst wenn man entgegen der hier vertretenen Ansicht den Auskunftsanspruch aus § 242 BGB auf die erste nachgewiesene Verletzungshandlung begrenzt[82], kann dies nicht auf die Drittauskunft aus § 19 MarkenG übertragen werden.

Der Auskunftsanspruch aus § 19 MarkenG ist im Gegensatz zu demjenigen aus § 242 BGB eigenständig, d.h. nicht von einem Schadensersatz-, Bereicherungs- oder sonstigen Anspruch abhängig, dessen Vorbereitung er zu dienen bestimmt wäre. Er soll vielmehr zur Aufdeckung von Herkunft und Vertriebsweg der widerrechtlich gekennzeichneten Gegenstände führen. Demgemäß wäre es widersinnig, eine zeitliche Begrenzung auf die erste durch den Verletzten nachgewiesene Verletzungshandlung vorzunehmen, da der Verletzte in der Regel erst aufgrund der Verkaufs- oder Angebotstätigkeit des Verletzers von dem rechtsverletzenden Verhalten erfährt. Der Bezug der widerrechtlich gekennzeichneten Gegenstände ist dieser Tätigkeit aber vorgelagert, so daß der Verletzte die Bezugsquellen nicht in Erfahrung bringen könnte, wenn die Auskunftspflicht erst mit einer für den Verletzten feststellbaren Handlung des Verletzers einsetzen würde[83]. Eine Begrenzung des Drittauskunftsanspruchs dahingehend, Auskunft könne frühestens von dem Zeitpunkt der ersten nachgewiesenen Verletzungshandlung an verlangt werden, ist daher abzulehnen[84].

---

81 Vgl. z.B. OLG Köln, Urteil vom 17.3.1995, GRUR 1995, 676 (676 ff.).
82 Siehe dazu unten C II 4 a) bb).
83 Vgl. Eichmann, GRUR 1990, 575 (578).
84 Ebenso Fezer, Markenrecht, § 19 MarkenG, Rdnr. 12; Ingerl/Rohnke, Markengesetz, § 19 MarkenG, Rdnr. 28.

bb) § 242 BGB

Der Auskunftsanspruch aus § 242 BGB setzt als Hilfsanspruch zum Schadensersatzanspruch voraus, daß ein Schadensersatzanspruch dem Grunde nach besteht[85]. Da der Schadensersatzanspruch frühestens mit der Begehung der Markenverletzung entstehen kann, soll dies nach Ansicht des 1. Zivilsenats des Bundesgerichtshofs auch für den Auskunftsanspruch gelten[86]. Hiernach ist der Zeitpunkt der Verletzungshandlung also der Beginn des Zeitraums, über den Auskunft zu erteilen ist. In diesem Zusammenhang soll der Verletzte im Prozeß – als klagebegründende Tatsache – vorzutragen haben, ob und wann eine Verletzungshandlung begangen worden ist; erst von diesem Zeitpunkt an sei die Auskunft zu erteilen[87]. Hierdurch werde einer uneingeschränkten Ausforschung der Verhaltensweise des Verletzers vorgebeugt, da es unangemessen erscheine, einen Verletzer aufgrund einer meist nur fahrlässig begangenen Zeichenverletzung rückwirkend einer allgemeinen Auskunftspflicht über vorangegangene Verhaltensweisen zu unterwerfen[88].

Diese Rechtsprechung des 1. Zivilsenats des Bundesgerichtshofs begegnet erheblichen Bedenken. Richtig ist zwar, daß ein Schadensersatzanspruch frühestens mit der Begehung der ersten Verletzungshandlung entstehen kann und daß der Verletzte im Prozeß als klagebegründende Tatsache vorzutragen hat, ob und wann die beanstandeten Handlungen begangen worden sind. Das bedeutet aber nicht, daß er alle oder die erste Verletzungshandlung vortragen müßte. Für die Feststellung der grundsätzlichen Ersatzpflicht des Verletzers kommt es nicht auf Anzahl und Zeitpunkt der einzelnen Verletzungshandlungen an[89]. Regelmäßig ist der Verletzte auch gar nicht in der Lage, sämtliche oder auch nur die erste Verletzungshandlung vorzutragen. Im übrigen wären nicht nur die Ansprüche des Verletzten in vielen Fällen unbillig verkürzt, auch das Erkenntnisverfahren wäre unnötig mit der Aufklärung der Frage belastet, wann der Verletzer die erste

---

85 Vgl. oben C II 2 b).

86 BGH, Urteil vom 26.11.1987, GRUR 1988, 307 (308); BGH, Urteil vom 29.9.1994, GRUR 1995, 50 (54); vgl. auch BGH, Urteil vom 21.3.1991, WRP 1991, 575 (578). Eine Ausnahme macht der 1. Zivilsenat des BGH nur dann, wenn der Schuldner durch einen Verstoß gegen eine übernommene Unterlassungspflicht gezeigt hat, daß er letztere nicht beachtet. In diesem Fall könne ihm nach Treu und Glauben die (vertragliche) Nebenpflicht angesonnen werden, dem verletzten Gläubiger zu offenbaren, ob er weitere Verstöße gegen seine vertragliche Verpflichtung begangen habe (BGH, Urteil vom 20.6.1991, GRUR 1992, 61 (64)).

87 BGH, Urteil vom 26.11.1987, GRUR 1988, 307 (308); BGH, Urteil vom 29.9.1994, GRUR 1995, 50 (54); vgl. auch BGH, Urteil vom 21.3.1991, WRP 1991, 575 (578).

88 BGH, Urteil vom 29.9.1994, GRUR 1995, 50 (54).

89 Vgl. LG Düsseldorf, Urteil vom 31.10.1989, GRUR 1990, 117 (118).

Verletzungshandlung begangen hat, obwohl es hierauf für die Ersatzpflicht des Verletzers gar nicht ankäme[90]. Demgemäß braucht die erste Verletzungshandlung regelmäßig nicht festgestellt zu werden, was folgerichtig auch für den Auskunftsanspruch zu gelten hat. Diese Auffassung vertritt auch der 10. Zivilsenat des Bundesgerichtshofs, demzufolge der Beginn der Verletzungshandlung nicht nachzuweisen und dementsprechend auch keine zeitliche Begrenzung der Auskunftspflicht vorzunehmen sei[91]. Die Feststellung der Schadensersatzpflicht des Verletzers besage nur, daß der Verletzer dem Verletzten den durch die schuldhaft rechtswidrige Verletzungshandlung entstandenen und noch entstehenden Schaden zu ersetzen habe. Einer zeitlichen Abgrenzung bedürfe es lediglich insoweit, als der Zeitraum, innerhalb dessen eine Benutzungshandlung erfolgt sei, für deren Kennzeichnung als schuldhaft rechtswidrige Verletzungshandlungen bestimmend sei. So müsse, wenn das Schutzrecht bei Erlaß des Urteils bereits abgelaufen sei, der Zeitpunkt des Erlöschens, und dann, wenn etwa die Benutzung erst von einem bestimmten Zeitpunkt ab als rechtswidrig und schuldhaft anzusehen sei, dieser Zeitpunkt festgelegt werden. Abgesehen hiervon entbehre aber sowohl die Feststellung der Schadensersatzpflicht als auch der Verurteilung zur Auskunftserteilung jeder zeitlichen Beziehung. In beiden Fällen werde allein auf die Verletzungshandlungen abgestellt, ohne daß dabei der Zeitpunkt, zu dem sie vorgenommen worden seien, eine Rolle spiele.

Im übrigen wäre es auch unbillig, den Umfang der Auskunftspflicht von dem eher zufälligen Umstand abhängig zu machen, ob die festgestellte Verletzungshandlung zu Beginn oder Ende des Verletzungszeitraums lag. Ein Verletzer, der seine Verletzungshandlung zunächst geschickt verschleiert, verdient keine Privilegierung dadurch, daß er nur eingeschränkt zur Auskunft herangezogen wird[92]. Ebenfalls dürfte durch eine auch nur einmalige Markenverletzung ein gesetzliches Schuldverhältnis begründet werden, aufgrund dessen der Verletzer verpflichtet ist, über den gesamten Umfang der von ihm vorgenommenen rechtsverletzenden Handlungen Auskunft zu erteilen[93].

---

90 Vgl. LG Düsseldorf, Urteil vom 31.10.1989, GRUR 1990, 117 (118 f.).

91 BGH, Urteil vom 25.2.1992, GRUR 1992, 612 (616) zum Sortenschutzrecht unter Hinweis auf BGH, Urteil vom 16.3.1956, GRUR 1956, 265 (269) zum Patentrecht.

92 Ebenso Ingerl/Rohnke, Markengesetz, Vor §§ 14-19 MarkenG, Rdnr. 86.

93 Vgl. dazu ausführlich Krieger, GRUR 1989, 802 (804), der darüber hinaus zutreffend darauf hinweist, daß eine zeitliche Begrenzung des Auskunftsanspruchs auch deshalb nicht in das durch die Rechtsprechung entwickelte Rechtssystem passe, weil ganz allgemein Beweiserleichterungen dort gewährt würden, wo dem außerhalb des Geschehensablaufs stehenden Kläger die genaue Kenntnis der entscheidenden Tatumstände fehle und es ihm nicht möglich sei, den Sachverhalt von sich aus aufzuklären, während der Beklagte diese Kenntnis habe und leicht die notwendigen Aufklärungen beibringen könne. In solchen Fällen entspreche es dem auch im Prozeßrecht geltenden

Schließlich hätte eine zeitliche Begrenzung des Auskunftsanspruchs aus § 242 BGB ohnehin keinerlei praktische Auswirkungen, da der Verletzte durchaus auch die Drittauskunft als Grundlage für Schadensersatzansprüche gegen den Verletzer heranziehen kann[94]. Da hierdurch der Verletzer, der nicht auf Drittauskunft in Anspruch genommen wurde oder, wie beispielsweise bei UWG-Verstößen, mangels Gesetzesvorschrift nicht in Anspruch genommen werden kann, ohne sachgerechten Differenzierungsgrund besser gestellt würde, ist eine zeitliche Begrenzung auch aus diesem Grund abzulehnen[95].

Damit bleibt im Ergebnis festzuhalten, daß auch eine Begrenzung des Auskunftsanspruchs aus § 242 BGB dahingehend, Auskunft könne frühestens von dem Zeitpunkt der ersten nachgewiesenen Verletzungshandlung an verlangt werden, nach der hier vertretenen Auffassung abzulehnen ist[96].

b) Ende des Zeitraums, über den Auskunft zu erteilen ist

Nachdem es zwischen dem Zugang der Auskunftsaufforderung und der Auskunftserteilung zu weiteren auskunftspflichtigen Vorgängen kommen kann, ist das Ende des Zeitraums, über den Auskunft zu erteilen ist, sowohl beim Auskunftsanspruch aus § 19 MarkenG als auch aus § 242 BGB durch den Zeitpunkt

---

Gebot von Treu und Glauben (§ 242 BGB), daß der Beklagte die erforderliche Aufklärung gebe, sofern sie ihm nach den Umständen zuzumuten sei.

94 Eichmann, GRUR 1990, 575 (578, Fn. 59).

95 Vgl. Fezer, Markenrecht, § 19 MarkenG, Rdnr. 12; a.A. Teplitzky, Wettbewerbsrechtliche Ansprüche, Kap. 38, Fn. 20.

96 Ebenso Ingerl/Rohnke, Markengesetz, Vor §§ 14-19 MarkenG, Rdnr. 86; Fezer, Markenrecht, § 19 MarkenG, Rdnr. 12; Jestaedt, GRUR 1993, 219 (222); Krieger, GRUR 1989, 802 (804); Tilmann, GRUR 1990, 160 (162) und Klaka, in: Althammer/Ströbele/Klaka, Markengesetz, § 19 MarkenG, Rdnr. 26, die allerdings ausnahmsweise die Gewährung einer zeitlichen Begrenzung für vorstellbar halten, wenn eine Auskunftserteilung tief in die Vergangenheit hinein mit erheblichen Schwierigkeiten verbunden ist und dies im konkreten Fall vom Verletzer vorgetragen und bewiesen wird; Jacobs, in: Jacobs/Lindacher/Teplitzky, UWG-Großkommentar, Vor § 13 UWG, Abschnitt D, Rdnr. 233, der allerdings eine zeitliche Begrenzung insofern vornimmt, daß lediglich Handlungen umfaßt sind, die innerhalb der Verjährungsfrist liegen; vgl. auch LG Düsseldorf, Urteil vom 15.2.1996, Az.: 4 O 237/95; a.A. Teplitzky, GRUR 1991, 709 (711); Köhler, in: Jacobs/Lindacher/Teplitzky, UWG-Großkommentar, Vor § 13 UWG, Abschnitt B, Rdnr. 416 und Teplitzky, Wettbewerbsrechtliche Ansprüche, Kap. 38, Rdnr. 7, die allerdings in Anlehnung an BGH, Urteil vom 5.6.1885, GRUR 1986, 62 (64) und BGH, Urteil vom 13.6.1985, GRUR 1986, 66 (69), bei mit hoher Wahrscheinlichkeit anzunehmenden weiteren Verletzungen für die Erteilung einer Grundauskunft, die sich auf Angaben erstreckt, welche zur Prüfung der Frage nötig sind, ob weitere Verstöße vorliegen, plädieren.

der vollständigen Auskunftserteilung festgelegt[97]. Auch wenn der Verletzer spätestens durch die Auskunftsaufforderung Kenntnis von der Markenverletzung erlangt und damit weitere Vertriebshandlungen in den strafrechtlich relevanten Bereich fallen, kann er sich dem Auskunftsanspruch von diesem Zeitpunkt an nicht unter Berufung auf ein Zeugnisverweigerungsrecht entziehen, da diesem – wie nachstehend ausgeführt – anderweitig Genüge getan ist.

Im Hinblick auf den Auskunftsanspruch aus § 19 MarkenG hat der Gesetzgeber das Zeugnisverweigerungsrecht in Form eines Verwertungsverbots in § 19 Abs. 4 MarkenG gesichert. Hiernach darf die Auskunft in einem Straf- oder Ordnungswidrigkeitsverfahren wegen einer vor der Erteilung der Auskunft begangenen Tat gegen den Auskunftspflichtigen oder seine Angehörigen nur mit Zustimmung des Auskunftspflichtigen verwertet werden. Um sicherzustellen, daß die absichtlich unvollständig erteilte Auskunft, deren Vollständigkeit jedoch eidesstattlich versichert wurde[98], strafrechtlich geahndet werden kann, gilt das Verwertungsverbot nur bezüglich einer vor Erteilung der Auskunft begangenen Tat[99].

Beim Auskunftsanspruch aus § 242 BGB fehlt es dagegen an einer gesetzlichen Sicherung des Zeugnisverweigerungsrechts. Der Konflikt zwischen Auskunftspflicht und strafrechtlicher Selbstbezichtigung wird hier durch die Rechtsprechung des Bundesverfassungsgerichts gelöst[100]. Nach dessen Beschluß vom 13. Januar 1981 greift ein Zwang zur Selbstbezichtigung in das durch Art. 2 Abs.1 GG geschützte Persönlichkeitsrecht ein; zwar könne kein Aussageverweigerungsrecht beansprucht werden, doch müsse die Auskunftspflicht des Schuldners um ein strafrechtliches Verwertungsverbot ergänzt werden[101]. Zwar erging dieser Beschluß im Hinblick auf die Auskunftspflicht des Gemeinschuldners im Konkurs aus der Konkursordnung, während Inhalt und Umfang der Auskunftspflicht aus § 242 BGB nicht durch Gesetzesrecht, sondern durch Ausfüllen der zivilrechtlichen Generalklausel durch Gewohnheits- und Richterrecht bestimmt werden. Dies ist aber ohne Belang, nachdem geschriebenes und ungeschriebenes Recht als Rechtsquelle gleichgestellt sind[102].

---

97 Vgl. Eichmann, GRUR 1990, 575 (578).

98 Siehe zur eidesstattlichen Versicherung unten C II 7 b).

99 Regierungsbegründung zum Produktpirateriegesetz, BT-Drucks. 11/4792, S. 40.

100 Ingerl/Rohnke, Markengesetz, Vor §§ 14-19 MarkenG, Rdnr. 81, spricht sich für eine analoge Anwendung des § 19 Abs. 4 MarkenG aus.

101 BVerfG, Beschluß vom 13.1.1981, NJW 1981, 1431 (1433).

102 Vgl. dazu ausführlich Stauder, GRUR Int. 1982, 226 (230 f.), der sich zudem mit dem Problem befaßt, ob den Parteien im Prozeß wegen der Gefahr strafrechtlicher Selbstbelastung als Grenze der Wahrheitspflicht in § 138 Abs. 1 ZPO nicht ohnehin ein Schweigerecht zusteht. Er kommt zutreffend zu dem Schluß, daß ein solches Schweigerecht im Verletzungs- und Wettbewerbsprozeß die in diesem Verfahren

Keinen Schutz erfährt der Verletzer allerdings im Hinblick auf Verletzungshandlungen, die nach Abgabe einer strafbewehrten Unterlassungserklärung oder einer für den künftigen Fall der Zuwiderhandlung Ordnungsmittel androhenden gerichtlichen Entscheidung begangen wurden. Zwar haben sowohl Vertragsstrafen als auch Ordnungsmittel strafähnlichen Charakter; gleichwohl kommt eine Sicherung eines „Zeugnisverweigerungsrechts“ durch Zubilligung eines Verwertungsverbots aus nachstehenden Erwägungen weder beim Auskunftsanspruch aus § 19 MarkenG[103] noch aus § 242 BGB[104] in Betracht.

Im Hinblick auf den Auskunftsanspruch aus § 19 MarkenG ist der Wortlaut des Gesetzes in § 19 Abs. 4 MarkenG eindeutig. Dort ist lediglich für Strafverfahren und Verfahren nach dem Gesetz über Ordnungswidrigkeiten von einem Verwertungsverbot die Rede, obwohl diese Problematik bei Erlaß des Produktpirateriegesetzes bekannt war[105]. Desweiteren liegen die persönlichen Nachteile des Verletzers auf einer anderen Ebene als bei der Verwirklichung eines Straftatbestandes. Auch scheint es nicht gerechtfertigt, wenn gerade verbindlich zur Unterlassung verpflichtete Verletzer die widerrechtlich gekennzeichnete Ware weiterveräußern könnten, ohne ernsthaft von der Rechtsordnung vorgesehene Sanktionen befürchten zu müssen. Die letztgenannten Gründe sprechen gleichermaßen gegen eine Ausweitung des Anwendungsbereichs eines Verwertungsverbots beim Auskunftsanspruch aus § 242 BGB. Hinzu kommt hier für den Bereich der Vertragsstrafe, daß diese auf den Schadensersatz anzurechnen ist (§ 340 Abs. 2 BGB) und der Verletzer insofern nicht unbillig belastet wird.

---

notwendige Auskunftspflicht auf den Kopf stellen würde, und bejaht im Ergebnis einen Schutz des Auskunftspflichtigen gegen die Gefahr strafrechtlicher Verfolgung lediglich nach dem vom Bundesverfassungsgericht aufgestellten Grundsatz, also über ein strafrechtliches Verwertungsverbot. Ebenso Greger, in: Zöller, Zivilprozeßordnung, § 138 ZPO, Rdnr. 3.

103 Ebenso Fezer, Markenrecht, § 19 MarkenG, Rdnr. 20; Klaka, in: Althammer/Ströbele/Klaka, Markengesetz, § 19 MarkenG, Rdnr. 34; Ingerl/Rohnke, Markengesetz, § 19 MarkenG, Rdnr. 42.

104 Ebenso Köhler, in: Jacobs/Lindacher/Teplitzky, UWG-Großkommentar, Vor § 13 UWG, Abschnitt B, Rdnr. 414; a.A. Ungern-Sternberg, WRP 1984, 55 (56 f.), der zwar ein Verwertungsverbot für nicht praktikabel hält, dem Verletzer aber eine Einrede gewährt, wonach der zur Vorbereitung des Schadensersatzes bestimmte Auskunftsanspruch erst durchsetzbar wird, wenn der Verletzte darauf verzichtet, möglicherweise durch die Auskunft nachweisbar verwirkte Vertragsstrafen geltend zu machen bzw. wegen etwaiger zutage tretender Verstöße gegen gerichtliche Verbote Bestrafungsanträge zu stellen; dem wohl folgend Schulz, in: Herbst, Festschrift für Rainer Klaka, S. 40.

105 Vgl. Eichmann, GRUR 1990, 575 (579).

5. *Verhältnismäßigkeit der Auskunft*

a) § 19 MarkenG

§ 19 Abs. 1 MarkenG sieht vor, daß die Auskunftsverpflichtung entfällt, wenn die Auskunftserteilung im Einzelfall unverhältnismäßig ist. Der Gesetzgeber wollte hierdurch der Gefahr, daß der Auskunftsanspruch zu einer zu weitgehenden und damit vom Gesetzeszweck her nicht mehr zu rechtfertigenden Ausforschung von Konkurrenten mißbraucht wird, begegnen[106].

Die Beurteilung der Unverhältnismäßigkeit eines Auskunftsverlangens erfordert eine umfassende Abwägung des Informationsinteresses des Verletzten einerseits und des Geheimhaltungsinteresses des Verletzers andererseits nach den besonderen Umständen des konkreten Einzelfalls[107]. Die Formulierung der Bestimmung („es sei denn") und die Bezugnahme auf den „Einzelfall" verdeutlicht, daß der Gesetzgeber die Auskunftspflicht des Verletzers nur in ganz besonders gelagerten Ausnahmefällen eingeschränkt wissen wollte. Demgemäß ist bei der Interessenabwägung von einem grundsätzlichen Vorrang des Interesses des Verletzten an der Aufdeckung der Herkunft und des Vertriebswegs der widerrechtlich gekennzeichneten Gegenstände auszugehen. Eine Unverhältnismäßigkeit des Auskunftsverlangens ist daher grundsätzlich nur dann vorstellbar, wenn mit Sicherheit ausgeschlossen ist, daß der Verletzte die begehrten Angaben zur Geltendmachung nachvollziehbarer Verletzungsansprüche gegenüber Lieferanten oder Abnehmern benötigen könnte[108]. Dies kommt nur dann in Betracht, wenn keine weiteren Markenverletzungen Dritter zu befürchten und eingetretene Schäden ausgeglichen sind[109]. Die Auskunftsverpflichtung entfällt allerdings auch hier nur insoweit, als sie unverhältnismäßig ist. Gegebenenfalls hat der Verletzer daher zumindest teilweise oder auch – bei entsprechender Anordnung – gegenüber einem Wirtschaftsprüfer Auskunft zu erteilen[110].

---

106 Regierungsbegründung zum Produktpirateriegesetz, BT-Drucks. 11/4792, S. 31.

107 Fezer, Markenrecht, § 19 MarkenG, Rdnr. 14.

108 Ingerl/Rohnke, Markengesetz, § 19 MarkenG, Rdnr. 13.

109 Insoweit zutreffend Regierungsbegründung zum Produktpirateriegesetz, BT-Drucks. 11/4792, S. 31 f. Demgegenüber überzeugt der weiter dort genannte Fall einer Unverhältnismäßigkeit des Auskunftsverlangens, wenn es sich um einen Einzelfall von Schutzrechtsverletzung handelt, nicht. Zu Recht weist Ingerl/Rohnke, Markengesetz, § 19 MarkenG, Rdnr. 14, darauf hin, daß jede Kennzeichenverletzung als „Einzelfall" beginnt, der, wenn er bereits in diesem Stadium gestoppt werden kann, kein Grund zur Auskunftsverweigerung ist.

110 Vgl. BGH, Urteil vom 20.12.1994, GRUR 1995, 338 (341 f.).

b) § 242 BGB

Die Verhältnismäßigkeit des Auskunftsverlangens aus § 242 BGB richtet sich nach den Bedürfnissen des Verletzten unter schonender Rücksichtnahme auf die Belange des Verletzers; die Interessen beider Parteien, also das Interesse des Verletzten an der Durchsetzung seiner Ersatzansprüche einerseits und das Geheimhaltungsinteresse des Verletzers andererseits, sind nach dem Maßstab von Treu und Glauben unter Berücksichtigung aller Umstände des Einzelfalls gegeneinander abzuwägen[111].

Bei Markenverletzungen kann das Geheimhaltungsinteresse des Verletzers in Anbetracht der heute die wettbewerblich wichtigsten Informationen ohnehin erfassenden Auskunftspflicht nach § 19 MarkenG keine große Rolle mehr spielen. Demgegenüber ist dem Interesse des Verletzten an der Durchsetzung seiner Ersatzansprüche schon angesichts der begangenen Rechtsverletzung grundsätzlich Vorrang einzuräumen[112].

Eine Beschränkung des Auskunftsanspruchs aus § 242 BGB kommt daher nur unter besonderen Umständen in Betracht. Denkbar ist hier etwa, daß der Ermittlungsaufwand, wie beispielsweise das Heraussuchen bestimmter Unterlagen, in keinem Verhältnis zur Bedeutung der Information steht, sofern lediglich die Genauigkeit der Schätzung bzw. Berechnung in Randbereichen beeinträchtigt, nicht aber die Durchsetzung als solche vereitelt wird[113].

Fraglich ist, ob dem Verletzer eine Auskunft zumutbar ist, mit der er einen Dritten einer strafbaren Handlung bezichtigt. Der Bundesgerichtshof verneint dies in einer Entscheidung aus dem Jahre 1975 zwar nicht grundsätzlich, aber doch in einer den Spielraum für die Annahme einer solchen Auskunftspflicht erheblich einengenden Weise[114]. Es sei davon auszugehen, daß es weithin als anstößig empfunden werde, einen Dritten einer strafbaren Handlung zu bezichtigen; die geltende Rechtsordnung sehe denn auch eine Pflicht des einzelnen, seine Kenntnis von einer strafbaren Handlung zu offenbaren, nur in wenigen Fällen vor, in denen übergeordnete Belange der Allgemeinheit oder Einzelner dies erforderten[115]. Nachdem in § 19 MarkenG zwischenzeitlich aber gesetzlich normiert ist, daß der Verletzer Hersteller, Lieferant und andere Vorbesitzer der widerrechtlich gekennzeichneten Gegenstände sowie gewerbliche Abnehmer oder

111 Vgl. Baumbach/Hefermehl, Wettbewerbsrecht, Einl. UWG, Rdnr. 404 m.w.N.

112 Vgl. Ingerl/Rohnke, Markengesetz, Vor §§ 14-19 MarkenG, Rdnr. 79 f.

113 Ingerl/Rohnke, Markengesetz, Vor §§ 14-19 MarkenG, Rdnr. 80; Teplitzky, Wettbewerbsrechtliche Ansprüche, Kap. 38, Rdnr. 21.

114 BGH, Urteil vom 4.7.1975, GRUR 1976, 367 (368 f.); vgl. dazu Teplitzky, Wettbewerbsrechtliche Ansprüche, Kap. 38, Rdnr. 25.

115 BGH, Urteil vom 4.7.1975, GRUR 1976, 367 (368 f.).

Auftraggeber bekannt zu geben hat, kann dieser Ansicht nicht mehr gefolgt werden[116]. Eine eventuelle Drittbezichtigung ist im Rahmen der Verhältnismäßigkeitsprüfung demgemäß grundsätzlich nicht zu berücksichtigen.

6. Unverzüglichkeit der Auskunft im Sinne von § 19 Abs. 1 MarkenG

Gemäß § 19 Abs.1 MarkenG kann der Verletzer auf unverzügliche Auskunft in Anspruch genommen werden. Unverzüglich meint ohne schuldhaftes Zögern[117], d.h., es ist nicht erforderlich, daß die Auskunft sofort im Sinne von so schnell wie nach objektiven Maßstäben möglich erteilt wird[118]. Reagiert der Verletzer auf ein Auskunftsverlangen unter – der Eilbedürftigkeit der unverzüglichen Auskunft entsprechenden – kurzer Fristsetzung nicht, können die Kosten notwendiger eigener Nachforschungen des Verletzten einen Verzugsschaden darstellen[119].

7. Probleme bei der Auskunftserteilung

Verletzer sind in aller Regel bemüht, sich gegenüber dem Auskunftsanspruch des Verletzten so bedeckt wie möglich zu halten[120]. Zum einen sollen die Beteiligten der illegalen „Vertriebskette" gedeckt oder geschont, zum anderen die dem Auskunftsanspruch folgenden Schadensersatzforderungen niedrig gehalten werden. Die Erfahrung hat gezeigt, daß gerade in Fällen der Produktpiraterie die erteilten Auskünfte überwiegend falsch oder zumindest sehr lückenhaft sind[121]. Es stellt sich mithin die Frage, welche rechtlichen Möglichkeiten dem Verletzten in diesen Fällen zur Verfügung stehen.

---

116 Ebenso Ingerl/Rohnke, Markengesetz, Vor §§ 14-19 MarkenG, Rdnr. 81.

117 Vgl. § 121 Abs. 1 BGB.

118 Fezer, Markenrecht, § 19 MarkenG, Rdnr. 13.

119 Ingerl/Rohnke, Markengesetz, § 19 MarkenG, Rdnr. 22.

120 Ein lesenswertes Sammelsurium „beliebter" Ausreden zur Rechtfertigung sogenannter Negativerklärungen, die für den Verletzten wertlos sind, findet sich bei Cremer, Mitt. 1992, 153 (158).

121 Vgl. Zweiter Produktpiraterriebericht der Bundesregierung, BT-Drucks. 14/2111, S. 4.; Grauel, MarkenR 2000, 91 (91 f.).

a) Erteilung einer nicht ernstgemeinten, unglaubhaften oder unvollständigen Auskunft

Nach der Rechtsprechung des Bundesgerichtshofs genügt eine zum Zwecke der Auskunft gegebene Erklärung zur Erfüllung des Auskunftsanspruchs dann nicht, wenn sie nicht ernstgemeint, von vornherein unglaubhaft oder unvollständig ist[122]. Hierbei sei auf die objektiv gegebenen Umstände abzustellen, was auch zur Folge haben könne, in einer negativen Erklärung die Erfüllung des Auskunftsbegehrens zu sehen[123]. Es komme nicht darauf an, ob der Anspruchsteller die erteilte Auskunft für wahr und vollständig erachte[124]. Der Verdacht, daß bei einem dubiosen Geschäft der Produktpiraterie der Verletzer bewußt oder unbewußt seine Erinnerungsfähigkeit unterdrücke, wenn er angebe, den Lieferanten nicht mehr benennen zu können, erlaube es nicht, eine dahingehende Erklärung von vornherein als unglaubhaft und damit als nicht abgegeben zu behandeln[125].

Auch wenn dies für den Verletzten unbefriedigend erscheinen mag, muß der Auffassung des Bundesgerichtshofs zugebilligt werden, daß auch eine Negativerklärung rein formal betrachtet eine Auskunft darstellt. Im übrigen kann von einem Schuldner Unmögliches nicht verlangt werden, so daß der Anspruch auf Auskunft gemäß § 275 BGB selbst dann ausgeschlossen wäre, wenn man eine Negativerklärung als Nichterfüllung ansehen würde. Auch der sich im Falle einer zu vertretender Unmöglichkeit ergebende Schadensersatzanspruch des Verletzers gemäß § 283 BGB könnte kaum beziffert werden, so daß ihm keine praktische Bedeutung zukäme.

Selbstverständlich gilt aber nicht jede beliebige Negativerklärung ohne weiteres als formell genügend. Der Verletzer ist verpflichtet, in zumutbarem Umfang alle ihm zur Verfügung stehenden Möglichkeiten auszuschöpfen, um die geschuldete Auskunft inhaltlich zu erbringen[126]. Als zumutbar wird vom Bundesgerichtshof beispielsweise die Möglichkeit der Einsichtnahme in die einschlägigen Unterlagen angesehen, auch wenn sich diese bei der Staatsanwaltschaft befinden[127], nicht dagegen, eine Fahrt ins Ausland zu einem nicht mehr

---

122 BGH, Urteil vom 24.3.1994, GRUR 1994, 630 (631 f.).

123 BGH, Urteil vom 24.3.1994, GRUR 1994, 630 (632).

124 BGH, Urteil vom 24.3.1994, GRUR 1994, 630 (632); vgl. auch Jacobs, in: Jacobs/Lindacher/Teplitzky, UWG-Großkommentar, Vor § 13 UWG, Abschnitt D, Rdnr. 234.

125 BGH, Urteil vom 24.3.1994, GRUR 1994, 630 (632).

126 Vgl. BGH, Urteil vom 20.12.1994, GRUR 1995, 338 (341); Pfälzisches OLG Zweibrücken, Urteil vom 14.2.1997, WRP 1997, 611 (614 f.) m.w.N.

127 BGH, Urteil vom 20.12.1994, GRUR 1995, 338 (341).

bekannten Lieferanten zur Auffrischung des Erinnerungsvermögens zu unternehmen[128].

Möglich und zumutbar ist auch die Nachfrage bei den Lieferanten – zumindest, wenn es sich um eine überschaubare Anzahl handelt –, von wem die Verletzungsgegenstände stammen und welchen Lieferscheinen bzw. Angaben auf den Lieferscheinen und Rechnungen sie zuzuordnen sind, sofern sich der Verletzer hieran nicht mehr erinnert[129]. Verweigert ein ehemaliger Partner dem Verletzer die Auskunft, ist es letzterem zumutbar, auf Erteilung der entsprechenden Auskünfte Klage zu erheben, um seiner Auskunftspflicht gegenüber dem Verletzten gerecht werden zu können[130].

Zieht der Verletzer zur Erteilung der Auskunft Hilfspersonen hinzu, muß er sich von der Zuverlässigkeit und Richtigkeit der von diesen durchgeführten Recherchen überzeugen. Andernfalls kann lediglich davon ausgegangen werden, daß die Nachforschungen dieser Hilfsperson ergebnislos waren, nicht aber davon, daß die Auskunft objektiv unmöglich ist[131].

Auch muß vom Verletzer verlangt werden können, daß dieser zumindest darlegt, welche konkreten Anstrengungen er zur Erfüllung seiner Verpflichtung unternommen hat, um dem Verletzten und dem Gericht die Möglichkeit zu geben, abzuschätzen, ob er ehrlich um Erfüllung bemüht war oder nur „Abwehrbewegungen" gemacht hat[132]. Ist der Verletzer dem allerdings nachgekommen, obliegt es dem Verletzten, darzulegen, daß diese Behauptungen des Verletzers nicht zutreffen, dieser vielmehr in der Lage ist, über die erteilte Auskunft hinaus weitere Angaben zu machen[133].

Ist ersichtlich oder gelingt dem Verletzten der Nachweis, daß die Erklärung des Verletzers nicht ernstgemeint, unglaubhaft oder unvollständig ist, bleibt der Auskunftsanspruch bestehen, d.h. der Verletzer muß sich erneut erklären bzw. seine bestehende Erklärung ergänzen[134]. Allerdings reicht es für den o.g. Nach-

---

128 BGH, Urteil vom 24.3.1994, GRUR 1994, 630 (632).

129 Vgl. OLG Frankfurt am Main, Beschluß vom 10.3.1993, Az.: 6 W 59/93; ebenso OLG Köln, Beschluß vom 27.8.1996, Az.: 6 W 18/96.

130 LG München I, Beschluß vom 20.7.1994, Az.: 7 O 8/93; bestätigt durch OLG München, Beschluß vom 10.10.1994, Az.: 6 W 2273/94.

131 Vgl. OLG Frankfurt am Main, Beschluß vom 1.3.1994, Az.: 6 W 208/93.

132 Vgl. LG Wiesbaden, Beschluß vom 28.10.1992, Az.: 11 O 55/92; ebenso OLG Frankfurt am Main, Beschluß vom 30.8.1994, Az.: 11 W 23/94, demzufolge der Verletzer gehalten ist, substantiiert und nachprüfbar vorzubringen, aus welchen Gründen im einzelnen ihm die Auskunftserteilung nicht oder nicht mehr möglich ist.

133 OLG München, Beschluß vom 23.7.1998, Az.: 29 W 1485/98.

134 Auch bei unterschiedlichen Auskünften muß zunächst durch ergänzende Angaben Klarheit herbeigeführt werden. Immer dann, wenn die zweite, von der ersten abwei-

weis des Verletzten nicht aus, daß dieser lediglich Widersprüchlichkeiten in der Auskunft des Verletzers aufzeigt, wenn nicht ersichtlich ist, was der Verletzer zur Aufklärung dieser Widersprüchlichkeiten unternehmen kann[135]. Die Auskunft ist in diesem Fall zwar unter Umständen inhaltlich falsch, nicht aber unglaubhaft[136] oder unvollständig[137].

b) Versicherung an Eides Statt

Nach dem Vorschlag der Bundesregierung sollte ursprünglich eine generelle Verpflichtung zur Versicherung der Vollständigkeit der Auskunft an Eides Statt in das Produktpirateriegesetz aufgenommen werden[138]. Dies scheiterte jedoch an der Empfehlung des Rechtsausschusses des Bundestags, nach dessen Ansicht jeder Auskunftsberechtigte im Prinzip vor dem gleichen Problem stünde und deshalb eine Sonderbehandlung bei den Schutzrechten des geistigen Eigentums nicht erforderlich und auch eine derartige Ausweitung des Anwendungsbereichs der eidesstattlichen Versicherung bedenklich wäre[139]. Die Erfahrung hat mittlerweile gezeigt, daß eine solche Regelung durchaus ihre Berechtigung gehabt hätte.

Die Bedeutung der eidesstattlichen Versicherung liegt in den strafrechtlichen Sanktionen, die aus einer falschen Versicherung folgen können. Die vorsätzliche

---

chende Auskunft nicht aus sich heraus oder in Verbindung mit gleichzeitigen zusätzlichen Angaben ausreichende Klarheit über den Grund der Abweichung schafft, kann die Nachholung einer solchen Klärung erforderlich werden (vgl. BGH, Urteil vom 16.9.1982, GRUR 1982, 723 (726)). Vgl. auch Brändel, GRUR 1985, 616 (617).

135 Vgl. OLG Frankfurt, Urteil vom 11.12.1995, Az.: 6 U 221/94.

136 Zwar könnte man hier auch die Auffassung vertreten, daß eine widersprüchliche, mithin innerlich unschlüssige Auskunft nie „glaubhaft" ist. Hiergegen spricht aber, daß es durchaus Fallkonstellationen gibt, in denen der Verletzer tatsächlich nur zu einer solchen Auskunft in der Lage ist, etwa aufgrund mangelnder Buchführung, was in Fällen der Produktpiraterie durchaus keine Seltenheit ist. Auch wenn dieser für den Verletzten unbefriedigende Zustand in der Regel vom Verletzer verschuldet ist, kann letzterer nicht zu etwas angehalten werden, was ihm schlichtweg nicht möglich ist.

137 Vgl. OLG München, Beschluß vom 23.7.1998, Az.: 29 W 1485/98; ebenso LG Mannheim, Urteil vom 28.6.1996, Az.: 7 O 40/96, das allerdings insofern widersprüchlich ist, als daß es die Anstrengungen, die der Verletzer unternommen hatte, um die Herkunft der Verletzungsgegenstände zu klären, als unzureichend betrachtet. In diesem Fall wäre die Auskunft nach der vorstehend zitierten Rechtsprechung als unvollständig einzustufen gewesen.

138 Regierungsbegründung zum Produktpirateriegesetz, BT-Drucks. 11/4792, S. 4, 39.

139 Vgl. Ingerl/Rohnke, Markengesetz, § 19 MarkenG, Rdnr. 38; Mühlens, CR 1990, 433 (437).

falsche Abgabe einer eidesstattlichen Versicherung wird gemäß § 156 StGB mit Freiheitsstrafe bis zu drei Jahren oder mit Geldstrafe, die fahrlässige gemäß § 163 Abs. 1 StGB mit Freiheitsstrafe bis zu einem Jahr oder mit Geldstrafe bestraft. Da die zu erteilende Auskunft bis zur Abgabe der eidesstattlichen Versicherung berichtigt werden kann[140] und der Versuch der Abgabe einer falschen eidesstattlichen Versicherung gemäß § 23 Abs. 1 i.V.m. § 12 Abs. 2 StGB nicht strafbar ist, kann über den Weg der Beanspruchung einer eidesstattlichen Versicherung erreicht werden, daß der Verletzer seine Auskunft buchstäblich „in letzter Sekunde" berichtigt bzw. vervollständigt.

Nachdem der Gesetzgeber die generelle Verpflichtung zur Versicherung der Vollständigkeit der Auskunft an Eides Statt gestrichen hat, kommen sowohl für den Drittauskunftsanspruch aus § 19 MarkenG als auch den akzessorischen Auskunftsanspruch und den Rechnungslegungsanspruch aus § 242 BGB die allgemeinen Regeln (§§ 259 ff. BGB) zur Anwendung[141]. Besteht hiernach Grund zu der Annahme, daß die Auskunft nicht mit der erforderlichen Sorgfalt erteilt wurde, kann der Verletzte eine eidesstattliche Versicherung des Verletzers fordern bzw. gegebenenfalls erzwingen. Allerdings verlangt die Rechtsprechung als Voraussetzung für den Anspruch auf Abgabe der eidesstattlichen Versicherung über den Wortlaut des Gesetzes hinaus, daß „begründete Zweifel" an einer nicht ausreichend sorgfältigen Auskunftserteilung bestehen[142]. Insofern ist der Verletzte darlegungs- und beweislastpflichtig, wobei er allerdings die Lebenserfahrung in Anspruch nehmen darf. Anhaltspunkte für einen Sorgfaltsmangel können die Art der Auskunft, das frühere Verhalten des Verletzers, eine spätere Berichtigung einer zunächst unvollständig oder unrichtig erteilten Auskunft und das erkennbare Decken von Lieferanten oder Schonen von Abnehmern von Piraterieware sein[143].

---

140 Vgl. BGH, Urteil vom 16.9.1982, GRUR 1982, 723 (726).

141 Für den akzessorischen Auskunftsanspruch findet § 260 Abs. 2 BGB, für den Rechnungslegungsanspruch § 259 Abs. 2 BGB Anwendung (Baumbach/Hefermehl, Wettbewerbsrecht, Einl. UWG, Rdnr. 411). Beim Drittauskunftsanspruch wird zum Teil pauschal auf die §§ 259 Abs. 2, 260 Abs. 2 BGB verwiesen (Fezer, Markenrecht, § 19 MarkenG, Rdnr. 16; Ingerl/Rohnke, Markengesetz, § 19 MarkenG, Rdnr. 40), zum Teil lediglich auf § 259 Abs. 2 BGB (Klaka, in: Althammer/Ströbele/Klaka, Markengesetz, § 19 MarkenG, Rdnr. 32). Eine ausführliche Auseinandersetzung mit dieser rein theoretischen Problematik findet sich bei Eichmann, GRUR 1990, 575 (582 f.).

142 Vgl. BGH, Urteil vom 4.12.1959, GRUR 1960, 247 (248); Eichmann, GRUR 1990, 575 (583) m.w.N.

143 Vgl. Eichmann, GRUR 1990, 575 (583) m.w.N. Das OLG Zweibrücken, Urteil vom 8.11.1996, Az.: 2 U 53/96, hält den angeblichen Erwerb von Schmuckstücken durch einen Schmuckhändler auf einem Flohmarkt für generell bezweifelbar. Das

Die Auskunft aus § 19 MarkenG ist für den Verletzten im Hinblick auf Auftraggeber, Hersteller, Lieferant und andere Vorbesitzer sowie die jeweilige Warenmenge nur schwer, wenn nicht sogar überhaupt nicht überprüfbar. Entsprechende Schwierigkeiten bereitet insofern die Darlegung begründeter Zweifel. Dem ist dahingehend Rechnung zu tragen, daß bereits ein begründeter Zweifel in bezug auf die zumindest etwas einfacher zu widerlegende Richtigkeit der Abnehmerauskunft genügt, um die Verpflichtung zur Abgabe der eidesstattlichen Versicherung nicht nur auf diesen Teil der Auskunft, sondern auf den gesamten Inhalt der Auskunft zu beziehen[144].

In der Praxis ist der Verletzte in der Regel gleichwohl lediglich aufgrund bloßen Zufalls oder auch erst in späteren Stadien (beispielsweise durch Akteneinsicht viele Monate nach Einleitung eines Strafverfahrens) in der Lage, begründete Zweifel an einer sorgfältigen Auskunftserteilung darzulegen. Eine – wie ursprünglich bereits vorgesehene – gesetzliche Pflicht, daß eine vom Verletzer zu erteilende Auskunft von vornherein von einer eidesstattlichen Versicherung über deren Richtigkeit und Vollständigkeit begleitet werden muß, ist daher dringend erforderlich. Hierdurch würde sich die Wahrscheinlichkeit, daß die erteilte Auskunft auch wirklich dem Kenntnisstand des Auskunftspflichtigen entspricht, wesentlich erhöhen[145]. Demgegenüber wäre die eidesstattliche Versicherung für den wahrheitsgemäß antwortenden Verletzer mit keinerlei Belastungen verbunden, eventuelle Unklarheiten des Sachverhalts könnte er in seiner Auskunft ohne weiteres ansprechen.

Die Versicherung an Eides Statt ist eine höchstpersönliche Verpflichtung, die unabhängig davon, wer die Auskunft vorbereitet hat, bei einem Einzelkaufmann durch den Geschäftsinhaber, bei juristischen Personen durch das Vertretungsorgan und bei Personengesellschaften durch den geschäftsführenden Gesellschafter bzw. durch den Komplementär abzugeben ist, wobei die Versicherung nur von

---

LG Berlin, Urteil vom 19.3.1996, Az.: 15 O 594/95, bezweifelt die Behauptung eines Uhrenhändlers, er habe das verfahrensgegenständliche Plagiat als Einzelstück von seiner zwischenzeitlich verstorbenen Mutter erhalten. Das OLG Celle, Urteil vom 10.1.1996, Az.: 13 U 123/95, hält die Behauptung eines Antiquitäten- und Schmuckhändlers, die in seinem Schaufenster fotografierten Fälschungen stammten von einer unbekannten Kommissionsgeberin, der er die Teile bereits zurückgegeben habe, bevor er den Kommissionsvertrag vernichtet habe, für bezweifelbar.

144 Ebenso Eichmann, GRUR 1990, 575 (583).

145 Vgl. Deutschen Vereinigung für gewerblichen Rechtsschutz und Urheberrecht in ihrer Stellungnahme zum Grünbuch der Europäischen Kommission zur Bekämpfung von Nachahmungen und Produkt- und Dienstleistungspiraterie im Binnenmarkt (GRUR 1999, 560 (563)).

einer Person geleistet werden muß, falls mehrere Personen zur Vertretung berufen sind[146].

III. Vernichtungsanspruch gemäß § 18 MarkenG

§ 18 MarkenG gewährt dem Kennzeicheninhaber einen verschuldensunabhängigen Anspruch auf Vernichtung widerrechtlich gekennzeichneter Gegenstände und Kennzeichnungsvorrichtungen in den Verletzungsfällen der §§ 14, 15 und 17 MarkenG.

Im früheren Warenzeichengesetz konnte gemäß § 30 Abs. 1 WZG a.F. als Regelfall lediglich die Beseitigung einer widerrechtlichen Kennzeichnung verlangt werden. Ein Anspruch auf Unbrauchbarmachung der widerrechtlich gekennzeichneten Gegenstände bestand nur ausnahmsweise für den Fall, daß eine Beseitigung nicht möglich war. Mit Inkrafttreten des Produktpirateriegesetzes am 1. Juli 1990 wurde in § 25 a WZG, der den § 30 WZG a.F. ablöste, ein eigenständiger Vernichtungsanspruch eingeführt, der grundsätzlich galt und nur ausnahmsweise zugunsten weniger einschneidender Maßnahmen nicht gewährt wurde. Damit wurde das bisherige Regel-Ausnahme-Verhältnis zugunsten des Kennzeicheninhabers umgekehrt[147]. Ebenso wie der in § 19 MarkenG geschaffene Auskunftsanspruch bedeutete der neu formulierte Vernichtungsanspruch in § 25 a WZG einen entscheidenden Schritt zur effizienteren Bekämpfung der Produktpiraterie. § 18 MarkenG übernimmt im wesentlichen dessen Regelungen[148].

1. Anspruchsberechtigter und Anspruchsverpflichteter

Anspruchsberechtigt ist der Inhaber der Marke oder der – hier nicht behandelten – geschäftlichen Bezeichnung[149].

---

146 Vgl. Eichmann, GRUR 1990, 575 (584) m.w.N.

147 Entsprechend heißt es auch ausdrücklich in der Regierungsbegründung zum Produktpirateriegesetz, BT-Drucks. 11/4792, S. 39, daß die mit dem Entwurf beabsichtigte Verschärfung der Rechtsfolgen durch die Umkehrung des bisherigen Regel-Ausnahme-Verhältnisses der Maßnahmen erreicht werde.

148 § 18 MarkenG geht über § 25 a WZG insoweit hinaus, als daß dieser auch die Verletzung von Kennzeichenrechten im Sinne des § 15 MarkenG sowie markenverletzende Vorbereitungshandlungen im Sinne des § 14 Abs. 4 MarkenG einbezieht.

149 Vgl. im einzelnen oben C II 2 a).

Anspruchsverpflichtet ist der Verletzer als Besitzer und/oder Eigentümer der widerrechtlich gekennzeichneten Gegenstände (§ 18 Abs. 1 MarkenG) sowie der Verletzer als Eigentümer der Kennzeichnungsvorrichtungen (§ 18 Abs. 2 MarkenG). Unter Verletzer ist der Täter, Mittäter, Anstifter oder Gehilfe einer Verletzungshandlung im Sinne der §§ 14, 15 oder 17 MarkenG[150] zu verstehen[151].

2. *Gegenstand des Vernichtungsanspruchs*

Der Vernichtungsanspruch erfaßt sowohl die widerrechtlich gekennzeichneten Gegenstände (§ 18 Abs.1 MarkenG) als auch die zur widerrechtlichen Kennzeichnung benutzten oder bestimmten Vorrichtungen (§ 18 Abs. 2 MarkenG).

a) Widerrechtlich gekennzeichnete Gegenstände

Unter widerrechtlich gekennzeichneten Gegenständen versteht man alle körperlichen Gegenstände, die mit der verletzenden Kennzeichnung so versehen sind, daß ihr gegenwärtiger Zustand als widerrechtlich im Sinne der §§ 14, 15, 17 MarkenG anzusehen ist. Demgemäß fallen hierunter nicht nur widerrechtlich gekennzeichnete Waren[152] sondern auch Geschäftspapiere und Werbemittel im Sinne des § 14 Abs. 3 Nr. 5 MarkenG sowie Aufmachungen, Verpackungen und Kennzeichnungsmittel im Sinne des § 14 Abs. 4 MarkenG[153]. Sind Aufmachung, Verpackung oder Kennzeichnungsmittel mit der Ware verbunden, unterliegt dem Vernichtungsanspruch das mit dem Kennzeichen versehene Produkt als Ganzes, also nicht etwa nur die gekennzeichnete Aufmachung, Verpackung oder das Kennzeichnungsmittel isoliert[154].

---

150 Zu den hier nicht interessierenden §§ 15 und 17 MarkenG vgl. oben C II 2 a), Fn. 15.

151 Fezer, Markenrecht, § 18 MarkenG, Rdnr. 26.

152 Eine widerrechtliche Kennzeichnung im Sinne des § 18 MarkenG liegt nicht nur dann vor, wenn Ware ohne Zustimmung des Markeninhabers mit einem kollidierenden Zeichen versehen wurde, sondern in allen Fällen einer zeichenrechtlichen Verletzung, also insbesondere auch bei ohne Zustimmung des Markeninhabers parallelimportierter „Originalware", an der die Markenrechte noch nicht erschöpft sind (siehe dazu unten D V).

153 Vgl. Regierungsbegründung zum Markenrechtsreformgesetz, BT-Drucks. 12/6581, S. 78.

154 Fezer, Markenrecht, § 18 MarkenG, Rdnr. 14.

b) Zur widerrechtlichen Kennzeichnung benutzte oder bestimmte Vorrichtungen

Der Begriff der Vorrichtung ist weit zu verstehen und umfaßt Sachen, Einrichtungen und Geräte jeder Art, mit denen eine vorübergehende oder dauerhafte Anbringung bzw. Verbindung zwischen Kennzeichen der betroffenen Art und Gegenständen im Sinne des § 18 Abs. 1 MarkenG hergestellt werden kann[155]. § 18 Abs. 2 MarkenG unterscheidet zwischen Vorrichtungen, die in der Vergangenheit zur widerrechtlichen Kennzeichnung bereits tatsächlich benutzt wurden, und Vorrichtungen, die zur Vornahme widerrechtlicher Kennzeichnungen in der Zukunft bestimmt sind. Die Benutzung oder Bestimmung zur widerrechtlichen Kennzeichnung muß ausschließlich oder nahezu ausschließlich sein.

aa) Bereits in der Vergangenheit zur widerrechtlichen Kennzeichnung benutzte Vorrichtungen

Vorrichtungen, die bereits in der Vergangenheit zur rechtswidrigen Kennzeichnung eingesetzt wurden, unterliegen der Vernichtung ohne daß es darauf ankommt, ob zwischenzeitlich eine Nutzungsänderung stattgefunden hat oder eine solche zukünftig beabsichtigt ist[156].

Diese Umstände können allenfalls in der Verhältnismäßigkeitsprüfung[157] Berücksichtigung finden[158].

Teilweise wird allerdings unter Hinweis auf die Eigentumsgarantie des Art. 14 GG vertreten, daß „neutrale“ Kennzeichnungsvorrichtungen, wie etwa Kopiergeräte, dann nicht dem Vernichtungsanspruch unterfallen, wenn sie eindeutig nicht mehr zur widerrechtlichen Kennzeichnung benutzt werden und eine entsprechende Zweckbestimmung endgültig aufgehoben ist[159]. Dies mag in Einzelfällen aus Gründen der Verhältnismäßigkeit zutreffend sein, kann aber nicht allgemein gelten[160]. Der Gesetzgeber wollte durch die Einführung des Vernichtungsanspruchs einen wirksamen Schutz der Interessen des Rechtsinhabers, aber

155 Ingerl/Rohnke, Markengesetz, § 18 MarkenG, Rdnr. 11.

156 Thun, Der immaterialgüterrechtliche Vernichtungsanspruch, S. 99.

157 Siehe zur Verhältnismäßigkeit unten C III 4 a) aa) (2).

158 Vgl. Walchner, Der Beseitigungsanspruch im gewerblichen Rechtsschutz und Urheberrecht, S. 172; Ingerl/Rohnke, Markengesetz, § 18 MarkenG, Rdnr. 12; Rogge, in: Benkard/Rogge, Patentgesetz, § 140a PatG, Rdnr. 9.

159 Fezer, Markenrecht, § 18 MarkenG, Rdnr. 20.

160 Anders, wenn eine Verwendung der Vorrichtung zur widerrechtlichen Kennzeichnung noch nicht stattgefunden hat, diese aber hierzu bestimmt war und diese Bestimmung aufgegeben wurde (vgl. unten C III 2 b) bb)).

auch einen Abschreckungseffekt, der durch den durch die Vernichtung verursachten wirtschaftlichen Schaden beim Verletzer bewirkt wird, schaffen[161]. Bereits den damaligen § 98 Abs. 2 UrhG, der die Unbrauchbarmachung der ausschließlich zur rechtswidrigen Herstellung von Vervielfältigungsstücken bestimmten Vorrichtungen vorsah, bezeichnete er als unzureichend, da § 98 Abs. 3 UrhG diesen wieder einschränke, indem er die Anordnung weniger einschneidender Maßnahmen vorschreibe, falls diese ausreichend seien[162]. Die oben genannte Ansicht wird demgemäß weder dem vom Gesetzgeber gewünschten Abschreckungseffekt noch dem der Anordnung der Vernichtung innewohnenden Sanktionscharakter[163] gerecht. Auch Art. 14 GG läßt keine andere Bewertung zu. Die Regelung des Vernichtungsanspruchs ist eine zulässige Inhalts- und Schrankenbestimmung des Eigentums. Die zur Produktion markenverletzender Ware benutzten Vorrichtungen sind wegen des begangenen Gesetzesverstoßes mit einem Makel behaftet. Der Vernichtungsanspruch setzt damit die gesetzlich bestehenden Schranken des Eigentums durch und trägt dem ebenfalls durch Art. 14 GG geschützten geistigen Eigentum des Verletzten Rechnung[164].

Aus vorstehenden Erwägungen folgt auch, daß sich der Vernichtungsanspruch bei Vorrichtungen, die aus „spezialisierten“ (z.B. Siegel, Platten, Steine, Stempel, Druckstücke, Drucksiebe, Formen, Matrizen oder Schablonen[165]) und „neutralen“ Teilen bestehen, nicht etwa nur auf diejenigen abtrennbaren Teile erstreckt, auf die der gesetzliche Tatbestand zutrifft[166]. Die Vernichtung bezieht sich in diesen Fällen auf die Vorrichtung in ihrer Gesamtheit.

bb) Zukünftig zur widerrechtlichen Kennzeichnung bestimmte Vorrichtungen

Vorrichtungen, die noch nicht zur rechtswidrigen Kennzeichnung eingesetzt wurden, fallen in den Anwendungsbereich des Vernichtungsanspruchs, wenn sie zur rechtswidrigen Kennzeichnung bestimmt sind. Die bloße Gefahr einer zukünftigen widerrechtlichen Verwendung reicht nicht aus, was auch ein Vergleich

161 Regierungsbegründung zum Produktpirateriegesetz, BT-Drucks. 11/4792, S. 27; Asendorf, NJW 1990, 1283 (1284).
162 Regierungsbegründung zum Produktpirateriegesetz, BT-Drucks. 11/4792, S. 27.
163 Regierungsbegründung zum Produktpirateriegesetz, BT-Drucks. 11/4792, S. 27.
164 Vgl. Regierungsbegründung zum Produktpirateriegesetz, BT-Drucks. 11/4792, S. 28.
165 Vgl. Fezer, Markenrecht, § 18 MarkenG, Rdnr. 16.
166 Vgl. dazu ausführlich Thun, Der immaterialgüterrechtliche Vernichtungsanspruch, S. 96 ff.

mit § 14 Abs. 4 MarkenG zeigt, der eine solche in anderem Zusammenhang genügen läßt[167].

Soweit es sich um „spezialisierte“ Vorrichtungen handelt, bedarf es keiner weiteren Zweckbestimmung, da diese ihre Verwendung ausschließlich bei der widerrechtlichen Kennzeichnung finden[168]. Bei „neutralen“ Vorrichtungen muß eine entsprechende Bestimmung festgestellt werden. Diese kann demgemäß im Wege der Umwidmung bis zum Zeitpunkt der letzten mündlichen Verhandlung geändert werden, so daß der Vernichtungsanspruch entfällt, wenn eine rechtmäßige Verwendung möglich und die Bestimmungsänderung glaubhaft ist[169].

cc) Ausschließliche oder nahezu ausschließliche Benutzung oder Bestimmung der Vorrichtungen zur widerrechtlichen Kennzeichnung

Eine ausschließliche Benutzung oder Bestimmung der Vorrichtungen zur widerrechtlichen Kennzeichnung liegt vor, wenn neben der markenverletzenden Kennzeichnung keine andere Verwendung erfolgt ist oder erfolgen soll.

Fraglich ist allerdings, wann eine nahezu ausschließliche Benutzung oder Bestimmung gegeben ist. Eine generelle Festlegung oder gar prozentuale Grenzziehung ist hier nicht möglich, vielmehr hat eine Bestimmung von Fall zu Fall zu erfolgen[170]. Erforderlich ist eine Beobachtung über einen längeren Zeitraum, in dem keine wesentliche rechtmäßige Benutzung erfolgen darf[171]. Demgemäß kommt es allein auf das Verhältnis der rechtmäßigen zur rechtswidrigen Benutzung an. Der Verletzer kann nicht einwenden, mit den Vorrichtungen neben den Marken des Anspruchstellers auch Rechte Dritter verletzt zu haben. Auch finden rein theoretische Verwendungsmöglichkeiten ohne aktuelle praktische Bedeutung keine Berücksichtigung[172]. Entscheidend ist allein die tatsächliche Verwendung oder Zweckwidmung. Bei „spezialisierten“ Vorrichtungen wird eine ausschließliche oder zumindest nahezu ausschließliche Benutzung oder Bestimmung zur widerrechtlichen Kennzeichnung vermutet[173]. Sind die Vorrichtungen „neutral“, kann der Verletzte den Nachweis der ausschließlichen oder nahezu

---

167 Vgl. Ingerl/Rohnke, Markengesetz, § 18 MarkenG, Rdnr. 13.

168 Walchner, Der Beseitigungsanspruch im gewerblichen Rechtsschutz und Urheberrecht, S. 172; vgl. auch unten C III 2 b) cc).

169 Vgl. Ingerl/Rohnke, Markengesetz, § 18 MarkenG, Rdnr. 13.

170 Vgl. Thun, Der immaterialgüterrechtliche Vernichtungsanspruch, S. 100.

171 So auch Walchner, Der Beseitigungsanspruch im gewerblichen Rechtsschutz und Urheberrecht, S. 173.

172 BGH, Urteil vom 20.12.1994, GRUR 1995, 338 (341).

173 Vgl. BGH, Urteil vom 20.12.1994, GRUR 1995, 338 (341); Thun, Der immaterialgüterrechtliche Vernichtungsanspruch, S. 101.

ausschließlichen Benutzung oder Bestimmung in der Regel nur führen, wenn ihm ein entsprechender Zeuge zur Verfügung steht, was in der Praxis selten der Fall ist. Der Vernichtungsanspruch geht hier regelmäßig ins Leere. Dem Verletzten sollte daher eine Erleichterung zumindest dahingehend zugebilligt werden, daß der Gesetzestext von „ausschließlich oder nahezu ausschließlich" in „überwiegend" umformuliert wird[174].

3. Besitz oder Eigentum des Verletzers

a) Widerrechtlich gekennzeichnete Gegenstände

Der Vernichtungsanspruch erfaßt widerrechtlich gekennzeichnete Gegenstände dann, wenn sie im Besitz oder Eigentum des Verletzers stehen. Besitz im Sinne des § 18 Abs. 1 MarkenG ist grundsätzlich jede Form des Besitzes, also auch der mittelbare Besitz[175]. Eigentum sind alle Arten von Eigentum im Sinne des § 903 BGB[176].

Gerade in Fällen der Produktpiraterie werden die Verletzungsgegenstände nicht selten im strafprozessualen Ermittlungsverfahren zur Beweissicherung oder zur Sicherung der Einziehung[177], von den Zollbehörden bei ihrer Einfuhr oder Ausfuhr[178], aber auch durch einen Gerichtsvollzieher im Rahmen einer durch einstweilige Verfügung angeordneten Sequestration oder Verwahrung[179] sichergestellt bzw. beschlagnahmt. Dies bedeutet gleichwohl nicht, daß der Vernichtungsanspruch gegenüber einem Verletzer, der vor der Beschlagnahme nur Besitzer, nicht aber Eigentümer der Verletzungsgegenstände war, durch den Entzug der tatsächlichen Sachherrschaft an letzteren ins Leere geht. In der Gesetzesbegründung zum Produktpirateriegesetz heißt es in diesem Zusammenhang zur Zollbeschlagnahme, daß durch diese, da zeitlich eng begrenzt und im Falle eines Widerspruchs nach Ablauf kurzer Fristen aufhebbar, der von der Beschlagnahme Betroffene mittelbaren Besitz an den beschlagnahmten Gegenständen behält[180]. Darüber hinausgehend muß als Besitzer im Sinne des § 18 MarkenG auch derjenige angesehen werden, dessen Ware in den weiteren oben genannten Fällen zwar sichergestellt, beschlagnahmt, sequestriert oder verwahrt

174 Vgl. v. Gravenreuth, BB 1988, 1614 (1615).
175 Regierungsbegründung zum Produktpirateriegesetz, BT-Drucks. 11/4792, S. 39.
176 Fezer, Markenrecht, § 18 MarkenG, Rdnr. 23.
177 Siehe dazu E II 5 b), 6 a), b).
178 Siehe dazu E IV.
179 Siehe dazu E III 2 c) aa) (3), d) cc).
180 Regierungsbegründung zum Produktpirateriegesetz, BT-Drucks. 11/4792, S. 39.

ist, diesem aber noch nicht endgültig entzogen oder vernichtet ist[181]. Andernfalls würde der Markeninhaber seinen auf Besitz des Verletzers gegründeten Vernichtungsanspruch allein deshalb verlieren, weil sich Straf- oder Zivilverfahren länger hinziehen. Ein solches Ergebnis wäre aber widersinnig und entspräche auch nicht dem Willen des Gesetzgebers, der einen wirksamen Schutz der Interessen des Verletzten schaffen wollte.

Hat der Markeninhaber im Rahmen eines Testkaufs einen oder mehrere der widerrechtlich gekennzeichneten Gegenstände erworben, um die Markenverletzung bei einer gerichtlichen Durchsetzung seiner Ansprüche nachweisen zu können, ist der Verletzer nicht mehr Eigentümer und auch bei weiter Auslegung nicht mehr Besitzer dieser Gegenstände. Zwar steht es dem Markeninhaber frei, eine Vernichtung solcher in sein Eigentum übergegangener Gegenstände vorzunehmen, doch könnte er sich damit um seinen Anspruch auf Erstattung der Testkaufkosten bringen, da dieser in der Regel nur Zug um Zug gegen Rückgabe der Gegenstände zugebilligt wird[182]. Dies mag bei Billig-Plagiaten hinnehmbar sein, nicht aber bei wertvollen Gegenständen des hochpreisigen Segments wie z.B. Schmuck. Demgemäß wäre der Markeninhaber gezwungen, die Gegenstände zunächst an den Verletzer zurückzugeben, um im Anschluß den „wiederaufgelebten" Vernichtungsanspruch gegenüber dem dann besitzenden Verletzer durchsetzen zu können. Da der Markeninhaber nach der hier vertretenen Auffassung im Rahmen des Vernichtungsanspruchs vom Verletzer auch die Herausgabe der Verletzungsgegenstände zum Zwecke der Vernichtung verlangen kann[183], verstößt der Verletzer gegen den Grundsatz von Treu und Glauben, wenn er zunächst auf die Rückgabe der Verletzungsgegenstände in unversehrtem Zustand besteht[184]. Demgemäß hat eine Verurteilung zur Erstattung der Testkaufkosten Zug um Zug gegen Rückgabe der Verletzungsgegenstände im zerstörten Zustand zu erfolgen[185].

---

181 Fezer, Markenrecht, § 18 MarkenG, Rdnr. 22 m.w.N., der in diesen Fallkonstellationen auch eine analoge Anwendung des § 18 MarkenG für möglich hält; ebenso Thun, Der immaterialgüterrechtliche Vernichtungsanspruch, S. 192, die die gesetzlichen Bestimmungen über den Vernichtungsanspruch dahingehend auslegt, daß ein Vernichtungsanspruch auch gegenüber dem früheren Besitzer besteht; im Ergebnis ebenso Wölfel, Rechtsfolgen von Markenverletzungen und Maßnahmen zur Bekämpfung der Markenpiraterie, S. 48, 168, der von einem besitzmittlerähnlichen, öffentlich-rechtlichen Verwahrungsverhältnis ausgeht.

182 Herget, in: Zöller, Zivilprozeßordnung, § 91 ZPO, Rdnr. 13.

183 Vgl. unten C III 5 a) cc).

184 Ebenso Walchner, Der Beseitigungsanspruch im gewerblichen Rechtsschutz und Urheberrecht, S. 193.

185 A.A. OLG München, GRUR 1996, 56 (57), wonach es dem Verletzer überlassen bleiben muß, auf welche Weise er den Störungszustand beseitigt.

b) Zur widerrechtlichen Kennzeichnung benutzte oder bestimmte Vorrichtungen

Anders als bei widerrechtlich gekennzeichneten Gegenständen erfaßt der Vernichtungsanspruch Vorrichtungen gemäß § 18 Abs. 2 MarkenG nur dann, wenn sie im Eigentum des Verletzers stehen. Besitz reicht hier nicht aus. Der Gesetzgeber dachte in diesem Zusammenhang an gutgläubige Vermieter „neutraler“ Maschinen, die andernfalls ungerechtfertigt betroffen werden könnten[186]. Gleichwohl stellt das Eigentumserfordernis eine erhebliche Schwachstelle des Gesetzes dar, da es in der Praxis durch Miete, Leasing und Verwahrung regelmäßig zu einer Umgehung des Vernichtungsanspruchs des Markeninhabers kommt[187]. Ebenso wie bei widerrechtlich gekennzeichneten Gegenständen sollte der Gesetzgeber hier bereits den Besitz ausreichen lassen[188].

c) Zeitpunkt

Während die allgemeine Meinung zum Beseitigungsanspruch nach § 30 WZG a.F. hinsichtlich des Besitzes an den widerrechtlich gekennzeichneten Gegenständen auf den Zeitpunkt der Vollstreckung abstellte[189], muß der Besitz oder das Eigentum an den widerrechtlich gekennzeichneten Gegenständen bzw. das Eigentum an den zur widerrechtlichen Kennzeichnung benutzten oder bestimmten Vorrichtungen als Tatbestandsvoraussetzung des § 18 Abs. 1 und 2 MarkenG im Zeitpunkt der letzten mündlichen Verhandlung vorliegen[190]. Wenn demge-

---

186 Regierungsbegründung zum Produktpirateriegesetz, BT-Drucks. 11/4792, S. 39.

187 Vgl. dazu Thun, Der immaterialgüterrechtliche Vernichtungsanspruch, S. 194 f.; Meister, WRP 1991, 137 (141); Meister, WRP 1989, 559 (566); Meister, MA 1988, 447 (453); Meister, Leistungsschutz und Produktpiraterie, S. 105; Ensthaler, GRUR 1992, 273 (277); Wölfel, Rechtsfolgen von Markenverletzungen und Maßnahmen zur Bekämpfung der Markenpiraterie, S. 168, der in diesem Zusammenhang auch darauf hinweist, daß professionelle Markenpiraten einer Vernichtung schon durch Vorlage fiktiver Miet-, Leasing- oder Verwahrungsverträge entgehen können.

188 Thun, Der immaterialgüterrechtliche Vernichtungsanspruch, S. 195, will dem Verletzten nach der gegenwärtigen Gesetzeslage auf der Grundlage und im Rahmen des allgemeinen Beseitigungsanspruchs gemäß § 18 Abs. 3 MarkenG, § 1004 BGB analog einen Anspruch auf Rückgabe der Produktionsmittel an den unbeteiligten Eigentümer zuzubilligen.

189 OLG Hamburg, GRUR 1955, 253 (254); Pinzger, Das deutsche Warenzeichenrecht, § 30 WZG, Anm. 2; Baumbach/Hefermehl, Warenzeichenrecht, § 30 WZG, Rdnr. 3.

190 Fezer, Markenrecht, § 18 MarkenG, Rdnr. 25; Diekmann, Der Vernichtungsanspruch, S. 121 f.; wohl auch LG München I, CR 1993, 698 (702); a.A. Eichmann, in: Eichmann/v. Falckenstein, Geschmacksmustergesetz, § 14a GeschmMG, Rdnr. 22, der auf den Zeitpunkt der Klageerhebung abstellt.

mäß im Erkenntnisverfahren der Nachweis erbracht ist, daß der Verletzer weder Besitzer noch Eigentümer der zu vernichtenden Gegenstände ist, ist der Vernichtungsanspruch unbegründet und die Klage abzuweisen. Allerdings sollte der Markeninhaber im Sinne eines wirksamen Rechtsschutzes auch ohne eine Beweisaufnahme über das Vorhandensein der Gegenstände beim Verletzer einen Vernichtungstitel erwirken können, um sich im Wege der Zwangsvollstreckung vergewissern zu können, daß sich tatsächlich keine Gegenstände mehr im Besitz des Verletzers befinden[191]. Insofern ist auf die Herausgabeklage zu verweisen[192], bei der anerkannt ist, daß der Gläubiger ohne eine Beweisaufnahme der oben genannten Art einen Herausgabetitel erwirken kann, wenn der Schuldner Besitzverlust behauptet, diesen aber zu vertreten hätte[193].

4. Schranken des Vernichtungsanspruchs

a) Anderweitige Beseitigungsmöglichkeit und Verhältnismäßigkeit

aa) Widerrechtlich gekennzeichnete Gegenstände

Nach der Ausnahmeregelung des § 18 Abs. 1 Halbs. 2 MarkenG steht dem Markeninhaber ein Vernichtungsanspruch dann nicht zu, wenn der durch die Rechtsverletzung verursachte Zustand der Gegenstände auf andere Weise beseitigt werden kann und die Vernichtung für den Verletzer oder den Eigentümer im Einzelfall unverhältnismäßig ist. Da sich der Gesetzgeber für die Vernichtung als Regelmaßnahme entschieden hat, um einen wirksamen Schutz der Interessen des Rechtsinhabers zu gewährleisten und den zunehmenden Schutzrechtsverletzungen wirksam zu begegnen, sind zur Auslegung dieser Ausnahmeregelung strenge Maßstäbe heranzuziehen[194].

---

191 Vgl. Thun, Der immaterialgüterrechtliche Vernichtungsanspruch, S. 194; Fezer, Markenrecht, § 18 MarkenG, Rdnr. 25; ähnlich OLG Hamm, Beschluß vom 16.2.1989, GRUR 1989, 502 (503).

192 Fezer, Markenrecht, § 18 MarkenG, Rdnr. 25; OLG Hamm, Beschluß vom 16.2.1989, GRUR 1989, 502 (503).

193 Heinrichs, in: Palandt, Bürgerliches Gesetzbuch, § 275 BGB, Rdnr. 25 m.w.N.; a.A. im Hinblick auf die neue Fassung des § 275 BGB Heinrichs, in: Palandt, Gesetz zur Modernisierung des Schuldrechts, § 275 BGB, Rdnr. 34.

194 Vgl. LG München I, Urteil vom 25.3.1993, CR 1993, 698 (701).

(1) *Anderweitige Beseitigungsmöglichkeit*

Die Beseitigung des durch die Rechtsverletzung verursachten Zustands der Gegenstände auf andere Weise als durch Vernichtung hat vollständig zu erfolgen[195]. Der Markeninhaber muß keine Schmälerung seiner Rechtsposition hinnehmen, eine Beseitigung auf andere Weise kommt nur in Betracht, wenn diese ebenso wirkungsvoll ist wie die Vernichtung[196]. Ist letzeres nicht der Fall, scheidet die Ausnahmeregelung von vornherein aus; eine Verhältnismäßigkeitsprüfung kann dann unterbleiben, da eine Unverhältnismäßigkeit nach dem eindeutigen Wortlaut des Gesetzes stets kumulativ mit der Beseitigungsalternative vorliegen muß[197]. Diese Regelung mag zwar im Widerspruch zum allgemeinen Prinzip der Verhältnismäßigkeit stehen, wonach eine Maßnahme (hier: Vernichtung) schon dann unzulässig ist, wenn ein schonenderer Eingriff möglich ist[198]. Gleichwohl läßt sich die Entscheidung des Gesetzgebers damit rechtfertigen, daß die Vernichtung nicht nur eine Störungsbeseitigung, sondern zugleich eine Art Bestrafung des Verletzers aus Gründen der General- und Spezialprävention bewirken soll, und darüber hinaus stets die Gefahr einer erneuten Anbringung der widerrechtlichen Kennzeichnung besteht[199]. Im übrigen sind die widerrechtlich gekennzeichneten Gegenstände derart mit einem Makel behaftet, daß der Vernichtungsanspruch für den Fall, daß eine vollständige Beseitigung des Makels nicht möglich ist, die gesetzlich bestehenden Schranken des Eigentums im Hinblick auf das ebenfalls durch Art. 14 GG geschützte geistige Eigentum des Verletzten zu Recht durchsetzt.

(2) *Verhältnismäßigkeit*

Laut Regierungsbegründung zum Produktpirateriegesetz hat der Gesetzgeber bewußt darauf verzichtet, Beispiele für die Anwendung des Verhältnismäßigkeitsgrundsatzes zu nennen, da dies wegen der Vielgestaltigkeit der möglichen

---

195 Vgl. Fezer, Markenrecht, § 18 MarkenG, Rdnr. 37, der als Beispiel ein in ein Kleidungsstück eingenähtes Etikett, das ohne weiteres entfernt werden kann, nennt. Zutreffend lehnt er dagegen das bloße Überkleben einer widerrechtlichen Kennzeichnung als unzureichende Maßnahme ab, da die Überklebung wieder entfernt werden könne und die Kennzeichenrechtsverletzung somit nicht vollständig beseitigt sei.

196 Walchner, Der Beseitigungsanspruch im gewerblichen Rechtsschutz und Urheberrecht, S. 170.

197 Ebenso Thun, Der immaterialgüterrechtliche Vernichtungsanspruch, S. 166.

198 So Ingerl/Rohnke, Markengesetz, § 18 MarkenG, Rdnr. 17, der hierin einen Verstoß gegen Art. 14 GG sieht.

199 Vgl. Köhler, GRUR 1996, 82 (87).

Fälle nicht angebracht erschien[200]. Berücksichtigung finden können etwa die Schuldlosigkeit oder der Grad der Schuld des Verletzers, die Schwere des Eingriffs (unmittelbare Übernahme oder Verletzung im Randbereich), der Umfang des bei Vernichtung für den Verletzer entstehenden Schadens im Vergleich zu dem durch die Verletzung eingetretenen wirtschaftlichen Schaden des Rechtsinhabers[201], die Marktverwirrung, die von den Verletzungsgegenständen ausgeht[202], und die Verletzung anderer gewerblicher Schutzrechte oder des Urheberrechts des Markeninhabers durch die Produktpirateriewaare wie auch die Gefährdung solcher anderer Schutzrechte[203]. Stets kommt es auf die Umstände des konkreten Einzelfalls an, wobei eine umfassende Interessen- und Güterabwägung zu erfolgen hat. Aus der gesetzgeberischen Ausgestaltung des Vernichtungsanspruchs lassen sich allerdings drei Grundsätze für die Verhältnismäßigkeitsprüfung ziehen[204]:

- Die Schuldlosigkeit des Verletzers allein macht die Vernichtung nicht unverhältnismäßig.
- Allein das Bestehen einer Beseitigungsalternative macht die Vernichtung nicht unverhältnismäßig.
- Bei einer vorsätzlichen gewerbsmäßigen Schutzrechtsverletzung ist die Vernichtung niemals unverhältnismäßig.

Mithin ist für Hersteller von Piraterieprodukten, die in der Regel vorsätzlich handeln, eine Vernichtung der Verletzungsgegenstände generell nicht unverhältnismäßig, so daß die Ausnahmeregelung hier grundsätzlich keine Anwendung findet[205]. Aber auch für deren gewerbliche Abnehmer, die die Ware – sei es auch gutgläubig – erworben haben, sollte bei äußerlich nahezu identischen Markenpiraterieprodukten die Ausnahmeregelung grundsätzlich ausgeschlossen sein[206]. Das Interesse des Verletzten, daß derartig konzipierte Ware nach

---

200 Regierungsbegründung zum Produktpirateriegesetz, BT-Drucks. 11/4792, S. 28.

201 Regierungsbegründung zum Produktpirateriegesetz, BT-Drucks. 11/4792, S. 28.

202 Tilmann, BB 1990, 1565 (1566).

203 Fezer, Markenrecht, § 18 MarkenG, Rdnr. 39.

204 Siehe dazu im einzelnen Thun, Der immaterialgüterrechtliche Vernichtungsanspruch, S. 170 ff.

205 Vgl. BGH, Urteil vom 10.4.1997, GRUR 1997, 899 (901); ebenso Thun, Der immaterialgüterrechtliche Vernichtungsanspruch, S. 168; Fezer, Markenrecht, § 18 MarkenG, Rdnr. 40.

206 Ebenso OLG Stuttgart, Urteil vom 2.9.1994, Az.: 2 U 76/94, bestätigt durch BGH, Urteil vom 10.4.1997, GRUR 1997, 899 (901), der allerdings bei einem Vertriebsunternehmen einschränkend darauf abstellt, ob dieses ein eigenes Verschulden trifft, und gegebenenfalls, von welchem Verschuldensgrad auszugehen ist.

Beseitigung des durch die Rechtsverletzung verursachten Zustands nicht erneut widerrechtlich mit seiner Marke versehen wird, muß stets höher bewertet werden als wie auch immer motivierte Interessen eines Abnehmers[207]. Dies gilt zumindest dann, wenn es sich – was regelmäßig der Fall ist – um qualitativ minderwertige Produkte handelt, die dem mühsam aufgebauten Ruf der Kennzeichnung schweren Schaden zufügen. In jedem Fall ausgeschlossen ist die Ausnahmeregelung, wenn sich der Vernichtungsanspruch gegen solche Produkte richtet, die eine Gefährdung öffentlicher Interessen, fundamentaler Rechtsgüter der Allgemeinheit wie zum Beispiel der Volksgesundheit im Arzneimittelsektor oder gravierender Belange des Verbraucherschutzes oder des Umweltschutzes darstellen[208].

bb) Zur widerrechtlichen Kennzeichnung benutzte oder bestimmte Vorrichtungen

Gemäß § 18 Abs. 2 MarkenG gilt die Ausnahmeregelung auch entsprechend für den Anspruch auf Vernichtung von Kennzeichnungsvorrichtungen. Der Vernichtungsanspruch entfällt also auch hier ausnahmsweise, wenn die Eignung der Vorrichtungen zur widerrechtlichen Produktion markenverletzender Gegenstände auf andere Weise beseitigt werden kann und eine Vernichtung gleichzeitig unverhältnismäßig ist. Auf die vorstehenden Ausführungen wird verwiesen.

b) Abwendungsbefugnis

§ 101 Abs. 1 UrhG räumt einer Person, der weder Vorsatz noch Fahrlässigkeit zur Last fällt, die Befugnis zur Abwendung an sich bestehender Ansprüche des Urhebers auf Beseitigung, Unterlassung und Vernichtung durch Zahlung einer Entschädigung in Geld ein, sofern dieser Person durch die Erfüllung der Ansprüche ein unverhältnismäßig großer Schaden entstehen würde und dem Verletzten eine Abfindung in Geld zuzumuten ist. Eine derartige Regelung sieht das Markengesetz nicht vor.

Gleichwohl ist dem Verletzer im Lichte der verfassungsrechtlichen Wertung der Eigentumsgarantie nach Art. 14 GG – freilich nur unter den strengen Voraussetzungen des § 101 Abs. 1 UrhG – auch im Rahmen des markenrechtlichen Vernichtungsanspruchs auf der Grundlage des § 242 BGB im Wege der Rechtsanalogie eine Abwendungsbefugnis beim Vernichtungsanspruch

207 A.A. BGH, Urteil vom 10.4.1997, GRUR 1997, 899 (901).
208 Fezer, Markenrecht, § 18 MarkenG, Rdnr. 39.

zuzubilligen[209]. Dies widerspricht auch nicht dem Willen des Gesetzgebers. Die Tatsache, daß dieser auch die Gewährung von Aufbrauchsfristen durch den Vernichtungsanspruch nicht ausschließen wollte[210], zeigt, daß die Ausnahmeregelung der Unverhältnismäßigkeit nicht die einzig zulässige Schranke des Vernichtungsanspruchs sein soll[211].

Hersteller von Piraterieprodukten kommen allerdings nicht in den Genuß einer Abwendungsbefugnis, da sie in der Regel vorsätzlich handeln. Gleiches gilt für deren grundsätzlich zumindest fahrlässig[212] handelnde gewerbliche Abnehmer. Aber auch für den Fall, daß diese gutgläubig sind, ist dem Markeninhaber eine Abfindung in Geld regelmäßig nicht zumutbar, da – worauf vorstehend bereits hingewiesen wurde – die zumeist qualitativ minderwertige Piraterieware dem mühsam aufgebauten Ruf der Kennzeichnung schweren Schaden zufügt. Bei Gefährdung öffentlicher Interessen, fundamentaler Rechtsgüter der Allgemeinheit oder gravierender Belange des Verbraucherschutzes kommt eine Abwendungsbefugnis in keinem Fall in Betracht.

c) Aufbrauchsfrist

Eine weitere Beschränkung erfährt der Vernichtungsanspruch durch das Rechtsinstitut der Aufbrauchsfrist, die es dem Verletzer gestattet, sein rechtsverletzendes Verhalten eine gewisse Zeit lang fortzusetzen[213]. Die Aufbrauchsfrist wurde auf dem Gebiet des Wettbewerbs- und Kennzeichenrechts entwickelt und ist weithin anerkannt[214]. In der Regierungsbegründung zum Produktpirateriegesetz wird in ihr eine Einschränkung des Unterlassungsanspruchs gesehen, so daß in diesem Fall die Tatbestandsvoraussetzungen des Vernichtungsanspruchs nicht gegeben sind[215]. Eine Aufbrauchsfrist wird dann gewährt, wenn sie dem

209 Fezer, Markenrecht, § 18 MarkenG, Rdnr. 42; Thun, Der immaterialgüterrechtliche Vernichtungsanspruch, S. 178; a.A. Diekmann, Der Vernichtungsanspruch, S. 274 ff.

210 Regierungsbegründung zum Produktpirateriegesetz, BT-Drucks. 11/4792, S. 29. Zur Aufbrauchsfrist siehe unten C III 4 c).

211 Thun, Der immaterialgüterrechtliche Vernichtungsanspruch, S. 178.

212 Vgl. dazu unten C IV 2.

213 Umfassend zur Aufbrauchsfrist Berlit, Aufbrauchsfrist, S. 6 ff.

214 Vgl. Fezer, Markenrecht, § 18 MarkenG, Rdnr. 43. Walchner, Der Beseitigungsanspruch im gewerblichen Rechtsschutz, S. 198 f., hält die Gewährung einer Aufbrauchsfrist aufgrund der Möglichkeit der Verhältnismäßigkeitsprüfung im Rahmen des Vernichtungsanspruchs für überflüssig.

215 Regierungsbegründung zum Produktpirateriegesetz, BT-Drucks. 11/4792, S. 29.

Verletzten zumutbar ist und dem Verletzer andernfalls unverhältnismäßige Nachteile erwachsen würden[216].

Im Rahmen der vorzunehmenden Billigkeitsabwägung ist Herstellern und gewerblichen Abnehmern von Piraterieprodukten das Institut der Aufbrauchsfrist unabhängig von einem Verschulden regelmäßig versagt, da das Interesse des Verletzers an einem Abverkauf dieser Produkte die dadurch entstehenden Nachteile auf Seiten des Markeninhabers, dessen Marke zumindest bei qualitativ minderwertigen Produkten schwerer Schaden zugefügt wird, grundsätzlich nicht überwiegt[217]. Ebenso wie bei der Abwendungsbefugnis kommt bei Gefährdung öffentlicher Interessen, fundamentaler Rechtsgüter der Allgemeinheit oder gravierender Belange des Verbraucherschutzes eine Aufbrauchsfrist in keinem Fall in Betracht.

d) Gemeinnützige Verwertung

Während § 67 a StVollstrO vorsieht, daß Gegenstände, die im Verfahren wegen Straftaten nach einem Gesetz zum Schutze des geistigen Eigentums eingezogen worden sind und sich zur Verwendung für karitative oder humanitäre Zwecke eignen, an entsprechende Stellen unter bestimmten Voraussetzungen unentgeltlich abgegeben werden können, findet sich eine vergleichbaren Regelung beim zivilrechtlichen Vernichtungsanspruch nicht. Zwar kann sich der Markeninhaber mit dem Verletzer im Rahmen der Vertragsfreiheit selbstverständlich auf eine gemeinnützige Verwertung der Verletzungsgegenstände einigen[218], es stellt sich aber die Frage, ob eine solche auch durch die Gerichte entgegen einer beantragten Vernichtung des Markeninhabers angeordnet werden kann.

Gemäß § 308 Abs. 1 S. 1 ZPO ist das Gericht nicht befugt, einer Partei etwas zuzusprechen, was nicht beantragt ist. Die Urteilsformel muß sachlich mit dem entsprechend dem Sachvortrag auszulegenden Klageantrag übereinstimmen bzw. diesen nicht überschreiten[219]. Zulässig ist zwar, ein in dem beantragten „Mehr" steckendes „Weniger" unter Klageabweisung im übrigen auszusprechen[220]. Die Anordnung einer gemeinnützigen Verwertung stellt aber keine qualitative Abstufung des Vernichtungsanspruchs, sondern etwas völlig anderes dar, so daß eine solche nicht gegen den Willen des Klägers zugesprochen werden kann[221].

216 Ingerl/Rohnke, Markengesetz, Vor §§ 14-19 MarkenG, Rdnr. 109 m.w.N.
217 Ebenso Berlit, Aufbrauchsfrist, Rdnr. 92, der aber offenbar Vorsatz voraussetzt.
218 Fezer, Markenrecht, § 18 MarkenG, Rdnr. 44.
219 Vgl. Vollkommer, in: Zöller, Zivilprozeßordnung, § 308 ZPO, Rdnr. 2.
220 Vollkommer, in: Zöller, Zivilprozeßordnung, § 308 ZPO, Rdnr. 4.
221 Ebenso Thun, Der immaterialgüterrechtliche Vernichtungsanspruch, S. 189; Ingerl/Rohnke, Markengesetz, § 18 MarkenG, Rdnr. 23, unter Hinweis auf die durch

Hierfür spricht auch die Beschlußempfehlung des Rechtsausschusses des Bundestags zum Produktpirateriegesetz, in der es heißt, daß man es nach eingehender Diskussion nicht für erforderlich gehalten hätte, bei Geltendmachung des zivilrechtlichen Vernichtungsanspruchs allgemein die Möglichkeit vorzusehen, die schutzrechtsverletzende Ware auch für karitative oder humanitäre Zwecke zu verwenden[222]. Die Produktpiraterie könne nur durch einschneidende, Abschreckungswirkung erzeugende rechtliche Handhaben eingedämmt werden, so daß es vordringliches Ziel des Gesetzesentwurfs sei, die schutzrechtsverletzende Ware wegen ihres Makels grundsätzlich der Vernichtung zuführen zu können. Zudem könne sich der Verletzte mit dem Verletzer über eine bestimmte Verwendung der schutzrechtsverletzenden Ware – z.B. für karitative Zwecke – einigen.

5. Rechtsfolgen des Vernichtungsanspruchs

a) Inhalt der Vernichtung

Unter Vernichtung ist die Zerstörung einer Sache in ihrer Substanz zu verstehen. Hiervon zu unterscheiden ist die Unbrauchbarmachung, die lediglich eine Unschädlichmachung oder Entkleidung der gefährdenden Form vorsieht[223]. § 18 MarkenG sieht lediglich vor, daß der Markeninhaber die Vernichtung der widerrechtlich gekennzeichneten Gegenstände und Vorrichtungen verlangen kann. Auf welche Art und Weise und von wem diese vorzunehmen ist, regelt das Gesetz nicht[224]. Befinden sich die Gegenstände und Vorrichtungen im unmittelbaren Besitz des Verletzers, stellt sich die Frage, ob dieser selbst zu vernichten hat oder ob der Markeninhaber die Herausgabe zum Zwecke der Vernichtung an sich oder zumindest einen Gerichtsvollzieher verlangen kann, um sicherzustellen, daß die Vernichtung auch tatsächlich ordnungsgemäß durchgeführt wird.

---

eine gemeinnützige Verwertung einhergehende Beeinträchtigung des Absatzinteresses des Verletzten; a.A. Fezer, Markenrecht, § 18 MarkenG, Rdnr. 44, der insofern offenbar auf das öffentliche Interesse abstellt, hierbei aber übersieht, daß dieses im Zivilprozeß nicht herangezogen werden kann, da allein die widerstreitenden Interessen der Parteien entscheidend sind.

222 Beschlußempfehlung und Bericht des Rechtsausschusses zu dem von der Bundesregierung eingebrachten Entwurf eines Gesetzes zur Bekämpfung der Produktpiraterie, BlPMZ 1990, 196 (197).

223 Fezer, Markenrecht, § 18 MarkenG, Rdnr. 30.

224 Nach BGH, Urteil vom 10.4.1997, GRUR 1997, 899 (902), hat der Gesetzgeber lediglich die Frage des „Ob“ und nicht auch die des „Wie“ der Vernichtung geregelt.

Befinden sie sich im unmittelbaren Besitz einer Behörde, eines Gerichtsvollziehers oder eines sonstigen Sequesters bzw. Verwahrers (im folgenden: Dritter), könnten sie entweder an den Verletzten oder den Verletzer zum Zwecke der Vernichtung herauszugeben sein. In Betracht käme hier auch eine unmittelbare Vernichtung durch den Dritten selbst.

aa) Ansichten zum Inhalt der Vernichtung

Die überwiegende Meinung in Literatur und Rechtsprechung sieht im Vernichtungsanspruch einen Anspruch auf Vornahme der Vernichtung durch den Verletzer, der selbst darüber bestimmen soll, auf welche konkrete Art und Weise er diese durchführen möchte[225]. Zwar verwirkliche ein Anspruch auf Herausgabe an den Verletzten zum Zwecke der Vernichtung am besten den Willen des Gesetzgebers, doch lasse sich dies mit dem Anspruchscharakter der Vernichtungsvorschriften nicht vereinbaren. Aufgrund der mit einer Herausgabe einhergehenden Grundrechtsbeeinträchtigungen auf Seiten des Verletzers bedürfte es einer besonderen gesetzlichen Grundlage, da der Vernichtungsanspruch die Herausgabe der Gegenstände nicht beinhalte. Lediglich in der Zwangsvollstreckung könne der Verletzte dann zur Ersatzvornahme greifen, wenn der Verletzer dem titulierten Vernichtungsgebot nicht nachkomme.

Demgegenüber wird aber auch die Meinung vertreten, daß der Vernichtungsanspruch auf Herausgabe der Gegenstände und Vorrichtungen an den Verletzten zum Zwecke der Vernichtung gehe[226]. Begründet wird diese Auffassung mit dem aus dem Produktpirateriegesetz erkennbaren Interesse des Gesetzgebers an einer Sicherstellung der Vernichtung schutzrechtsverletzender Ware. Über den Inhalt und die Art und Weise der Vernichtung bestehe eine offene Regelungslücke, die im Wege der Auslegung zugunsten des Verletzten zu schließen sei. Zum Teil wird auch argumentiert, daß der Herausgabeanspruch im Vernichtungsanspruch als Minus enthalten sei[227].

Eine andere Meinung setzt sich mit ähnlicher Argumentation dafür ein, daß ein Anspruch auf Herausgabe zwar nicht an den Verletzten, aber an einen Ge-

225 Vgl. umfangreiche Nachweise bei Thun, Der immaterialgüterrechtliche Vernichtungsanspruch, S. 148, Fn. 4.

226 Klaka, in: Althammer/Ströbele/Klaka, Markengesetz, § 18 MarkenG, Rdnr. 16 m.w.N.; Thun, Der immaterialgüterrechtliche Vernichtungsanspruch, S. 150 m.w.N.; OLG München, CR 1993, 698 (701 f.); OLG Frankfurt am Main, Urteil vom 30.4.1998, Az.: 6 U 123/97, das die gegenteilige Entscheidung des LG Frankfurt am Main, Urteil vom 9.4.1997, Az.: 3/8 O 133/96, insofern abändert.

227 Meister, WRP 1991, 137 (142).

richtsvollzieher zum Zwecke der Vernichtung bestehe[228]. Hierdurch sei die ordnungsgemäße Durchführung der Vernichtung am besten gewährleistet. Bei einer Vernichtung durch den Verletzer bestünde die Gefahr, daß die Waren erneut in den Verkehr gelangten, bei einer Vernichtung durch den Verletzten, daß diese verwertet würden.

Eine vermittelnde Auffassung tritt schließlich dafür ein, daß jedenfalls dann, wenn sich die schutzrechtsverletzende Ware nicht im Besitz des Verletzers, sondern aufgrund einer Sequestrierung in Verwahrung befinde, im Erkenntnisverfahren ein Ausgleich dahin geschaffen werde, daß sichergestellt werde, daß der Verletzer nicht wieder die alleinige ungestörte Verfügungsgewalt über die und Besitz an den zu vernichtenden Gegenständen erhalte[229]. Dies könne dadurch erreicht werden, daß der Verletzer verurteilt werde, die Vernichtung etwa in den Räumen des Gerichtsvollziehers oder in Gegenwart des Verletzten oder von diesem beauftragten Personen durchzuführen, um diesem eine Kontrollmöglichkeit zu gewähren[230].

bb) Die Rechtsprechung des Bundesgerichtshofs zum Inhalt der Vernichtung

Der Bundesgerichtshof hat zunächst in einigen früheren Entscheidungen ohne nähere Begründung auf Herausgabe der zu vernichtenden oder zu beseitigenden Gegenstände an den Verletzten bzw. an einen Gerichtsvollzieher erkannt oder eine solche gebilligt[231]. In zwei neueren Entscheidungen wurde ein Anspruch auf Erteilung der Zustimmung bzw. Einwilligung in die Vernichtung der sichergestellten oder beschlagnahmten Gegenstände gebilligt[232]. Eine Auseinandersetzung mit der Problematik findet sich – soweit ersichtlich – erstmals in einer Entscheidung aus dem Jahre 1997[233]. Dort heißt es zwar ausdrücklich, daß die Nichterwähnung des Herausgabeanspruchs im Gesetz der Annahme einer Herausgabe an den Verletzten zum Zwecke der Vernichtung nicht entgegenstehe.

228 Fezer, Markenrecht, § 18 MarkenG, Rdnr. 28 f. m.w.N.

229 Retzer, in: Erdmann/Gloy/Herber, Festschrift für Henning Piper, S. 437 f.

230 Retzer, in: Erdmann/Gloy/Herber, Festschrift für Henning Piper, S. 438.

231 BGH, Urteil vom 13.11.1953, GRUR 1954, 163 (165): Herausgabe an den Gerichtsvollzieher; BGH, Urteil vom 16.3.1956, GRUR 1956, 284 (287): Herausgabe an den Verletzten oder einen Gerichtsvollzieher; BGH, Urteil vom 29.6.1956, GRUR 1956, 553 (558): Herausgabe an den Verletzten im Hinblick auf diese Modalität nicht beanstandet, aber im konkreten Fall Unverhältnismäßigkeit angenommen; BGH, Urteil vom 4.2.1958, GRUR 1958, 402 (405): Herausgabe an den Gerichtsvollzieher.

232 BGH, Urteil vom 26.11.1987, GRUR 1988, 301 (301); BGH, Urteil vom 14.12.1995, GRUR 1996, 271 (275).

233 BGH, Urteil vom 10.4.1997, GRUR 1997, 899 (902).

Allerdings wird gleichzeitig darauf hingewiesen, daß es nicht unbedenklich erscheine, eine solche Herausgabe generell als dem Vernichtungsanspruch immanent anzusehen. Nachdem eine Herausgabe der widerrechtlich gekennzeichneten Gegenstände an den Markeninhaber letztendlich lediglich unter Zugrundelegung der „gegebenen Sachlage und Würdigung aller Umstände“ als rechtsfehlerfrei bestätigt wird, handelt es sich offensichtlich nur um eine Einzelfallentscheidung, die sich einer Verallgemeinerung entzieht.

cc) Eigene Stellungnahme

Nach der hier vertretenen Auffassung ist der Herausgabeanspruch aus der ratio legis des § 18 MarkenG als diesem immanent zu verstehen, so daß keine einschränkenden Voraussetzungen für eine Herausgabe an den Verletzten bestehen. Der Gesetzgeber wollte durch die Einführung des Vernichtungsanspruchs sicherstellen, daß die entdeckten schutzrechtsverletzenden Waren endgültig aus dem Marktkreislauf genommen werden und die zur Herstellung solcher Waren benutzten oder hierfür bestimmten Vorrichtungen nicht weiterhin für diesen Zweck eingesetzt werden[234]. Dies wäre aber eben gerade nicht der Fall, wenn dem Verletzer nach Titulierung des Vernichtungsanspruchs „zum Zwecke der Vernichtung“ weiterhin Besitz an diesen Waren und Vorrichtungen eingeräumt wird oder er diese nach vorheriger Inverwahrungnahme, Sicherstellung oder Beschlagnahme gar zurückerhält. Zu keinem Zeitpunkt ist dessen wirtschaftliches Interesse und die Versuchung größer, die Gegenstände beiseite zu schaffen.

Durch die Gewährung eines Herausgabeanspruchs ist sichergestellt, daß die Vernichtung vollständig und ordnungsgemäß erfolgt. Soweit hiergegen eine Grundrechtsbeeinträchtigungen auf Seiten des Verletzers eingewandt wird, ist darauf hinzuweisen, daß die Vernichtung der Waren und Produktionsmittel bereits die einschneidendste aller denkbaren Maßnahmen darstellt[235]. Die Herausgabe zum Zwecke der Vernichtung ist demgemäß kein über die Vernichtung hinausgehender Eingriff in das Eigentumsrecht des Verletzers. Auch sonstige schützenswerte Interessen des Verletzers an einer Vernichtung durch ihn selbst bestehen nicht. Insbesondere ist er im Hinblick auf die Vernichtungskosten nicht dem Gutdünken des Verletzten ausgeliefert, da dieser lediglich solche erstattet verlangen darf, die notwendig waren[236]. Der Gefahr einer anderweitigen Verwertung der Verletzungsgegenstände durch den Verletzten

---

234 Vgl. Regierungsbegründung zum Produktpirateriegesetz, BT-Drucks. 11/4792, S. 27.

235 Thun, Der immaterialgüterrechtliche Vernichtungsanspruch, S. 159.

236 Vgl. dazu unten C III 5 b).

kann durch eine Verpflichtung aus § 242 BGB begegnet werden, die tatsächliche Durchführung der Vernichtung nachzuweisen[237]. Schließlich wird der Herausgabeanspruch dem Anspruchscharakter des Vernichtungsanspruchs durchaus gerecht, nachdem zentrales Element der Vernichtung gerade die Wegnahme der widerrechtlich gekennzeichneten Gegenstände und der Produktionsmittel ist[238].

dd) Wahlrecht des Verletzten

Folgt man der hier vertretenen Auffassung, sollte man dem Verletzten ein Wahlrecht hinsichtlich der verschiedenen Durchsetzungsmöglichkeiten seines Vernichtungsanspruchs einräumen, da es dessen Entscheidung bleiben muß, ob er die widerrechtlich gekennzeichneten Gegenstände an sich oder einen Gerichtsvollzieher zum Zwecke der Vernichtung herausverlangt oder sich mit einer Vernichtung durch den Verletzer selbst zufrieden gibt[239]. Im übrigen ist der Gesetzgeber im Hinblick auf die Vielfältigkeit der zum Inhalt der Vernichtung vertretenen Meinungen und der damit einhergehenden Rechtsunsicherheit aufgefordert, den Vernichtungsanspruch einer entsprechenden Ergänzung zuzuführen[240].

b) Kostentragungspflicht der Vernichtung

Die Kostentragungspflicht der Vernichtung liegt beim Verletzer[241]. Je nach inhaltlicher Qualifizierung des Vernichtungsanspruchs werden hierzu unterschiedliche Rechtsgrundlagen herangezogen.

Hat der Verletzer die Verletzungsgegenstände selbst zu vernichten, trägt er hierfür auch die Kosten. Dies folgt aus der ihm obliegenden Pflicht zur Vernichtung gemäß § 18 MarkenG[242]. Kommt der Verletzer dieser Pflicht nicht nach, so daß die Vernichtung durch den Markeninhaber oder einen Dritten im Wege der Ersatzvornahme gemäß § 887 Abs. 1 ZPO durchgeführt werden muß, handelt es sich bei den hierdurch anfallenden Kosten um Vollstreckungskosten im Sinne des § 788 Abs. 1 S. 1 ZPO, die dem Verletzer zur Last fallen[243].

---

237 Vgl. Fezer, Markenrecht, § 18 MarkenG, Rdnr. 29; Thun, Der immaterialgüterrechtliche Vernichtungsanspruch, S. 158.

238 Ebenso Thun, Der immaterialgüterrechtliche Vernichtungsanspruch, S. 159.

239 Thun, Der immaterialgüterrechtliche Vernichtungsanspruch, S. 159 f.

240 Vgl. Grauel, MarkenR 2000, 91 (92).

241 Fezer, Markenrecht, § 18 MarkenG, Rdnr. 32 m.w.N.

242 Fezer, Markenrecht, § 18 MarkenG, Rdnr. 32.

243 Ingerl/Rohnke, Markengesetz, § 18 MarkenG, Rdnr. 27.

Geht man davon aus, daß der Markeninhaber im Rahmen des Vernichtungsanspruchs die Herausgabe der Verletzungsgegenstände an einen Gerichtsvollzieher zum Zwecke der Vernichtung verlangen kann, stellt die Vernichtung einen Teil der Zwangsvollstreckung dar, so daß deren Kosten ebenfalls als Vollstrekkungskosten im Sinne des § 788 Abs. 1 S. 1 ZPO dem Verletzer zur Last fallen[244].

Soweit man dem Markeninhaber nach der hier vertretenen Auffassung das Recht zugesteht, die Herausgabe der Verletzungsgegenstände an sich selbst zum Zwecke der Vernichtung verlangen zu können, folgt die Kostentragungspflicht unmittelbar aus einer zweckentsprechenden Auslegung des § 18 MarkenG[245]. Mit der Bejahung des Herausgabeanspruchs im Rahmen des Vernichtungsanspruchs wird lediglich einem gesteigerten Schutzbedürfnis des Markeninhabers Rechnung getragen. Es wäre demgemäß widersinnig, gerade in diesem Fall dem Verletzten die Kostentragungspflicht aufzubürden.

Zu beachten ist allerdings, daß nur die notwendigen Kosten der Vernichtung zu erstatten sind. Während dies bei einer Vernichtung durch Ersatzvornahme bereits aus § 887 i.V.m. § 788 i.V.m. § 91 ZPO und durch Gerichtsvollzieher aus § 788 i.V.m. § 91 ZPO folgt, ergibt sich eine solche Kostenbeschränkung bei Vernichtung durch den Markeninhaber selbst aus dem Gebot der Rücksichtnahme gemäß § 242 BGB[246].

IV. Schadensersatzanspruch gemäß § 14 Abs. 6 MarkenG

Gemäß § 14 Abs. 6 MarkenG ist derjenige, der die Verletzungshandlung vorsätzlich oder fahrlässig begeht, dem Markeninhaber zum Ersatz des durch die Verletzungshandlung entstandenen Schadens verpflichtet. Der markenrechtliche Schadensersatzanspruch ist eng mit den Schadensersatzansprüchen bei Verletzung anderer gewerblicher Schutzrechte oder Urheberrechte verwandt und kann mit wettbewerbsrechtlichen und bürgerlichrechtlichen Ersatzansprüchen konkurrieren[247].

---

244 Thun, Der immaterialgüterrechtliche Vernichtungsanspruch, S. 196.
245 Fezer, Markenrecht, § 18 MarkenG, Rdnr. 33.
246 Thun, Der immaterialgüterrechtliche Vernichtungsanspruch, S. 197.
247 Ausführlich zum Schadensersatzanspruch und den konkurrierenden Rechtsgrundlagen Baumbach/Hefermehl, Wettbewerbsrecht, Einl. UWG, Rdnr. 339 ff.

1. Aktivlegitimation und Passivlegitimation

Aktiv- und Passivlegitimation des Schadensersatzanspruchs entsprechen denjenigen des Unterlassungsanspruchs gemäß § 14 Abs. 5 MarkenG, so daß auf die dortigen Ausführungen[248] verwiesen werden darf.

2. Verschulden

Als einziger der Verletzungsansprüche setzt der Schadensersatzanspruch ein Verschulden, also Vorsatz oder Fahrlässigkeit voraus.

Vorsätzlich handelt, wer in Kenntnis aller Tatbestandsmerkmale handelt, also den Markenschutz kennt und bewußt ohne Rechtfertigungsgrund mit seiner Kennzeichnung in das fremde Recht eingreift. Ausreichend ist auch bedingter Vorsatz, der vorliegt, wenn die Verletzungshandlung begangen wird, obwohl man weiß, daß dadurch möglicherweise fremde Markenrechte verletzt werden, dies aber in Kauf nimmt[249]. Hersteller von Piraterieware handeln in aller Regel vorsätzlich.

Fahrlässig handelt, wer die im Verkehr erforderliche Sorgfalt außer acht läßt (§ 276 Abs. 2 BGB). Zwar stellt die Rechtsprechung an die Fahrlässigkeit seit jeher ähnlich wie auf anderen Gebieten des gewerblichen Rechtsschutzes keine hohen Anforderungen[250], gleichwohl steht der Markeninhaber diesbezüglich in Fällen der Produktpiraterie vor nicht unerheblichen Schwierigkeiten. Während bei „gewöhnlichen" Markenverletzungen nämlich bereits dann von fahrlässigem Verhalten ausgegangen wird, wenn der Verletzer nicht eine professionelle Recherche nach eingetragenen Marken und in den Handelsregistern eingetragenen Firmennamen hat durchführen lassen[251], stellt sich diese Frage in Fällen der Produktpiraterie auf der Vertriebsschiene in der Regel nicht. Kann ein Händler nämlich davon ausgehen, mit Originalware des Markeninhabers zu handeln, besteht für Recherchen der oben genannten Art keine Veranlassung.

In diesen Fällen kommt es vielmehr darauf an, inwieweit der Händler verpflichtet ist, die Ware beim Einkauf bzw. vor der Weiterveräußerung auf die Rechtmäßigkeit ihrer Kennzeichnung hin zu überprüfen. Nach Ansicht des Bundesgerichtshofs sind gewerbliche Einkäufer gerade beim Bezug weithin bekannter Markenwaren gehalten, der Prüfung der Echtheit der Waren im Sinne

---

248 Siehe C I 1.
249 Klaka, in: Althammer/Ströbele/Klaka, Markengesetz, § 14 MarkenG, Rdnr. 152.
250 Fezer, Markenrecht, § 14 MarkenG, Rdnr. 514 m.w.N.
251 Vgl. Ingerl/Rohnke, Markengesetz, Vor §§ 14-19 MarkenG, Rdnr. 6 ff.

der Herkunft vom Markeninhaber besondere Aufmerksamkeit zu widmen[252]. Ergäben sich Anhaltspunkte, die ernsthafte Zweifel an der Herkunft der Waren begründen könnten, folgten daraus für den Käufer besondere Nachforschungspflichten[253]. Wann solche Anhaltspunkte vorlägen, müsse anhand der im Einzelfall vorliegenden besonderen Umstände geprüft werden.

Diese für den Verletzten zunächst erfreulich erscheinende Rechtsprechung wird durch den Bundesgerichtshof allerdings dadurch relativiert, daß er hinsichtlich der oben genannten „Anhaltspunkte" einen Negativkatalog aufstellt, der berechtigten Anlaß zu der Frage gibt, wann solche überhaupt vorliegen. So soll der Bezug vertriebsgebundener Ware außerhalb des Systems des Markeninhabers selbst zu relativ günstigen Preisen in der Regel kein Vorgang sein, der über den Tatbestand eines etwaigen Wettbewerbsverstoßes hinaus auch den Verdacht auf eine Fälschung und Markenverletzung nahelege[254]. Auch ein sehr günstiger Preis müsse nicht unbedingt auf eine Fälschung hindeuten, wenn vorher solche Fälschungen noch nicht bekannt geworden seien[255]. Bei Kosmetika geböten es die an einen Händler in bezug auf Markenverletzungen typischerweise zu stellenden Sorgfaltsanforderungen in der Regel nicht, die kosmetischen Mittel auf das Vorhandensein der Chargen-Nummern hin zu untersuchen, denn der Händler könne und müsse, wenn nicht besondere Umstände hervorträten, nicht damit rechnen, daß ihm gerade die Chargen-Nummer einen Hinweis auf eine Markenverletzung gebe[256].

Dieser vom Bundesgerichtshof aufgestellte Negativkatalog geht an den Realitäten vorbei und erscheint zumindest unter heutigen Gesichtspunkten lebensfremd. In den vergangenen Jahren wurde über die Problematik der Produktpiraterie in der Öffentlichkeit, Presse, Rundfunk und Fernsehen ausführlich berichtet. Unternehmen aus den unterschiedlichsten Branchen, aber auch eigens gegründete Vereine, deren Ziel die Bekämpfung der Produktpiraterie ist, leisten intensiv Öffentlichkeitsarbeit. Ebenfalls fand eine breite Behandlung auf politischer Ebene statt, die nicht zuletzt zum Erlaß des Produktpirateriegesetzes führte. Demgemäß kann heute davon ausgegangen werden, daß sich ein Händler durchaus über die Gefahr, Fälschungen zu erwerben, im klaren ist. Bezieht er

252 BGH, Urteil vom 18.12.1986, GRUR 1987, 520 (522); BGH, Urteil vom 18.12.1986, GRUR 1987, 524 (525).

253 Nach Ansicht des OLG München, CR 1993, 698 (701), ist verdächtig erworbene Ware dem Markeninhaber zur Echtheitsprüfung vorzulegen.

254 BGH, Urteil vom 18.12.1986, GRUR 1987, 520 (522); BGH, Urteil vom 18.12.1986, GRUR 1987, 524 (525).

255 BGH, Urteil vom 18.12.1986, GRUR 1987, 520 (522).

256 BGH, Urteil vom 18.12.1986, GRUR 1987, 520 (522); BGH, Urteil vom 18.12.1986, GRUR 1987, 524 (525).

dennoch Waren außerhalb eines organisierten Vertriebssystems des Markeninhabers und/oder deutlich unter dem marktüblichen Händlereinkaufspreis, muß er damit rechnen, Plagiate zu erwerben. Dies allein sollte ausreichen, besondere Nachforschungspflichten zu verlangen, deren Verletzung zumindest fahrlässiges, wenn nicht sogar bedingt vorsätzliches Handeln begründet.

Offenbar hat zwischenzeitlich auch der Bundesgerichtshof seine Anforderungen an das Vorliegen eines Verschuldens bei Händlern „zurückgeschraubt". In einer Entscheidung aus dem Jahre 1997 hat er die Bewertung der Instanzgerichte, daß die Beklagte aufgrund der Umstände des Erwerbs und des Vertriebs in erheblichem Maße fahrlässig, wenn nicht sogar mit bedingtem Vorsatz gehandelt habe, ausdrücklich gebilligt[257]: Die Beklagte habe sich damit begnügt, daß ihr die Lieferanten die Schuhe als solche einer bestimmten Marke verkauft hätten. Es sei im Handel allgemein bekannt, daß an dem Vertrieb dieser Markenschuhe in der Bundesrepublik Deutschland Ausschließlichkeitsrechte bestünden. Es wäre ein Leichtes gewesen, sich durch eine Rückfrage über den Charakter der streitgegenständlichen Schuhe zu erkundigen. Da die Lieferanten der Beklagten nicht dafür bekannt gewesen seien, daß sie von der Klägerin mit dem Vertrieb betraut gewesen seien, wäre es nicht nur wegen des besonders günstigen Preises erforderlich gewesen, sich den Vertriebsweg der angekauften Ware aufzeigen zu lassen. Im Ergebnis wurde demnach entsprechend der hier vertretenen Ansicht darauf abgestellt, daß die Ware außerhalb eines organisierten Vertriebssystems des Markeninhabers und deutlich unter dem marktüblichen Händlereinkaufspreis erworben wurde.

3. *Haftungsumfang*

a) Möglichkeit der dreifachen Schadensberechnung

Grundsätzlich hat der Verletzer im Wege des Schadensersatzes gemäß § 249 S. 1 BGB den Zustand herzustellen, der bestehen würde, wenn der zum Ersatz verpflichtende Umstand nicht eingetreten wäre (Naturalrestitution). Da dies in aller Regel nicht möglich ist, hat er gemäß §§ 251, 252 BGB Geldentschädigung einschließlich entgangenen Gewinn zu zahlen. Allerdings ist der Verletzte, wie auch bei allen gewerblichen Schutzrechten und im Urheberrecht, auf diese konkrete Berechnungsart nicht beschränkt. Ihm stehen zwei weitere Möglichkeiten der Schadensberechnung zur Verfügung, nämlich die Zahlung einer angemessenen Lizenzgebühr und die Herausgabe des Verletzergewinns. Diese wurden in stän-

---

257 BGH, Urteil vom 10.4.1997, WRP 1997, 1189 (1191 f.).

diger Rechtsprechung aufgrund des erhöhten Schutzbedürfnisses der Rechtsinhaber von immateriellen Gütern sowie aus Billigkeitserwägungen entwickelt, um dem Verletzten die Bezifferung seines Schadens zu erleichtern[258]. Die wesentlichen Gründe für das erhöhte Schutzbedürfnis sind die leichte Verletzbarkeit von Immaterialgüterrechten, der schwierige Nachweis konkreter Schadensfolgen, sowie die Präventivfunktion des Schadensersatzes vor Eingriffen in gewerbliche Schutzrechte[259]. Billigkeitserwägungen greifen dahingehend Platz, daß der Verletzer durch den Eingriff in Immaterialgüterrechte nicht besser gestellt werden darf, als er bei einer ordnungsgemäß nachgesuchten und erteilten Erlaubnis gestanden hätte[260].

aa) Geldentschädigung einschließlich entgangenem Gewinn

Die Geldentschädigung des § 251 BGB berechnet sich nach der sogenannten Differenzhypothese, wonach der entstandene Schaden durch einen Vergleich der Vermögenslagen des Geschädigten vor und nach dem Schadensereignis zu bestimmen ist[261]. Hierzu gehört gemäß § 252 BGB auch der dem Verletzten entgangene Gewinn. Da eine Marke durch ihre unbefugte Nutzung keine Substanzbeeinträchtigung erleidet, die beispielsweise einen Reparatur- oder Ersatzbeschaffungsaufwand auslösen könnte, reduziert sich die Frage nach einem Differenzschaden allerdings überwiegend auf den entgangenen Gewinn[262].

Der Verletzte hat den Nachweis der Kausalität zwischen Rechtsverletzung und Gewinnausfall zu erbringen, was in der Praxis selten gelingt[263]. Auch wenn insbesondere in Fällen der Produktpiraterie die Ware erfahrungsgemäß ohne die verletzende Kennzeichnung nicht gekauft worden wäre, beeinflussen andere Faktoren (z.B. niedrigerer Preis, besonderer Absatzweg) die Kaufentscheidung mit, so daß sich die Annahme, die vom Verletzer erzielten Umsätze hätten ohne

---

258 Heermann, GRUR 1999, 625 (626 ff.) m.w.N.; Heil/Roos, GRUR 1994, 26 (26 ff.) m.w.N.; Delahaye, GRUR 1986, 217 (217 ff.) m.w.N.

259 Fezer, Markenrecht, § 14 MarkenG, Rdnr. 518.

260 Baumbach/Hefermehl, Wettbewerbsrecht, Einl. UWG, Rdnr. 381 m.w.N.

261 Fezer, Markenrecht, § 14 MarkenG, Rdnr. 518, 521.

262 Vgl. Kraßer, GRUR Int. 1980, 259 (262). Neben dem entgangenen Gewinn kommen als ersatzfähiger Schaden lediglich Rechtsverfolgungskosten, wie Aufwendungen für eine vorprozessuale Abmahnung und Aufwendungen für sonstige vorbereitende Maßnahmen sowohl für den Unterlassungs- als auch für den Schadensersatzprozeß, in Betracht, sofern sie erforderlich waren, schuldhaft verursacht und einem unmittelbar in seinen Rechten Verletzten entstanden sind (vgl. Teplitzky, Wettbewerbsrechtliche Ansprüche, Kap. 34, Rdnr. 3 m.w.N.)

263 Vgl. Kraßer, GRUR Int. 1980, 259 (265).

die Verwendung der geschützten Marke vollständig vom Verletzten gemacht werden können, regelmäßig verbietet[264].

Allerdings läßt der Bundesgerichtshof Erleichterungen zugunsten des Verletzten dahingehend zu, daß es zur schlüssigen Geltendmachung eines aus der Verletzung einer geschützten immateriellen Rechtsposition entgangenen Gewinns ausreicht, wenn der Berechtigte darlegt, daß ohne die Verletzung eine (entsprechende) Benutzung durch ihn oder durch berechtigte Dritte erfolgt wäre[265]. Schon daraus sei nämlich nach den Grundsätzen der Lebenserfahrung zu folgern, daß die Geschäfte des Verletzers zu einer Beeinträchtigung der Umsatzerwartung des Berechtigten geführt hätten. Sofern dieser Ursachenzusammenhang in Zweifel gezogen werde, sei es Sache des Verletzers, darzulegen, daß die vom Verletzten behauptete Einbuße ganz oder teilweise durch andere Gründe als die Verletzung verursacht sei. Das Gericht habe im Anschluß eine Schätzung der Höhe des Gewinns gemäß § 287 ZPO vorzunehmen, wobei eine Berechnung des entgangenen Gewinns aber nicht auf der Grundlage der vom Verletzer veräußerten Stückzahlen vorgenommen werden könne. Es könne nämlich nicht einfach davon ausgegangen werden, daß der Umsatz des Verletzers in vollem Umfang direkt oder in Form von Lizenzgebühren mittelbar dem Berechtigten zugutegekommen wäre. Die vom Verletzten erzielten Umsatzzahlen könnten allerdings indiziell von Bedeutung sein.

bb) Zahlung einer angemessenen Lizenzgebühr

Um den Verletzten wenigstens so zu stellen, als hätte er dem Verletzer die Benutzung des Kennzeichenrechts gegen Zahlung einer angemessenen Lizenz gestattet, und um gleichzeitig zu verhindern, daß der Verletzer seinerseits durch sein rechtswidriges Verhalten besser gestellt ist, als bei erlaubtem Handeln aufgrund Lizenzierung, hat die Rechtsprechung die Schadensberechnung nach der sogenannten Lizenzanalogie entwickelt[266]. Hierbei ist unerheblich, ob und in welcher Höhe dem Verletzten eine Lizenzgebühr tatsächlich entgangen ist. Dieser muß lediglich darlegen, daß der Eintritt eines Vermögensschadens nach der

---

264 Vgl. Ingerl/Rohnke, Markengesetz, Vor §§ 14-19 MarkenG, Rdnr. 64. Anders nach der hier vertretenen Auffassung aber bei der Herausgabe des Verletzergewinns (vgl. unten C IV 3 a) cc)).

265 BGH, Urteil vom 22.4.1993, GRUR 1993, 757 (758 f.).

266 BGH, Urteil vom 12.1.1966, GRUR 1966, 375 (376 ff.); Ingerl/Rohnke, Markengesetz, Vor §§ 14-19 MarkenG, Rdnr. 66 m.w.N.; Melullis, in: Loewenheim/Raiser, Festschrift für Fritz Traub, S. 288 m.w.N.; ausführlich Rogge, Schadensersatz nach Lizenzanalogie bei Verletzung von Patenten, Urheberrechten und anderen Schutzrechten, S. 929 ff.; kritisch Pietzcker, GRUR 1975, 55 (56 ff.).

Lebenserfahrung zu erwarten ist[267]. Keine Rolle spielt ebenfalls, ob es bei korrektem Verhalten des Verletzers tatsächlich zum Abschluß eines Lizenzvertrags gekommen wäre[268].

(1) Berechnung

Die Berechnung der angemessenen Lizenzgebühr erfolgt rein objektiv danach, was bei vertraglicher Einräumung ein vernünftiger Lizenzgeber verlangt und ein vernünftiger Lizenznehmer gezahlt hätte, wenn beide die im Zeitpunkt der Entscheidung gegebene Sachlage gekannt hätten[269]. Zu berücksichtigen ist hierbei der Bekanntheitsgrad und der gute Ruf der Marke sowie das Ausmaß der Verwechslungsgefahr einschließlich der Ähnlichkeit der Produkte[270], die Beeinträchtigung oder Ausbeutung, die Bedeutung der Kennzeichnung für die Abnehmer und der Umfang der Kennzeichenbenutzung[271]. Die Berechnung kann entweder als Pauschallizenzgebühr[272] oder – im Regelfall – als Stücklizenz[273] vom Bruttoerlös bzw. vom Fabrikabgabepreis[274] des Verletzers erfolgen. Der heute typische Stücklizenz-Prozentsatz dürfte zwischen 1 % und bis zu 5 % liegen, wobei bei sehr bekannten Marken mit überragender Bedeutung durchaus auch ein höherer Satz in Ansatz zu bringen sein kann[275].

---

267 Vgl. Heil/Roos, GRUR 1994, 26 (27) m.w.N.

268 Teplitzky, Wettbewerbsrechtliche Ansprüche, Kap. 34, Rdnr. 27 m.w.N.

269 Vgl. BGH, Urteil vom 13.3.1962, GRUR 1962, 401 (404); BGH, Urteil vom 12.1.1966, GRUR 1966, 375 (378); BGH, Urteil vom 22.3.1990, GRUR 1990, 1008 (1009).

270 Fezer, Markenrecht, § 14 MarkenG, Rdnr. 522.

271 Ingerl/Rohnke, Markengesetz, Vor §§ 14-19 MarkenG, Rdnr. 66. Nach Ansicht des Landgerichts Düsseldorf kann auch lizenzerhöhend zu berücksichtigen sein, daß der Verletzer – anders als häufig bei vertraglich eingeräumten Lizenzen – nicht verpflichtet ist, eine Überprüfung seiner Bücher durch einen vom Lizenzgeber beauftragten Buch- oder Wirtschaftsprüfer zu dulden, und dem Verletzten umgekehrt kein entsprechendes Recht zusteht (LG Düsseldorf, Urteil vom 20.5.1999, GRUR 2000, 309 (311)).

272 Vgl. Köhler, in: Jacobs/Lindacher/Teplitzky, UWG Großkommentar, Vor § 13 UWG, Abschnitt B, Rdnr. 333.

273 OLG Karlsruhe, Urteil vom 11.8.1970, GRUR 1971, 221 (223); BGH, Urteil vom 8.10.1971, GRUR 1972, 189 (191); BGH, Urteil vom 23.5.1991, GRUR 1991, 914 (917).

274 Zur Kritik an einer Zugrundelegung des Fabrikabgabepreises vgl. Teplitzky, Wettbewerbsrechtliche Ansprüche, Kap. 34, Rdnr. 28 m.w.N., der diese allerdings unter Hinweis auf Köhler, in: Jacobs/Lindacher/Teplitzky, UWG Großkommentar, Vor § 13 UWG, Abschnitt B, Rdnr. 334, zurückweist.

275 Vgl. im einzelnen Ingerl/Rohnke, Markengesetz, Vor §§ 14-19 MarkenG, Rdnr. 67 m.w.N.

Der vom Bundesgerichtshof zum früheren Warenzeichengesetz vertretenen Ansicht, aus der Natur des Warenzeichenrechts, das dem Inhaber nur ein ausschließliches Recht zur Kennzeichnung von Waren zuweise, folge, daß die angemessene Lizenzgebühr bei Verletzung eines Warenzeichens im allgemeinen niedriger zu bemessen sei als bei einem gleich hohen Warenumsatz unter Eingriff in Urheber- und Patentrechte[276] oder Geschmacksmusterrechte[277], kann zumindest heute nicht mehr gefolgt werden[278]. Zum einen wurde durch das Markengesetz der Markenschutz als selbständiger Vermögensgegenstand eines Unternehmens nach dem Willen des Gesetzgebers verstärkt, zum anderen widerspricht eine derartige Ungleichbehandlung der Gleichwertigkeit der Immaterialgüterrechte als Verfassungseigentum[279].

Bedauerlicherweise wird die Lizenz nach herrschender Meinung in Literatur und Rechtsprechung für den Zeitpunkt der gerichtlichen Entscheidung und nicht den des Verletzungsbeginns berechnet[280]. Hierbei wird verkannt, daß oftmals gerade in Unkenntnis der später bekannten Umstände ursprünglich höhere Lizenzgebühren vereinbart werden als nachträglich nach Kenntnis der Marktentwicklung[281]. Nach der herrschenden Meinung erhält der Verletzte also häufig nicht einmal das, was er erhalten hätte, wenn er seinerzeit freiwillig einen Lizenzvertrag abgeschlossen hätte. Dies führt zu einer unbilligen Besserstellung des Verletzers gegenüber einem rechtstreuen Lizenznehmer und sollte demgemäß überdacht werden. Für den umgekehrten Fall, in der die Bedeutung der Marke und damit die Höhe einer angemessenen Lizenz im Laufe der Verletzungshandlung wächst, könnte dem Verletzten dann im Hinblick darauf, daß die Risiken dem Verletzer und nicht dem Verletzten aufzuerlegen sind, ein Wahlrecht eingeräumt werden, den Stichtag der Entscheidung für die Gestaltung des hypothetischen Lizenzvertrages heranzuziehen[282].

---

276 BGH, Urteil vom 12.1.1966, GRUR 1966, 375 (378).

277 BGH, Urteil vom 3.7.1974, GRUR 1975, 85 (87).

278 Ebenso Ingerl/Rohnke, Markengesetz, Vor §§ 14-19 MarkenG, Rdnr. 67; Fezer, Markenrecht, § 14 MarkenG, Rdnr. 522; a.A. wohl Klaka, in: Althammer/Ströbele/Klaka, Markengesetz, § 14 MarkenG, Rdnr. 164.

279 Vgl. Fezer, Markenrecht, § 14 MarkenG, Rdnr. 522.

280 Baumbach/Hefermehl, Wettbewerbsrecht, Einl. UWG, Rdnr. 383 m.w.N.

281 Vgl. Pietzcker, GRUR 1975, 55 (56 f.).

282 Ebenso Pietzcker, GRUR 1975, 55 (57); a.A. Delahaye, GRUR 1986, 217 (221), der für den Mittelwert plädiert.

(2) *Verletzerzuschlag*

Eine häufig kritisierte Schwachstelle der Lizenzanalogie ist die Tatsache, daß deren Berechnungsweise den Verletzer gegenüber dem rechtstreu Handelnden deutlich begünstigt, da er im schlechtesten Fall – meist sogar erst mit Verzögerung – nur das gleiche wie letzterer zu zahlen hat, darüber hinaus aber die Chance hat, die Lizenzzahlung ganz zu vermeiden[283]. Gleichwohl lehnt der Bundesgerichtshof einen sogenannten „Verletzerzuschlag" als Ausgleich für diese Begünstigung des Verletzers ab[284]. Dieser würde die gewohnheitsrechtliche Grundlage des nach der Lizenzanalogie zu errechnenden "Schadens" verlassen und auch sonst keine rechtliche Stütze finden.

Gleichwohl hat der Bundesgerichtshof andere Wege gefunden, die Vorteile auszugleichen, die ein Verletzer im Vergleich zu einem rechtstreuen Lizenznehmer genießt[285]. Er läßt seit längerem eine an den Umständen des Einzelfalls orientierte Erhöhung der normalerweise angemessenen Lizenzgebühr zu[286], sofern sich im konkreten Fall ein Verletzervorteil nachweisen läßt.

Allerdings weist der Bundesgerichtshof in diesem Zusammenhang einschränkend darauf hin, daß den Vorteilen des Verletzers der schwerwiegende Nachteil seiner Position im Verhältnis zu der des redlichen Lizenznehmers gegenüberstehe. Letzterer erfreue sich einer durch vertragliche Bestimmungen gesicherten Benutzungserlaubnis im Gegensatz zu dem Verletzer, der ständig eine jederzeitige Unterbindung der Benutzung, zum Beispiel durch von dem Verletzten veranlaßte gerichtliche Maßnahmen, gewärtigen müsse und der – neben dem nach der Lizenzanalogie berechneten Schaden – dem Anspruch auf Ersatz des

---

283 Vgl. Teplitzky, Wettbewerbsrechtliche Ansprüche, Kap. 34, Rdnr. 29 m.w.N. Zu Recht weist Fezer, WRP 1993, 565 (566), darauf hin, daß diese Rechtslage den Verletzer – namentlich im Bereich der Produktpiraterie – geradezu zu Eingriffen in Immaterialgüterrechte aufmuntert und den Rechtsinhaber nachträglich faktisch zum Abschluß eines Lizenzvertrags zwingt.

284 Vgl. BGH, Urteil vom 6.3.1980, GRUR 1980, 841 (844). Lediglich in Urheberrechtsverletzungsfällen bejaht der 1. Zivilsenat des Bundesgerichtshofs die Zulässigkeit einer Verdoppelung der Lizenzgebühr betreffend die GEMA, wobei er aber ausschließlich den Besonderheiten der dort in Rede stehenden Rechtsverletzungen Rechnung tragen möchte und hervorhebt, daß diese in Fällen von Verletzungen gewerblicher Schutzrechte nicht vorliegen (BGH, Urteil vom 10.3.1972, GRUR 1973, 379 (379 ff.)).

285 Vgl. dazu ausführlich Körner, GRUR 1983, 611 ff. m.w.N., der auch darauf eingeht, daß die hierzu bislang nur in Patent- und Gebrauchsmusterverletzungsfällen ergangene Rechtsprechung gleichermaßen in Warenzeichenverletzungsfällen einschlägig ist.

286 BGH, Urteil vom 6.3.1980, GRUR 1980, 841 (844); Teplitzky, Wettbewerbsrechtliche Ansprüche, Kap. 34, Rdnr. 30 m.w.N.

dem Verletzten tatsächlich entstandenen Schadens sowie dem Anspruch auf Herausgabe seines aus den Verletzungshandlungen herrührenden Gewinns ausgesetzt sei[287].

Dieses Risiko eines Unterlassungsgebots entfällt aber dann, wenn infolge der Nähe des Schutzrechtsablaufs mit einem vollstreckbaren Unterlassungstitel während der Geltungsdauer des Schutzrechts ernsthaft nicht mehr zu rechnen ist, was allerdings in der Regel nur bei Patent- und Gebrauchsmusterverletzungen zutreffen kann[288]. In diesem Fall steht dem Verletzervorteil kein nennenswerter Nachteil gegenüber, so daß eine Erhöhung der normalerweise angemessenen Lizenzgebühr gerechtfertigt ist. Dies gilt aber auch dann, wenn der Verletzer bei seiner sich auf den Vertrieb beschränkenden Schutzrechtsverletzung nicht mit erheblichen, langfristig zu amortisierenden Investitionen belastet war und demgemäß ohne weiteres auf andere Produkte umsteigen kann. Der typische Nachteil der ungesicherten Benutzerstellung des Verletzers wirkt sich hier kaum aus, so daß das in Verletzungsfällen normalerweise zu beobachtende Verhältnis der Vorteile und Nachteile der Verletzerstellung im Vergleich zur Stellung des Lizenznehmers erheblich zugunsten des Verletzers verschoben ist und mithin lizenzerhöhend verwertet werden darf[289].

Ein zur Erhöhung der normalerweise angemessenen Lizenzgebühr führender Verletzervorteil ist schließlich anzunehmen, wenn der Verletzte – anders als bei einem Lizenznehmer – auf die Preisgestaltung des Verletzers keinen Einfluß nehmen kann und dieser durch seine Preispolitik nicht nur Marktanteile erobern, sondern auch die Bemessungsgrundlage für die Schadenslizenz herabdrücken konnte[290].

Im Ergebnis bleibt festzuhalten, daß der Bundesgerichtshof keinen schematischen Verletzerzuschlag anerkennt, sondern einen pauschalen Zuschlag zur angemessenen Lizenzgebühr davon abhängig macht, daß im konkreten Fall das Bestehen eines Verletzervorteils im Vergleich zum rechtstreuen Lizenznehmer festgestellt werden kann[291].

---

287 Vgl. BGH, Urteil vom 6.3.1980, GRUR 1980, 841 (844); dazu kritisch Barth, Anmerkung zu BGH, Urteil vom 6.3.1980, GRUR 1980, 841 (845).

288 Vgl. im einzelnen Körner, GRUR 1983, 611 (612).

289 Vgl. BGH, Urteil vom 24.11.1981, GRUR 1982, 286 (287 f.).

290 Vgl. BGH, Urteil vom 6.3.1980, GRUR 1980, 841 (844).

291 Vgl. Körner, GRUR 1983, 611 (612).

(3) Zinsanteil

Neben der angemessenen Lizenzgebühr stehen dem Verletzten die sogenannten „aufgelaufenen Zinsen" zu[292]. Dies liegt darin begründet, daß vernünftige Vertragspartner bei Abschluß eines Lizenzvertrages feste Fälligkeitstermine mit dem Ziel und der Folge einer über die Verzugsregelung hinausgehenden Zinspflicht vereinbart und diese Fälligkeitsabrede als Ergänzung des vereinbarten Lizenzsatzes empfunden hätten. Im Rahmen der Lizenzanalogie muß sich der Verletzer so behandeln lassen, als habe auch er einer solchen Fälligkeitsabrede zugestimmt. Mit diesen Erwägungen wird kein lizenzfremder Gesichtspunkt in die Schadensberechnung nach der Lizenzanalogie hineingetragen, auch handelt es sich nicht um einen unzulässigen Verletzerzuschlag. Hier wird schlicht der Grundsatz befolgt, daß der Verletzer nicht schlechter, aber eben auch nicht besser gestellt werden soll als ein Lizenznehmer[293].

Als Zinssatz sollte mindestens der kaufmännische Fälligkeitszins von 5 % (§§ 352, 353 HGB), in der Regel jedoch der üblicherweise für verspätete Lizenzzahlungen vereinbarte Prozentsatz angesetzt werden[294]. In diesem Zusammenhang ist zu berücksichtigen, daß es sich bei den aufgelaufenen Zinsen nicht um eine „klassische" Verzugsfolge, sondern vielmehr um den Verlust handelt, der dem Verletzten dadurch entsteht, daß ihm die Nutzung der Gelder vorenthalten bleibt, die ihm nach kaufmännisch üblicher Ausgestaltung zur Verfügung gestanden hätten.

cc) Herausgabe des Verletzergewinns

Der Verletzte kann schließlich die Herausgabe des Verletzergewinns beanspruchen, wobei – im Gegensatz zum Gewinnherausgabeanspruch bei der unechten Geschäftsführung – bereits ein fahrlässiger Eingriff durch den Verletzer genügt[295]. Dieser Anspruch wird zum einen auf eine rechtsähnliche Anwendung der Vorschriften über die unechte Geschäftsführung (§§ 687 Abs. 2 S. 1, 681 S. 2, 667 BGB)[296], zum anderen auf Gewohnheitsrecht[297] gestützt[298]. Der Anspruch

---

292 Vgl. BGH, Urteil vom 24.11.1981, GRUR 1982, 286 (288 f.); BGH, Urteil vom 24.11.1981, GRUR 1982, 301 (304).

293 Vgl. BGH, Urteil vom 24.11.1981, GRUR 1982, 286 (289).

294 Vgl. Klaka, in: Althammer/Ströbele/Klaka, Markengesetz, § 14 MarkenG, Rdnr. 164; Ingerl/Rohnke, Markengesetz, Vor §§ 14-19 MarkenG, Rdnr. 68.

295 BGH, Urteil vom 24.2.1961, GRUR 1961, 354 (354 ff.); BGH, Urteil vom 12.1.1966, GRUR 1966, 375 (376); BGH, Urteil vom 19.11.1971, GRUR 1972, 180 (183).

296 BGH, Urteil vom 24.2.1961, GRUR 1961, 354 (355).

auf Herausgabe des Verletzergewinns besteht unabhängig davon, ob der Verletzte seinerseits hätte Gewinn machen können; er muß den Entgang eines eigenen Gewinns nicht nachweisen[299].

Der Verletzergewinn wird durch Abzug aller produktspezifischer Kosten vom Verkaufserlös berechnet[300]. In einer Entscheidung aus dem Jahre 2000 hat der Bundesgerichtshof seine bisherige Rechtsprechung, wonach dem Verletzer darüber hinaus die Absetzung der Gemeinkosten von den Erlösen uneingeschränkt zugebilligt wurde[301], aufgegeben[302]. Der Verletzer dürfe seine Gemeinkosten vom Verkaufserlös nur dann abziehen, wenn und soweit sie ausnahmsweise den schutzrechtsverletzenden Gegenständen unmittelbar zugerechnet werden könnten[303]. Allerdings erging die vorgenannte Entscheidung im Geschmacksmusterrecht unter Bezugnahme auf § 14a Abs. 1 S. 2 GeschmMG, der die Gewinnherausgabe im Gegensatz zum Markengesetz explizit regelt. Ebenfalls weist der Bundesgerichtshof ausdrücklich darauf hin, daß er an seiner bisherigen Rechtsprechung „jedenfalls für den Anwendungsbereich des § 14a Abs. 1 S. 2 GeschmMG" nicht festhalte. Im Hinblick darauf, daß der Bundesgerichtshof die Herausgabe des Verletzergewinns aus dem Markenrecht im Unterschied zu derjenigen aus dem Leistungsschutzrecht stets nur mit Abstrichen zugesprochen bzw. gebilligt hat[304], ist zu befürchten, daß er im Markenrecht an seiner bisherigen Rechtsprechung festhält. Dies wäre allerdings unbillig, nachdem die

---

297 Vgl. BGH, Urteil vom 29.5.1962, GRUR 1962, 509 (512), in dem die rechtsähnliche Anwendung der Vorschriften über die unechte Geschäftsführung als zweifelhaft und angreifbar, letztendlich aber als gewohnheitsrechtlich anerkannt bezeichnet wird. Beuthien/Wasmann, GRUR 1997, 255 ff., treten für eine Änderung der Rechtsprechung ein und plädieren für eine entsprechende Anwendung der §§ 97 Abs. 1 S. 2 UrhG, 14a Abs. 1 S. 2 GeschmMG; bei vorsätzlichen Verletzungshandlungen soll entsprechend § 97 Abs. 3 UrhG zu dem besonderen markenrechtlichen Gewinnauskehrungsanspruch der allgemeine bürgerlichrechtliche Erlösherausgabeanspruch aus §§ 687 Abs. 2 S. 1, 681 S. 2, 667 BGB hinzutreten.

298 Vgl. auch v. der Osten, GRUR 1998, 284 (284 ff.).

299 Fezer, Markenrecht, § 14 MarkenG, Rdnr. 523 m.w.N. Nach richtiger Ansicht des BGH, Urteil vom 2.2.1995, GRUR 1995, 349 (351), kann eine Schadensberechnung nach der objektiven Methode der Herausgabe des Verletzergewinns allerdings ausnahmsweise – weil unvereinbar mit dem das Schadensersatzrecht bestimmenden Ausgleichsgedanken – dann nicht in Betracht kommen, wenn mit dem Anstieg des Verletzergewinns ausschließlich ein Anstieg auch des Gewinns (und keinerlei Schadenswachstum) auf seiten des Verletzten verbunden ist. Dies dürfte in Fällen der Produktpiraterie aber kaum vorkommen.

300 Klaka, in: Althammer/Ströbele/Klaka, Markengesetz, § 14 MarkenG, Rdnr. 162.

301 BGH, Urteil vom 29.5.1962, GRUR 1962, 509 (511).

302 BGH, Urteil vom 2.11.2000, WRP 2001, 276 (279).

303 BGH, Urteil vom 2.11.2000, WRP 2001, 276 (278 f.).

304 Vgl. oben C II 3 b) und nachstehend.

Begründung der oben genannten Entscheidung auch auf den markenrechtlichen Gewinnherausgabeanspruch übertragbar ist. Insbesondere stellt der Bundesgerichtshof dort fest, daß durch eine uneingeschränkte Gestattung des Abzugs der Gemeinkosten der aus der Rechtsverletzung stammende Gewinn nicht vollständig abgeschöpft würde, was im Widerspruch zu Sinn und Zweck des Schadensausgleichs in der Form der Herausgabe des Verletzergewinns und insbesondere zu dem Gedanken stünde, daß der Verletzte durch die Herausgabe des Verletzergewinns so zu stellen sei, als hätte er ohne die Verletzung den gleichen Gewinn wie der Verletzer erzielt[305]. Nach alledem sollten Gemeinkosten vom Verkaufserlös auch beim markenrechtlichen Gewinnherausgabeanspruch nur noch dann abgezogen werden dürfen, wenn und soweit sie ausnahmsweise den kennzeichenverletzenden Gegenständen unmittelbar zugerechnet werden können. Dies auch deshalb, da durch das Markengesetz der Markenschutz als selbständiger Vermögensgegenstand eines Unternehmens nach dem Willen des Gesetzgebers verstärkt wurde und eine Ungleichbehandlung zum Geschmacksmusterrecht der Gleichwertigkeit der Immaterialgüterrechte als Verfassungseigentum widerspricht[306].

Bedauerlicherweise kann der Verletzte – wiederum im Gegensatz zum Leistungsschutzrecht[307] – im Markenrecht regelmäßig nicht die Herausgabe des gesamten Verletzergewinns verlangen, da nach herrschender Meinung nicht nur die Benutzung einer Marke für einen Gewinn ursächlich ist, sondern beispielsweise auch die Qualität und der Preis der Ware, die Vertriebsaktivitäten, Art und Umfang der Werbung und die Verknüpfung mit bestimmten Serviceleistungen[308]. Dies ist aber im Hinblick auf die vorstehend bereits angesprochene Stärkung des Markenschutzes durch das Markengesetz und die Gleichwertigkeit der Immaterialgüterrechte zumindest heute nicht mehr gerechtfertigt[309]. Demgemäß sollten im Markenrecht bei der Ermittlung der Höhe des herauszugebenden Verletzergewinns – entsprechend der Handhabung im Leistungsschutzrecht – künftig nur noch Abzüge gemacht werden dürfen, wenn die Marke nicht identisch, sondern nur verwechselbar ähnlich übernommen wird oder die Ware besondere Eigenschaften aufweist; eigene Vertriebsleistungen des Verletzers sollten dagegen

---

305 Vgl. im einzelnen BGH, Urteil vom 2.11.2000, WRP 2001, 276 (279).

306 Vgl. schon oben C IV 3 a) bb) (1).

307 Dort zuletzt bestätigt im Geschmacksmusterrecht bei BGH, Urteil vom 2.11.2000, WRP 2001, 276 (279 f.).

308 Klaka, in: Althammer/Ströbele/Klaka, Markengesetz, § 14 MarkenG, Rdnr. 162 m.w.N.; vgl. auch oben C II 3 b).

309 Vgl. auch oben C II 3 b).

keine Berücksichtigung mehr finden[310]. In Fällen der Produktpiraterie ist der Verletzergewinn nach der hier vertretenen Meinung ohnehin stets in voller Höhe herauszugeben, nachdem sowohl die eingangs genannten „Begleitumstände“ als auch besondere Eigenschaften der Ware bis auf den oftmals niedrigeren Preis, der in diesem Zusammenhang aber nicht überbewertet werden darf[311], in der Regel keine, zumindest keine wesentliche Rolle spielen, und die Käufer gerade aufgrund der bekannten Marke „zugreifen“[312].

Selbst wenn man aber der hier vertretenen Auffassung nicht folgt, hat der Bundesgerichtshof den Instanzgerichten bei der Schätzung des herauszugebenden Anteils am Verletzergewinn zumindest ausdrücklich einen großen Spielraum zugebilligt, an Art und Umfang der vom Verletzten beizubringenden Schätzungsgrundlagen nur geringe Anforderungen gestellt und insbesondere wegen der erheblichen Beweisschwierigkeiten die Verpflichtung zur Ermittlung zumindest eines Mindestschadens in Form einer gewissen Quote des Verletzergewinns aufgestellt, die nicht exakt der Wirklichkeit entsprechen muß und nur dann verneint werden darf, wenn ausnahmsweise auch für dessen Schätzung jeglicher Anhaltspunkt fehlt[313].

In der Praxis ist die Berechnung des Verletzergewinns gleichwohl nach wie vor problematisch und für den Verletzten meist nachteilig, da es der Verletzer in der Regel versteht, durch entsprechende „Kalkulation“ in seiner Gewinn- und Verlustrechnung kaum Gewinne, oftmals sogar Verluste zu erzielen. Da die Rechtsprechung entgegen der hier vertretenen Auffassung bei Markenverletzungen keinen Anspruch auf Rechnungslegung oder anderweitiger näherer Angaben, insbesondere über die interne Aufschlüsselung der Unkosten des Verletzers, zubilligt[314], hat der Verletzer hier oft ein „leichtes Spiel“.

dd) Resümee

Die theoretisch bestehende Möglichkeit der dreifachen Schadensberechnung reduziert sich in der Praxis auf die sogenannte Lizenzanalogie. Eine Geldentschädigung einschließlich entgangenem Gewinn scheitert in der Regel am nicht zu

---

310 Vgl. BGH, Urteil vom 2.11.2000, WRP 2001, 276 (279 f.) zum Geschmacksmusterrecht.

311 Ein niedriger Preis ist in der Regel nur deshalb interessant, weil es sich um eine bekannte Marke handelt, so daß letztendlich doch die Marke für den Kauf entscheidend ist.

312 Ebenso Körner, Schadensausgleich bei Verletzung gewerblicher Schutzrechte und bei ergänzendem Leistungsschutz, S. 892.

313 Ingerl/Rohnke, Markengesetz, Vor §§ 14-19 MarkenG, Rdnr. 65 m.w.N.

314 Vgl. oben C II 3 b), c).

erbringenden Nachweis der Kausalität zwischen Rechtsverletzung und Gewinnausfall, eine Herausgabe des Verletzergewinns an der oftmals nachteiligen „Kalkulation“ der Gewinn- und Verlustrechnung des Verletzers, der zumeist kaum Gewinne, oftmals sogar Verluste erzielt haben will. Demgemäß sollten die Gerichte zumindest bei der Lizenzanalogie bestehende Verletzervorteile im Vergleich zum rechtstreuen Lizenznehmer stärker als bisher bei ihrer Schadensbemessung zugrunde legen[315].

b) Marktverwirrungsschaden

Neben den drei Berechnungsarten kann der Verletzte jeweils als zusätzliche Schadensposition den sogenannten Marktverwirrungsschaden ersetzt verlangen[316]. Der durch Rufschädigung und Zuordnungsverwirrung verursachte Marktverwirrungsschaden ist grundsätzlich als zusätzliche Schadensposition neben den drei Schadensberechnungsarten anerkannt[317]. Der Schaden wird hier in einem vom Verletzer geschaffenen Zustand gesehen, der das Kennzeichen so beeinträchtigt, daß dadurch entweder unmittelbar durch Entwertung des Kennzeichens oder mittelbar durch die hohe Wahrscheinlichkeit einer zu erwartenden, aber noch nicht eingetretenen Gewinnminderung eine Vermögenseinbuße bewirkt wird[318].

Wird, wie in Fällen der Produktpiraterie üblich, eine bereits benutzte Marke verletzt, besteht eine tatsächliche Vermutung für die Entstehung eines Marktverwirrungsschadens[319]. Aber auch wenn die verletzte Marke noch nicht benutzt worden ist, ist ein solcher nicht ausgeschlossen[320]. Hier bedarf es lediglich einer näheren Darlegung der Schadensmöglichkeit.

Der Marktverwirrungsschaden ist konkret zu berechnen bzw. durch eine auf konkrete Schäden abstellende Schätzung nach § 287 ZPO zu ermitteln[321]. In diesem Zusammenhang sind auch die zur Beseitigung einer Marktverwirrung erforderlichen Aufwendungen (auch Marktentwirrungskosten genannt), wie zum Bei-

315 Vgl. Wölfel, Rechtsfolgen von Markenverletzungen und Maßnahmen zur Bekämpfung der Markenpiraterie, S.169.

316 Klaka, in: Althammer/Ströbele/Klaka, Markengesetz, § 14 MarkenG, Rdnr. 166.

317 Ingerl/Rohnke, Markengesetz, Vor §§ 14-19 MarkenG, Rdnr. 70 m.w.N.

318 Vgl. Teplitzky, Wettbewerbsrechtliche Ansprüche, Kap. 34, Rdnr. 7.

319 BGH, Urteil vom 8.6.1973, GRUR 1974, 84 (88); BGH, Urteil vom 25.6.1954, GRUR 1954, 457 (459); BGH, Urteil vom 23.11.1956, GRUR 1957, 222 (223).

320 BGH, Urteil vom 23.11.1956, GRUR 1957, 222 (223); BGH, Urteil vom 10.1.1968, GRUR 1968, 367 (368 f.); BGH, Urteil vom 19.11.1971, GRUR 1972, 180 (183).

321 Teplitzky, Wettbewerbsrechtliche Ansprüche, Kap. 34, Rdnr. 11.

spiel Kosten gezielter Aufklärungs- und/oder Werbemaßnahmen, ersatzfähig[322]. Eine der Beweisnot des Verletzten begegnende Schadensberechnung nach fiktiven Marktentwirrungskosten als Schätzungshilfe im Rahmen des § 287 Abs. 1 ZPO[323] hat der Bundesgerichtshof allerdings abgelehnt[324].

c) Wahlrecht und Verquickungsverbot

Nach ständiger Rechtsprechung des Bundesgerichtshofs steht es dem Verletzten frei, zur Berechnung seines Schadensersatzanspruchs auf die verschiedenen Berechnungsarten im Verlauf des Verfahrens nach seiner Wahl zurückzugreifen und diese eventualiter als Berechnungsgrundlage heranzuziehen[325]. Es handelt sich bei den verschiedenen Berechnungsarten nämlich nur um verschiedene Liquidationsformen eines einheitlichen Schadensersatzanspruchs und nicht um verschiedene Ansprüche mit unterschiedlichen Rechtsgrundlagen[326]. Dieses Wahlrecht erlischt erst dann, wenn der nach einer bestimmten Berechnungsweise geltend gemachte Anspruch des Gläubigers entweder erfüllt oder rechtskräftig zuerkannt worden ist[327]. Dem Verletzten ist es lediglich verwehrt, die Elemente verschiedener Berechnungsarten miteinander zu verquicken, weil dies zu einer unzulässigen Berechnung des Schadensbetrags führen würde[328].

d) Haftungsumfang nach Verjährung

Gemäß § 20 S. 2 MarkenG i.V.m. § 852 S. 1 BGB ist der Verletzer auch nach Eintritt der Verjährung[329] zur Herausgabe des durch die Verletzung auf Kosten des Verletzten Erlangten nach den Vorschriften über die Herausgabe einer ungerechtfertigten Bereicherung verpflichtet. § 20 S. 2 MarkenG i.V.m. § 852 S. 1 BGB enthält eine Regelung des Umfangs der deliktischen Verschuldenshaftung nach Eintritt der Verjährung. Der verjährte Deliktsanspruch bleibt als solcher

---

322 Fezer, Markenrecht, § 14 MarkenG, Rdnr. 521.

323 So Leisse/Traub, GRUR 1980, 1 (7 f.); differenzierend Köhler, in: Köhler/Piper, UWG, Vor § 13 UWG, Rdnr. 98, der fiktive Marktentwirrungskosten allenfalls nach § 249 S. 2 BGB analog zubilligen will.

324 BGH, Urteil vom 4.3.1982, GRUR 1982, 489 (491); zustimmend Baumbach/Hefermehl, Wettbewerbsrecht, Einl. UWG, Rdnr. 391; ablehnend Leisse, in: Loewenheim/Raiser, Festschrift für Fritz Traub, S. 232 ff.

325 Vgl. Ingerl/Rohnke, Markengesetz, Vor §§ 14-19 MarkenG, Rdnr. 63 m.w.N.

326 BGH, Urteil vom 17.6.1992, GRUR 1993, 55 (57).

327 BGH, Urteil vom 17.6.1992, GRUR 1993, 55 (57).

328 BGH, Urteil vom 22.4.1993, GRUR 1993, 757 (758); vgl. auch Teplitzky, in: Loewenheim/Raiser, Festschrift für Fritz Traub zum 65. Geburtstag, S. 401 ff.

329 Vgl. zur Verjährung unten D I.

bestehen. Er wird nur in seinem Umfang auf das durch die unerlaubte Handlung auf Kosten des Geschädigten Erlangte beschränkt[330].

Demgemäß erfordert § 20 S. 2 MarkenG i.V.m. § 852 S. 1 BGB dieselben Voraussetzungen wie der weitergehende verjährte Schadensersatzanspruch. § 852 S. 1 BGB enthält lediglich einen Rechtsfolgenverweis auf das Bereicherungsrecht. Dem steht die Gesetzesformulierung "auf Kosten... erlangt" nicht entgegen. § 852 S. 1 BGB verfolgt den Zweck, daß derjenige, der durch eine unerlaubte Handlung einen anderen geschädigt und dadurch sein eigenes Vermögen vermehrt hat, nicht im Genuß dieses unrechtmäßig erlangten Vorteils bleibt. Eine vergleichbare Lage liegt bei den in den §§ 812 ff. BGB geregelten Ansprüchen nicht vor. Der ungerechtfertigten Bereicherung nach diesen Vorschriften haftet nicht der Makel des schuldhaft begangenen Unrechts gegenüber einem geschützten Rechtsgut desjenigen an, dessen Vermögen vermindert worden ist. Die Formulierung "auf Kosten... erlangt" stellt in § 852 S. 1 BGB auf die Handlung ab, durch die die Vermögensverschiebung bewirkt worden ist. Da es eine unerlaubte war, ist nicht entscheidend, auf welchem Weg sich die dadurch veranlaßte Vermögensverschiebung vollzogen hat[331].

Nachdem es sich bei dem Anspruch aus § 20 S. 2 MarkenG i.V.m. § 852 S. 1 BGB um eine Fortsetzung des Schadensersatzanspruchs in anderem rechtlichen Gewand handelt, ist für die Vermögensverschiebung eine wirtschaftliche Betrachtung anzustellen. Wenn der Vermögensverlust beim Verletzten einen entsprechenden Vermögenszuwachs beim Verletzer zur Folge gehabt hat, ist er nach § 20 S. 2 MarkenG i.V.m. § 852 S. 1 BGB – soweit auch die übrigen Voraussetzungen des Anspruchs vorliegen – auch dann herauszugeben, wenn diese Vermögensverschiebung dem Verletzer durch Dritte, wie etwa Lizenznehmer, vermittelt worden ist[332]. In Fällen der Produktpiraterie wird allerdings vornehmlich die Zahlung einer angemessenen und üblichen Lizenzgebühr in Betracht kommen[333].

---

330 Vgl. ausführlich, auch zur Dogmatik des Anspruchs, BGH, Urteil vom 14.2.1978, GRUR 1978, 492 (496), zum damaligen § 852 Abs. 3 BGB, der dem heutigen § 852 S. 1 BGB entspricht; Fezer, Markenrecht, § 20 MarkenG, Rdnr. 41 m.w.N.; Baumbach/Hefermehl, Wettbewerbsrecht, § 21 UWG, Rdnr. 2 m.w.N.

331 Vgl. ausführlich BGH, Urteil vom 14.2.1978, GRUR 1978, 492 (496).

332 Vgl. BGH, Urteil vom 14.2.1978, GRUR 1978, 492 (496); Fezer, Markenrecht, § 20 MarkenG, Rdnr. 41.

333 Vgl. Klaka, in: Althammer/Ströbele/Klaka, Markengesetz, § 20 MarkenG, Rdnr. 17.

V. Bereicherungsanspruch gemäß §§ 812 ff. BGB

Ist der Verletzte nicht in der Lage, dem Verletzer ein Verschulden nachzuweisen, bzw. liegt ein solches nicht vor, was insbesondere bei Zwischenhändlern, die vom Original kaum zu unterscheidende Falsifikate vertrieben haben[334], der Fall sein kann, steht dem Verletzten zumindest ein verschuldensunabhängiger Anspruch auf Herausgabe der durch die Kennzeichenverletzung erlangten Vorteile aus ungerechtfertigter Bereicherung gemäß § 812 Abs. 1 S. 1 BGB zu[335].

Im Rahmen eines solchen markenrechtlichen Bereicherungsanspruchs kann allerdings als das Erlangte weder die Nutzungsmöglichkeit noch die Marktchance noch die Lizenzersparnis angesehen werden[336]. Vielmehr hat der Verletzer aus der geschützten Sphäre den Gebrauch der Marke entnommen[337]. Da der Gebrauch einer Marke nicht herausgegeben werden kann, ist gemäß § 818 Abs. 2 BGB Wertersatz zu leisten. Nach ständiger Rechtsprechung und überwiegender Meinung in der Literatur ist für diese Wertbestimmung der objektive Verkehrswert des Erlangten maßgeblich[338]. Bei der Verletzung einer Marke ist danach der Verkehrswert des Gebrauchs dieser Marke durch Dritte heranzuziehen. Dieser Wert findet seinen Ausdruck in der angemessenen und üblichen Lizenzgebühr, denn deren Höhe korrespondiert mit der Werteinschätzung, die die beteiligten Verkehrskreise dem Gebrauch der Marke entgegenbringen. Der Gewinn des Verletzers, den der einzelne möglicherweise bei Gebrauch der Marke erzielt, ist dagegen nicht Bestandteil dieser Einschätzung und kann deshalb bei der Wertfestsetzung nach § 818 Abs. 2 BGB nicht herangezogen werden[339].

---

334 Vgl. dazu oben C IV 2.

335 BGH, Urteil vom 18.12.1986, GRUR 1987, 520 (523); Fezer, Markenrecht, § 14 MarkenG, Rdnr. 530 m.w.N.; Klaka, in: Althammer/Ströbele/Klaka, Markengesetz, § 14 MarkenG, Rdnr. 170 m.w.N.; Ingerl/Rohnke, Markengesetz, Vor §§ 14-19 MarkenG, Rdnr. 73 m.w.N.

336 Dazu im einzelnen BGH, Urteil vom 24.11.1981, GRUR 1982, 301 (303).

337 BGH, Urteil vom 18.12.1986, GRUR 1987, 520 (523).

338 BGH, Urteil vom 18.12.1986, GRUR 1987, 520 (523); BGH, Urteil vom 24.11.1981, GRUR 1982, 301 (303); Lieb, in: Münchener Kommentar zum Bürgerlichen Gesetzbuch, § 818 BGB, Rdnr. 34 f.; Thomas, in: Palandt, Bürgerliches Gesetzbuch, § 818 BGB, Rdnr. 19, 24.

339 BGH, Urteil vom 18.12.1986, GRUR 1987, 520 (523); BGH, Urteil vom 24.11.1981, GRUR 1982, 301 (303); Heermann, GRUR 1999, 625 (635); a.A. Fezer, Markenrecht, § 14 MarkenG, Rdnr. 530, aufgrund der neuen Wertigkeit und Funktion der Marke im Gegensatz zum früheren Warenzeichengesetz; unbestimmt Klaka, in: Althammer/Ströbele/Klaka, Markengesetz, § 14 MarkenG, Rdnr. 170.

Der markenrechtliche Bereicherungsanspruch hat allerdings den Nachteil, daß sich der Verletzer gegebenenfalls auf einen Wegfall der Bereicherung gemäß § 818 Abs. 3 BGB berufen kann. Hierin liegt im übrigen der einzige Unterschied zur Lizenzanalogie im Rahmen des auf schuldhaftes Handeln gestützten Schadensersatzanspruchs[340].

VI. Anspruch auf Urteilsveröffentlichung gemäß § 18 Abs. 3 MarkenG i.V.m. § 1004, § 249 BGB

Gemäß § 18 Abs. 3 MarkenG bleiben weitergehende Ansprüche auf Beseitigung neben dem Vernichtungsanspruch unberührt. Die Regierungsbegründung zum Markenrechtsreformgesetz spricht hier den Anspruch auf Veröffentlichung des Urteils betreffend die Markenverletzung ausdrücklich an[341]. Dieser kann nach § 1004 BGB oder auch aus dem Gesichtspunkt des Schadensersatzes nach § 249 BGB begründet sein[342], wenn sich nur auf diese Weise die Nachwirkungen einer Kennzeichenrechtsverletzung beseitigen lassen und eine Interessenabwägung nicht ergibt, daß die dem Verletzer daraus erwachsenden Nachteile in einem Mißverhältnis zu den Vorteilen stehen, die von der Urteilsveröffentlichung zu erwarten sind[343]. Kommt es bei Erledigung der Hauptsache oder gar der vorprozessualen Abgabe einer strafbewehrten Unterlassungserklärung nicht zu einer Verurteilung, kann ein Anspruch auf Veröffentlichung des Wortlauts der Unterlassungserklärung geltend gemacht werden[344]. In Fällen der vorsätzlichen Pro-

340 Vgl. Rogge, Schadensersatz nach Lizenzanalogie bei Verletzung von Patenten, Urheberrechten und anderen Schutzrechten, S. 933.

341 Regierungsbegründung zum Markenrechtsreformgesetz, BT-Drucks. 12/6581, S. 78.

342 Baumbach/Hefermehl, Wettbewerbsrecht, § 23 UWG, Rdnr. 8, hält § 23 Abs. 2, 3 UWG für sinngemäß anwendbar.

343 Fezer, Markenrecht, § 18 MarkenG, Rdnr. 47; Hanseatisches OLG Hamburg, Beschluß vom 10.11.1993, WRP 1994, 122 (124) m.w.N.; BGH, Urteil vom 15.1.1957, GRUR 1957, 231 (236 f.); ausführlich zur Veröffentlichungsbefugnis nach § 23 Abs. 2 UWG Bähr, in: Pastor/Ahrens, Der Wettbewerbsprozeß, Kap. 41, Rdnr. 1 ff.; vgl. auch die Ausführungen zur Befugnis zur strafprozessualen Urteilsveröffentlichung unter E II 5 d).

344 Vgl. Wölfel, Rechtsfolgen von Markenverletzungen und Maßnahmen zur Bekämpfung der Markenpiraterie, S. 49 m.w.N.

duktpiraterie ist der Veröffentlichungsanspruch des Markeninhabers in der Regel gegeben, wenngleich dieser in der Praxis nur selten verfolgt wird[345].

345 Vgl. Harte-Bavendamm, in: Harte-Bavendamm, Handbuch der Markenpiraterie in Europa, § 5, Rdnr. 127; Bastian/Knaak, GRUR Int. 1993, 515 (518); vgl. auch die Stellungnahme der Deutschen Vereinigung für gewerblichen Rechtsschutz und Urheberrecht zum Grünbuch der Europäischen Kommission zur Bekämpfung von Nachahmungen und Produkt- und Dienstleistungspiraterie im Binnenmarkt (GRUR 1999, 560 (565)).

D. Schranken des Schutzes

Die Schranken des Kennzeichenschutzes sind in den §§ 20 bis 26 MarkenG geregelt. Hier finden sich die Verjährung (§ 20 MarkenG), die Verwirkung (§ 21 MarkenG), der Ausschluß kennzeichenrechtlicher Ansprüche bei bestehender Bestandskraft (§ 22 MarkenG), die Benutzung von Namen und beschreibenden Angaben sowie Bestimmungshinweisen im Zubehör- und Ersatzteilgeschäft (§ 23 MarkenG), die Erschöpfung (§ 24 MarkenG) und der Ausschluß von Ansprüchen bei mangelnder Benutzung (§ 25 MarkenG).

I. Verjährung

Die Verjährung der in den §§ 14 bis 19 MarkenG genannten Ansprüche, also – soweit hier interessierend – Unterlassungs-, Auskunfts-, Vernichtungs- und Schadensersatzansprüche, ist in § 20 S. 1 MarkenG geregelt. Dieser verweist auf die Vorschriften des Abschnitts 5 des Buches 1 des Bürgerlichen Gesetzbuches (§§ 194 ff. BGB). Die Verjährung des lediglich vorbereitenden Auskunftsanspruchs aus § 242 BGB richtet sich nach dem Anspruch, den er vorbereiten soll, also dem Ersatzanspruch[1]. Für den Bereicherungsanspruch gemäß §§ 812 ff. BGB und den Anspruch auf Urteilsveröffentlichung gemäß § 18 Abs. 3 MarkenG i.V.m. § 1004, § 249 BGB finden ebenfalls die §§ 194 ff. BGB Anwendung.

Gemäß §§ 195, 199 Abs. 1 BGB verjähren die oben genannten Ansprüche in drei Jahren vom Ende des Jahres an, in dem der Anspruch entstanden ist und der Verletzte von den anspruchsbegründenden Umständen und der Person des Verletzers Kenntnis erlangt hat oder ohne grobe Fahrlässigkeit hätte erlangen müssen. Für den Unterlassungsanspruch tritt an die Stelle der Entstehung gemäß § 199 Abs. 5 BGB die Zuwiderhandlung. Ohne Rücksicht auf die Kenntnis oder grob fahrlässige Unkenntnis verjährt der Schadensersatzanspruch in 10 Jahren von seiner Entstehung an, ohne Rücksicht auf seine Entstehung und die Kenntnis oder grob fahrlässige Unkenntnis in 30 Jahren von der Begehung der Handlung

1 Vgl. BGH, Urteil vom 18.2.1972, GRUR 1972, 558 (560); Baumbach/Hefermehl, Wettbewerbsrecht, Einl. UWG, Rdnr. 403 m.w.N.; a.A. BGH, Urteil vom 10.12.1987, GRUR 1988, 533 (536).

an (§ 199 Abs. 3 BGB). Im Konfliktfall ist hier gemäß § 199 Abs. 3 S. 2 BGB die früher endende Frist maßgeblich. Die übrigen Ansprüche verjähren ohne Rücksicht auf die Kenntnis oder grob fahrlässige Unkenntnis in 10 Jahren von ihrer Entstehung an (§ 199 Abs. 4 BGB). Beim Unterlassungsanspruch tritt an die Stelle der Entstehung gemäß § 199 Abs. 5 BGB wiederum die Zuwiderhandlung. Dauert die Verletzungshandlung an, beginnt die Verjährungsfrist täglich neu zu laufen[2]. Schweben zwischen dem Verletzten und dem Verletzer Vergleichsverhandlungen, ist die Verjährung gemäß § 203 BGB gehemmt, bis der eine oder andere Teil die Fortsetzung der Verhandlungen verweigert. Ausreichend ist hier schon jeder Meinungsaustausch über den Verletzungsfall, wenn nicht sofort erkennbar ist, daß die Ansprüche vom Verpflichteten abgelehnt werden[3]. Im übrigen ergeben sich im Hinblick auf Hemmung, Ablaufhemmung, Neubeginn und Rechtsfolgen der Verjährung keine Besonderheiten.

§ 20 S. 2 MarkenG enthält durch Verweisung auf § 852 BGB eine Ausnahme hinsichtlich der beim Verletzten im Falle eines Verjährungseintritts noch vorhandenen Bereicherung[4]. Dieser Anspruch verjährt gemäß § 852 S. 2 BGB in 10 Jahren von seiner Entstehung an, ohne Rücksicht auf die Entstehung in 30 Jahren von der Begehung der Verletzungshandlung an.

II. Verwirkung

Mit § 21 MarkenG wurde erstmals eine gesetzliche Verwirkungsregelung geschaffen, die die Rechtsprechung zuvor, aber auch heute noch[5], als einen Sonderfall des Einwands unzulässiger Rechtsausübung (§ 242 BGB) zugelassen hat bzw. zuläßt[6].

---

2 Klaka, in: Althammer/Ströbele/Klaka, Markengesetz, § 20 MarkenG, Rdnr. 11 m.w.N.; ausführlich zur Dauerhandlung in Abgrenzung zur Einzelhandlung und wiederholten Handlung Fezer, Markenrecht, § 20 MarkenG, Rdnr. 22 ff.

3 Ingerl/Rohnke, Markengesetz, § 20 MarkenG, Rdnr. 21.

4 Zu § 20 S. 2 MarkenG i.V.m. § 852 S. 1 BGB siehe oben C IV 3 d).

5 Vgl. § 21 Abs. 4 MarkenG, wonach die Anwendung allgemeiner Grundsätze über die Verwirkung von Ansprüchen unberührt bleiben. Ebenso Klaka, in: Althammer/Ströbele/Klaka, Markengesetz, § 21 MarkenG, Rdnr. 24; Fezer, Markenrecht, § 21 MarkenG, Rdnr. 21; kritisch Ingerl/Rohnke, Markengesetz, § 21 MarkenG, Rdnr. 16.

6 Vgl. Klaka, in: Althammer/Ströbele/Klaka, Markengesetz, § 21 MarkenG, Rdnr. 4.

1. § 21 MarkenG

Hat der Markeninhaber die Benutzung einer eingetragenen Marke für die Waren oder Dienstleistungen, für die sie eingetragen ist, oder einer Marke im Sinne des § 4 Nr. 2 oder 3 MarkenG, einer geschäftlichen Bezeichnung oder eines sonstigen Rechts im Sinne des § 13 MarkenG mit jüngerem Zeitrang während eines Zeitraums von fünf aufeinander folgenden Jahren in Kenntnis dieser Benutzung geduldet, können die Ansprüche der §§ 14 bis 19 MarkenG[7] gemäß § 21 Abs. 1 und 2 MarkenG nicht mehr durchgesetzt werden, es sei denn, daß die Anmeldung der Marke mit jüngerem Zeitrang bösgläubig vorgenommen wurde bzw. der Rechtsinhaber im Zeitpunkt des Rechtserwerbs bösgläubig war.

2. § 242 BGB

Nach den allgemeinen Regeln erfordert der Eintritt der Verwirkung eine längere Duldung durch den Anspruchsberechtigten, ein dadurch verursachtes Vertrauen des Verletzers darauf, daß der Verletzte nicht tätig werden würde sowie einen schutzwürdigen Besitzstand des Verletzers[8].

3. Anwendbarkeit auf Fälle der Produktpiraterie

In Fällen der Produktpiraterie ist nur schwer vorstellbar, daß ein Verletzter Verletzungshandlungen wissentlich duldet. Auch kommt hier die Anmeldung einer Marke durch den Verletzer in der Regel nicht vor. Entstehung von Markenschutz gemäß § 4 Nr. 2 oder 3 MarkenG oder eines sonstigen Rechts gemäß § 13 MarkenG auf Seiten des Verletzers scheidet ohnehin aus, in jedem Fall aber liegt Bösgläubigkeit des Verletzers vor bzw. hat dieser keinen schutzwürdigen Besitzstand erlangt. Eine Verwirkung kommt demgemäß weder nach § 21 MarkenG noch nach § 242 BGB in Betracht.

---

7 Zwar werden nach dem Wortlaut des Gesetzes nur Unterlassungsansprüche erfaßt, aus deren Verwirkung folgt aber zwingend, daß dem Verletzten auch keine anderen Ansprüche aus der Kennzeichenverletzung zustehen. Ebenso Fezer, Markenrecht, § 21 MarkenG, Rdnr. 6; kritisch, aber im Ergebnis ebenso Ingerl/Rohnke, Markengesetz, § 21 MarkenG, Rdnr. 6.

8 Ausführlich Ingerl/Rohnke, Markengesetz, § 21 MarkenG, Rdnr. 19 ff.

III. Ausschluß kennzeichenrechtlicher Ansprüche bei Bestandskraft

§ 22 MarkenG regelt die Rechtsfolgen der in § 51 Abs. 3 und 4 MarkenG vorgesehenen Fälle der Bestandskraft jüngerer eingetragener Marken. Gemäß § 22 MarkenG sind der Unterlassungsanspruch und damit auch die anderen Verletzungsansprüche gegenüber solchen Marken ausgeschlossen, die zwar einen schlechteren Zeitrang haben, aber dennoch keiner Löschung wegen der Kollision mit dem älteren Kennzeichenrecht unterliegen[9]. Nachdem in Fällen der Produktpiraterie die Anmeldung einer Marke durch den Verletzer aber in der Regel nicht vorkommt, scheidet § 22 MarkenG hier schon unter diesem Gesichtspunkt aus.

IV. Benutzung von Namen und beschreibenden Angaben sowie Bestimmungshinweisen im Zubehör- und Ersatzteilgeschäft

§ 23 MarkenG stellt die Benutzung von Namen oder Anschriften (§ 23 Nr. 1 MarkenG), Angaben über Merkmale oder Eigenschaften von Waren oder Dienstleistungen, wie insbesondere ihre Art, ihre Beschaffenheit, ihre Bestimmung, ihren Wert, ihre geographische Herkunft oder die Zeit ihrer Herstellung oder ihrer Erbringung (§ 23 Nr. 2 MarkenG), und die Benutzung als Hinweis auf die Bestimmung einer Ware, insbesondere als Zubehör oder Ersatzteil, oder einer Dienstleistung (§ 23 Nr. 3 MarkenG) vom Verbietungsrecht frei, sofern die Benutzung nicht gegen die guten Sitten verstößt. Die genannten Fallgruppen kommen in Fällen der Produktpiraterie nicht vor, so daß § 23 MarkenG ausscheidet. Im übrigen müßte hier auch stets von einem Verstoß gegen die guten Sitten ausgegangen werden.

V. Erschöpfung

Gemäß § 24 Abs. 1 MarkenG hat der Markeninhaber nicht das Recht, einem Dritten zu untersagen, die Marke für Waren zu benutzen, die unter dieser Marke von ihm oder mit seiner Zustimmung im Inland, in einem der übrigen Mitgliedstaaten der Europäischen Union oder in einem anderen Vertragsstaat des Abkommens über den Europäischen Wirtschaftsraum in den Verkehr gebracht worden sind[10]. Die Schranke des § 24 Abs. 1 MarkenG wird in Absatz 2 allerdings

9 Ingerl/Rohnke, Markengesetz, § 22 MarkenG, Rdnr. 1.

10 Ausführlich zur markenrechtlichen Erschöpfung Krauß, Die internationale Erschöpfung des Markenrechts unter Berücksichtigung der Gesetzgebung und der Marken-

ihrerseits dahingehend eingeschränkt, daß diese nicht zur Anwendung kommt, wenn sich der Markeninhaber der Benutzung der Marke im Zusammenhang mit dem weiteren Vertrieb der Waren aus berechtigten Gründen widersetzt, insbesondere wenn der Zustand der Waren nach ihrem Inverkehrbringen verändert oder verschlechtert ist. Nachdem in Fällen der Produktpiraterie die Ware gerade nicht vom Markeninhaber oder mit seiner Zustimmung in den Verkehr gebracht wird, kommt § 24 MarkenG hier nicht in Betracht.

Allerdings machen der Markenartikelindustrie neben der Produktpiraterie auch die sogenannten Parallelimporte zu schaffen, so daß diese hier aufgrund der im wesentlichen gleichen rechtlichen Probleme, denen sich der Markeninhaber ausgesetzt sieht, kurz behandelt werden sollen[11]. Bei Parallelimporten der hier interessierenden Art kauft ein Dritter angesichts der zwischen zwei Ländern, in denen der Markeninhaber seine Ware vertreibt, erkannten Preisunterschiede die Erzeugnisse im einen Land zu einem tieferen Preis ein und importiert sie dahin, wo sie teurer verkauft werden[12]. In diesem Zusammenhang stellt sich die Frage, inwieweit die Markenrechte an der konkreten Ware mit dem erstmaligen Inverkehrbringen durch den Markeninhaber erschöpft sind.

Im früheren Warenzeichengesetz war die markenrechtliche Erschöpfung nicht ausdrücklich geregelt. Gleichwohl war der Grundsatz der internationalen oder auch weltweiten Erschöpfung anerkannt[13]. Hiernach konnte sich der Markeninhaber gegen den Vertrieb von Ware in Deutschland unter Berufung auf sein Markenrecht nicht zur Wehr setzen, wenn die so gekennzeichnete Ware von ihm oder einem Dritten mit seiner Zustimmung irgendwo auf der Welt in den Verkehr gebracht worden war[14].

Gemäß § 24 Abs. 1 MarkenG ist nunmehr ausdrücklich bestimmt, daß der Markeninhaber nicht das Recht hat, einem Dritten die Markenbenutzung für Waren zu untersagen, die unter dieser Marke von ihm oder mit seiner Zustimmung im Inland, in der EU oder im EWR in den Verkehr gebracht worden ist sind[15]. Diese Regelung beruht auf Art. 7 Abs. 1 der Ersten Markenrechtsrichtlinie

---

funktionen; Sack, WRP 1998, 549 (549 ff.); Loewenheim, GRUR Int. 1996, 307 (307 ff.); Klaka, in: Loewenheim/Raiser, Festschrift für Fritz Traub, S. 173 ff.; Harte-Bavendamm/Scheller, WRP 1994, 571 (571 ff).

11 Zur Bekämpfung von Parallelimporten, insbesondere zur Anwendbarkeit markenrechtlicher Unterlassungs-, Auskunfts-, Vernichtungs- und Schadensersatzansprüchen, vgl. Pickrahn, GRUR 1996, 383 ff.

12 Joller, GRUR Int. 1998, 751 (752); zum Begriff des Parallelimports vgl. auch Gladt, Die „Ausbeutung" von Kennzeichen im Wettbewerb, S. 15 ff.

13 Baumbach/Hefermehl, Warenzeichenrecht, § 15 WZG, Rdnr. 46 m.w.N.

14 Sosnitza, WRP 1998, 951 (951).

15 Zum Inverkehrbringen im Zusammenhang mit der Erschöpfung vgl. Litten, WRP 1997, 678 (679 ff).

(89/104/EWG)[16], wonach die Marke ihrem Inhaber nicht das Recht gewährt, einem Dritten zu verbieten, die Marke für Waren zu benutzen, die unter dieser Marke von ihm oder mit seiner Zustimmung in der Gemeinschaft in den Verkehr gebracht worden sind.

Während die Rechtsprechung rasch zu der Auffassung kam, daß aufgrund § 24 Abs.1 MarkenG der Grundsatz der weltweiten Erschöpfung zugunsten einer eingeschränkten, auf die Europäische Union und den Europäischen Wirtschaftsraum beschränkten Erschöpfungswirkung aufgegeben wäre[17], setzte sich die Literatur intensiv mit den für und gegen eine Einschränkung des Erschöpfungsgrundsatzes bzw. eine Beibehaltung der weltweiten Erschöpfung sprechenden Argumenten auseinander[18]. In einem aufsehenerregendem Urteil hat der Europäische Gerichtshof schließlich den abschließenden Charakter des Art. 7 Abs. 1 der Ersten Markenrechtsrichtlinie (89/104/EWG) bestätigt und festgestellt, daß nationale Rechtsvorschriften, die die Erschöpfung des Rechts aus einer Marke für Waren vorsehen, die vom Markeninhaber oder mit dessen Zustimmung unter dieser Marke außerhalb des Europäischen Wirtschaftsraums in den Verkehr gebracht worden sind, nicht mit Art. 7 Abs. 1 dieser Richtlinie vereinbar sind[19]. In einer weiteren Entscheidung hat er darüber hinaus klargestellt, daß eine Zustimmung im Sinne von Art. 7 dieser Richtlinie nur dann vorliegt, wenn sie sich auf jedes Exemplar der Ware erstreckt, für das die Erschöpfung geltend gemacht wird[20]. Damit kann heute kein Zweifel mehr daran bestehen, daß die Erschöpfungswirkung des § 24 MarkenG auf die Europäische Union und den Europäischen Wirtschaftsraum beschränkt ist. Sie gilt seit dem 1. Januar 1995, wobei sich ein Vertreiber von Ware, die schon vor diesem Zeitpunkt aus einem

16 ABl. EG Nr. L 40 vom 11.2.1989, S. 1, berichtigt in ABl. EG Nr. L 159 vom 10.6.1989, S. 60, abgedruckt bei Fezer, Markenrecht, S. 2274 ff.

17 BGH, Urteil vom 14.12.1995, GRUR 1996, 271 (273 f.); LG Düsseldorf, Urteil vom 4.7.1995, GRUR 1996, 66 (67 f.); OLG München, Urteil vom 12.10.1995, GRUR 1996, 137 (138 f.); weitere Nachweise bei Fezer, Markenrecht, § 24 MarkenG, Rdnr. 16.

18 Vgl. Übersicht bei Sosnitza, WRP 1998, 951 (952 f.) m.w.N.; Fezer, Markenrecht, § 24 MarkenG, Rdnr. 15 f. m.w.N.; Beckmann, GRUR Int. 1998, 836 (838 ff.) m.w.N.; Klaka, GRUR 1994, 321 (321 ff.); von Zumbusch, GRUR Int. 1997, 134 (140); Meister, WRP 1995, 366 (376 f.).

19 EuGH, Urteil vom 16.7.1998, GRUR 1998, 919 (921); a.A. EFTA-Gerichtshof, Gutachten vom 3.12.1997, Mitt. 1998, 188 (188 ff.); Albert/Heath, GRUR 1998, 642 (647). Vgl. auch Joller, GRUR Int. 1998, 751 (754 ff.), der sich ausführlich mit Art. 7 Abs. 1 der Ersten Markenrechtsrichtlinie (89/104/EWG), dem Urteil des EuGH und den Konsequenzen hieraus auseinandersetzt. Eine Analyse des Urteils des EuGH findet sich bei Sosnitza, WRP 1998, 951 (953 ff.).

20 EuGH, Urteil vom 1.7.1999, MarkenR 1999, 240 (242).

Drittstaat eingeführt worden war, nicht auf ein Weiterbenutzungsrecht gemäß § 153 MarkenG berufen kann[21].

VI. Ausschluß von Ansprüchen bei mangelnder Benutzung

Gemäß § 25 Abs. 1 MarkenG sind Verletzungsansprüche dann ausgeschlossen, wenn die Marke innerhalb der letzten fünf Jahre vor der Geltendmachung des Anspruchs für die Waren oder Dienstleistungen, auf die sich der Markeninhaber zur Begründung seines Anspruchs beruft, nicht gemäß § 26 MarkenG benutzt worden ist, sofern die Marke zu diesem Zeitpunkt seit mindestens fünf Jahren eingetragen ist. Damit unterliegen Marken dem Benutzungszwang erst nach Ablauf einer sogenannten „Schonfrist" von fünf Jahren ab Eintragung[22].

Nachdem Produktpiraten den guten Ruf erfolgreicher Marken, die demgemäß intensiv benutzt werden, für ihre Zwecke auszunutzen suchen, spielen Fragen der (mangelnden) Benutzung hier in der Regel keine Rolle. Allerdings findet gerade bei älteren Marken häufig eine „Modernisierung" der eingetragenen Formen derart statt, daß die Marke nicht mehr in der eingetragenen Weise benutzt und damit nach Ablauf der Benutzungsfrist unter Umständen löschungsreif wird[23]. Der vorhandene Markenbestand sollte deshalb regelmäßig auf solche Schwächen kontrolliert werden.

---

21 BGH, Urteil vom 14.12.1995, GRUR 1996, 271 (274); Klaka, in: Althammer/Ströbele/Klaka, Markengesetz, § 24 MarkenG, Rdnr. 24.

22 Vgl. Ingerl/Rohnke, Markengesetz, § 25 MarkenG, Rdnr. 6.

23 Cremer, Mitt. 1992, 153 (171); ausführlich Ströbele, in: Althammer/Ströbele/Klaka, Markengesetz, § 26 MarkenG, Rdnr. 59 ff.

E. Durchsetzung markenrechtlicher Ansprüche

Die dem Markeninhaber vom Gesetzgeber zur Verteidigung seiner Marke eingeräumten Ansprüche stellen lediglich ein „stumpfes Schwert" im Kampf gegen die Produktpiraterie dar, wenn sie nicht effektiv durchgesetzt werden. Schutzrechtsverletzungen werden oft aufgrund organisatorischer Unzulänglichkeiten und/oder mangelnder Erfahrung zu spät erkannt, so daß sich die notwendige Reaktion verzögert. Nur durch permanente Marktbeobachtung ist gewährleistet, daß ein Verstoß frühzeitig im „Keim erstickt", zumindest aber das Anwachsen einer drohenden Nachahmungsflut, die die Rechtsposition des Markeninhabers gefährden kann, verhindert wird[1].

Neben der permanenten Marktbeobachtung empfiehlt es sich, einen sogenannten Grenzbeschlagnahmeantrag zu stellen, durch den die Ein- und Ausfuhr von Piraterieware, da mit dem Risiko eines Verlustes verbunden, erschwert wird. Auch werden dem Verletzten durch Grenzbeschlagnahmen neue Verletzer im In- und Ausland bekannt, gegen die er dann gezielt vorgehen kann. Stellt der Markeninhaber zufällig, aufgrund seiner Marktbeobachtung, durch Informationen der Zollbehörden im Grenzbeschlagnahmeverfahren oder auf sonstige Art und Weise eine Verletzung seiner Marke fest, sollte er unverzüglich geeignete Vorbereitungen treffen und parallel hierzu ein Strafverfahren einleiten. Im Anschluß sollte zivilrechtlich gegen den Verletzer vorgegangen werden.

I. Vorbereitungshandlungen

1. Ermittlungen und Vorüberlegungen durch den Markeninhaber

Steht eine Markenverletzung fest, nicht jedoch der Täter, empfiehlt es sich, unverzüglich eine im Produktpirateriebereich versierte Detektei einzuschalten, um möglichst umfassend sämtliche in Betracht kommende Täter zu ermitteln. Eine Zusammenarbeit der Detektei mit den Ermittlungsbehörden ist in der Regel besonders fruchtbar, so daß – worauf vorstehend bereits hingewiesen wurde – in jedem Fall parallel Strafantrag gestellt werden sollte.

1 Vgl. Cremer, Mitt. 1992, 153 (171).

Ist der Täter bekannt, ist zu klären, ob das zur Verfügung stehende Material zur Glaubhaftmachung ausreicht, um im Wege eines gegebenenfalls erforderlich werdenden einstweiligen Verfügungsverfahrens vorzugehen. In der Regel genügt ein Muster der widerrechtlich gekennzeichneten Ware sowie der Nachweis, daß dieses vom Täter stammt und im geschäftlichen Verkehr abgesetzt wurde bzw. werden sollte. Aber auch wenn der Markeninhaber aus wirtschaftlichen Gründen lediglich strafrechtlich vorgehen möchte, sollten Glaubhaftmachungsmittel beschafft werden, um bei den Ermittlungsbehörden zumindest einen Anfangsverdacht begründen zu können.

Ist der Markeninhaber zu einem straf- und zivilrechtlichen Vorgehen entschlossen, ist zu überlegen, ob die widerrechtlich gekennzeichnete Ware des Verletzers über eine einstweilige Verfügung durch einen Gerichtsvollzieher in Verwahrung genommen werden oder zunächst versucht werden soll, eine kostengünstigere Beschlagnahme durch die Strafverfolgungsbehörden zu erreichen. Sofern sich der Markeninhaber für die zweite Alternative entscheidet, ist darauf zu achten, daß der Zeitverlust, der durch die Einschaltung der Behörden entsteht, nicht zu einem Verlust der Dringlichkeit für ein gegebenenfalls doch noch einzuleitendes einstweiliges Verfügungsverfahren führt[2].

2. Möglichkeiten der Beweismittelbeschaffung und Beweismittelsicherung

Die Beweismittelbeschaffung für eine etwaige gerichtliche Auseinandersetzung obliegt dem Verletzten. Bedauerlicherweise stellt der Gesetzgeber diesbezüglich kaum „Hilfsmittel" zur Verfügung[3]. Dies liegt hauptsächlich im sogenannten Verbot des Ausforschungsbeweises begründet. Hierauf und auf die Möglichkeiten der Beweismittelbeschaffung und Beweismittelsicherung sowie die insofern in Betracht kommenden gesetzlichen Vorschriften soll nachstehend kurz eingegangen werden.

---

2 Vgl. dazu E III 2 c) bb), cc) (2).

3 Vgl. Götting, GRUR Int. 1988, 729 (729 ff.), der sich in diesem Zusammenhang auch ausführlich und rechtsvergleichend mit der Anton-Piller-Order, ein vorprozessuales Verfahren zur Ermittlung und Sicherung von Beweisen auf zivilrechtlicher Grundlage im englischen Recht, beschäftigt; vgl. auch Dreier, GRUR Int. 1996, 205 (217). Mes, GRUR 2000, 934 (936 ff.) plädiert für eine sachgerechte Anwendung des § 138 ZPO. Gemäß § 138 Abs. 1 ZPO hätten die Parteien, also sowohl der Kläger als auch der Beklagte, ihre Erklärungen über tatsächliche Umstände vollständig und der Wahrheit gemäß abzugeben, gemäß § 138 Abs. 2 ZPO habe sich jede Partei über die vom Gegner behaupteten Tatsachen zu erklären. Allerdings kann der Kläger auch hiernach keine Behauptung ins Blaue hinein aufstellen, da dies gegen die Wahrheitspflicht des § 138 Abs. 1 ZPO verstoßen würde.

a) Verbot des Ausforschungsbeweises

Von einem unzulässigen Ausforschungsbeweis spricht man bei einem Beweisantritt, der nicht unmittelbar oder – beim Indizienbeweis – mittelbar dem Beweis vom Beweisführer vorgetragener Tatsachen dient, sondern der Ausforschung von Tatsachen oder der Erschließung von Erkenntnisquellen, die es vielleicht erst ermöglichen, bestimmte Tatsachen zu behaupten und sodann unter Beweis zu stellen[4].

Nach der hier vertretenen Auffassung trägt nicht der Markeninhaber die Beweislast für das häufig vom Verletzer in Abrede gestellte Vorliegen „gefälschter" Ware, vielmehr muß der Verletzer beweisen, daß der Markeninhaber der konkreten Benutzung seiner Marke zugestimmt hat (§ 14 Abs. 2 MarkenG) oder das Markenrecht erschöpft ist, d.h. die mit der Marke gekennzeichnete Ware vom Markeninhaber selbst oder mit seiner Zustimmung im Inland, in der EU oder im EWR in den Verkehr gebracht worden ist (§ 24 MarkenG)[5]. Demgemäß kann der Markeninhaber im Grunde von jedem „Benutzer" seiner Marke Unterlassung verlangen, ohne sich in einem gerichtlichen Verfahren den Vorwurf des Ausforschungsbeweises gefallen lassen zu müssen. Da diese Beweislastverteilung aber umstritten ist und der Markeninhaber ohnehin darzulegen und zu beweisen hat, daß der mutmaßliche Verletzer die Marke im geschäftlichen Verkehr benutzt hat, empfiehlt es sich in jedem Fall, zumindest einen Testkauf durchzuführen.

b) Testkauf

Der Testkauf stellt nicht nur die „klassische" Form der Beweismittelbeschaffung gerade im Produktpirateriebereich dar, sondern dient oftmals gleichzeitig auch dazu, überhaupt erst anhand eines „Anschauungsobjekts" zu klären, ob eine Markenverletzung im konkreten Fall vorliegt. Markeninhaber setzen nicht selten bundesweit eine Vielzahl von Testkäufern ein, deren Aufgabe darin besteht, Handelsunternehmen im Hinblick auf eventuelle Plagiate zu überprüfen. Dies ist allerdings mit nicht unerheblichen Kosten verbunden und kommt demgemäß nur bei Unternehmen von einiger Größe in Betracht, deren Produkte häufig gefälscht werden. In der Regel werden Testkäufer erst dann eingesetzt, wenn ein konkreter „Anfangsverdacht" – beispielsweise in Form einer Bewerbung der Produkte zu auffallend günstigen Preisen durch ein Handelsunternehmen – vorliegt. Im übrigen werden auch Mitarbeiter entsprechend sensibilisiert und dazu angehalten,

4 Vgl. im einzelnen Greger, in: Zöller, Zivilprozeßordnung, Vor § 284 ZPO, Rdnr. 5.
5 Vgl. zur Beweislastverteilung unten E III 7.

bei verdächtigen Produkten, die ihnen etwa bei privaten Einkäufen auffallen, einen Testkauf – selbstverständlich gegen Kostenerstattung – durchzuführen.

Nachdem Verletzer bisweilen Originalware mit Plagiaten mischen, ist es von Vorteil, wenn der Testkäufer in der Lage ist, widerrechtlich gekennzeichnete Ware anhand bestimmter Merkmale als solche zu erkennen. Andernfalls kann es passieren, daß er ein Originalteil erwirbt und der Markeninhaber infolgedessen von einem Vorgehen absieht, obgleich der überwiegende Warenbestand des überprüften Handelsunternehmens gefälscht ist. Auch sollte sich der Testkäufer stets um eine aussagekräftige Kaufquittung bemühen, da die Erfahrung zeigt, daß Verletzer gerne den Veräußerungsakt des Testkaufs in Abrede stellen[6].

Schließlich sollte bereits beim Testkauf versucht werden zu klären, ob der Verletzer vorsätzlich handelt. Dies kann beispielsweise in Form eines Gesprächs geschehen, wobei der Verletzer freilich keinen Verdacht schöpfen darf, der ihn veranlaßt, die widerrechtlich gekennzeichnete Ware „verschwinden zu lassen". In einem gerichtlichen Verfahren kann der Testkäufer dann als Zeuge benannt werden.

c) Selbständiges Beweisverfahren gemäß §§ 485 ff. ZPO

Gemäß § 485 Abs. 1 ZPO kann auf Antrag einer Partei während oder außerhalb eines Streitverfahrens die Einnahme des Augenscheins, die Vernehmung von Zeugen oder die Begutachtung durch einen Sachverständigen angeordnet werden, wenn der Gegner zustimmt oder zu besorgen ist, daß das Beweismittel verloren geht oder seine Benutzung erschwert wird.

Ist ein Rechtsstreit über die Hauptsache noch nicht anhängig, ermöglicht § 485 Abs. 2 ZPO zudem ein vom Beweissicherungsbedürfnis unabhängiges selbständiges Beweisverfahren durch Erhebung des Sachverständigenbeweises, wenn die Partei ein rechtliches Interesse an den in § 485 Abs. 2 Nr. 1 bis 3 ZPO genannten Beweisfragen hat. Da dieses Verfahren mit seinem Beweisergebnis die Voraussetzung für ein erfolgversprechendes Güteverfahren (§ 492 Abs. 3 ZPO) schaffen, also einen sonst zu erwartenden Prozeß vermeiden und eine gütliche Einigung der Parteien ermöglichen soll, ist es ausschließlich vorprozessual zulässig[7].

Bedauerlicherweise bleibt das selbständige Beweisverfahren auf die Sicherung bereits bestehender, konkreter Beweise beschränkt; Beweise, von deren Existenz oder Beschaffenheit der Verletzte noch keine oder nur eine ungenaue

6 Hierauf weist Cremer, Mitt. 1992, 153 (175) zutreffend hin.
7 Herget, in: Zöller, Zivilprozeßordnung, § 485 ZPO, Rdnr. 6.

Vorstellung hat, lassen sich weder in Erfahrung bringen noch sichern[8]. Hinzu kommt, daß der Verletzer gemäß §§ 491, 493 Abs. 2 ZPO zwingend zu laden ist, wenn der Verletzte den zu sichernden Beweis später im Prozeß verwenden will[9]. Damit entfällt aber der insbesondere in Fällen der Produktpiraterie in höchstem Maße wichtige Überraschungseffekt. Der Verletzer wird durch die Ladung in die Lage versetzt, die belastenden Beweismittel „verschwinden“ zu lassen[10].

d) Besichtigungsanspruch gemäß § 809 BGB

Gemäß § 809 BGB kann derjenige, der gegen den Besitzer einer Sache einen Anspruch in Ansehung der Sache hat oder sich Gewißheit verschaffen will, ob ihm ein solcher Anspruch zusteht, verlangen, daß, wenn die Besichtigung der Sache aus diesem Grund für ihn von Interesse ist, der Besitzer ihm die Sache zur Besichtigung vorlegt oder die Besichtigung gestattet[11]. In Fällen der Produktpiraterie kommt insofern die Besichtigung der widerrechtlich gekennzeichneten Gegenstände und der zur widerrechtlichen Kennzeichnung benutzten oder bestimmten Vorrichtungen in Betracht. Nach der Rechtsprechung des Bundesgerichtshofs setzt der Anspruch allerdings voraus, daß für eine Schutzrechtsverletzung ein erheblicher Grad an Wahrscheinlichkeit dargetan ist[12]. Darüber hinaus wird ein schutzwürdiges Interesse an der Vorlegung bzw. Besichtigung dann verneint, wenn der Vorlegungsgläubiger unschwer in der Lage ist, anderweitig von dem Aussehen der Sache Kenntnis zu erlangen[13].

Nachdem in Fällen der Produktpiraterie in der Regel unproblematisch ein Testkauf durchgeführt werden kann, kommt § 809 BGB hier nur dann in Betracht, wenn das Testkaufobjekt unverhältnismäßig teuer ist oder nur unter Inkaufnahme langer Lieferzeiten beim mutmaßlichen Verletzer beschafft werden kann[14]. Ebenfalls ist § 809 BGB im Hinblick auf die zur widerrechtlichen Kennzeichnung benutzten oder bestimmten Vorrichtungen einschlägig. In diesen Fäl-

---

8 Vgl. Dreier, GRUR Int. 1996, 205 (217).

9 Andernfalls besteht lediglich die Möglichkeit, das Ergebnis des selbständigen Beweisverfahrens urkundenbeweislich in den Hauptsacheprozeß einzuführen (Herget, in: Zöller, Zivilprozeßordnung, § 493 ZPO, Rdnr. 5).

10 Vgl. Dreier, GRUR Int. 1996, 205 (217).

11 Ausführlich zum Besichtigungsanspruch gemäß § 809 BGB Leppin, GRUR 1984, 552 (552 ff.), GRUR 1984, 695 (695 ff.), GRUR 1984, 770 (770 ff.); vgl. auch Füllkrug, WRP 1987, 713 (715).

12 BGH, Urteil vom 8.1.1985, GRUR 1985, 512 (516); anders noch LG Braunschweig, GRUR 1971, 28 (29), das die Möglichkeit einer Schutzrechtsverletzung als ausreichend erachtete.

13 BGH, Urteil vom 8.1.1985, GRUR 1985, 512 (518).

14 Ebenso Cremer, Mitt. 1992, 153 (164).

len kann der Anspruch nach § 809 BGB auch im Wege eines einstweiligen Verfügungsverfahrens durchgesetzt werden[15].

e) Urkundeneinsicht gemäß § 810 BGB

Derjenige, der ein rechtliches Interesse daran hat, eine in fremdem Besitz befindliche Urkunde einzusehen, kann gemäß § 810 BGB von dem Besitzer die Gestattung der Einsicht verlangen, wenn die Urkunde in seinem Interesse errichtet oder in der Urkunde ein zwischen ihm und einem anderen bestehendes Rechtsverhältnis beurkundet ist oder wenn die Urkunde Verhandlungen über ein Rechtsgeschäft enthält, die zwischen ihm und einem anderen oder zwischen einem von beiden und einem gemeinschaftlichen Vermittler gepflogen worden sind.

Ein rechtliches Interesse liegt dann vor, wenn die Einsichtnahme zur Förderung, Erhaltung oder Verteidigung rechtlich geschützter Interessen nötig ist, nicht jedoch, wenn die Vorlegung ohne genügend konkrete Angaben lediglich dazu dienen soll, erstmalig Unterlagen für die Rechtsverfolgung gegen den Besitzer der Urkunden zu schaffen, da es sich insofern um eine unzulässige Ausforschung handeln würde[16].

Liegen die genannten Voraussetzungen vor, kann die Vorlage der Urkunden gerichtlich angeordnet werden. Nicht unter § 810 BGB fällt allerdings die in Fällen der Produktpiraterie meist dringend benötigte Einsicht in die Rechnungen, Quittungen, Bücher etc. eines Vertreibers von widerrechtlich gekennzeichneten Waren, um weitere Verletzer und insbesondere den „Verursacher", also das erste Glied in der Vertriebskette der Piraterieware, zu ermitteln. Derartige Unterlagen sind weder im Interesse des Markeninhabers errichtet noch ist in ihnen ein zwischen diesem und einem anderen bestehendes Rechtsverhältnis beurkundet noch enthalten sie Verhandlungen über ein Rechtsgeschäft, die zwischen ihm und einem anderen oder zwischen einem von beiden und einem gemeinschaftlichen Vermittler gepflogen worden sind[17]. Allerdings können die oben genannten Informationen über den Auskunftsanspruch des § 19 MarkenG verlangt werden[18].

---

15 LG Düsseldorf, Beschluß vom 13.3.1991, Az.: 4 O 72/91, zitiert bei Cremer, Mitt. 1992, 153 (164).

16 Thomas, in : Palandt, Bürgerliches Gesetzbuch, § 810 BGB, Rdnr. 2 m.w.N.

17 Vgl. Füllkrug, WRP 1987, 713 (715); Götting, GRUR Int. 1988, 729 (741).

18 Vgl. dazu oben C II 3 a).

f) Urkundenvorlage gemäß §§ 421 f. ZPO

Soll ein Beweis durch die Vorlegung einer Urkunde angetreten werden (§ 420 ZPO) und befindet sich die Urkunde nach Behauptung des Markeninhabers als Beweisführer in den Händen des Verletzers als Prozeßgegner, kann ersterer gemäß § 421 ZPO Beweis durch den Antrag antreten, dem Gegner die Vorlegung der Urkunde aufzugeben.

Der Gegner ist gemäß § 422 ZPO zur Vorlage verpflichtet, wenn der vorstehend genannte Antrag durch den Beweisführer mit dem Inhalt des § 424 ZPO gestellt ist, der Gegner den unmittelbaren Besitz an der Urkunde einräumt, ein materiell-rechtlicher Anspruch des Beweisführers auf Vorlage besteht und das Gericht die Vorlage wegen Beweiserheblichkeit gemäß § 425 ZPO anordnet. Bestreitet der Gegner, daß sich die Urkunde in seinem Besitz befindet, ist er gemäß § 426 ZPO über ihren Verbleib zu vernehmen; in der Ladung zum Vernehmungstermin ist ihm aufzugeben, nach dem Verbleib der Urkunde sorgfältig zu forschen[19]. Der erforderliche materiell-rechtliche Anspruch auf Vorlage besteht, wenn der Beweisführer Auskunft und Rechnungslegung oder Herausgabe verlangen kann, wobei insbesondere § 810 BGB zu nennen ist[20].

Kommt der Gegner der Anordnung, die Urkunde vorzulegen, nicht nach, oder gelangt das Gericht im Falle des § 426 ZPO zu der Überzeugung, daß er nach dem Verbleib der Urkunde nicht sorgfältig geforscht hat, kann gemäß § 427 S. 1 ZPO eine vom Beweisführer beigebrachte Abschrift der Urkunde als richtig angesehen werden. Auch können gemäß § 427 S. 2 ZPO die Behauptungen des Beweisführers über die Beschaffenheit und den Inhalt der Urkunde als bewiesen angenommen werden, wenn eine Abschrift der Urkunde nicht beigebracht ist.

Befindet sich die Urkunde nach der Behauptung des Beweisführers bei einem Dritten, wird der Beweis gemäß § 428 ZPO durch den Antrag angetreten, zur Herbeischaffung der Urkunde eine Frist zu bestimmen oder eine Anordnung nach § 142 ZPO zu erlassen. Im ersten Fall ist es Sache des Beweisführers selbst[21], innerhalb einer vom Gericht bei Vorliegen der Voraussetzungen des § 431 Abs. 1 ZPO festzusetzenden „Schonfrist" die Urkunde notfalls im Wege

---

19 vgl. dazu im einzelnen Geimer, in: Zöller, Zivilprozeßordnung, § 426 ZPO, Rdnr. 1 ff.

20 Geimer, in: Zöller, Zivilprozeßordnung, § 422 ZPO, Rdnr. 2.

21 Eine Ausnahme besteht gemäß § 432 ZPO dann, wenn sich die Urkunde nach der Behauptung des Beweisführers in den Händen einer öffentliche Behörde oder eines öffentlichen Beamten befindet. In diesem Fall wird der Beweis durch den Antrag angetreten, die Behörde oder den Beamten um die Mitteilung der Urkunde zu ersuchen.

einer Klage gegen den Dritten herbeizuschaffen[22]. Im zweiten Fall richtet das Gericht die Vorlageanordnung unmittelbar an den Dritten, so daß es des Umwegs einer Klage durch den Beweisführer nicht bedarf. Gemäß § 429 ZPO ist der Dritte aus denselben Gründen wie der Gegner des Beweisführers zur Vorlage einer Urkunde verpflichtet, er kann zur Vorlegung nur im Wege einer Klage genötigt werden, wobei § 142 ZPO aber unberührt bleibt[23].

g) Resümee

Im Ergebnis sind die gesetzlichen Möglichkeiten der Beweismittelbeschaffung und Beweismittelsicherung dürftig ausgestaltet[24]. In Fällen der Produktpiraterie fällt dies aber für den Bereich der Markenverletzungen kaum ins Gewicht. Hier kann der Verletzte – wie vorstehend angesprochen – in der Regel unproblematisch einen Testkauf tätigen, der in einer gerichtlichen Auseinandersetzung als Beweismittel grundsätzlich ausreicht.

II. Strafverfahren

1. Bedeutung im allgemeinen

Insgesamt ist die strafrechtliche Praxis in Fällen der Produktpiraterie unverständlicherweise noch immer von Zurückhaltung geprägt; Verfahren enden in 75 % bis 95 % mit ihrer Einstellung[25]. Dies wird in der Regel mittels gleichlautenden Textbausteinen damit begründet, daß ein Vorsatz hinsichtlich der Markenverletzung[26] oder – wenn lediglich geringe Stückzahlen Piraterieprodukte aufgefunden werden – ein Handeln im geschäftlichen Verkehr[27] nicht mit der für eine Anklageerhebung erforderlichen Sicherheit nachgewiesen werden könne oder

---

22 Geimer, in: Zöller, Zivilprozeßordnung, § 428 ZPO, Rdnr. 1.

23 Vgl. im einzelnen Hartmann, in: Baumbach/Lauterbach/Albers/Hartmann, Zivilprozeßordnung, § 429 ZPO, Rdnr. 3 f.

24 Vgl. auch die Stellungnahme der Deutschen Vereinigung für gewerblichen Rechtsschutz und Urheberrecht zum Grünbuch der Europäischen Kommission zur Bekämpfung von Nachahmungen und Produkt- und Dienstleistungspiraterie im Binnenmarkt (GRUR 1999, 560 (564)).

25 Vgl. den zweiten Produktpirateriebericht der Bundesregierung, BT-Drucks. 14/2111, S. 11 f.

26 Vgl. z.B. Staatsanwaltschaft Landshut, Bescheid vom 15.4.1998, Az.: 53 Js 14127/97.

27 Vgl. z.B. Staatsanwaltschaft Stuttgart, Bescheid vom 24.5.2000, Az.: 161 Js 37358/00.

daß es sich um ein Privatklagedelikt handle und eine Mitwirkung der Staatsanwaltschaft nicht geboten sei[28]. Gleichwohl wird die Bedeutung des strafrechtlichen Schutzes des gewerblichen Eigentums insbesondere in der generalpräventiven Wirkung gegenüber Produktpiraten gesehen[29]. Eine „Abschreckung" anderer vor der Begehung gleichartiger Straftaten findet aber nur bedingt statt, wenn die Strafverfolgungsbehörden und Gerichte Fälle der Produktpiraterie überwiegend nicht verfolgen oder aber auch in nicht nachvollziehbarer Weise völlig unterschiedlich handhaben. Letzteres soll nachstehend anhand von je zwei vergleichbaren Fällen verdeutlicht werden[30].

In einer Strafsache des Amtsgerichts Neubrandenburg[31] versuchte ein polnischer Staatsangehöriger ohne Wohnsitz in der Bundesrepublik Deutschland 95 widerrechtlich gekennzeichnete Textilien in die Bundesrepublik Deutschland einzuführen. Nachdem die Tat scheiterte, kehrte er nach Polen zurück. Gegen ihn wurde im Wege des Strafbefehls eine Geldstrafe in Höhe von 20 Tagessätzen wegen Steuerverkürzung und Verstoßes gegen das Markengesetz festgesetzt. Das besondere öffentliche Interesse an der Strafverfolgung wurde ausdrücklich von Amts wegen bejaht. Die Staatsanwaltschaft Chemnitz gab demgegenüber einem Strafantrag gegen einen deutschen Staatsangehörigen, der 80 widerrechtlich gekennzeichnete Textilien in die Bundesrepublik Deutschland einzuführen versuchte, gemäß §§ 374, 376 StPO mangels öffentlichen Interesses keine Folge, auch ein Steuerstrafverfahren wurde nicht eingeleitet[32]. Der Rechtsfrieden sei über den Lebenskreis des Verletzten hinaus nicht gestört und die Strafverfolgung stelle auch kein gegenwärtiges Anliegen der Allgemeinheit dar, so daß auf den Privatklageweg verwiesen werde.

Die Staatsanwaltschaft Saarbrücken stellte ein Ermittlungsverfahren gegen zwei deutsche Staatsangehörige gemäß § 153 Abs. 1 StPO ein, die 102 widerrechtlich gekennzeichnete Armbanduhren in die Bundesrepublik Deutschland einzuführen versuchten[33]. Nach Ansicht der Staatsanwaltschaft war „das Verschulden der Beschuldigten und die Folgen bezüglich § 143 MarkenG, § 370 AO nicht gravierend". Um so mehr erstaunt es, daß gegen einen Ersttäter, dem im wesentlichen nur die illegale Einfuhr von ca. 100 widerrechtlich gekennzeich-

---

28 Vgl. z.B. Staatsanwaltschaft Nürnberg-Fürth, Bescheid vom 30.5.2000, Az.: 510 Js 809/00. Zum Privatklageverfahren siehe unten E II 3 a) aa) (7).

29 Vgl. Regierungsbegründung zum Produktpirateriegesetz, BT-Drucks. 11/4792, S. 22; Klaka, in: Althammer/Ströbele/Klaka, Markengesetz, § 143 MarkenG, Rdnr. 3.

30 Vgl. dazu auch Aktuelle Berichte - Strafrechtliche Verfolgung von Schutzrechtsverletzungen, GRUR 1994, 706 (706 f.).

31 AG Neubrandenburg, Strafbefehl vom 13.4.1999, Az.: 761 Js 8701/99.

32 Staatsanwaltschaft Chemnitz, Bescheid vom 23.4.2001, Az.: 355 Js 18723/01.

33 Staatsanwaltschaft Saarbrücken, Bescheid vom 15.6.2000, Az.: 33 Js 494/00.

neten Uhren nachgewiesen werden konnte, vom Amtsgericht Hamburg eine Freiheitsstrafe von 10 Monaten auf Bewährung sowie eine nicht unerhebliche Geldbuße ausgesprochen wurde[34].

Im Ergebnis sind die Erfahrungen mit der strafrechtlichen Bekämpfung der Produktpiraterie mehr als ernüchternd. Dies liegt aber nicht – wie sich nachstehend noch zeigen wird – im geschriebenen Recht, sondern vielmehr in der Tatsache begründet, daß die Strafverfolgungsbehörden nur in Ausnahmefällen nachhaltig ermitteln, noch seltener zur Anklageerhebung schreiten und eine Verurteilung die Ausnahme darstellt[35].

2. *Bedeutung für den Markeninhaber*

Für den einzelnen Verletzten ist die Einleitung eines Strafverfahrens gleichwohl von erheblicher Bedeutung, wenn auch – aufgrund der oben erläuterten „Einstellungstendenz" der Strafverfolgungsbehörden – nicht aus Gründen der Genugtuung. Die Ermittlungsergebnisse der Strafverfolgungsbehörden, die zumindest bei begründetem Anfangsverdacht in der Regel zunächst zur Durchsuchung und Sicherstellung bzw. Beschlagnahme schreiten, liefern diesem oftmals nicht nur wertvolle Erkenntnisse im Hinblick auf Herkunft und Vertriebsweg der widerrechtlich gekennzeichneten Ware[36], sondern auch Beweismaterial für ein zivilrechtliches Vorgehen. Daneben erspart sich der Verletzte eine kostspielige einstweilige Verfügung auf Inverwahrungnahme der Piraterieware, ebenso wie die in diesem Fall zunächst von ihm zu verauslagenden Kosten der Einlagerung derselben.

3. *Strafvorschriften*

§ 143 MarkenG eröffnet dem Verletzten im Nebenstrafrecht die Möglichkeit der strafrechtlichen Verfolgung und Ahndung des Verletzers auf dem Gebiet des Markenrechts. Daneben finden sich sowohl im Nebenstrafrecht als auch im

---

34 AG Hamburg, Urteil vom 16.5.1986, Az.: 132a – 260/84 – 132a Ds 161 Js 30/84, zitiert bei Cremer, Mitt. 1992, 153 (159).

35 So auch die Deutsche Vereinigung für gewerblichen Rechtsschutz und Urheberrecht in ihrer Stellungnahme zum Grünbuch der Europäischen Kommission zur Bekämpfung von Nachahmungen und Produkt- und Dienstleistungspiraterie im Binnenmarkt (GRUR 1999, 560 (562)); ebenso Grauel, MarkenR 2000, 91 (92).

36 Hierauf weist auch Ingerl/Rohnke, Markengesetz, § 143 MarkenG, Rdnr. 12, hin.

Kernstrafrecht weitere Strafvorschriften, die bei Markenverletzungen einschlägig sein können und auf die nachstehend kurz eingegangen werden soll.

a) Nebenstrafrecht: Straftatbestände außerhalb des Strafgesetzbuches

aa) Strafbare Kennzeichenverletzung gemäß § 143 MarkenG

Das Produktpirateriegesetz hat den strafrechtlichen Schutz für alle gewerblichen Schutzrechte und das Urheberrecht einheitlich verstärkt. So wurde schon im früheren Warenzeichengesetz in § 25 WZG die Strafandrohung bei einfacher Schutzrechtsverletzung auf drei Jahre Höchstfreiheitsstrafe oder Geldstrafe angehoben, ein Qualifikationstatbestand für gewerbsmäßige Schutzrechtsverletzung mit einer Strafandrohung von fünf Jahren Höchstfreiheitsstrafe oder Geldstrafe sowie eine Versuchsstrafbarkeit eingeführt und die qualifizierte Schutzrechtsverletzung als Offizialdelikt ausgestaltet. Diese Bestimmungen wurden in § 143 MarkenG unverändert übernommen, wobei gleichzeitig der strafrechtliche Schutz auf alle Marken des § 4 MarkenG, also auch auf die nicht eingetragenen Marken, und auf geschäftlichen Bezeichnungen des § 5 MarkenG sowie Gemeinschaftsmarken erweitert wurde.

(1) Grundtatbestände (§ 143 Abs. 1 MarkenG)

Die Grundtatbestände der strafbaren Kennzeichenverletzung sind in § 143 Abs. 1 Nr. 1 bis 5 MarkenG geregelt. Während Nr. 1 bis 3 die Tatbestände einer strafbaren Markenverletzung enthalten, finden sich in Nr. 4 und 5 die Tatbestände einer strafbaren Verletzung geschäftlicher Bezeichnungen, auf die hier nicht eingegangen werden soll. Die Regelung der einzelnen Straftatbestände in Nr. 1 bis 3 erfolgt durch Bezugnahme auf die Verbotstatbestände des § 14 MarkenG, und zwar wie folgt:

- Nach § 143 Abs. 1 Nr. 1 MarkenG ist es strafbar, ein Zeichen entgegen § 14 Abs. 2 Nr. 1 oder 2 MarkenG zu benutzen. Dieser Tatbestand betrifft mithin den Identitäts- und Verwechslungsschutz der Marke[37].
- Nach § 143 Abs. 1 Nr. 2 MarkenG ist es strafbar, ein Zeichen entgegen § 14 Abs. 2 Nr. 3 MarkenG in der Absicht zu benutzen, die Unterscheidungskraft oder Wertschätzung einer bekannten Marke auszunutzen oder zu beeinträchtigen. Dieser Tatbestand betrifft mithin den Bekanntheitsschutz der Marke[38].

37 Vgl. dazu oben B I 1, 2.
38 Vgl. dazu oben B I 3.

➢ Nach § 143 Abs. 1 Nr. 3 MarkenG ist es strafbar, eine markenverletzende Vorbereitungshandlung gemäß § 14 Abs. 4 MarkenG zu begehen[39].

Die Grundtatbestände der strafbaren Kennzeichenverletzung lassen eine Freiheitsstrafe bis zu drei Jahren oder Geldstrafe zu.

(2) Qualifikationstatbestand (§ 143 Abs. 2 MarkenG)

Handelt der Täter – wie insbesondere in Fällen der Produktpiraterie, für die der Qualifikationstatbestand des § 143 Abs. 2 MarkenG nicht zuletzt eingeführt wurde[40] – gewerbsmäßig, ist die Strafe Freiheitsstrafe bis zu fünf Jahren oder Geldstrafe. Gewerbsmäßigkeit setzt voraus, daß sich der Täter gerade durch wiederholte Kennzeichenverletzungen eine fortlaufende Einnahmequelle von einigem Umfang und einiger Dauer verschaffen will[41]. Hierdurch sollen vor allem Wiederholungstäter erfaßt werden, wobei jedoch die erste in Wiederholungsabsicht begangene Tat zur Erfüllung des Tatbestandes ausreicht[42]. Bloßes Handeln im Rahmen eines Gewerbebetriebes, also „gewerbliches Handeln", genügt dagegen nicht, um den Qualifikationstatbestand zu verwirklichen[43]. Die Begriffe „gewerblich" oder auch „im geschäftlichen Verkehr"[44] dienen vielmehr der Abgrenzung zum regelmäßig erlaubten Handeln zu privaten Zwecken[45].

(3) Handeln im geschäftlichen Verkehr

Sämtlichen Straftatbeständen des § 143 MarkenG ist gemeinsam, daß sie ein Handeln im geschäftlichen Verkehr voraussetzen. Privatverkehr, Eigengebrauch und betriebsinterne Handlungen, die auch keine zivilrechtlichen Ansprüche des Markeninhabers begründen[46], läßt der Gesetzgeber straffrei. Ebenso wie die Zivilgerichte legen auch Staatsanwaltschaften und Strafgerichte – sofern sie sich zu einer Verfolgung „durchringen" – den Begriff des geschäftlichen Verkehrs zum Teil zu weit aus. So wird bereits der Erwerb und die Einfuhr von widerrechtlich

---

39 Vgl. dazu oben B III 3.

40 Regierungsbegründung zum Produktpirateriegesetz, BT-Drucks. 11/4792, S. 23 f.

41 Ingerl/Rohnke, Markengesetz, § 143 MarkenG, Rdnr. 5 m.w.N.

42 Regierungsbegründung zum Produktpirateriegesetz, BT-Drucks. 11/4792, S. 24; Fezer, Markenrecht, § 143 MarkenG, Rdnr. 29 m.w.N.; Tilmann, BB 1990, 1565 (1565).

43 Beispiele, die die Abgrenzungsproblematik in Grenzfällen verdeutlichen, finden sich bei Meister, WRP 1991, 137 (143, Fn. 11).

44 Vgl. dazu unten E II 3 a) aa) (3).

45 Vgl. Regierungsbegründung zum Produktpirateriegesetz, BT-Drucks. 11/4792, S. 24.

46 Vgl. dazu oben B II.

gekennzeichneter Ware zum Zwecke unentgeltlicher Weitergabe[47] bzw. ein Verschenken in nicht ganz geringem Umfang und ein Tätigwerden für einen Dritten[48] als ein Handeln im geschäftlichen Verkehr angesehen[49], ebenso die Einfuhr von 10[50] bzw. 20[51] widerrechtlich gekennzeichneten Textilien zur Weitergabe an einen Sportverein. Die Einfuhr von 14 widerrechtlich gekennzeichneten Taschen durch einen Gastwirt, um diese an seine Stammgäste zu verschenken, wurde allerdings zutreffend als ein Handeln im geschäftlichen Verkehr qualifiziert[52].

(4) Subjektiver Tatbestand

Strafbar ist lediglich die vorsätzliche, nicht hingegen die fahrlässige Kennzeichenverletzung (§ 15 StGB). Ausreichend ist bedingter Vorsatz, d.h. der Verletzer muß die Markenverletzung zumindest als möglich erachten, die Möglichkeit ernst nehmen und den als ernsthaft möglich erachteten Verletzungserfolg billigend in Kauf nehmen[53]. Die Strafbarkeit wegen Verletzung einer bekannten Marke gemäß § 143 Abs. 1 Nr. 2 MarkenG setzt voraus, daß der Täter in der Absicht gehandelt hat, die Unterscheidungskraft oder Wertschätzung einer bekannten Marke auszunutzen oder zu beeinträchtigen. Auch bei Verletzungshandlungen in bezug auf Verpackungen, Aufmachungen und Kennzeichnungsmittel, wenn es um die Gefahr der Ausnutzung oder Beeinträchtigung der Unterscheidungskraft oder Wertschätzung einer bekannten Marke geht, wird gemäß § 143 Abs. 1 Nr. 3 lit. b MarkenG Absicht vorausgesetzt.

Händler, die die Piraterieware nicht selbst hergestellt haben, berufen sich regelmäßig darauf, davon überzeugt gewesen zu sein, mit Originalware des Markeninhabers gehandelt zu haben. Diesen obliegen aber nach der hier vertretenen Auffassung bei Bezug von Markenware außerhalb eines organisierten Vertriebssystems des Markeninhabers und/oder deutlich unter dem marktüblichen Händlereinkaufspreis besondere Nachforschungspflichten[54]. Demgemäß wird ein Händler, der diesen Pflichten nicht nachgekommen ist, vielmehr bewußt die Augen verschlossen hat, eine Markenverletzung oftmals zumindest als möglich erachtet, ernst genommen und billigend in Kauf genommen haben, so daß beding-

47 Staatsanwaltschaft Hof, Bescheid vom 23.6.1999, Az.: 142 Js 6081/99.
48 Staatsanwaltschaft Hof, Verfügung vom 27.2.2000, Az.: 142 Js 18825/99.
49 AG Wunsiedel, Beschluß vom 31.5.1999, Az.: 172 Gs 71/99.
50 Staatsanwaltschaft Hof, Verfügung vom 8.10.1999, Az.: 142 Js 2382/99.
51 AG Erfurt, Strafbefehl vom 27.6.2000, Az.: 350 Js 16755/00 44 CS.
52 Staatsanwaltschaft Hof, Bescheid vom 14.4.1999, Az.: 172 Js 2380/99.
53 Vgl. Holler, in: Harte-Bavendamm, Handbuch der Markenpiraterie in Europa, § 5, Rdnr. 151.
54 Vgl. oben C IV 2.

ter Vorsatz vorliegt[55]. Damit liegt der subjektive Tatbestand in Fällen der Produktpiraterie im Markenbereich regelmäßig vor.

(5) Widerrechtlichkeit

Eine strafbare Verletzungshandlung im Sinne des § 143 MarkenG setzt voraus, daß die Handlung widerrechtlich ist. Die Widerrechtlichkeit entfällt, wenn die Benutzungshandlung mit Zustimmung des Markeninhabers stattfindet, wenn die Benutzungshandlung der Marke nach §§ 20 bis 25 MarkenG[56] erlaubt ist oder wenn die benutzte Marke löschungsreif ist[57].

(6) Strafbarkeit des Versuchs

Die Einführung der Versuchsstrafbarkeit durch das Produktpirateriegesetz im damaligen § 25d Abs. 3 WZG, dem der jetzige § 143 Abs. 3 MarkenG entspricht, diente dem Zweck einer effektiven Bekämpfung von Schutzrechtsverletzungen[58]. Hierdurch sollte insbesondere der Fall erfaßt werden, daß Einzelteile eines Produkts, die als solche nicht durch ein Schutzrecht geschützt sind, bis zuletzt getrennt gehalten und erst kurz vor dem Verkauf oder Vertrieb zu einer schutzrechtsverletzenden Ware zusammengesetzt werden[59]. Die praktische Relevanz für die Versuchsstrafbarkeit ist aber teilweise entfallen, nachdem der zivilrechtliche Verbotstatbestand nunmehr umfassend formuliert ist und auch Vorbereitungshandlungen des Vertriebs widerrechtlich gekennzeichneter Ware erfaßt (§ 14 Abs. 4 MarkenG)[60].

(7) Strafantrag

Während die gewerbsmäßige Kennzeichenverletzung unabhängig von einem Strafantrag von Amts wegen zu verfolgen ist (Offizialdelikt), setzen die Grundtatbestände gemäß § 143 Abs. 4 MarkenG einen Strafantrag voraus, der gemäß § 77 b StGB innerhalb einer Frist von drei Monaten seit Kenntnis von der Tat und der Person des Täters durch schriftliche oder zu Protokoll gegebene Erklä-

55 Ebenso Holler, in: Harte-Bavendamm, Handbuch der Markenpiraterie in Europa, § 5, Rdnr. 152.
56 Siehe dazu oben D.
57 Klaka, in: Althammer/Ströbele/Klaka, Markengesetz, § 143 MarkenG, Rdnr. 16.
58 Vgl. Fezer, Markenrecht, § 143 MarkenG, Rdnr. 30.
59 Holler, in: Harte-Bavendamm, Handbuch der Markenpiraterie in Europa, § 5, Rdnr. 157.
60 Klaka, in: Althammer/Ströbele/Klaka, Markengesetz, § 143 MarkenG, Rdnr. 22.

rung an das Gericht oder die Staatsanwaltschaft oder schriftlich an eine andere Behörde (§ 158 Abs. 2 StPO) zu stellen ist.

Antragsberechtigt ist der verletzte Markeninhaber sowie der Inlandsvertreter eines im Ausland ansässigen Markeninhabers (§ 96 Abs. 2 S. 2 MarkenG). Der Lizenznehmer bedarf der Zustimmung des Markeninhabers. Nachdem § 30 Abs. 3 MarkenG schon die zivilrechtliche Klagebefugnis von Lizenznehmern jeder Art von der Zustimmung des Markeninhabers abhängig macht, kann nicht angenommen werden, daß der „schwerwiegendere" Strafantrag gegen einen Verletzer von einer Zustimmung unabhängig ist[61].

Eine Ausnahme vom Strafantragserfordernis besteht dann, wenn die Strafverfolgungsbehörde wegen des besonderen öffentlichen Interesses ein Einschreiten von Amts wegen für geboten hält. Ein besonderes öffentliches Interesse ist nach Nr. 261 a RiStBV insbesondere dann anzunehmen, wenn der Täter einschlägig vorbestraft ist, ein erheblicher Schaden droht oder eingetreten ist, die Tat den Verletzten in seiner wirtschaftlichen Existenz bedroht oder die öffentliche Sicherheit oder die Gesundheit der Verbraucher gefährdet.

Aber auch, wenn der Markeninhaber Strafantrag gestellt hat, erhebt die Staatsanwaltschaft gemäß § 376 StPO nur bei öffentlichem Interesse Klage, da es sich bei einfachen Kennzeichenverletzungen nach § 143 Abs. 1 MarkenG gemäß § 374 Abs. 1 Nr. 8 StPO um Privatklagedelikte handelt. Ein öffentliches Interesse ist nach Nr. 261 RiStBV in der Regel dann zu bejahen, wenn eine nicht nur geringfügige Schutzrechtsverletzung vorliegt, wobei insbesondere das Ausmaß der Schutzrechtsverletzung, der eingetretene oder drohende wirtschaftliche Schaden und die vom Täter erstrebte Bereicherung zu berücksichtigen sind.

Bedauerlicherweise handelt es sich bei den Nr. 261 und Nr. 261 a RiStBV lediglich um Auslegungshilfen, die zwar im Regelfall zu beachten, rechtlich jedoch nicht bindend sind[62]. Gleichwohl hat der Richtliniengeber durch die Neufassung der Nr. 261 RiStBV, die zu einer häufigeren Bejahung des öffentlichen Interesses führen sollte, klar zum Ausdruck gebracht, daß eine schärfere Verfolgung von Straftaten im Bereich des geistigen Eigentums durch die Staatsanwaltschaft gewünscht wird[63]. Dennoch wird Nr. 261 ebenso wie Nr. 261 a RiStBV von der Staatsanwaltschaft allzu oft „übersehen" oder ausschließlich zugunsten des Täters „ausgelegt". Standardmäßig wird dann formuliert, daß der Rechtsfrieden über den Lebenskreis des Verletzten hinaus nicht gestört sei und die Straf-

---

61 Vgl. Ingerl/Rohnke, Markengesetz, § 143 MarkenG, Rdnr. 9.

62 V. Gravenreuth, GRUR 1985, 111 (113), schlägt daher vor, diese in eine „Muß-Regelung" umzuwandeln, um den Staatsanwalt zumindest dienstrechtlich daran zu hindern, den Geschädigten und Strafantragsteller auf den Privatklageweg zu verweisen.

63 Vgl. Kröger/Bausch, GRUR 1997, 321 (326).

verfolgung nach der Person des Beschuldigten, dem eingetretenen oder drohenden Schaden und den Auswirkungen auf den Geschädigten und die öffentliche Sicherheit kein gegenwärtiges Anliegen der Allgemeinheit darstelle[64].

Verneint die Staatsanwaltschaft ein öffentliches Interesse, kann der Verletzte in einem Privatklageverfahren als Kläger die Rolle des Staatsanwalts übernehmen, ohne freilich über dessen Kompetenzen und Möglichkeiten zu verfügen[65]. Zumindest aber trifft das Gericht gemäß § 384 Abs. 3 i.V.m. § 244 Abs. 2 StPO eine Amtsaufklärungspflicht[66]. Privatklageverfahren sind in Fällen der Produktpiraterie selten. Hat die Staatsanwaltschaft im Vorfeld Ermittlungen angestellt und bereits eine Sicherstellung bzw. Beschlagnahme der Piraterieware veranlaßt, verfolgt der Verletzte seine Rechte in der Regel in einem Zivilverfahren weiter, in dem er nach Einsicht in die staatsanwaltschaftlichen Ermittlungsakten die dortigen Erkenntnisse verwenden kann.

bb) Strafbare Werbung gemäß § 4 UWG

Nach § 4 Abs. 1 UWG macht sich strafbar, wer in der Absicht, den Anschein eines besonders günstigen Angebots hervorzurufen, in öffentlichen Bekanntmachungen oder in Mitteilungen, die für einen größeren Kreis von Personen bestimmt sind, über geschäftliche Verhältnisse, insbesondere über die Beschaffenheit, den Ursprung, die Herstellungsart oder die Preisbemessung von Waren wissentlich unwahre und zur Irreführung geeignete Angaben macht. § 4 Abs. 2 UWG bestimmt, daß der Inhaber oder Leiter eines geschäftlichen Betriebes neben dem Angestellten oder Beauftragten strafbar ist, wenn letztere die unrichtigen Angaben mit seinem Wissen machen. § 4 UWG läßt eine Freiheitsstrafe bis zu zwei Jahren oder Geldstrafe zu.

Unter öffentlichen Bekanntmachungen versteht man Veröffentlichungen, die sich an einen grundsätzlich unbegrenzten Personenkreis, also jedermann, wenden, unter Mitteilungen für einen größeren Kreis von Personen solche, die sich an eine nach Zahl und Persönlichkeit im voraus unbestimmte und unbegrenzte Mehrheit von Personen richten[67]. Die Angaben können verbunden mit der Ware oder von ihr getrennt gemacht werden, wobei insofern insbesondere auch Mar-

---

64 Vgl. oben sowie statt vieler Staatsanwaltschaft Landshut, Bescheid vom 4.8.1998, Az.: 51 Js 21404/98.

65 Zutreffend weist v. Gravenreuth, GRUR 1985, 111 (112) darauf hin, daß die Möglichkeit der Strafverfolgung im Privatklageverfahren in der Rechtswirklichkeit nicht ernst zu nehmen ist, nachdem der Privatkläger die erforderlichen Ermittlungen im Regelfall nicht durchführen kann.

66 Vgl. Kröger/Bausch, GRUR 1997, 321 (326).

67 Baumbach/Hefermehl, Wettbewerbsrecht, § 4 UWG, Rdnr. 3 f. m.w.N.

ken in Betracht kommen[68]. Ob von den Angaben tatsächlich jemand Kenntnis genommen hat, ist in diesem Zusammenhang ohne Belang[69].

Die bei widerrechtlich und damit unrichtig gekennzeichneten Waren grundsätzlich vorliegende Irreführung über die betriebliche Herkunft reicht zwar für § 4 UWG allein nicht aus, wohl aber die Irreführung über die aus dem betrieblichen Herkunftshinweis zu folgernde Beschaffenheit und Güte der Waren[70]. In Fällen der Produktpiraterie, die grundsätzlich Produkte namhafter Markenhersteller betreffen, liegt diese Voraussetzung regelmäßig vor. § 4 UWG bleibt hier auch dann anwendbar, wenn die widerrechtlich gekennzeichneten Waren ebensogut oder gar besser als die aus der vermeintlichen Herkunftsstätte sind, da die Wertschätzung der Waren, die den Kunden zum Kauf veranlaßt, gerade auf dem unrichtigen Herkunftshinweis beruht[71].

In subjektiver Hinsicht verlangt § 4 UWG sowohl die Absicht, den Anschein eines besonders günstigen Angebots hervorzurufen, als auch, daß die unwahren und zur Irreführung geeigneten Angaben wissentlich gemacht werden. Absicht bedeutet direkten Vorsatz, der darauf zielt, durch unwahre und zur Irreführung geeignete Angaben den Eindruck eines besonders günstigen Angebots zu erwekken und dadurch den Werbeadressaten zum Kauf anzulocken[72]. Nachdem Piratenware regelmäßig deutlich unter dem Preis der Originalware angeboten wird, erweckt sie diesen Eindruck ohne weiteres und hat auch den erforderlichen „Anlockeffekt". In der Regel liegt dann auch eine entsprechende Absicht des Täters vor. „Wissentliches" Handeln setzt dagegen keinen direkten Vorsatz voraus, nach ständiger Rechtsprechung genügt hier bedingter Vorsatz[73]. Ausreichend ist daher, wenn der Täter die widerrechtliche Kennzeichnung für möglich hält und billigend in Kauf nimmt.

Im Ergebnis stellt § 4 UWG in Fällen der Produktpiraterie regelmäßig einen tauglichen Anknüpfungspunkt für ein Vorgehen gegen die Täter dar[74].

68 Vgl. Braun, Produktpiraterie, S. 161.
69 Vgl. Piper, in: Köhler/Piper, UWG, § 4 UWG, Rdnr. 7.
70 Vgl. im einzelnen Baumbach/Hefermehl, Wettbewerbsrecht, § 4 UWG, Rdnr. 7 f., § 3 UWG Rdnr. 264.
71 Vgl. Baumbach/Hefermehl, Wettbewerbsrecht, § 4 UWG, Rdnr. 7 f., § 3 UWG, Rdnr. 264.
72 Piper, in: Köhler/Piper, UWG, § 4 UWG, Rdnr. 9.
73 Baumbach/Hefermehl, Wettbewerbsrecht, § 4 UWG, Rdnr. 10 m.w.N.
74 Ebenso Braun, Produktpiraterie, S. 161.

cc) *Geschäftliche Verleumdung gemäß § 15 UWG*

Wer wider besseren Wissens über das Erwerbsgeschäft eines anderen, über die Person des Inhabers oder Leiters des Geschäfts, über die Waren oder gewerblichen Leistungen eines anderen Tatsachen der Wahrheit zuwider behauptet oder verbreitet, die geeignet sind, den Betrieb des Geschäfts zu schädigen, macht sich nach § 15 Abs. 1 UWG strafbar. § 15 Abs. 2 UWG bestimmt, daß der Inhaber eines geschäftlichen Betriebes neben dem Angestellten oder Beauftragten strafbar ist, wenn letztere die unrichtigen Tatsachen mit seinem Wissen behaupten oder verbreiten. § 15 UWG läßt eine Freiheitsstrafe bis zu einem Jahre oder Geldstrafe zu. Gemäß § 22 Abs. 1 S. 1 UWG wird die Tat nur auf Antrag verfolgt.

Eine Behauptung im Sinne von § 15 UWG kann auch in Form einer schlüssigen Handlung aufgestellt werden[75]. Eine solche schlüssige Handlung ist in Fällen der Produktpiraterie in der Weitergabe von widerrechtlich gekennzeichneter Ware zu sehen. Diese beinhaltet – auch ohne ausdrückliches Verlangen des Kunden nach einer bestimmten Markenware – regelmäßig die Kundgabe, die Ware stamme vom Originalhersteller, nachdem die verwendeten Kennzeichen ausdrücklich auf die Herkunft aus einem bestimmten Unternehmen hinweisen[76]. Diese Behauptung ist auch geeignet, den Betrieb des Originalherstellers zu schädigen. Hierfür genügen schon Nachteile für dessen Erwerbstätigkeit mit Wiederholungsgefahr[77]. Durch die Behauptung in Form einer Weitergabe der Piraterieware wird dem Originalhersteller die Absatzmöglichkeit für seine eigene Ware entzogen.

Der subjektive Tatbestand des § 15 UWG setzt voraus, daß der Täter hinsichtlich aller objektiven Tatbestandsmerkmale mindestens bedingt vorsätzlich handelt und sichere Kenntnis und Überzeugung von der Unwahrheit der Behauptung hat[78]. Eben diese sichere Kenntnis und Überzeugung ist in aller Regel aber nur schwer nachweisbar, sofern der Täter nicht gleichzeitig Hersteller der Piraterieware ist.

Im Ergebnis kommt § 15 UWG in Fällen der Produktpiraterie zwar durchaus in Betracht, ist aber im Hinblick auf den subjektiven Tatbestand nur schwer nachweisbar.

---

75 Baumbach/Hefermehl, Wettbewerbsrecht, § 14 UWG, Rdnr. 17.
76 Braun, Produktpiraterie, S. 163.
77 Baumbach/Hefermehl, Wettbewerbsrecht, § 14 UWG, Rdnr. 19.
78 Köhler, in: Köhler/Piper, UWG, § 15 UWG, Rdnr. 3.

dd) Verrat von Geschäfts- oder Betriebsgeheimnissen gemäß § 17 UWG

Nach § 17 Abs. 1 UWG macht sich strafbar, wer als Angestellter, Arbeiter oder Lehrling eines Geschäftsbetriebs ein Geschäfts- oder Betriebsgeheimnis, das ihm vermöge des Dienstverhältnisses anvertraut worden oder zugänglich geworden ist, während der Geltungsdauer des Dienstverhältnisses unbefugt an jemand zu Zwecken des Wettbewerbs, aus Eigennutz, zugunsten eines Dritten oder in der Absicht, dem Inhaber des Geschäftsbetriebs Schaden zuzufügen, mitteilt. § 17 Abs. 2 Nr. 1 und 2 UWG betrifft das verbotene Ausspähen und die verbotene Verwertung von Geschäfts- oder Betriebsgeheimnissen. Der Versuch ist gemäß § 17 Abs. 3 UWG strafbar. Die Fälle des § 17 Abs. 1 und 2 UWG lassen eine Freiheitsstrafe bis zu drei Jahren oder Geldstrafe zu, in besonders schweren Fällen ist die Strafe gemäß § 17 Abs. 4 UWG Freiheitsstrafe bis zu fünf Jahren oder Geldstrafe. Gemäß § 22 Abs. 1 UWG wird die Tat nur auf Antrag verfolgt, sofern die Strafverfolgungsbehörde wegen des besonderen öffentlichen Interesses an der Strafverfolgung nicht ein Einschreiten von Amts wegen für geboten hält.

§ 17 UWG kommt in Fällen der Produktpiraterie lediglich dann in Betracht, wenn Ware des Originalherstellers bereits vor Beginn der Vermarktung an den Täter weitergegeben bzw. von diesem ausgespäht oder verwertet wird. Nachdem Produktpiraten aber in der Regel bekannte, also bereits durchgesetzte und etablierte Marken für ihre Nachahmungstätigkeit wählen, ist § 17 UWG hier nur selten einschlägig. Das schlichte 1:1-Kopieren kann mit dem gesetzlichen Schutz von Betriebs- und Geschäftsgeheimnissen nicht verfolgt werden[79].

ee) Verwertung von Vorlagen gemäß § 18 UWG

Nach § 18 UWG ist es strafbar, die im geschäftlichen Verkehr anvertrauten Vorlagen oder Vorschriften technischer Art, insbesondere Zeichnungen, Modelle, Schablonen, Schnitte und Rezepte, zu Zwecken des Wettbewerbs oder aus Eigennutz unbefugt zu verwerten oder an jemanden mitzuteilen. § 18 UWG sieht eine Freiheitsstrafe bis zu zwei Jahren oder Geldstrafe vor. Gemäß § 22 Abs. 1 UWG wird die Tat nur auf Antrag verfolgt, sofern die Strafverfolgungsbehörde wegen des besonderen öffentlichen Interesses an der Strafverfolgung nicht ein Einschreiten von Amts wegen für geboten hält.

In Fällen der Produktpiraterie kommt § 18 UWG lediglich dann in Betracht, wenn zur Herstellung der Ware vom Markeninhaber beauftragte Drittunternehmen von diesem anvertraute, nicht offenkundige Vorlagen zu Herstellung für eigene Rechnung benutzen oder die Vorlagen zur Nachahmung weitergeben.

---

79 Vgl. Taeger, CR 1991, 449 (453).

ff) Bannbruch gemäß §§ 372, 374 AO

Gemäß § 372 Abs. 1 AO begeht Bannbruch, wer Gegenstände entgegen einem Verbot einführt, ausführt oder durchführt, ohne sie der zuständigen Zollbehörde ordnungsgemäß anzuzeigen. Der Straftatbestand greift demgemäß auch dann ein, wenn Ware bei der Einfuhr zwar ordnungsgemäß verzollt und versteuert, aber der das Verbot begründende Umstand nicht angezeigt wird[80]. Bereits der Versuch ist gemäß §§ 372 Abs. 2, 370 Abs. 2 AO strafbar. Der einfache Bannbruch wird mit Freiheitsstrafe bis zu fünf Jahren oder Geldstrafe (§§ 372 Abs. 2, 370 Abs. 1 AO), der gewerbsmäßige, gewaltsame oder bandenmäßige Bannbruch mit Freiheitsstrafe von drei Monaten bis zu fünf Jahren (§ 373 AO) bestraft.

Zwar geht aus einem Erlaß des Bundesjustizministeriums aus dem Jahre 1993 hervor, daß § 372 AO nur in Verbindung mit Verstößen gegen den – inzwischen aufgehobenen – § 2 des Beitrittsgesetzes[81] zur Anwendung kommen soll, nicht dagegen bei Verstößen gegen die das Grenzbeschlagnahmeverfahren[82] regelnde damalige Produktpiraterieverordnung oder § 28 WZG[83], dem jetzigen § 146 MarkenG. Dies ist allerdings nicht einzusehen, nachdem die §§ 143 Abs. 1 Nr. 3, 14 Abs. 2, 3 Nr. 4 MarkenG ein ausdrückliches und hinreichend bestimmtes Import- und Exportverbot enthalten. Demgemäß ist der Tatbestand des Bannbruchs bei Ein- und Ausfuhr widerrechtlich gekennzeichneter Ware nach der hier vertretenen Auffassung regelmäßig erfüllt[84].

Ebenso, d.h. im einfachen Fall mit Freiheitsstrafe bis zu fünf Jahren oder Geldstrafe, im Falle gewerbsmäßigen Handelns mit Freiheitsstrafe von drei Monaten bis zu fünf Jahren, wird gemäß §§ 374, 370 Abs. 1 und 2, 373 AO bestraft, wer Erzeugnisse oder Waren, hinsichtlich denen Bannbruch begangen worden ist, ankauft oder sonst sich oder einem Dritten verschafft, sie absetzt oder abzusetzen hilft, um sich oder einen Dritten zu bereichern.

---

80 Vgl. Harte-Bavendamm, in: Gloy, Handbuch des Wettbewerbsrechts, § 43, Rdnr. 169.

81 Gesetz über den Beitritt des Reichs zu dem Madrider Abkommen betreffend die Unterdrückung falscher Herkunftsangaben auf Waren vom 21. März 1925, RGBl. II 115 – i.d.F. des Art. 6 des Gesetzes vom 4. September 1967 – BGBl. I 953, 960.

82 Siehe zum Grenzbeschlagnahmeverfahren unten E IV.

83 Erlaß vom 20.6.1993 (III A 7 – Z 2751-33/90) zur Verordnung (EWG) Nr. 3842/86 und § 28 WZG.

84 Ebenso Scherbauer, Die Grenzbeschlagnahme von Produktpiraterierewaren im Immaterialgüterrecht, S. 112; Scheja, CR 1995, 714 (721); Schöner, Mitt. 1992, 180 (182); Cremer, Mitt. 1992, 153 (161).

b) *Kernstrafrecht: Straftatbestände des Strafgesetzbuches*

aa) *Diebstahl und Unterschlagung gemäß §§ 242, 246 StGB*

Nach § 242 Abs. 1 StGB ist es strafbar, eine fremde bewegliche Sache einem anderen in der Absicht wegzunehmen, die Sache sich oder einem Dritten rechtswidrig zuzueignen. Nach § 246 Abs. 1 StGB wird bestraft, wer eine fremde bewegliche Sache sich oder einem Dritten rechtswidrig zueignet.

Nachdem der strafrechtliche Sachbegriff die Körperlichkeit des Gegenstandes zur Voraussetzung hat[85], kann die Marke als geistiges Gut nicht Gegenstand eines Diebstahls oder einer Unterschlagung sein[86]. Eine Strafbarkeit nach den §§ 242, 246 StGB scheidet mithin aus.

bb) *Begünstigung gemäß § 257 StGB*

Wegen Begünstigung könnte sich in Fällen der Produktpiraterie der Erwerber von Piraterieware schuldig machen. Nach § 257 Abs. 1 StGB ist es strafbar, einem anderen, der eine rechtswidrige Tat begangen hat, in der Absicht Hilfe zu leisten, ihm die Vorteile der Tat zu sichern. § 257 Abs. 1 StGB sieht eine Freiheitsstrafe bis zu fünf Jahren oder Geldstrafe vor, wobei die Strafe gemäß § 257 Abs. 2 StGB allerdings nicht schwerer sein darf als die für die Vortat angedrohte Strafe.

Als Vortaten des § 257 StGB kommen nicht nur Vermögensdelikte, sondern alle Straftaten in Betracht, die dem Vortäter irgendeinen Vorteil gebracht haben oder bringen sollen[87], also auch Taten nach § 143 MarkenG[88]. Die Hilfeleistung ist im Ankauf der Piraterieware gegen Kaufpreiszahlung zu sehen, da sie objektiv geeignet ist, dem Vortäter die durch die Vortat erlangten oder entstandenen Vorteile gegen Entziehung zu sichern[89]. Mit dem Ankauf der Piraterieware wird diese durch ihren Geldwert ersetzt, der wirtschaftliche Vorteil der Markenverlet-

---

85 Tröndle, in: Tröndle/Fischer, Strafgesetzbuch und Nebengesetze, § 242 StGB, Rdnr. 3, § 246 StGB, Rdnr. 3.

86 Ebenso Braun, Produktpiraterie, S. 167.

87 Vgl. Fischer, in: Tröndle/Fischer, Strafgesetzbuch und Nebengesetze, § 257 StGB, Rdnr. 2; Stree, in: Schönke/Schröder, Strafgesetzbuch, § 257 StGB, Rdnr. 5.

88 Ebenso Holler, in: Harte-Bavendamm, Handbuch der Markenpiraterie in Europa, § 5, Rdnr. 169.

89 Holler, in: Harte-Bavendamm, Handbuch der Markenpiraterie in Europa, § 5, Rdnr. 169; vgl. auch Lieben, GRUR 1984, 572 (575).

zung verbleibt als weniger verfängliches und schwerer zu entziehendes Surrogat im Vermögen des Vortäters[90].

Fraglich ist allerdings, ob die im Rahmen des subjektiven Tatbestands neben dem Vorsatz bezüglich der rechtswidrigen Vortat und der Hilfeleistung erforderliche Absicht, dem Vortäter die Vorteile der Vortat zu sichern, bei einem Erwerber von Piraterieware vorliegt. Hierzu muß es dem Täter, ohne daß dies der einzige Zweck zu sein braucht, darauf ankommen, die Wiederherstellung des gesetzmäßigen Zustands zu verhindern oder zu erschweren[91]. Dem Erwerber von Piraterieware kommt es hierauf aber in aller Regel nicht an. Er will lediglich „Markenware" unter dem regulären Preis erwerben. Die Kaufpreiszahlung betrachtet er eher als unerwünschte Notwendigkeit, die Besserstellung des Vortäters als notwendige Folge seines Handels. Es fehlt mithin in der Regel an der vorgenannten Absicht, dem Vortäter die Vorteile der Vortat zu sichern[92].

Im Ergebnis scheidet eine Strafbarkeit des Erwerbers von Piraterieware nach § 257 StGB regelmäßig aus.

cc) Hehlerei gemäß § 259 StGB

Der Erwerb von Piraterieware könnte aber den Tatbestand der Hehlerei gemäß § 259 StGB erfüllen. Nach § 259 Abs. 1 StGB macht sich strafbar, wer eine Sache, die ein anderer gestohlen oder sonst durch eine gegen fremdes Vermögen gerichtete rechtswidrige Tat erlangt hat, ankauft oder sonst sich oder einem Dritten verschafft, sie absetzt oder absetzten hilft, um sich oder einen Dritten zu bereichern. Die Hehlerei sieht eine Freiheitsstrafe bis zu fünf Jahren oder Geldstrafe vor. Der Versuch ist nach § 259 Abs. 3 StGB strafbar.

Zwar reicht es für die Vortat im Rahmen des § 259 Abs. 1 StGB aus, daß durch die Deliktsverwirklichung Vermögensinteressen des Opfers berührt werden[93], so daß im Grunde jede gegen § 143 MarkenG verstoßende Markenverletzung als taugliche Vortat einer Hehlerei angesehen werden könnte. Gleichwohl bestehen hiergegen erhebliche Bedenken. Das Wesen der Hehlerei liegt in der Perpetuierung der durch die Vortat geschaffenen Vermögenslage hinsichtlich der nunmehr erlangten Sache durch Weiterverschieben im einverständlichen Zusammenwirken mit dem Vordermann, so daß die Strafbarkeit wegen Hehlerei

90 Braun, Produktpiraterie, S. 183; Holler, in: Harte-Bavendamm, Handbuch der Markenpiraterie in Europa, § 5, Rdnr. 169.

91 Fischer, in: Tröndle/Fischer, Strafgesetzbuch und Nebengesetze, § 257 StGB, Rdnr. 9.

92 Ebenso Braun, Produktpiraterie, S. 184; Holler, in: Harte-Bavendamm, Handbuch der Markenpiraterie in Europa, § 5, Rdnr. 170.

93 Braun, Produktpiraterie, S. 179.

auf körperliche Gegenstände beschränkt werden muß[94]. Die Straftaten im Sinne des § 143 MarkenG richten sich aber ausschließlich gegen das geistige Eigentum des Markeninhabers, nicht gegen Sachgüter, die sachenrechtliche Lage bleibt unberührt[95]. Demgemäß kann § 143 MarkenG nicht als taugliche Vortat einer Hehlerei angesehen werden. Hinzu kommt, daß auch ein Mißverhältnis in der Höchststrafe bestünde, da § 143 Abs. 1 MarkenG hier lediglich drei Jahre vorsieht, § 259 Abs. 1 StGB dagegen fünf Jahre. Es ist aber nicht einzusehen, daß der Erwerber von Piraterieware härter bestraft wird als der Hersteller oder Vertreiber[96].

Im Ergebnis scheidet eine Bestrafung des Erwerbers von Piraterieware nach § 259 StGB aus[97].

dd) Strafvereitelung gemäß § 258 StGB

In Strafverfahren ist es keine Seltenheit, daß Händler, bei denen Piraterieware aufgefunden wird, gegenüber den Strafverfolgungsbehörden wahrheitswidrig nicht existente Firmen als vermeintliche Lieferanten vorschieben oder aber auch behaupten, keine Kenntnis von der Herkunft der Ware zu haben. Im zweiten Fall will man diese in der Regel auf einem Markt von einem unbekannten Händler gegen Barzahlung erworben haben. Derartige unrichtige Angaben könnten den Tatbestand der Strafvereitelung erfüllen. Nach § 258 Abs. 1 StGB ist es strafbar, absichtlich oder wissentlich ganz oder zum Teil zu vereiteln, daß ein anderer dem Strafgesetz gemäß wegen einer rechtswidrigen Tat bestraft oder einer Maßnahme gemäß § 11 Abs. 1 Nr. 8 StGB unterworfen wird. Die Strafvereitelung sieht eine Freiheitsstrafe bis zu fünf Jahren oder Geldstrafe vor, wobei die Strafe nicht schwerer sein darf als die für die Vortat angedrohte Strafe. Gemäß § 258 Abs. 4 StGB ist der Versuch strafbar.

Eine Vereitelung im Sinne des § 258 Abs. 1 StGB bedeutet jede Besserstellung des Täters im Hinblick auf die Verwirklichung des staatlichen Ahndungsrechts, also nicht nur das endgültige tatsächliche oder rechtliche Verhindern der

---

94 Holler, in: Harte-Bavendamm, Handbuch der Markenpiraterie in Europa, § 5, Rdnr. 167; vgl. auch Fischer, in: Tröndle/Fischer, Strafgesetzbuch und Nebengesetze, § 259 StGB, Rdnr. 1, 6.

95 Vgl. im einzelnen Braun, Produktpiraterie, S. 181, zu § 25d WZG m.w.N.; Holler, in: Harte-Bavendamm, Handbuch der Markenpiraterie in Europa, § 5, Rdnr. 167.

96 Vgl. Lührs, GRUR 1994, 264 (266).

97 Ebenso Braun, Produktpiraterie, S. 182 m.w.N.; Holler, in: Harte-Bavendamm, Handbuch der Markenpiraterie in Europa, § 5, Rdnr. 168.

Aburteilung, sondern auch eine Verzögerung auf geraume Zeit[98]. Durch die eingangs erwähnten unrichtigen Angaben, die die Herkunft der Piraterieware verdecken, wird der objektive Tatbestand des § 258 StGB regelmäßig erfüllt, nachdem eine Verfolgung und damit Aburteilung des Vortäters insbesondere nach § 143 MarkenG zumindest erheblich verzögert wird[99]. Allerdings ist im Hinblick auf die Vortat zu berücksichtigen, daß bei Antragsdelikten wie § 143 Abs. 1 MarkenG die Strafantragsfrist nicht verstrichen sein darf. Während des Fristenlaufs ist eine Strafvereitelung bereits vor Antragstellung möglich, doch kann sie erst nach Antragstellung verfolgt werden[100].

Der subjektive Tatbestand erfordert Absicht oder Wissentlichkeit in bezug auf die Tathandlung. Dem Täter muß es entweder auf die Verfolgungsvereitelung im Sinne eines zielgerichteten Handelns ankommen oder er muß sie als sichere Folge seines Verhaltens vorausgesehen haben[101]. Händler, die die Herkunft ihrer Ware verdecken, tun dies insbesondere, um ihre Bezugsquellen nicht zu verlieren. Sie sehen die Verfolgungsvereitelung demgemäß zumindest als sichere Folge ihres Verhaltens voraus. Hinsichtlich der Vortat reicht bereits bedingter Vorsatz aus, wobei es auf eine exakte tatsächliche oder rechtliche Einordnung durch den Täter nicht ankommt[102].

Die Strafbarkeit nach § 258 Abs. 1 StGB kann allerdings durch den persönlichen Strafausschließungsgrund des § 258 Abs. 5 StGB ausgeschlossen sein. Hiernach wird wegen Strafvereitelung nicht bestraft, wer durch die Tat zugleich ganz oder zum Teil vereiteln will, daß er selbst bestraft oder einer Maßnahme unterworfen wird. Dies ist bei Händlern, die die Piraterieware zu Zwecken des Vertriebs in Besitz hatten und demgemäß selbst den Straftatbestand des § 143 Abs. 1 verwirklicht haben, häufig der Fall, nachdem durch die falschen Angaben in der Regel zugleich auch die eigene Bestrafung verhindert werden soll. Eine Strafbarkeit nach § 258 StGB scheidet mithin nicht selten aus.

---

98 Vgl. Fischer, in: Tröndle/Fischer, Strafgesetzbuch und Nebengesetze, § 258 StGB, Rdnr. 5.

99 Vgl. Holler, in: Harte-Bavendamm, Handbuch der Markenpiraterie in Europa, § 5, Rdnr. 171; Stree, in: Schönke/Schröder, Strafgesetzbuch, § 258 StGB, Rdnr. 17.

100 Fischer, in: Tröndle/Fischer, Strafgesetzbuch und Nebengesetze, § 258 StGB, Rdnr. 3; a.A. Stree, in: Schönke/Schröder, Strafgesetzbuch, § 258 StGB, Rdnr. 4, wonach es für die Verfolgbarkeit der Strafvereitelung keines Strafantrags gegen den Vortäter bedarf.

101 Stree, in: Schönke/Schröder, Strafgesetzbuch, § 258 StGB, Rdnr. 22.

102 Fischer, in: Tröndle/Fischer, Strafgesetzbuch und Nebengesetze, § 258 StGB, Rdnr. 10.

ee) Betrug gemäß § 263 StGB

Der Verkauf von Piraterieware könnte gegenüber dem Erwerber den Tatbestand des Betrugs verwirklichen. Nach § 263 Abs. 1 StGB macht sich strafbar, wer in der Absicht, sich oder einem Dritten einen rechtswidrigen Vermögensvorteil zu verschaffen, das Vermögen eines anderen dadurch beschädigt, daß er durch Vorspiegelung falscher oder durch Entstellung oder Unterdrückung wahrer Tatsachen einen Irrtum erregt oder unterhält. Betrug wird mit Freiheitsstrafe bis zu fünf Jahren oder Geldstrafe bestraft. Der Versuch ist gemäß § 263 Abs. 2 StGB strafbar. In besonders schweren Fällen ist die Strafe gemäß § 263 Abs. 3 StGB Freiheitsstrafe von sechs Monaten bis zu zehn Jahren. Wird der Betrug als Mitglied einer Bande, die sich zur fortgesetzten Begehung von Straftaten nach den §§ 263 bis 264 StGB oder 267 bis 269 StGB verbunden hat, gewerbsmäßig begangen, ist die Freiheitsstrafe gemäß § 263 Abs. 5 StGB ein Jahr bis zu zehn Jahre, in minder schweren Fällen, sechs Monate bis zu fünf Jahre. Handelt der Täter als Mitglied einer Bande, die sich zur fortgesetzten Begehung von Straftaten nach den §§ 263 bis 264 StGB oder §§ 267 bis 269 StGB verbunden hat, kann gemäß § 43a StGB eine Vermögensstrafe verhängt und gemäß § 73d StGB der erweiterte Verfall der Verletzungsgegenstände angeordnet werden; letzterer kann gemäß § 263 Abs. 7 StGB auch dann angeordnet werden, wenn der Täter gewerbsmäßig handelt.

In der Abgabe widerrechtlich gekennzeichneter Ware liegt eine Täuschung des Verletzers gegenüber seinem Abnehmer, da er konkludent im Wege des schlüssigen Handelns wahrheitswidrig erklärt, daß er nicht nur zur Übergabe der Ware befugt sei und diese zur freien Verfügung des Empfängers übergeben könne, sondern auch, daß die Ware vom Kennzeichnungsberechtigten stamme[103]. Weiterhin schließt die Erklärung in vielen Fällen die unzutreffende Aussage ein, daß die Ware von der Qualität der Originalerzeugnisse sei. Der Abnehmer unterliegt infolgedessen regelmäßig einem entsprechenden Irrtum, nachdem insofern bereits ausreichend ist, wenn trotz gewisser Zweifel die Vermögensverfügung getroffen, also die Möglichkeit der Unwahrheit für geringer gehalten wird[104]. Gleichwohl kommt es auch vor, daß Abnehmer aus Kostengründen bewußt billige Falsifikate hochpreisiger Markenware erwerben; hier scheidet ein Betrug selbstverständlich aus. Hiervon abgesehen verfügt der Abnehmer durch die Kaufpreiszahlung irrtumsbedingt über sein Vermögen.

---

103 Vgl. Holler, in: Harte-Bavendamm, Handbuch der Markenpiraterie in Europa, § 5, Rdnr. 159 m.w.N.

104 Fischer, in: Tröndle/Fischer, Strafgesetzbuch und Nebengesetze, § 263 StGB, Rdnr. 18.

Unabhängig davon, welche Meinung man zur umstrittenen Definition des Vermögensbegriffs[105] vertritt, begründet die Kaufpreiszahlung nach allen Auffassungen unmittelbar einen Vermögensschaden, wenn der Abnehmer zum Preis eines Originals lediglich qualitativ minderwertige Ware erwirbt oder die rechtliche Qualität der erlangten Position eingeschränkt ist. Letzteres ist allerdings lediglich bei Wiederverkäufern[106] zu bejahen, da der Markeninhaber diesen gegenüber Unterlassungs-, Auskunfts- und Vernichtungsansprüche geltend machen kann. Da sich die Minderwertigkeit einer Ware nicht nach reinen Qualitätsgesichtspunkten, sondern nach der Verkehrs- und Marktauffassung bestimmt, ist in Fällen, in denen der Geschäftsverkehr einer Ware bestimmter Herkunft einen erhöhten Wert zuerkennt, ein Schaden bei Lieferung anderer Waren auch dann zu bejahen, wenn diese qualitätsgleich oder sogar von höherer Qualität sind[107].

In subjektiver Hinsicht erfordert § 263 Abs. 1 StGB zum einen das Bewußtsein des Täters, durch die Täuschung einen Irrtum, durch die Irrtumserregung eine Vermögensverfügung des Getäuschten und dadurch wiederum eine unmittelbare Vermögensbeschädigung hervorzurufen, sowie das Bewußtsein, auf den angestrebten Vermögensvorteil kein Recht zu haben[108]. Zum anderen bedarf es der Absicht, sich oder einem Dritten einen Vermögensvorteil zu verschaffen, d.h. es muß dem Täter darauf ankommen, den Vermögensvorteil zu erlangen, Motiv oder letzter Zweck braucht er hingegen nicht zu sein[109]. Beides liegt bei Produktpiraten in aller Regel vor.

Im Ergebnis verwirklicht der Verkauf von Piraterieware gegenüber dem Erwerber regelmäßig den Tatbestand des Betrugs.

ff) Untreue gemäß § 266 StGB

Wegen Untreue macht sich strafbar, wer die ihm durch Gesetz, behördlichen Auftrag oder Rechtsgeschäft eingeräumte Befugnis, über fremdes Vermögen zu verfügen oder einen anderen zu verpflichten, mißbraucht (Mißbrauchstatbestand) oder die ihm kraft Gesetzes, behördlichen Auftrags, Rechtsgeschäfts oder eines

---

105 Vgl. dazu Cramer, in: Schönke/Schröder, Strafgesetzbuch, § 263 StGB, Rdnr. 78 ff. m.w.N.

106 Soweit der Abnehmer die Ware unentgeltlich an Dritte abzugeben beabsichtigt, ist er unter Umständen ebenso in seiner rechtlichen Position eingeschränkt, soweit man hier von einem geschäftlichen Verkehr ausgeht (vgl. dazu B II).

107 Vgl. dazu ausführlich Braun, Produktpiraterie, S. 170 f.

108 Fischer, in: Tröndle/Fischer, Strafgesetzbuch und Nebengesetze, § 263 StGB, Rdnr. 40.

109 Fischer, in: Tröndle/Fischer, Strafgesetzbuch und Nebengesetze, § 263 StGB, Rdnr. 41.

Treueverhältnisses obliegende Pflicht, fremde Vermögensverhältnisse wahrzunehmen, verletzt und dadurch dem, dessen Vermögensinteressen er zu betreuen hat, Nachteil zufügt (Treuebruchstatbestand). Untreue wird mit Freiheitsstrafe bis zu fünf Jahren oder Geldstrafe bestraft.

Die Überschreitung einer eingeräumten Vertretungsbefugnis spielt in Fällen der Produktpiraterie keine Rolle, so daß eine Anwendbarkeit des Mißbrauchstatbestands von vornherein ausscheidet[110]. Fraglich ist dagegen eine Anwendbarkeit des Treuebruchstatbestands. Dieser wird von Rechtsprechung und Literatur durch restriktive Auslegung der Vermögensbetreuungspflicht eingeengt. Verlangt wird nicht nur, daß die Pflicht zur Wahrnehmung fremder Vermögensinteressen den typischen und wesentlichen Inhalt des Verhältnisses bildet, also dessen Hauptpflicht ist, sondern auch, daß es sich bei dem Vermögensbetreuungsverhältnis um eine Geschäftsbesorgung handelt, so daß Nebenpflichten aus schuldrechtlichen Verträgen ausgeschlossen sind[111]. Allerdings läßt die Rechtsprechung teilweise auch genügen, wenn die Pflicht zur Wahrnehmung fremder Vermögensinteressen nach den gesamten Umständen des Einzelfalls eine nicht ganz unbedeutende Angelegenheit mit einem Aufgabenkreis von einigem Gewicht und einem gewissen Grad von Verantwortlichkeit betrifft[112].

In Fällen der Produktpiraterie kommen im Bereich der Markenverletzungen für die Verwirklichung des Tatbestands der Untreue im wesentlichen drei Tätergruppen in Betracht: Händler, die neben der vom Markeninhaber bezogenen Originalware auch Plagiate derselben vertreiben; Hersteller, die Markenprodukte für den Markeninhaber produzieren und dabei die vereinbarte Fertigungsmenge überschreiten, um „nebenher" noch ein Geschäft über eigene Vertriebskanäle zu machen; Lizenznehmer, die unter der Marke Produkte, für die der Markeninhaber etwa wegen Nichteinhaltung der Qualitätsstandards oder Überschreitung der zulässigen Fertigungsmenge keine Zustimmung erteilt hat, fertigen und diese über eigene Vertriebskanäle absetzen.

In den oben genannten Fällen wird zwar gegen die Pflicht verstoßen, den Vertrag zu erfüllen und auf die Interessen des Markeninhabers Rücksicht zu nehmen, der Treuebruchstatbestand ist jedoch nicht verwirklicht. Die Vertragsbeziehung ist hier ausschließlich durch jeweils gegenläufige eigene Interessen und eigenes Vorteilsstreben gekennzeichnet, so daß es an einem Vermögensbetreuungsverhältnis fehlt[113]. Eine Strafbarkeit kann allenfalls dann in Betracht kommen, wenn über die allgemeinen Vertragspflichten hinausgehende Umstän-

---

110 Braun, Produktpiraterie, S. 176.

111 Lenckner/Perron, in: Schönke/Schröder, Strafgesetzbuch, § 266 StGB, Rdnr. 23 ff. m.w.N.; Braun, Produktpiraterie, S. 177.

112 Braun, Produktpiraterie, S. 177 m.w.N.

113 Ebenso Braun, Produktpiraterie, S. 177 f.

de hinzutreten, das Vertragsverhältnis beispielsweise Elemente der Geschäftsbesorgung aufweist oder – beim Händler – dessen Stellung der eines Kommissionärs angenähert ist[114].

gg) Urkundenfälschung gemäß § 267 StGB

Nach § 267 Abs. 1 StGB macht sich strafbar, wer zur Täuschung im Rechtsverkehr eine unechte Urkunde herstellt, eine echte Urkunde verfälscht oder eine unechte oder verfälschte Urkunde gebraucht.

Unabhängig davon, ob man eine Marke unter den Urkundenbegriff des § 267 StGB faßt, scheidet eine diesbezügliche Strafbarkeit schon deshalb aus, da Marken durch § 143 MarkenG strafrechtlichen Sonderschutz genießen[115]. Die niedrigere Strafandrohung des § 143 Abs. 1 MarkenG, der eine Freiheitsstrafe bis zu drei Jahren oder Geldstrafe vorsieht, darf für die dem besonderen Schutz des Markengesetzes unterliegenden „Kennzeichen" nicht durch die höhere Strafandrohung des § 267 StGB, der eine Freiheisstrafe bis zu fünf Jahren oder Geldstrafe vorsieht, substituiert werden[116].

In Fällen der Produktpiraterie kann der Tatbestand der Urkundenfälschung aber dann verwirklicht sein, wenn der Täter sonstige Erklärungen des angeblichen Erzeugers auf den Waren anbringt, wie insbesondere Kontrollnummern, soweit ihnen die Bedeutung eines Güte- oder Prüfzeichens zukommt oder eine Aussage in bezug auf die Lieferung und den Vertriebsweg getroffen wird[117].

hh) Üble Nachrede und Verleumdung gemäß §§ 186, 187 StGB

Nach § 186 StGB macht sich wegen übler Nachrede strafbar, wer in Beziehung auf einen anderen eine Tatsache behauptet oder verbreitet, welche denselben verächtlich zu machen oder in der öffentlichen Meinung herabzuwürdigen geeignet ist. Geschieht dies darüber hinaus wider besseren Wissens und handelt es sich um eine unwahre Tatsache, welche den anderen verächtlich zu machen oder in der öffentlichen Meinung herabzuwürdigen oder dessen Kredit zu gefährden geeignet ist, liegt Strafbarkeit wegen Verleumdung gemäß § 187 StGB vor.

---

114 Vgl. Holler, in: Harte-Bavendamm, Handbuch der Markenpiraterie in Europa, § 5, Rdnr. 166; Braun, Produktpiraterie, S. 177 f.

115 Holler, in: Harte-Bavendamm, Handbuch der Markenpiraterie in Europa, § 5, Rdnr. 174 m.w.N.

116 Holler, in: Harte-Bavendamm, Handbuch der Markenpiraterie in Europa, § 5, Rdnr. 174.

117 Braun, Produktpiraterie, S. 187 f. m.w.N.; ausführlich Holler, in: Harte-Bavendamm, Handbuch der Markenpiraterie in Europa, § 5, Rdnr. 175 f.

Zwar liegt in der Abgabe widerrechtlich gekennzeichneter Ware regelmäßig die Behauptung, daß diese vom Kennzeichnungsberechtigten stamme[118], doch hat diese Behauptung allein keinen ehrverletzenden oder kreditgefährdenden Inhalt. Ein negativer Eindruck im Hinblick auf den Markenhersteller entsteht beim (gutgläubigen) Erwerber erst, wenn er die zumeist schlechte Qualität der Ware feststellt. Derartige Schlußfolgerungen resultieren aber aus der Schaffung einer kompromittierenden Sachlage durch den Verletzer, die mit einer Tatsachenbehauptung nicht gleichgesetzt werden kann[119].

Im Ergebnis scheidet eine Strafbarkeit des Vertreibers widerrechtlich gekennzeichneter Ware nach §§ 186, 187 StGB aus.

c) Möglichkeit des § 154d StPO

Hängt die Erhebung der öffentlichen Klage wegen eines Vergehens von der Beurteilung einer Frage ab, die nach bürgerlichem Recht zu beurteilen ist, kann die Staatsanwaltschaft nach § 154d StPO eine Frist zur Austragung dieser Frage im bürgerlichen Streitverfahren bestimmen. Nach fruchtlosem Ablauf der Frist, von der der Anzeigende zu benachrichtigen ist, kann die Staatsanwaltschaft das Verfahren einstellen.

Zweck des § 154d StPO ist es, die Staatsanwaltschaft davor zu bewahren, über komplizierte Vorgänge, die in erster Linie zivilrechtliche Bedeutung haben, schwierige Beweiserhebungen durchführen zu müssen, wenn es dem Anzeigenden darauf ankommt, das Strafverfahren als Druckmittel auf einen Gegner oder zur Vorbereitung eines anderen Verfahrens zu benutzen[120].

In Fällen der Produktpiraterie kommt § 154d StPO hauptsächlich dann in Betracht, wenn der Verletzer behauptet, die Ware stamme vom Markeninhaber, wobei die Lieferung über diverse, auch ausländische Zwischenhändler stattgefunden habe. Da eine Beweiserhebung hier nicht nur die Auswertung umfangreicher Dokumente wie Rechnungen und Lieferscheine, sondern auch die Vernehmung zahlreicher Zeugen, zum Teil mit Dolmetschern, erfordert, kann die Staatsanwaltschaft zunächst eine Klärung auf dem Zivilrechtsweg verlangen.

118 Vgl. oben E II 3 b) ee).
119 Ebenso Braun, Produktpiraterie, S. 188.
120 Kleinknecht/Meyer-Goßner, Strafprozeßordnung, § 154d StPO, Rdnr. 1.

Das in den §§ 403 bis 406c StPO geregelte Adhäsionsverfahren soll dem Verletzten die Möglichkeit geben, seine bürgerlich-rechtlichen Ersatzansprüche gegen den Straftäter, die er an sich vor den Zivilgerichten verfolgen müßte, schon im Strafverfahren geltend zu machen[121].

Gemäß § 403 Abs. 1 StPO kann der Verletzte gegen den Beschuldigten einen aus der Straftat erwachsenen vermögensrechtlichen Anspruch, der zur Zuständigkeit der ordentlichen Gerichte gehört und noch nicht anderweitig gerichtlich anhängig gemacht ist, im Strafverfahren geltend machen, im Verfahren vor dem Amtsgericht ohne Rücksicht auf den Wert des Streitgegenstandes.

Unter vermögensrechtlichen Ansprüchen sind alle Ansprüche zu verstehen, die aus Vermögensrechten abgeleitet werden oder auf vermögenswerte Leistungen gerichtet sind, mithin auch die markenrechtlichen Ansprüche auf Unterlassung, Vernichtung, Schadensersatz und Bereicherung[122]. Wird dem Vernichtungsanspruch nach § 18 MarkenG im Adhäsionsverfahren stattgegeben, sind die strafrechtlichen Vorschriften über die Einziehung[123] gemäß § 143 Abs. 5 S. 3 MarkenG nicht anzuwenden. Hierdurch wollte der Gesetzgeber dem in erster Linie auf private Rechtsverfolgung angelegten System des Schutzes des geistigen Eigentums gerecht werden[124].

Der Verletzte muß gemäß § 404 Abs. 1 StPO einen entsprechenden Antrag schriftlich oder mündlich zur Niederschrift des Urkundsbeamten, in der Hauptverhandlung auch mündlich bis zum Beginn der Schlußanträge stellen. Allerdings sieht das Gericht gemäß § 405 S. 1 StPO von einer Entscheidung über den Antrag ab, wenn der Angeklagte einer Straftat nicht schuldig gesprochen und auch nicht eine Maßregel der Besserung und Sicherung gegen ihn angeordnet wird oder soweit der Antrag unbegründet erscheint. Eignet sich der Antrag zur Erledigung im Strafverfahren nicht, insbesondere wenn seine Prüfung das Verfahren verzögern würde oder wenn der Antrag unzulässig ist, sieht das Gericht gemäß § 405 S. 2 StPO ebenfalls von einer Entscheidung ab, was in jeder Lage des Verfahrens auch durch Beschluß geschehen kann.

Bedauerlicherweise hat das Adhäsionsverfahren in der deutschen Rechtspraxis keine nennenswerte Bedeutung gewinnen können. In den seltenen Fällen einer Antragstellung sehen die Strafgerichte meist nach § 405 S. 2 StPO von einer

---

121 Kleinknecht/Meyer-Goßner, Strafprozeßordnung, Vor § 403 StPO, Rdnr. 1.
122 Vgl. Kleinknecht/Meyer-Goßner, Strafprozeßordnung, § 403 StPO, Rdnr. 10.
123 Siehe dazu unten E II 5 b).
124 Regierungsbegründung zum Produktpirateriegesetz, BT-Drucks. 11/4792, S. 30.

Entscheidung ab[125]. In Fällen der Produktpiraterie kommt hinzu, daß die Ansprüche auf Unterlassung und Inverwahrungnahme der widerrechtlich gekennzeichneten Gegenstände zumeist unverzüglich im Wege der einstweiligen Verfügung geltend gemacht werden, so daß für ein Adhäsionsverfahren ohnehin kein Raum bleibt.

5. Strafrechtliche Möglichkeiten zur Beseitigung des rechtswidrigen Zustandes

Im Strafrecht bieten sich mehrere Möglichkeiten an, um den durch den Verletzer geschaffenen rechtswidrigen Zustand zu beseitigen. Hierauf soll nachstehend kurz eingegangen werden.

a) Verfall

Ist eine rechtswidrige Tat begangen worden und hat der Täter oder Teilnehmer für die Tat oder aus ihr etwas erlangt, ordnet das Gericht gemäß § 73 Abs. 1 S. 1 StGB dessen Verfall an[126]. Dies gilt jedoch gemäß § 73 Abs. 1 S. 2 StGB dann nicht, soweit dem Verletzten aus der Tat ein Anspruch erwachsen ist, dessen Erfüllung dem Täter oder Teilnehmer den Wert des aus der Tat Erlangten entziehen würde.

In Fällen der Produktpiraterie stehen dem Markeninhaber in der Regel zivilrechtliche Ansprüche auf den vom Verletzer erlangten Vermögensvorteil bzw. dessen Surrogate zu[127], so daß die Anordnung des Verfalls hier meist ausscheidet[128].

b) Einziehung

aa) Gegenstand der Einziehung

Gemäß § 74 Abs. 1 StGB können Gegenstände, d.h. nicht nur Sachen, sondern auch Rechte, die durch die begangene vorsätzliche Straftat hervorgebracht oder zu ihrer Begehung oder Vorbereitung gebraucht worden oder bestimmt gewesen

---

125 Vgl. Kleinknecht/Meyer-Goßner, Strafprozeßordnung, Vor § 403 StPO, Rdnr. 1 m.w.N.

126 Vgl. im einzelnen zum Verfall Lührs, GRUR 1994, 264 (266 f.).

127 Siehe dazu oben C IV, V.

128 Vgl. Holler, in: Harte-Bavendamm, Handbuch der Markenpiraterie in Europa, § 5, Rdnr. 184.

sind, eingezogen werden[129]. Hierunter fallen vorliegend auf der einen Seite beim Hersteller aufgefundene Falsifikate, auf der anderen Seite Vorrichtungen zur Produktion der Pirateriewaware, aber auch beispielsweise zum Transport der Pirateriewaware verwendete Fahrzeuge und als Vorlage verwendete Originale[130]. Nicht von § 74 Abs. 1 StGB erfaßt werden dagegen die sogenannten Beziehungsgegenstände, die nicht Werkzeug für die Tat, sondern der notwendige Gegenstand der Tat selbst, aber nicht deren Produkt sind. Hierunter fallen vorliegend die widerrechtlich gekennzeichneten Waren, die nicht beim Hersteller, sondern erst beim Händler aufgefunden werden[131]. Diese können aber nach § 143 Abs. 5 MarkenG eingezogen werden, der ausdrücklich „Gegenstände, auf die sich die Straftat bezieht", betrifft[132].

bb) Voraussetzungen der Einziehung

Voraussetzungen der Einziehung sowohl nach § 74 Abs. 1 StGB als auch nach § 143 Abs. 5 MarkenG[133] ist eine vorsätzliche Straftat und eine mindestens verminderte Schuldfähigkeit des Täters oder Teilnehmers[134]. Weiterhin müssen die Gegenstände zur Zeit der Entscheidung dem Täter oder Teilnehmer gehören oder zustehen (§ 74 Abs. 2 Nr. 1 StGB) oder nach ihrer Art und den Umständen die Allgemeinheit gefährden oder es muß die Gefahr bestehen, daß sie der Begehung rechtswidriger Taten dienen werden (§ 74 Abs. 2 Nr. 2 StGB). Gemäß § 74 Abs. 3 StGB ist die Einziehung der Gegenstände unter den Voraussetzungen des § 74 Abs. 2 Nr. 2 StGB auch zulässig, wenn der Täter ohne Schuld gehandelt hat.

Das erforderliche Eigentum des Täters oder Teilnehmers gemäß § 74 Abs. 2 Nr. 1 StGB muß zum Zeitpunkt der letzten tatrichterlichen Entscheidung vorliegen, so daß es auf die Rechtsverhältnisse vor der Tat, zum Zeitpunkt der Tat und

---

129 Fischer, in: Tröndle/Fischer, Strafgesetzbuch und Nebengesetze, § 74 StGB, Rdnr. 3, 5, 6.

130 Vgl. ausführlich Braun, Produktpiraterie, 225 ff.

131 Vgl. Fezer, Markenrecht, § 143 MarkenG, Rdnr. 32; Ensthaler, GRUR 1992, 273 (277).

132 Dazu heißt es in der Regierungsbegründung zum Produktpirateriegesetz, BT-Drucks. 11/4792, S. 29, daß die nach dem damals geltenden Recht fehlende Einziehungsmöglichkeit für den Bereich der Produktpiraterie ein entscheidender Mangel sei, da die schutzrechtsverletzenden Waren in den meisten Fällen nicht beim Hersteller, sondern erst bei einem Händler aufgefunden und sichergestellt würden.

133 Gemäß § 74 Abs. 4 StGB gelten § 74 Abs. 2 und 3 StGB für besondere Vorschriften, die eine Einziehung über § 74 Abs. 1 StGB hinaus vorschreiben oder zulassen – wie hier § 143 Abs. 5 MarkenG – entsprechend.

134 Fischer, in: Tröndle/Fischer, Strafgesetzbuch und Nebengesetze, § 74 StGB, Rdnr. 11.

bis zum Urteil nicht ankommt[135]. Hat der Täter oder Teilnehmer den Gegenstand nachträglich, aber vor der Entscheidung über die Einziehung verwertet, namentlich veräußert oder verbraucht, oder hat er die Einziehung sonst vereitelt, kann das Gericht gemäß § 74c Abs. 1 StGB die Einziehung des Wertersatzes anordnen. Ebenfalls kann es die Einziehung des Wertersatzes gemäß § 76 StGB nachträglich anordnen, wenn die Verwertung der Einziehungsanordnung nachfolgt.

War der Täter oder Teilnehmer nicht Eigentümer, ist eine Einziehung unter den oben genannten Voraussetzungen des § 74 Abs. 2 Nr. 2 StGB, dann auch gegenüber Dritteigentümern, möglich[136]. Im Sinne der dort normierten ersten Alternative sind die Allgemeinheit gefährdende Gegenstände solche, die aufgrund ihrer Beschaffenheit generell gefährlich sind, wie z.B. Gifte, verdorbene Lebensmittel, Sprengstoffe, radioaktive Elemente oder besonders hergerichtete Einbruchswerkzeuge, Abtreibungsinstrumente und dergleichen; neben diesen sogenannten abstrakt gefährlichen Gegenständen sind jedoch auch relativ gefährliche Sachen einziehbar, nämlich Gegenstände, die ihrer Art nach ungefährlich oder gefahrneutral sein mögen, aber unter besonderen Umständen, so etwa durch die Art ihrer Verwendung, ihrer Verbindung mit anderen Tatmitteln oder auch aufgrund der verbrecherischen Neigungen oder der Nachlässigkeit ihres Inhabers, zu einer Gefahrenquelle werden können[137]. In Fällen der Produktpiraterie sind beispielsweise widerrechtlich gekennzeichnete Arzneimittel, Pflanzenschutzmittel und medizinische Geräte abstrakt gefährlich, während widerrechtlich gekennzeichnete Ersatzteile für Luft- und Straßenfahrzeuge relativ gefährlich sein können. Weitaus häufiger kommt hier aber die zweite Alternative des § 74 Abs. 2 Nr. 2 StGB in Betracht: Wird eine Vielzahl von gleichartigen Piraterieprodukten aufgefunden und erscheint eine sinnvolle Eigennutzung durch den Besitzer nicht möglich, muß davon ausgegangen werden, daß sie künftig der Begehung rechtswidriger Taten dienen werden[138].

§ 143 Abs. 5 S. 2 MarkenG erleichtert die Dritteinziehung, indem er § 74a StGB für anwendbar erklärt. Hiernach besteht die Möglichkeit der Einziehung eines im Eigentum eines Dritten stehenden Gegenstands, wenn dieser wenigstens leichtfertig dazu beigetragen hat, daß die Sache oder das Recht Mittel oder Gegenstand der Tat oder ihrer Vorbereitung gewesen ist, oder die Gegenstände in Kenntnis der Umstände, welche die Einziehung zugelassen hätte, in verwerfli-

---

135 Fischer, in: Tröndle/Fischer, Strafgesetzbuch und Nebengesetze, § 74 StGB, Rdnr. 12 m.w.N.

136 Zur Erleichterung der Dritteinziehung gemäß § 143 Abs. 5 S. 2 MarkenG, § 74a StGB vgl. nächsten Absatz.

137 Eser, in: Schönke/Schröder, Strafgesetzbuch, § 74 StGB, Rdnr. 31.

138 Ebenso Holler, in: Harte-Bavendamm, Handbuch der Markenpiraterie in Europa, § 5, Rdnr. 181.

cher Weise erworben hat[139]. Leichtfertig ist die grob fahrlässige Unterstützung, wobei es genügt, wenn der Dritte eine Tat dieser Art in allgemeinen Umrissen hätte voraussehen können[140]. In verwerflicher Weise erworben sind Gegenstände, wenn es dem Dritten auf die Vereitelung der Einziehung ankommt oder dessen Handeln in einem erhöhten Grade sittliche Mißbilligung verdient[141].

cc) Verhältnismäßigkeit der Einziehung

Die Einziehung nach § 74 Abs. 1 StGB wie auch nach § 143 Abs. 5 MarkenG ist fakultativ, d.h. sie steht im pflichtgemäßen Ermessen des Richters, und wird durch den Grundsatz der Verhältnismäßigkeit in § 74b StGB eingeschränkt. Hiernach darf sie in den Fällen der §§ 74 Abs. 2 Nr. 1, 74a StGB nicht angeordnet werden, wenn sie zur Bedeutung der begangenen Tat und zum Vorwurf, der den von der Einziehung betroffenen Täter oder Teilnehmer oder in den Fällen des § 74a StGB den Dritten trifft, außer Verhältnis steht. Kann der Zweck der Einziehung auch durch eine weniger einschneidende Maßnahme erreicht werden, ordnet das Gericht gemäß § 74b Abs. 2 S. 1 StGB den Vorbehalt der Einziehung an und trifft diese weniger einschneidende Maßnahme. Hierfür kommt gemäß § 74b Abs. 2 S.2 StGB die Anweisung in Betracht, die Gegenstände unbrauchbar zu machen, an den Gegenständen bestimmte Einrichtungen oder Kennzeichen zu beseitigen, die Gegenstände sonst zu ändern oder über die Gegenstände in bestimmter Weise zu verfügen. In der Praxis wird allerdings in aller Regel die Einziehung angeordnet.

dd) Selbständige Anordnung der Einziehung

Kann wegen der Straftat aus tatsächlichen Gründen keine bestimmte Person verfolgt oder verurteilt werden, muß oder kann gemäß § 76a Abs. 1 StGB auf Verfall oder Einziehung des Gegenstandes oder des Wertersatzes oder auf Unbrauchbarmachung selbständig erkannt werden, wenn die Voraussetzungen, unter denen die Maßnahme vorgeschrieben oder zugelassen ist, im übrigen vorlie-

---

139 Nach dem Entwurf eines Gesetzes zur verbesserten Abschöpfung von Vermögensvorteilen aus Straftaten, BT-Drucks. 13/9742, soll bei der Dritteinziehung die Voraussetzung der Leichtfertigkeit durch die Voraussetzung der Fahrlässigkeit ersetzt und auf die im geltenden Recht enthaltene Verwerflichkeitsklausel ganz verzichtet werden (vgl. dazu Fezer, Markenrecht, § 143 MarkenG, Rdnr. 33).

140 Vgl. Fischer, in: Tröndle/Fischer, Strafgesetzbuch und Nebengesetze, § 74a StGB, Rdnr. 4.

141 Fischer, in: Tröndle/Fischer, Strafgesetzbuch und Nebengesetze, § 74a StGB, Rdnr. 8.

gen. Gemäß § 76a Abs. 2 S. 1 StGB ist § 76a Abs. 1 StGB unter den Voraussetzungen des § 74 Abs. 2 Nr. 2, Abs. 3 und des § 74d StGB[142] auch dann anzuwenden, wenn die Verfolgung der Straftat verjährt ist (§ 76a Abs. 2 S. 1 Nr. 1 StGB) oder sonst aus rechtlichen Gründen keine bestimmte Person verfolgt werden kann und das Gesetz nichts anderes bestimmt (§ 76a Abs. 2 S. 1 Nr. 2 StGB). Einziehung und Unbrauchbarmachung dürfen gemäß § 76a Abs. 2 S. 2 StGB jedoch nicht angeordnet werden, wenn Antrag, Ermächtigung oder Strafverlangen fehlen. Schließlich ist § 76a Abs. 1 StGB gemäß § 76a Abs. 3 StGB auch anzuwenden, wenn das Gericht von Strafe absieht oder wenn das Verfahren nach einer Vorschrift eingestellt wird, die dies nach dem Ermessen der Staatsanwaltschaft oder des Gerichts oder im Einvernehmen beider zuläßt[143].

ee) Wirkung der Einziehung

Mit Rechtskraft der Entscheidung über die Einziehung geht das Eigentum an der Sache gemäß § 74e Abs. 1 StGB auf den Staat über, der regelmäßig die Vernichtung veranlaßt[144]. Vor Rechtskraft der Entscheidung wirken gemäß § 74e Abs. 3 StGB in entsprechender Anwendung des § 73e Abs. 2 StGB die Beschlagnahme nach §§ 111b ff. StPO, die Anordnung der Einziehung und die Anordnung des Vorbehalts der Einziehung als Veräußerungsverbot im Sinne des § 136 BGB[145].

Gemäß § 74e Abs. 2 S. 1 StGB bleiben Rechte Dritter am Einziehungsgegenstand zwar grundsätzlich bestehen, gleichwohl ordnet das Gericht gemäß § 74e Abs. 2 S. 2 StGB das Erlöschen dieser Rechte an, wenn es die Einziehung darauf stützt, daß die Voraussetzungen des § 74 Abs. 2 Nr. 2 StGB vorliegen. Zumin-

---

142 Der hier nicht interessierende § 74d StGB regelt die Einziehung von Schriften, die einen solchen Inhalt haben, daß jede vorsätzliche Verbreitung in Kenntnis ihres Inhalts, gegebenenfalls nur bei Hinzutreten weiterer Tatumstände, den Tatbestand eines Strafgesetzes verwirklichen würde.

143 Vgl. beispielhaft AG Bensheim, Beschluß vom 26.3.1998, Az.: 21 Js 42300/96 – 5 Ds; AG Neubrandenburg, Beschluß vom 11.6.1997, Az.: 741 Js 3477/97 – 6 Ds 93/97.

144 Allerdings sieht § 67 a StVollstrO vor, daß Gegenstände, die im Verfahren wegen Straftaten nach einem Gesetz zum Schutze des geistigen Eigentums eingezogen worden sind und sich zur Verwendung für karitative oder humanitäre Zwecke eignen, an entsprechende Stellen unter bestimmten Voraussetzungen unentgeltlich abgegeben werden können. Hiervon wird aber in der Praxis so gut wie nie Gebrauch gemacht, zumindest wird der Markeninhaber zuvor um Einverständnis gebeten. Vgl. auch den zweiten Produktpiraterieberich der Bundesregierung, BT-Drucks. 14/2111, S. 11.

145 Fischer, in: Tröndle/Fischer, Strafgesetzbuch und Nebengesetze, § 74e StGB, Rdnr. 2.

dest dessen zweite Alternative (Gefahr, daß die Gegenstände der Begehung rechtswidriger Taten dienen werden) liegt in Fällen der Produktpiraterie regelmäßig vor. Daneben kann das Gericht gemäß § 74e Abs. 2 S. 3 StGB das Erlöschen des Rechts eines Dritten auch dann anordnen, wenn diesem eine Entschädigung nach § 74f Nr. 1 oder 2 StGB nicht zu gewähren ist.

ff) Verfahren

Das Verfahren bei Einziehungen findet sich in den §§ 430 ff. StPO. Dort ist insbesondere geregelt, wie vorzugehen ist, wenn im subjektiven Strafverfahren ein Beteiligungsinteressent festgestellt wird, der nicht selbst Beschuldigter ist, aber von der drohenden Maßnahme betroffen würde; das selbständige Einziehungsverfahren (objektives Verfahren), das der Realisierung des § 76a StGB dient, findet sich in den §§ 440, 441 StPO[146].

c) Vermögensstrafe

Die Vermögensstrafe gemäß § 43a StGB dient der Gewinnabschöpfung und ist eine Geldsummenstrafe, deren Höhe durch den Wert des Vermögens des Täters begrenzt ist. Auch wenn eine solche in Fällen der Produktpiraterie durchaus sinnvoll erscheinen würde, kommt sie dort nicht in Betracht, da das Markengesetz nicht auf § 43a StGB verweist, ein solcher Verweis aber gemäß § 43a Abs. 1 S. 1 StGB erforderlich wäre[147].

d) Öffentliche Bekanntmachung der Verurteilung gemäß § 143 Abs. 6 MarkenG

Die Befugnis zur strafprozessualen Urteilsveröffentlichung ist in § 143 Abs. 6 MarkenG geregelt. Sie ist sowohl Nebenstrafe als auch private Genugtuung[148]. Gemäß § 143 Abs. 6 S. 1 MarkenG ist auf Antrag des Verletzten, der ein berechtigtes Interesse darzutun hat, anzuordnen, daß die Verurteilung auf Verlangen öffentlich bekanntgemacht wird.

Ein berechtigtes Interesse liegt vor, wenn eine Abwägung der Interessen des Verletzten an einer Beseitigung der eingetretenen Marktverwirrung und der sonstigen Fortwirkungen der Kennzeichenverletzung einerseits und der Interessen des Verletzers, im Geschäftsverkehr nicht unnötig herabgesetzt und diffamiert zu

146 Vgl. Kleinknecht/Meyer-Goßner, Strafprozeßordnung, Vor § 430 StPO, Rdnr. 4 f.
147 Vgl. Lührs, GRUR 1994, 264 (268).
148 Klaka, in: Althammer/Ströbele/Klaka, Markengesetz, § 143 MarkenG, Rdnr. 30 m.w.N.

werden andererseits, zugunsten des Verletzten ausfällt[149]. Unterläßt das Gericht die Anordnung einer öffentlichen Bekanntmachung, kann der Verletzte als Nebenkläger, notfalls nach Anschließung, Rechtsmittel einlegen (§ 395 Abs. 1, Abs. 2 Nr. 3 StPO)[150].

Für die Vollstreckung der Anordnung der öffentlichen Bekanntmachung sind wie bei jeder anderen gerichtlichen Maßnahme die Vollstreckungsbehörden zuständig. Gemäß § 463c Abs. 2 StPO wird sie nur vollzogen, wenn der Antragsteller dies innerhalb eines Monats nach Zustellung der rechtskräftigen Entscheidung (§ 463 c Abs. 1 StPO) verlangt. Falls erforderlich, hält das Gericht gemäß § 463 c Abs. 3 S. 1 StPO auf Antrag der Vollstreckungsbehörde den Verleger oder verantwortlichen Redakteur einer periodischen Druckschrift durch Festsetzung eines Zwangsgeldes bis zu Euro 25.000,00 oder von Zwangshaft bis zu sechs Wochen dazu an, seiner Verpflichtung, die Bekanntmachung in das Druckwerk aufzunehmen, nachzukommen. Das Zwangsgeld kann gemäß § 463 c Abs. 3 S. 2 StPO wiederholt festgesetzt werden. Gemäß § 463 c Abs. 4 StPO gilt für die Bekanntmachung im Rundfunk entsprechendes, wenn der für die Programmgestaltung Verantwortliche seiner Verpflichtung nicht nachkommt. Die Kosten der Urteilsveröffentlichung sind Vollstreckungskosten, die von der Vollstreckungsbehörde beigetrieben werden (§ 464 b StPO, § 1 I Nr. 6 JBeitrO)[151]. Die Art der Bekanntmachung ist gemäß § 143 Abs. 6 S. 2 MarkenG im Urteil zu bestimmen, ebenso der Umfang[152].

Bedauerlicherweise hat die Möglichkeit der Strafurteilsbekanntmachung in der Praxis kaum Bedeutung erlangt[153]. Dem zweiten Produktpiraterieberiqht der Bundesregierung vom 10.11.1999 zufolge fand eine öffentliche Bekanntmachung der Verurteilung bislang lediglich in elf Fällen wegen Verletzung urheberrechtlicher Bestimmungen statt; öffentliche Bekanntmachungen der Verurteilungen wegen markenrechtlicher Bestimmungen sind dort nicht erwähnt[154].

149 Vgl. Fezer, Markenrecht, § 143 MarkenG, Rdnr. 37.
150 Vgl. Baumbach/Hefermehl, Wettbewerbsrecht, § 23 UWG, Rdnr. 4.
151 Vgl. Baumbach/Hefermehl, Wettbewerbsrecht, § 23 UWG, Rdnr. 5.
152 Klaka, in: Althammer/Ströbele/Klaka, Markengesetz, § 143 MarkenG, Rdnr. 30; vgl. im einzelnen auch Baumbach/Hefermehl, Wettbewerbsrecht, § 23 UWG, Rdnr. 13.
153 Vgl. Dierck/Lehmann, CR 1993, 537 (543).
154 Zweiter Produktpiraterieberiqht der Bundesregierung, BT-Drucks. 14/2111, S. 11.

6. *Strafprozessuale Möglichkeiten zur Sicherung des rechtmäßigen Zustandes*

a) *Beweismittelsicherstellung*

Gemäß § 94 Abs. 1 StPO sind Gegenstände, die als Beweismittel für die strafrechtliche Untersuchung von Bedeutung sein können, in Verwahrung zu nehmen oder in anderer Weise sicherzustellen. Ist der Gewahrsamsinhaber nicht bekannt oder stellt er die Ware freiwillig zur Verfügung, erfolgt die Sicherstellung formlos[155]. Einer Beschlagnahme bedarf es gemäß § 94 Abs. 2 StPO, wenn sich die Gegenstände in Gewahrsam einer Person befinden und nicht freiwillig herausgegeben werden. Dies ist auch dann der Fall, wenn die Herausgabe nach § 95 Abs. 2 StPO erzwungen werden muß[156].

Piraterieware ist in aller Regel für die strafrechtliche Untersuchung von Bedeutung, da durch ihre Begutachtung grundsätzlich der Nachweis der Kennzeichenverletzung geführt werden kann. Nachdem in diesem Zusammenhang bereits die potentielle Beweisbedeutung des Gegenstands und ein Anfangsverdacht ausreicht[157], wird hier in der Praxis auch ohne weiteres sichergestellt.

Allerdings sind die Beweismittel nach rechtskräftigem Abschluß des Strafverfahrens wieder herauszugeben, so daß die Unterbindung des rechtswidrigen Zustandes durch die Beweismittelsicherstellung nicht gewährleistet ist[158].

b) *Beschlagnahme zur Sicherung des Verfalls und der Einziehung*

Sind Gründe für die Annahme vorhanden, daß die Voraussetzungen für einen Verfall oder einer Einziehung[159] von Gegenständen vorliegen, können diese gemäß § 111b Abs. 1 StPO durch Beschlagnahme nach § 111c StPO sichergestellt werden[160]. Gemäß § 111b Abs. 5 StPO darf eine solche Beschlagnahme auch dann erfolgen, wenn die Voraussetzungen des den Verfall ausschließenden § 73 Abs. 1 S. 2 StGB vorliegen, also dem Verletzten aus der Tat ein Anspruch erwachsen ist, dessen Erfüllung dem Täter oder Teilnehmer den Wert des aus der Tat Erlangten entziehen würde[161]. Hierdurch erübrigt sich für die Ermittlungsbe-

---

155 Kleinknecht/Meyer-Goßner, Strafprozeßordnung, § 94 StPO, Rdnr. 12.
156 Kleinknecht/Meyer-Goßner, Strafprozeßordnung, § 94 StPO, Rdnr. 13.
157 Vgl. im einzelnen Kleinknecht/Meyer-Goßner, Strafprozeßordnung, § 94 StPO, Rdnr. 6 ff.
158 Lührs, GRUR 1994, 264 (268).
159 Zu Verfall und Einziehung siehe oben E II 5 a), b).
160 Vgl. zur Beschlagnahme zur Sicherung des Verfalls und der Einziehung Lührs, GRUR 1994, 264 (268 f.).
161 Siehe oben E II 5 a).

hörden die insbesondere im Ermittlungsverfahren schwierige Prüfung, ob § 73 Abs. 1 S. 2 StGB einschlägig ist. Die Beschlagnahme kann aber auch zum Zwecke der sogenannten „Zurückgewinnungshilfe" angeordnet werden, wenn von vornherein nur die Sicherung der Interessen möglicher Verletzer in Betracht kommt, was allerdings im Ermessen der Beschlagnahmebehörde steht[162].

Die Anordnung der Beschlagnahme ist dem Verletzten, soweit er bekannt ist oder im Laufe des Verfahrens bekannt wird, gemäß § 111e Abs. 3 StPO unverzüglich mitzuteilen. Wird im Strafurteil lediglich deshalb nicht auf Verfall erkannt, weil Ansprüche des Verletzten im Sinne des § 73 Abs. 1 S. 2 StGB entgegenstehen oder weil das Verfahren nach den §§ 430 und 442 StPO auf andere Rechtsfolgen beschränkt wird, kann die Beschlagnahme gemäß § 111i StPO für die Dauer von höchstens drei Monaten aufrecht erhalten werden, um dem Verletzten zu ermöglichen, einen zivilrechtlichen Titel auf Herausgabe an ihn zu erwirken[163].

Kommt – wie in Fällen der Produktpiraterie im Hinblick auf die Piraterieware üblich – ein Beweisgegenstand zugleich als Verfalls- oder Einziehungsgegenstand in Betracht, ist die Beschlagnahme nach § 94 StPO zwar ausreichend, gleichwohl sollte wegen des nur nach § 111c Abs. 5 StPO eintretenden Veräußerungsverbotes gleichzeitig nach § 111b StPO beschlagnahmt werden[164].

c) Durchsuchung

Um die Gegenstände aufzufinden, die als Beweismittel der Beschlagnahme gemäß §§ 94 ff. StPO unterliegen, steht die Durchsuchung gemäß §§ 102 ff. StPO zur Verfügung. Gemäß § 111b Abs. 3 StPO sind die §§ 102 ff. StPO auch anzuwenden, wenn Verfalls- und Einziehungsgegenstände gemäß §§ 111b ff. StPO zum Zwecke der Beschlagnahme gesucht werden.

III. Zivilverfahren

Zur zivilrechtlichen Durchsetzung seiner Ansprüche stehen dem Markeninhaber die Abmahnung, die einstweilige Verfügung und die (Hauptsache-)Klage zur Verfügung. Daneben besteht die Möglichkeit der vorläufigen Sicherung der Kostenerstattungsansprüche im Wege des dinglichen Arrests in das bewegliche und unbewegliche Vermögen des Verletzers.

---

162 Kleinknecht/Meyer-Goßner, Strafprozeßordnung, § 111b StPO, Rdnr. 5 f.
163 Kleinknecht/Meyer-Goßner, Strafprozeßordnung, § 111i StPO, Rdnr. 1.
164 Kleinknecht/Meyer-Goßner, Strafprozeßordnung, § 94 StPO, Rdnr. 2.

1. Abmahnung

Zur außergerichtlichen Beilegung eines Streits kann der Markeninhaber den Verletzer abmahnen[165], das heißt, dessen Verhalten als Markenrechtsverstoß beanstanden und ihn unter Androhung gerichtlicher Schritte zur Abgabe einer strafbewehrten Unterlassungserklärung innerhalb einer bestimmten Frist auffordern[166]. Im Rahmen einer solchen Abmahnung werden üblicherweise gleichzeitig auch die Ansprüche auf Auskunft, Vernichtung und Schadensersatz geltend gemacht. Eine Herausgabe der ungerechtfertigten Bereicherung wird dagegen in der Regel erst dann gefordert, wenn der Verletzer im Hinblick auf den Schadensersatzanspruch behauptet, schuldlos gehandelt zu haben, und das Gegenteil nicht bewiesen werden kann. Grundsätzlich besteht auch die Möglichkeit, in der Abmahnung die Veröffentlichung des Wortlauts der Unterlassungserklärung zu verlangen, was in der Praxis jedoch keine Bedeutung erlangt hat.

a) Erforderlichkeit

Die Abmahnung ist nach allgemeiner Meinung weder Zulässigkeitserfordernis für die gerichtliche Geltendmachung von Unterlassungsansprüchen noch besteht

---

165 Ein Beispiel für die Formulierung einer Abmahnung findet sich bei Spitz/Klinger, in: Bartenbach/Buddeberg/Hecker/Klinger/Metzlaff/Pitz/Schulze/Schweyer/Spitz/Volz/Zindel, Formularsammlung zum gewerblichen Rechtsschutz, S. 369 ff.

166 Insbesondere im Marken-, Patent-, Gebrauchsmuster-, Urheber- und Geschmacksmusterrecht finden sich auch die Begriffe „Verwarnung" oder „Schutzrechtsverwarnung", denen allerdings keine andere Bedeutung als der „Abmahnung" zukommt (vgl. Teplitzky, Wettbewerbsrechtliche Ansprüche, Kap. 41, Fn. 1 m.w.N.; Deutsch, in: Pastor/Ahrens, Der Wettbewerbsprozeß, Kap. 2, Rdnr. 1 m.w.N.). Kreft, in: Jacobs/Lindacher/Teplitzky, UWG Großkommentar, Vor § 13 UWG, Abschnitt C, Rdnr. 6, und Gloy, in: Gloy, Handbuch des Wettbewerbsrechts, § 60, Rdnr. 2, sind dagegen – freilich ohne Erläuterung – der Ansicht, daß die Schutzrechtsverwarnung zum Teil andere Rechtsfolgen als die Abmahnung auslösen könne und solle. Kreft verweist in diesem Zusammenhang auf Ahrens, Wettbewerbsverfahrensrecht, S. 127, der die Aufgabe der Schutzrechtsverwarnung hauptsächlich darin sieht, Schadensersatzansprüche gegen den Verletzer zu begründen, indem ihm der mögliche Einwand genommen werde, in Unkenntnis des bestehenden Schutzes gehandelt zu haben. In zweiter Linie komme es auf die Unterbindung der Schutzrechtsverletzung an. Bei der wettbewerbsrechtlichen Abmahnung sei der letztgenannte Zweck demgegenüber ganz in den Vordergrund getreten. Zumindest in Fällen der Produktpiraterie kommt es aber ebenfalls ganz entscheidend und in erster Linie auf die Unterbindung der Schutzrechtsverletzung an, so daß diese Unterscheidung nicht überzeugt.

eine rechtliche Verpflichtung für diese[167]. Allerdings läuft der Markeninhaber, der sogleich die Gerichte anruft, Gefahr, mit den Kosten des Gerichtsverfahrens belastet zu werden, wenn der Verletzer den Anspruch sofort anerkennt. Denn ohne vorherige Abmahnung besteht regelmäßig keine Veranlassung zur Einleitung eines gerichtlichen Verfahrens im Sinne des § 93 ZPO, da Verletzer häufig bereit sind, sich zu unterwerfen und so ein gerichtliches Verfahren zu vermeiden[168]. Das Abmahnverfahren liegt im Interesse beider Parteien und der Gerichte[169]. Der Verletzer erhält Kenntnis von seinem Verstoß, sofern ihm dieser zuvor nicht bewußt war, der Markeninhaber gewinnt Aufschluß, ob ein zeit- und kostenaufwendiges gerichtliches Vorgehen erforderlich ist und die Gerichte werden nicht unnötig in Anspruch genommen.

b) Ausnahmen

Nur in Ausnahmefällen wird vom Erfordernis der Abmahnung zur Vermeidung von Kostennachteilen abgesehen. Die umfangreiche Rechtsprechung hierzu ist in ihrer Begründung vielschichtig und nicht einheitlich[170]. Im wesentlichen haben sich zwei Fallgruppen herausgebildet, die eine Abmahnung entbehrlich werden lassen: die vorauszusehende Erfolglosigkeit und die Unzumutbarkeit einer vorherigen Abmahnung[171]. Beide Fallgruppen erfordern eine Beurteilung aus der Sicht des Verletzten, wobei auf die Umstände abzustellen ist, die dem Verletzten im Zeitpunkt seiner Entscheidung bekannt waren. Das spätere Verhalten des Verletzers kann allerdings insoweit Bedeutung erlangen, als es dem Verletzten ermöglicht, darzulegen, daß er zu Recht angenommen hat, der Verletzer werde sich uneinsichtig zeigen[172].

---

167 Vgl. Gloy, in: Gloy, Handbuch des Wettbewerbsrechts, § 60, Rdnr. 3 m.w.N.; Teplitzky, Wettbewerbsrechtliche Ansprüche, Kap. 41, Rdnr. 2 m.w.N.

168 Berneke, Die einstweilige Verfügung in Wettbewerbssachen, Rdnr. 10 m.w.N.

169 Vgl. Baumbach/Hefermehl, Wettbewerbsrecht, Einl. UWG, Rdnr. 529.

170 Vgl. Gloy, in: Gloy, Handbuch des Wettbewerbsrechts, § 60, Rdnr. 5 m.w.N.

171 Siehe ausführlich zu beiden Fallgruppen Gloy, in: Gloy, Handbuch des Wettbewerbsrechts, § 60, Rdnr. 5 ff. m.w.N.; Teplitzky, Wettbewerbsrechtliche Ansprüche, Kap. 41, Rdnr. 21 ff.; Köhler, in: Köhler/Piper, UWG, Vor § 13 UWG, Rdnr. 198 ff.; Baumbach/Hefermehl, Wettbewerbsrecht, Einl. UWG, Rdnr. 542 ff. m.w.N; Deutsch, in: Pastor/Ahrens, Der Wettbewerbsprozeß, Kap. 9, der allerdings eine weitere Untergliederung in Fälle, in denen wegen der für den Gläubiger drohenden Nachteile der Verstoß besonders eilig unterbunden werden muß und in denen ein vorsätzlicher und/oder schwerwiegender Verstoß vorliegt, vornimmt.

172 Gloy, in: Gloy, Handbuch des Wettbewerbsrechts, § 60, Rdnr. 7 m.w.N.

aa) Vorauszusehende Erfolglosigkeit der Abmahnung

Für die Erfolglosigkeit einer Abmahnung müssen konkrete und recht massive Anhaltspunkte sprechen[173]. Solche liegen insbesondere dann vor, wenn der Verletzer eindeutig zu erkennen gegeben hat, daß er einer Abmahnung keine Folge leisten werde[174]. Vorsätzliches Verhalten des Verletzers reicht aber nicht ohne weiteres aus, ebensowenig wie hartnäckiges wiederholtes Zuwiderhandeln[175]. Denn gerade geschickt kalkulierende Vorsatztäter werden oftmals bereit sein, sich einer Abmahnung sofort zu unterwerfen, insbesondere, wenn sie die widerrechtlich gekennzeichnete Ware bereits vollständig oder überwiegend abgesetzt haben[176]. Setzt ein Verletzer dagegen sein markenverletzendes Handeln nach einer Verurteilung, einer abgegebenen Unterlassungserklärung oder einer erfolglosen Abmahnung fort, kann der Verletzte zu Recht davon ausgehen, daß eine neuerliche Abmahnung erfolglos wäre und damit entbehrlich ist[177].

bb) Unzumutbarkeit der Abmahnung

Die Frage der Unzumutbarkeit der Abmahnung stellt sich gerade in Fällen der Produktpiraterie häufig bei gleichzeitig angestrebter Inverwahrungnahme bzw. Sequestration der Verletzungsgegenstände durch einen Gerichtsvollzieher bzw. Sequester. Die einstweilige Inverwahrungnahme bzw. Sequestration ist zur Sicherung des Vernichtungsanspruchs nach § 18 MarkenG grundsätzlich geboten[178].

Wenn der Markeninhaber demgemäß durch die Verbindung von Anspruch auf Unterlassung und Inverwahrungnahme bzw. Sequestration den weiteren Vertrieb gefälschter Ware unterbinden möchte, kann ihm nach überwiegender Meinung in Literatur und Rechtsprechung in aller Regel nicht zugemutet wer-

---

173 Teplitzky, Wettbewerbsrechtliche Ansprüche, Kap. 41, Rdnr. 24.

174 Vgl. Deutsch, in: Pastor/Ahrens, Der Wettbewerbsprozeß, Kap. 9, Rdnr. 6 m.w.N.

175 Vgl. Deutsch, in: Pastor/Ahrens, Der Wettbewerbsprozeß, Kap. 9, Rdnr. 9 m.w.N.; OLG Schleswig-Holstein, Beschluß vom 4.4.2000, WRP 2000, 1327 (1328); Teplitzky, Wettbewerbsrechtliche Ansprüche, Kap. 41, Rdnr. 24 ff., 35 f. m.w.N., der allerdings in „krassen Ausnahmefällen besonders böswilligen und hartnäckigen Verletzerverhaltens" eine Abmahnung als nicht mehr zumutbar ansieht; a.A. Gloy, in: Gloy, Handbuch des Wettbewerbsrechts, § 60, Rdnr. 8 f. m.w.N.

176 Ähnlich Teplitzky, Wettbewerbsrechtliche Ansprüche, Kap. 41, Rdnr. 25.

177 Vgl. Deutsch, in: Pastor/Ahrens, Der Wettbewerbsprozeß, Kap. 9, Rdnr. 8 m.w.N.; Gloy, in: Gloy, Handbuch des Wettbewerbsrechts, § 60, Rdnr. 8 m.w.N.; Teplitzky, Wettbewerbsrechtliche Ansprüche, Kap. 41, Rdnr. 37 f., hält eine Abmahnung hier wegen Unzumutbarkeit entbehrlich.

178 Siehe dazu unten E III 2 c) aa) (3).

den, den Verletzer vorher abzumahnen und damit zu warnen[179]. Der Versuch einer Inverwahrungnahme bzw. Sequestration hat überhaupt nur dann Aussicht auf Erfolg, wenn der Überraschungseffekt gewahrt bleibt. Auf die ohnehin nur selten zuverlässig zu beantwortende Frage der Gut- oder Bösgläubigkeit des Verletzers kommt es ebensowenig an wie auf dessen Eigenschaft als Groß- oder Einzelhändler. In jedem Fall besteht die Gefahr, daß die noch vorhandenen Falsifikate unmittelbar nach der Abmahnung beiseite geschafft werden, sei es auch nur in der irrigen Annahme des Verletzers, Gewährleistungsansprüche gegenüber dem Lieferanten nur bei Rückgabe der Ware geltend machen zu können bzw. aus diesem Grund zur Rückgabe berechtigt zu sein[180].

Ausnahmsweise ist hier eine Abmahnung allerdings dann zur Abwendung der Kostensanktion des § 93 ZPO erforderlich, wenn für den Verletzten konkrete Anhaltspunkte vorliegen, die die zu vermutende Gefahr des Beiseiteschaffens der Waren und/oder anderer Vernebelungsaktionen ausschließen[181]. Dies kommt beispielsweise in Betracht, wenn es sich bei dem Verletzer um ein Unternehmen der öffentlichen Hand handelt. Auch sind Fälle denkbar, in denen aus der Sicht des Klägers bzw. Antragstellers für den Verletzer bei einer kurzen Abmahnungsfrist überhaupt nicht die tatsächliche Möglichkeit besteht, die betroffenen Waren beiseite zu schaffen. Zu nennen wären hier beispielsweise schwere, im Betrieb fest verankerte Maschinen, zu deren Beseitigung erfahrungsgemäß eine längere Zeit erforderlich ist als eine angemessen kurze Abmahnungsfrist. Gleiches gilt für Verletzungsgegenstände, die in Warenhaus- oder Großmarktketten oder ähn-

---

179 Fezer, Markenrecht, § 14 MarkenG, Rdnr. 545, § 18 MarkenG, Rdnr. 34 m.w.N.; Ingerl/Rohnke, Markengesetz, § 18 MarkenG, Rdnr. 30 m.w.N.; Klaka, in: Althammer/Ströbele/Klaka, Markengesetz, § 14 MarkenG, Rdnr. 138; Teplitzky, Wettbewerbsrechtliche Ansprüche, Kap. 41, Rdnr. 30 f. m.w.N.; Gloy, in: Gloy, Handbuch des Wettbewerbsrechts, § 60, Rdnr. 11 m.w.N.; Berneke, Die einstweilige Verfügung in Wettbewerbssachen, Rdnr. 10; OLG Nürnberg, Beschluß vom 3.2.1995, WRP 1995, 427 (427); OLG Hamburg, Beschluß vom 12.6.1984, GRUR 1984, 758 (758); OLG Frankfurt am Main, Beschluß vom 13.6.1983, GRUR 1983, 753 (757); einschränkend Deutsch, in: Pastor/Ahrens, Der Wettbewerbsprozeß, Kap. 9, Rdnr. 3 m.w.N., der konkrete Anhaltspunkte für die ernste Besorgnis, daß der Verletzer im Fall einer auch nur kurz befristeten Abmahnung versuchen werde, eine Sequestration zu vereiteln oder die Ware beiseite zu schaffen, verlangt; ebenso OLG Hamburg, Beschluß vom 28.7.1987, WRP 1988, 47 (47); ähnlich OLG Frankfurt am Main, Urteil vom 5.3.1992, GRUR 1992, 565 (565); strenger OLG München, Beschluß vom 16.12.1997, Az.: 6 W 2955/97, das das Abmahnerfordernis hier lediglich ausnahmsweise verneint.

180 Harte-Bavendamm, in: Harte-Bavendamm, Handbuch der Markenpiraterie in Europa, § 5, Rdnr. 134.

181 OLG Düsseldorf, Beschluß vom 28.10.1996, WRP 1997, 471 (473); vgl. auch Ingerl/Rohnke, Markengesetz, § 18 MarkenG, Rdnr. 30 m.w.N.

lichem vertrieben werden. Hier dauert der Rücklauf der Ware von der einzelnen Filiale bis zum Lager zu lange, als daß die Ware schlagartig eingesammelt und vor Abgabe einer Unterlassungserklärung an den Lieferanten zurückgesandt werden könnte[182].

Falsch wäre es, im Rahmen des § 93 ZPO zwischen dem Anspruch auf Inverwahrungnahme bzw. Sequestration einerseits und den Unterlassungs- und Auskunftsansprüchen andererseits zu unterscheiden, sofern diese in einem einstweiligen Verfügungsverfahren gemeinsam geltend gemacht und vom Verletzer sofort anerkannt werden[183]. Andernfalls wäre der Verletzte zur Vermeidung von Kostennachteilen gezwungen, diese Ansprüche gestaffelt durchzusetzen. Er müßte zunächst eine einstweilige Verfügung auf Inverwahrungnahme bzw. Sequestration der Verletzungsgegenstände erwirken und diese vollstrecken. Frühestens gleichzeitig mit der Inverwahrungnahme bzw. Sequestration könnte er den Verletzer dann wegen des Unterlassungs- und Auskunftsbegehrens abmahnen. Der Verletzte wäre damit schlechter gestellt als derjenige, der ausschließlich einen Unterlassungsanspruch geltend macht und daher in der Lage ist, unmittelbar nach Kenntniserlangung von der Verletzungshandlung abzumahnen und im Anschluß an die Abmahnfrist ohne weitere Verzögerung gerichtlich vorzugehen[184].

Das Kosteninteresse des Verletzers, dem durch eine gesonderte Abmahnung des Unterlassungs- und Auskunftsanspruchs die Möglichkeit gegeben würde, die Ansprüche des Verletzten außergerichtlich zu erfüllen, hat hierbei zurückzustehen. Die Kostendifferenzen halten sich ohnehin in Grenzen, nachdem der Verletzer nach ständiger Rechtsprechung auch die Kosten einer außergerichtlichen Abmahnung gemäß §§ 683 S. 1, 677, 670 BGB, d.h. im allgemeinen eine 7,5/10-Gebühr gemäß § 118 Abs. 1 Nr. 1 BRAGO, zu tragen hat[185]. Hinzu kommt, daß der Verletzte gezwungen wäre, zur Durchsetzung seines Unterlassungs- und Auskunftsanspruchs eine weitere einstweilige Verfügung zu erwirken, wenn sich der Verletzer nach Inverwahrungnahme bzw. Sequestration der gesonderten Abmahnung nicht freiwillig unterwirft. Hierdurch würde die Kostenbelastung für

182 Vgl. OLG Düsseldorf, Beschluß vom 28.10.1996, WRP 1997, 471 (472).

183 So aber LG Düsseldorf, Urteil vom 13.11.1997, Az.: 4 O 286/97, das dem Verletzten auf Kostenwiderspruch des Verletzers die Kosten des Verfügungsverfahrens zu 72 % mit der Begründung auferlegt, eine vorgerichtliche Abmahnung sei nur wegen des Sequestrationsanspruchs entbehrlich gewesen, nicht dagegen wegen des gleichzeitig geltend gemachten Unterlassungs- und Auskunftsanspruchs; in diesem Punkt zu Recht abgeändert durch OLG Düsseldorf, Beschluß vom 1.4.1998, Az.: 2 W 71/97; gegen eine Unterscheidung ebenso Berneke, Die einstweilige Verfügung in Wettbewerbssachen, Rdnr. 10.

184 Vgl. OLG Düsseldorf, Beschluß vom 1.4.1998, Az.: 2 W 71/97.

185 Siehe dazu unten E III 1 g).

den Verletzer sogar größer, da die Gerichts- und Anwaltskosten für zwei getrennte Verfahren nach dem jeweiligen Teilstreitwert höher sind als die entsprechenden Gebühren eines einzigen Verfügungsverfahrens nach dem Gesamtstreitwert aller Ansprüche. Im übrigen widerspräche es auch dem Grundsatz der Prozeßökonomie, aus demselben Lebenssachverhalt herrührende Abwehransprüche (auf Unterlassung, Inverwahrungnahme bzw. Sequestration und Auskunft) zum Gegenstand getrennter Gerichtsverfahren zu machen[186].

c) Inhalt

Die Wirksamkeit einer Kostennachteile ausschließenden Abmahnung setzt inhaltlich voraus, daß diese die Verletzungshandlung bezeichnet, eine Unterlassungserklärung verlangt, eine angemessene Frist setzt und gerichtliche Maßnahmen androht, falls die Unterlassungsverpflichtung nicht abgegeben wird[187].

aa) Bezeichnung der Verletzungshandlung

Die Bezeichnung der Verletzungshandlung erfordert die genaue Angabe des Sachverhalts, der den Markenverletzungsvorwurf begründen soll, muß also die begangene oder unmittelbar bevorstehende Handlung nach der tatsächlichen Seite genau angeben und den daraus hergeleiteten Markenverstoß so klar und eindeutig bezeichnen, daß der Verwarnte die gebotenen Folgerungen ziehen kann[188]. Kostennachteile drohen dann, wenn der in einem Gerichtsverfahren gestellte Antrag weiter geht als der zuvor geforderte Verbotsumfang im Abmahnschreiben[189]. Es besteht allerdings keine Verpflichtung, den behaupteten Verstoß in rechtlicher Hinsicht richtig und umfassend zu qualifizieren[190], was in Fällen

---

186 Vgl. OLG Düsseldorf, Beschluß vom 1.4.1998, Az.: 2 W 71/97.

187 Vgl. Gloy, in: Gloy, Handbuch des Wettbewerbsrechts, § 60, Rdnr. 13.

188 Fezer, Markenrecht, § 14 MarkenG, Rdnr. 543; vgl. zum Wettbewerbsrecht OLG Koblenz, Urteil vom 22.1.1981, GRUR 1981, 671 (674); OLG Düsseldorf, Beschluß vom 18.3.1987, WRP 1988, 107 (108); OLG Köln, Beschluß vom 31.3.1987, WRP 1988, 56 (56); OLG Hamburg, Beschluß vom 18.7.1988, WRP 1989, 32 (32).

189 Vgl. Gloy, in: Gloy, Handbuch des Wettbewerbsrechts, § 60, Rdnr. 14 m.w.N.

190 Vgl. OLG Koblenz, Urteil vom 22.1.1981, GRUR 1981, 671 (674); Baumbach/Hefermehl, Wettbewerbsrecht, Einl. UWG, Rdnr. 531 m.w.N.; a.A. OLG Frankfurt am Main, Beschluß vom 17.11.1983, GRUR 1984, 164 (164), jedenfalls dann, wenn die zuwiderhandelnde Partei sich auf die Abmahnung hin sofort bereit erklärt, weitere Zuwiderhandlungen zu unterlassen und eine strafbewehrte Unterlassungserklärung für den Fall ankündigt, daß ihr die einschlägige Rechtsprechung bekannt gegeben wird.

der Produktpiraterie aber aufgrund der in aller Regel vorliegenden identischen Markenübernahme ohnehin kaum Schwierigkeiten bereitet. Ebensowenig müssen in der Regel Beweismittel angegeben werden, was allerdings auch für den Abgemahnten in seiner Antwort gilt[191].

bb) Verlangen einer Unterlassungserklärung

Da die Rechtsprechung zu der Frage, ob der Abmahnende vom Verletzer ausdrücklich die Abgabe einer Unterlassungserklärung verlangen muß, uneinheitlich ist[192], sollte ausdrücklich und eindeutig zur Abgabe einer solchen aufgefordert werden, um kostenrechtliche Nachteile von vornherein auszuschließen.

(1) Erfordernis eines Formulierungsvorschlags

Die Wirksamkeit einer Abmahnung setzt allerdings nicht voraus, daß der Abmahnende die Unterlassungserklärung vorformuliert[193]. Nachdem der Verletzer durch sein Handeln einen prozessual durchsetzbaren Unterlassungsanspruch ausgelöst hat, liegt es an ihm, die Wiederholungsgefahr zu beseitigen. Gleichwohl ist es gängige Praxis, dem Abmahnschreiben zugleich einen Entwurf einer Unterlassungserklärung beizufügen, dem der Verletzer dann genau entnehmen kann, welche Handlungen er in Zukunft unterlassen soll. Unschädlich für die Wirksamkeit der Abmahnung ist es in diesem Zusammenhang auch, wenn die verlangte Unterlassungserklärung zu weit geht[194], sofern der Abmahnende die beanstandete markenverletzende Handlung genau bezeichnet hat[195]. In diesem Fall ist es Sache des Verletzers, eine eingeschränkte Unterlassungserklärung abzugeben. Gibt der Verletzer aber eine Unterlassungserklärung ab, die nicht aus-

191 KG, Beschluß vom 4.1.1983, GRUR 1983, 673 (674); Kreft, in: Jacobs/Lindacher/Teplitzky, UWG Großkommentar, Vor 13 UWG, Abschnitt C, Rdnr. 17.

192 Vgl. dazu Gloy, in: Gloy, Handbuch des Wettbewerbsrechts, § 60, Rdnr. 16 m.w.N.

193 OLG Hamburg, Beschluß vom 18.7.1988, WRP 1989, 32 (32); Baumbach/Hefermehl, Wettbewerbsrecht, Einl. UWG, Rdnr. 531.

194 Zutreffend weist Deutsch, in: Pastor/Ahrens, Der Wettbewerbsprozeß, Kap. 5, Rdnr. 7, aber darauf hin, daß in diesem Fall für den Abmahnenden die Gefahr besteht, mit einer negativen Feststellungsklage überzogen zu werden, was in der Praxis allerdings kaum vorkommt.

195 Vgl. OLG Stuttgart, Beschluß vom 5.10.1984, WRP 1985, 53 (53); Gloy, in: Gloy, Handbuch des Wettbewerbsrechts, § 60, Rdnr. 18; Baumbach/Hefermehl, Wettbewerbsrecht, Einl. UWG, Rdnr. 531; Teplitzky, Wettbewerbsrechtliche Ansprüche, Kap. 41, Rdnr. 15; a.A. OLG München, Urteil vom 15.7.1982, WRP 1982, 600 (601).

reichend ist, muß er nicht nochmals abgemahnt werden, der uneingeschränkte Unterlassungsanspruch kann sofort gerichtlich geltend gemacht werden[196].

(2) Umfang der Unterlassungserklärung

Wie bereits an anderer Stelle erläutert[197], erstreckt sich der Unterlassungsanspruch des Verletzten nicht nur auf ein Verhalten der konkret beanstandeten Art, sondern auch auf alle im Kern gleichartigen Verletzungsformen. Andernfalls würde sich eine Umgehung der (ausschließlich auf die konkrete Verletzungsform beschränkten) Unterlassungserklärung geradezu anbieten. Soll der Verletzer beispielsweise wegen Vertriebs widerrechtlich gekennzeichneter T-Shirts in Anspruch genommen werden, kann der Verletzte Unterlassung des Vertriebs von Bekleidungsstücken im allgemeinen fordern[198]. Die Unterlassungserklärung wird dann gängigerweise mit dem sogenannten „insbesondere“-Zusatz versehen, d.h. der verallgemeinerten Formulierung folgt die Beschreibung der konkreten Verletzungsform („... Bekleidungsstücke, insbesondere T-Shirts ...“).

(3) Vertragsstrafeversprechen

Grundsätzlich frei ist der Abmahnende in seiner Entscheidung, ob er eine strafbewehrte Unterlassungserklärung verlangt oder sich mit einer einfachen Unterlassungserklärung ohne Vertragsstrafeversprechen zufrieden gibt[199]. Letztere hat allerdings wenig Wert, da der Verletzer ohne drohende Vertragsstrafe kaum vor erneuten Markenverletzungen zurückschrecken wird[200]. Die Vertragsstrafe, die vom Abmahnenden vorgeschlagen werden sollte, hat vor allem den Zweck,

---

196 Ebenso Gloy, in: Gloy, Handbuch des Wettbewerbsrechts, § 60, Rdnr. 18; in Einzelfällen umstritten, vgl. Rechtsprechungsübersicht in Wilke/Jungeblut, Abmahnung, Schutzschrift und Unterlassungserklärung im gewerblichen Rechtsschutz, S. 43 ff.

197 Siehe oben C I 3.

198 Vgl. OLG Dresden, Urteil vom 8.4.1997, Az.: 14 U 3026/96; LG Berlin, Urteil vom 20.10.1997, Az.: 97 O 147/97; LG Frankfurt am Main, Urteil vom 5.4.1995, Az.: 2/6 O 811/94; a.A. OLG Stuttgart, Urteil vom 2.12.1983, GRUR 1984, 128 (128 f.), das die Beschränkung der Unterlassungserklärung durch den Verletzer auf ein bestimmtes Modell eines Tennisschlägers als unschädlich erachtete; Schweyer/Zindel, in: Bartenbach/Buddeberg/Hecker/Klinger/Metzlaff/Pitz/Schulze/Schweyer/Spitz/Volz/Zindel, Formularsammlung zum gewerblichen Rechtsschutz, S. 348, Fn. 6.

199 Deutsch, in: Pastor/Ahrens, Der Wettbewerbsprozeß, Kap. 5, Rdnr. 8.

200 Etwas anderes mag zwischen größeren Konzernen oder in bestimmten Branchen gelten, in Produktpirateriefällen existiert eine derartige Praxis jedenfalls nicht.

künftige Verletzungshandlungen zu verhindern, indem sie auf den Verletzer Druck ausübt (Sicherungsfunktion). Daneben kommt ihr aber auch eine Schadensausgleichsfunktion zu, wodurch dem Umstand Rechnung getragen werden soll, daß es dem Verletzten oft erhebliche Schwierigkeit bereitet, einen entstandenen Schaden tatsächlich festzustellen oder im Verfahren zu beweisen[201].

(4) Höhe der Vertragsstrafe

Für die Bemessung der Höhe der Vertragsstrafe kommt es auf die Umstände des Einzelfalls an. Zu berücksichtigen sind Art und Größe des verletzenden Unternehmens, dessen Umsatz, Ertrag und Kapitalausstattung, Art, Schwere und Ausmaß des Verstoßes und seines Zustandekommens, dessen Gefährlichkeit für den Verletzten, die Bereitschaft des Verletzers zu weiteren gleichartigen Verletzungshandlungen, das Verschulden des Verletzers sowie das im Zusammenhang mit dem Verstoß - auch nachträglich - an den Tag gelegte Verhalten des Verletzers[202]. In der Praxis liegt die mittlere Spanne angemessener Vertragsstrafen bei Euro 2.500,00 bis Euro 10.000,00. Beträge von Euro 250,00 bis Euro 1.500,00 reichen in der Regel nicht aus, um die Wiederholungsgefahr auszuschließen. Vertragsstrafeforderungen in Höhe von Euro 25.000,00 können in Einzelfällen durchaus noch angemessen sein[203].

Die feste Vertragsstrafe entspricht der Vorschrift des § 339 BGB. Setzt der Abgemahnte die insofern vom Abmahnenden vorgeschlagene Vertragsstrafe erheblich herab, steht es dem Verletzten frei, sogleich gerichtliche Maßnahmen einzuleiten[204], wobei er allerdings das Risiko trägt, daß das angerufene Gericht

---

201 Vgl. zu Sicherungs- und Schadensausgleichsfunktion ausführlich Deutsch, in: Pastor/Ahrens, Der Wettbewerbsprozeß, Kap. 14, Rdnr. 24 ff.

202 BGH, Urteil vom 7.10.1982, GRUR 1983, 127 (128 f.); BGH, Urteil vom 1.6.1983, GRUR 1984, 72 (74); BGH, Urteil vom 30.9.1993, GRUR 1994, 146 (147).

203 Vgl. im einzelnen Deutsch, in: Pastor/Ahrens, Der Wettbewerbsprozeß, Kap. 5, Rdnr. 10 m.w.N. und Schulte, in: Pastor/Ahrens, Der Wettbewerbsprozeß, Kap. 14, Rdnr. 61 m.w.N., wobei die Darstellung hier allerdings noch in Deutscher Mark erfolgt.

204 Nach Ansicht des KG, Beschluß vom 3.10.1986, WRP 1987, 34 (35), ist der Abmahnende dagegen verpflichtet, nochmals an den Verletzer heranzutreten, wenn dieser sich auf die Abmahnung hin unterwirft, aber statt der geforderten Vertragsstrafe von 5.000 DM (ca. Euro 2.500) lediglich eine - die Wiederholungsgefahr nicht beseitigende - "gerichtlich festzusetzende" Vertragsstrafe verspricht, im übrigen aber zum Ausdruck bringt, daß er eine gerichtliche Auseinandersetzung vermeiden will. Ähnlich KG, Urteil vom 10.8.1984, WRP 1985, 154 (155 f.), wenn zunächst eine als ernsthaft anzusehende Unterlassungserklärung abgegeben wurde, die dem Verletzer von seinem Standpunkt aus als ausreichend und gegebenenfalls in seinem Bereich als üblich erscheinen mußte, um den geltend gemachten Unter-

die vom Verletzer angebotene Vertragsstrafe als ausreichend erachtet und die einstweilige Verfügung bzw. Klage als unbegründet abweist[205]. Neben der bestimmten Höhe kann die Vertragsstrafe auch variabel vereinbart werden. In diesem Fall verpflichtet sich der Verletzer den §§ 315, 317 BGB entsprechend, eine für jeden Fall der Zuwiderhandlung vom Verletzten oder einem Dritten, nicht jedoch von vornherein vom Gericht, nach billigem Ermessen festzusetzende, im Streitfall von einem Gericht zu überprüfende, Vertragsstrafe zu zahlen (sogenannter „Hamburger Brauch")[206], wobei die Möglichkeit besteht, diese durch einen Höchstbetrag zu begrenzen, für dessen Obergrenze in der Regel vom Doppelten der als fester Betrag in Betracht kommenden Vertragsstrafe als angemessen auszugehen ist[207].

(5) Fortsetzungszusammenhang

Die Vertragsstrafe ist „für jeden Fall der Zuwiderhandlung" zu versprechen, eine Formulierung, die in jahrzehntelangem Gebrauch in wettbewerblichen Unterlassungserklärungen zu einer festen Übung geworden ist[208]. Diese Formulierung schließt den Einwand des Fortsetzungszusammenhangs grundsätzlich nicht aus, der Begriff der Zuwiderhandlung wird vielmehr dahingehend ausgelegt, daß er auch mehrere Einzelakte umfaßt, sofern sie sich als natürliche Handlungseinheit darstellen oder im Fortsetzungszusammenhang stehen[209]. Im Rahmen der Vertragsfreiheit sind die Parteien allerdings berechtigt, den Fortsetzungszusammenhang auszuschließen, indem der Verletzer auf eine entsprechende Einrede verzichtet[210].

---

lassungsanspruch außergerichtlich beizulegen. Bei dieser Sachlage sei es dem Verletzten zuzumuten, um dem Einwand fehlender Klageveranlassung zu entgehen, nochmals an den Verletzer heranzutreten und ihm mitzuteilen, daß die abgegebene Erklärung nach seiner Auffassung nicht ausreichend sei. Für den Fall, daß in der Abmahnung eine unangemessen hohe Vertragsstrafe gefordert wird und der Verletzer ein Vertragsstrafeversprechen mit einer niedrigeren abgibt, die dem Verletzten wiederum als zu niedrig erscheint, trifft letzteren nach Ansicht des OLG Hamburg, Beschluß vom 14.4.1988, GRUR 1988, 929 (930), grundsätzlich zunächst eine Nachfaßpflicht.

205 Deutsch, in: Pastor/Ahrens, Der Wettbewerbsprozeß, Kap. 5, Rdnr. 10.

206 BGH, Urteil vom 14.10.1977, GRUR 1978, 192 (193).

207 BGH, Urteil vom 12.7.1984, GRUR 1985, 155 (157).

208 Vgl. Teplitzky, Wettbewerbsrechtliche Ansprüche, Kap. 8, Rdnr. 15; Schulte, in: Pastor/Ahrens, Der Wettbewerbsprozeß, Kap. 14, Rdnr. 43.

209 Schulte, in: Pastor/Ahrens, Der Wettbewerbsprozeß, Kap. 14, Rdnr. 44 m.w.N.; Baumbach/Hefermehl, Wettbewerbsrecht, Einl. UWG, Rdnr. 290 m.w.N.

210 BGH, Urteil vom 10.12.1992, WRP 1993, 240 (241).

Eine solche Ausschlußklausel ist aber grundsätzlich nicht erforderlich, um das hauptsächliche Ziel einer strafbewehrten Unterwerfung, die Beseitigung der Wiederholungsgefahr, sicherzustellen. Der für die Beseitigung der Wiederholungsgefahr erforderliche ernstliche Unterlassungswille, der in der Unterlassungserklärung und deren Strafsicherungsangebot sichtbaren Ausdruck finden muß, wird nach Rechtsprechung des Bundesgerichtshofs regelmäßig nicht allein schon dadurch in Frage gestellt, daß der Verletzer die o.g. Ausschlußklausel ablehnt[211]. Das Anliegen des Verletzers, auf eine von der Rechtsordnung grundsätzlich gewährte Vergünstigung bei der Strafbemessung nicht schlechthin verzichten zu müssen, lasse nicht ohne weiteres den Schluß zu, der Schuldner habe keinen hinreichend ernsthaften Unterlassungswillen. Zum einen werde die Vergünstigung des Fortsetzungszusammenhangs im Zivilrecht auch für fahrlässig begangene Handlungen gewährt, zu deren Begehung es unabhängig von einem entsprechenden Willen des Schuldners kommen könne, zum anderen könne selbst der Verweigerung des Ausschlusses für Vorsatztaten allein die Befürchtung zugrunde liegen, der Verletzer werde den dann nach der Beweisregel des Vertragsstraferechts ihm obliegenden und hinsichtlich einer subjektiven Voraussetzung nicht immer leicht zu führenden Beweis für ein nicht vorsätzliches Verhalten nicht erbringen können. Etwas anderes könne aber dann gelten, wenn der Verletzte den Verzicht auf die Einrede des Fortsetzungszusammenhangs lediglich für solche Handlungen verlange, deren vorsätzliche Begehung er dem Verletzer nachweise, und der Verletzer selbst ein solches - nicht unangemessenes - Verlangen ablehne; denn in diesem Falle könne mit einiger Berechtigung an der Ernstlichkeit des Unterlassungswillens gezweifelt werden[212].

Umstritten ist, ob und inwieweit sich die Aufgabe der Rechtsfigur des Fortsetzungszusammenhangs durch den BGH in Teilbereichen des Strafrechts[213] auf die wettbewerbsrechtliche Beurteilung auswirkt. Während teilweise vertreten wird, daß diese ohnehin aus dem Strafrecht importierte Rechtsfigur nunmehr

---

211 BGH, Urteil vom 10.12.1992, WRP 1993, 240 (242 f.). Auch die vorherrschende Meinung in der Literatur hält einen Verzicht auf die Einrede des Fortsetzungszusammenhangs zur Beseitigung der Wiederholungsgefahr für nicht erforderlich (vgl. Teplitzky, Wettbewerbsrechtliche Ansprüche, Kap. 8, Rdnr. 30; Baumbach/Hefermehl, Wettbewerbsrecht, Einl. UWG, Rdnr. 290; Köhler, in: Jacobs/Lindacher/Teplitzky, UWG Großkommentar, Vor § 13 UWG, Abschnitt B, Rdnr. 45; Schulte, in: Pastor/Ahrens, Der Wettbewerbsprozeß, Kap. 14, Rdnr. 47).

212 Die Frage der Wechselwirkung, die zwischen einem Einredeverzicht bzw. dessen Ablehnung durch den Verletzer einerseits und der Höhe der zur Beseitigung der Wiederholungsgefahr im Einzelfall erforderlichen Vertragsstrafe besteht, läßt der Bundesgerichtshof offen (vgl. dazu Köhler, in: Jacobs/Lindacher/Teplitzky, UWG Großkommentar, Vor § 13 UWG, Abschnitt B, Rdnr. 45).

213 BGH, Beschluß vom 3.5.1994, NJW 1994, 1663 (1669 f.).

auch im Wettbewerbsrecht keine Anwendung mehr finden könne[214], geht die wohl überwiegende Meinung zu Recht davon aus, daß sich im Zivilrecht keinerlei Änderungen ergeben haben[215], nachdem sich keiner der Mängel, die der Große Senat für Strafsachen zum strafrechtlichen Fortsetzungszusammenhang aufgelistet hat, in der zivilrechtlichen Praxis zur fortgesetzten Handlung ergeben hat[216]. Im übrigen ist der Begriff im Zivilrecht, zumindest bei § 890 ZPO, damit aber sinngemäß auch bei der Vertragsstrafe, schon frühzeitig verselbständigt und abweichend vom strafrechtlichen Begriff entwickelt worden[217]. In einer neueren Entscheidung führt der Bundesgerichtshof zwar aus, daß die Frage, in welchem Umfang bei mehrfachen Verstößen gegen eine strafbewehrte Unterlassungserklärung Vertragsstrafen verwirkt seien, nur nach einer Vertragsauslegung im Einzelfall entschieden werden könne und feste Regeln für alle einschlägigen Fälle, wie sie etwa aus einem vorgegebenen Rechtsbegriff des Fortsetzungszusammenhangs abgeleitet werden könnten, nicht in Betracht kämen[218]. Allerdings werde mangels einer besonderen Abrede die Frage, ob und gegebenenfalls in welcher Weise mehrfache Verstöße gegen die Unterlassungsverpflichtung zu einer rechtlichen Einheit zusammenzufassen seien, wegen des typischen Charakters von Unterlassungsverträgen regelmäßig nach denselben Grundsätzen zu beurteilen sein[219].

(6) Begünstigter der Vertragsstrafe

Umstritten ist, ob sich der Verletzte mit einem Vertragsstrafeversprechen zugunsten eines Dritten, etwa einer gemeinnützige Organisation, zufrieden geben

---

214 Rieble, WM 1995, 828 (829); vgl. auch unten E III 4 c) aa) zum Fortsetzungszusammenhang bei der Unterlassungsvollstreckung m.w.N.

215 Ulrich, WRP 1997, 73 (76); Schulte, in: Pastor/Ahrens, Der Wettbewerbsprozeß, Kap. 14, Rdnr. 49 f., der zutreffend darauf hinweist, daß es nach der Aufgabe des Fortsetzungszusammenhangs im Strafrecht zweckmäßig erscheint, künftig über die bisher übliche Formel „für jeden Fall der Zuwiderhandlung“ hinaus konkret festzulegen, ob eine Zusammenfassung mehrerer Verstöße zulässig sein soll; Baumbach/Hefermehl, Wettbewerbsrecht, Einl. UWG, Rdnr. 375; vgl. auch unten E III 4 c) aa) zum Fortsetzungszusammenhang bei der Unterlassungsvollstreckung m.w.N.

216 Vgl. im einzelnen Ulrich, WRP 1997, 73 (76).

217 Vgl. Schuschke, WRP 2000, 1008 (1011); Teplitzky, Wettbewerbsrechtliche Ansprüche, Kap. 20, Rdnr. 17, der allerdings anregt, die von Anfang an eher fragwürdige Rechtsfigur eines Zusammenhangs kraft Fortsetzung fallen zu lassen und die bislang mit seiner Hilfe angestrebten, aber oft auch verfehlten Korrekturen grob unbilliger Kumulierungen auf anderen Wegen zu suchen.

218 BGH, Urteil vom 25.1.2001, WRP 2001, 702 (704).

219 BGH, Urteil vom 25.1.2001, WRP 2001, 702 (704).

muß[220]. Nach richtiger Ansicht ist dies insbesondere schon deshalb zu verneinen, da die Vertragsstrafe neben der Ausübung von Druck auf den Verletzer auch den Zweck verfolgt, dem Verletzten bei einer Zuwiderhandlung den Schadensnachweis zu ersparen (Schadensausgleichsfunktion[221]). Auch sichert ein Strafversprechen zugunsten eines Dritten nicht in gleicher Weise wie ein zugunsten des Verletzten selbst wirkendes Versprechen, da der Druck, künftig die Marke nicht mehr zu verletzen, in diesem Fall regelmäßig schwächer ist. Aus diesem Grund ist die Ernstlichkeit der Unterlassungserklärung hier durchgreifenden Zweifeln ausgesetzt[222].

cc) Angemessene Fristsetzung

Dem Verletzer muß eine angemessene Frist zur Abgabe der verlangten Unterlassungserklärung gesetzt werden. Ob eine Frist angemessen ist, beurteilt sich nach den Umständen des Einzelfalls, zu berücksichtigen sind sowohl die Interessen des Verletzers als auch des Verletzten.

Grundsätzlich muß dem Verletzer genügend Zeit eingeräumt werden, um den Sachverhalt aufklären und anwaltlichen Rat einholen zu können, wofür in der Regel acht bis zehn Tage genügen[223]. Auf der anderen Seite hat der Verletzte ein berechtigtes Interesse daran, daß der festgestellte Markenverstoß umgehend abgestellt wird. Gerade bei der in Fällen der Produktpiraterie bestehenden Gefahr des Inverkehrbringens großer Mengen widerrechtlich gekennzeichneter Produkte kann diesem nicht zugemutet werden, weiträumige Fristen gewähren zu müssen. In derartigen Fällen können auch wenige Stunden, unter Umständen sogar noch kürzere Spannen angemessen sein[224], sofern man nicht ohnehin davon ausgeht, daß eine Abmahnung überhaupt nicht erforderlich ist[225]. Eine zu kurze Frist macht die Abmahnung nicht unwirksam, sondern führt nur dazu, daß eine angemessene Frist in Gang gesetzt wird[226]. Sofern letztere eingehalten wird, trifft den

220 Vgl. dazu Gloy, in: Gloy, Handbuch des Wettbewerbsrechts, § 60, Rdnr. 23 m.w.N. Eine ausführliche Auseinandersetzung mit den in Literatur und Rechtsprechung vertretenen Ansichten findet sich auch bei Schulte, in: Pastor/Ahrens, Der Wettbewerbsprozeß, Kap. 14, Rdnr. 33 ff.

221 Vgl. oben E III 1 c) bb) (3).

222 Vgl. Baumbach/Hefermehl, Wettbewerbsrecht, Einl. UWG, Rdnr. 276 m.w.N.; Brandenburgisches OLG, Urteil vom 18.5.1999, WRP 2000, 427 (429).

223 Vgl. Baumbach/Hefermehl, Wettbewerbsrecht, Einl. UWG, Rdnr. 532.

224 Vgl. Teplitzky, Wettbewerbsrechtliche Ansprüche, Kap. 41, Rdnr. 17 m.w.N.

225 Siehe dazu oben E III 1 b) bb).

226 OLG Köln, Beschluß vom 25.7.1996, WRP 1996, 1214 (1215).

Abgemahnten kein Kostennachteil, selbst wenn er nicht um eine Verlängerung der zu kurzen Abmahnfrist gebeten hatte[227].

Das Ende der Frist sollte der Abmahnende möglichst genau unter Angabe von Datum und Uhrzeit und zur Vermeidung von Unklarheiten mit dem Zusatz „hier eingehend“ angegeben. Wird lediglich ein bestimmter Tag genannt, kann der Verletzer diesen gemäß §§ 188, 193 BGB grundsätzlich bis 24.00 Uhr ausschöpfen, unter Umständen sogar bis Mittag des nächsten Tages abwarten, wenn ein Zugang beim Abmahnenden mangels Telefax oder Nachtbriefkasten nicht bis zu diesem Zeitpunkt möglich ist[228].

Gesetzte Fristen müssen vom Abgemahnten grundsätzlich strikt eingehalten werden. Ebenso ist der Abmahnende grundsätzlich an die von ihm gesetzte Frist gebunden. Allerdings ist eine Fristüberschreitung für den Verletzer unschädlich, wenn den Verletzten die Unterlassungserklärung erreicht, bevor er gerichtliche Maßnahmen eingeleitet hat. Genauso schadet die Einleitung gerichtlicher Maßnahmen vor Fristablauf dem Verletzten nicht, wenn eine Unterlassungserklärung bis zum Fristablauf nicht eingeht[229].

dd) Androhung gerichtlicher Maßnahmen

Zum Teil wird die Ansicht vertreten, eine ordnungsgemäße Abmahnung setze die ausdrückliche Androhung gerichtlicher Schritte für den Fall der nicht oder nicht rechtzeitigen Abgabe einer Unterlassungserklärung voraus[230]. Dem wird zwar entgegengehalten, daß sich dies dem Wortlaut des § 93 ZPO nicht entnehmen lasse, da Unternehmen, die auf einen begangenen Verstoß hingewiesen und zur Abgabe einer Unterlassungserklärung aufgefordert würden, erkennen müßten, daß ein Gerichtsverfahren drohe[231]. Gleichwohl sind gerade im Bereich der Produktpiraterie Fälle denkbar, in denen sich insbesondere sogenannte Kleinverletzer schlichtweg nicht darüber im klaren sind, daß bei Nichtabgabe einer Unterlassungserklärung gegen sie gerichtlich vorgegangen wird. Aus diesem Grund sollte das Fehlen einer Verfahrensandrohung nur dann als unschädlich eingestuft werden, wenn der Abgemahnte wußte oder hätte wissen müssen, daß der Abmahnende bei Ausbleiben der Erklärung gerichtliche Hilfe in Anspruch

---

227 OLG Hamburg, Beschluß vom 7.9.1995, WRP 1995, 1043 (1043).
228 KG, Beschluß vom 2.3.1979, GRUR 1979, 740 (740).
229 Vgl. im einzelnen Kreft, in: Jacobs/Lindacher/Teplitzky, UWG Großkommentar, Vor 13 UWG, Abschnitt C, Rdnr. 31 ff.
230 Baumbach/Hefermehl, Wettbewerbsrecht, Einl. UWG, Rdnr. 533.
231 Vgl. Gloy, in: Gloy, Handbuch des Wettbewerbsrechts, § 60, Rdnr. 27.

nimmt[232]. Dem Abmahnenden ist nach alledem zu empfehlen, vorsorglich stets gerichtliche Schritte anzudrohen, falls solche beabsichtigt sind, um kostenrechtliche Nachteile zu vermeiden.

ee) Geltendmachung von Auskunfts-, Vernichtungs- und Schadensersatzansprüchen

Die Geltendmachung von Auskunfts-, Vernichtungs- und Schadensersatzansprüchen gehört nicht zu den Voraussetzungen einer ordnungsgemäßen Abmahnung. Gleichwohl bietet es sich an, diese neben dem Unterlassungsanspruch gegenüber dem Verletzten anzumelden, wenn man diesen ohnehin abmahnt.

Die Aufforderung, die Verpflichtung zum Schadensersatz dem Grunde nach anzuerkennen, erfolgt bisweilen auch aus taktischen Erwägungen[233]. Der Verschuldensnachweis ist oftmals nicht zu führen oder der Schaden aufgrund des raschen Eingreifens des Verletzten nur gering. Durch einen nachträglichen „Verzicht“ auf Schadensersatz wird dem Verletzer ein „Teilerfolg“ zugespielt, der diesen eher zum Nachgeben hinsichtlich der Unterlassungserklärung bewegen kann[234]. Gleichwohl empfiehlt sich eine derartige „Strategie“ allenfalls für sogenannte Kleinverletzer, deren Liquidität bedenklich erscheint, so daß aus diesem Grund ein kostspieliges Gerichtsverfahren vermieden werden soll. Im übrigen sollte im Hinblick auf die in Fällen der Produktpiraterie regelmäßig klare Sach- und Rechtslage auf derartige psychologische Tricks, die meist zu Verzögerungen führen, verzichtet werden.

d) Form und Zugang der Abmahnung

Mangels gesetzlicher Vorschriften ist die Abmahnung grundsätzlich formlos zulässig; sie kann daher schriftlich, telegrafisch, per Telefax, Telex, aber auch mündlich oder telefonisch erfolgen[235]. Empfehlenswert ist aber schon aus Beweisgründen die schriftliche Abmahnung. Nach Möglichkeit sollte deren Ver-

---

232 Ebenso Deutsch, in: Pastor/Ahrens, Der Wettbewerbsprozeß, Kap. 5, Rdnr. 14; vgl. auch OLG Hamburg, Beschluß vom 19.12.1985, WRP 1986, 292 (292).

233 Vgl. Deutsch, in: Pastor/Ahrens, Der Wettbewerbsprozeß, Kap. 5, Rdnr. 15.

234 Vgl. Deutsch, in: Pastor/Ahrens, Der Wettbewerbsprozeß, Kap. 5, Rdnr. 15; nach Ansicht Teplitzkys, Wettbewerbsrechtliche Ansprüche, Kap. 41, Rdnr. 20, dürfte dies dagegen häufiger zu Verhärtungen des gegnerischen Standpunkts als zum Eingehen auf das taktische Spiel führen.

235 Baumbach/Hefermehl, Wettbewerbsrecht, Einl. UWG, Rdnr. 535 m.w.N. Zu den Fragen der Rechtssicherheit und Zumutbarkeit, die bei mündlicher oder telefonischer Abmahnung eine Rolle spielen, vgl. Deutsch, in: Pastor/Ahrens, Der Wettbewerbsprozeß, Kap. 6, Rdnr. 1 m.w.N.

sand per Einschreiben mit Rückschein erfolgen. Dies erscheint zwar auf den ersten Blick für den Verletzten nicht nur überflüssig, da er nach herrschender Meinung in Literatur und Rechtsprechung nur für die Absendung, nicht jedoch für den Zugang der Abmahnung beweispflichtig ist[236], sondern auch nachteilig, da er von der Post benachrichtigt wird, wenn die Sendung nicht übergeben werden konnte, und damit grundsätzlich erneut abmahnen muß[237]. Gleichwohl darf nicht außer Acht gelassen werden, daß vereinzelt auch die Meinung vertreten wird, der Verletzte sei für den Zugang der Abmahnung beweispflichtig[238], so daß sich dieser unter Umständen doch vermeidbaren Beweisschwierigkeiten ausgesetzt sieht. Daneben läßt sich per Einschreiben mit Rückschein auch die Absendung der Abmahnung, für die der Verletzte in jedem Fall beweispflichtig ist, problemlos nachweisen. Schließlich ist es insbesondere bei illiquiden Verletzern oft auch im Interesse des Verletzten, daß die Abmahnung wirklich zugegangen ist, da durch diese ein kostspieliger Prozeß vermieden werden kann.

e) Mehrfachabmahnung

In Fällen der Produktpiraterie sind in aller Regel unterschiedliche Marken diverser Hersteller betroffen. Demgemäß wird ein Verletzer im Falle seines „Auffliegens" oft von mehreren Markeninhabern gleichzeitig in Anspruch genommen. Im Wettbewerbsrecht beseitigt in diesem Fall die gegenüber einem Unterlassungsgläubiger abgegebene strafbewehrte Unterlassungserklärung grundsätzlich die Wiederholungsgefahr für den beanstandeten Verstoß, so daß ein anderer durch diese Verletzungshandlung Betroffener keinen Anspruch auf eine weitere, nunmehr ihm gegenüber abzugebende strafbewehrte Unterlassungserklärung hat[239].

Dies kann für Sonderschutzrechte, wie vorliegend das Markenrecht, allerdings nicht gelten. Verpflichtet sich ein Verletzer, bestimmte Produkte mit der Kennzeichnung „X" nicht mehr zu vertreiben, ist die Wiederholungsgefahr für Produkte mit der Kennzeichnung „Y" nicht beseitigt, da es sich um einen gänz-

---

236 Vgl. Gloy, in: Gloy, Handbuch des Wettbewerbsrechts, § 60, Rdnr. 30 m.w.N.

237 Vgl. Teplitzky, Wettbewerbsrechtliche Ansprüche, Kap. 41, Rdnr. 11 m.w.N. Wird allerdings ein auf dem Postamt niedergelegtes, eine Abmahnung enthaltendes Einschreiben trotz eines beim Empfänger hinterlassenen Benachrichtigungszettels nicht abgeholt, kann sich der Verletzer nach Ansicht des KG, Urteil vom 9.2.1989, GRUR 1989, 618 (620), nicht auf den fehlenden Zugang der Abmahnung berufen, weswegen insoweit Veranlassung für ein gerichtliches Vorgehen gegeben ist.

238 OLG Düsseldorf, Beschluß vom 21.6.2000, GRUR-RR 2001, 199 (200) m.w.N.

239 Vgl. BGH, Urteil vom 2.12.1982, GRUR 1983, 186 (187).

lich anderen Streitgegenstand handelt[240]. Der Inhaber der Marke „X“ kann bei künftiger Verletzung der Marke „Y“ keine Vertragsstrafe geltend machen, so daß für den Verletzer keine Veranlassung besteht, den Vertrieb widerrechtlich mit der Marke „Y“ gekennzeichneter Ware einzustellen.

f) Abgabe einer Unterlassungserklärung

Gibt der Verletzer eine Unterlassungserklärung ab, ist insbesondere für den Fall, daß dieser es vorgezogen hat, nicht die der Abmahnung beigefügte, sondern eine selbst verfaßte Unterlassungserklärung zu unterzeichnen, zunächst zu prüfen, ob diese die Wiederholungsgefahr beseitigt.

aa) Beseitigung der Wiederholungsgefahr

Die Wiederholungsgefahr ist beseitigt, wenn es sich um eine ernstgemeinte, den Anspruchsgegenstand uneingeschränkt abdeckende, eindeutige und unwiderrufliche Unterlassungserklärung unter Übernahme einer angemessenen[241] Vertragsstrafe[242] für den Fall zukünftiger Zuwiderhandlung handelt[243]. Einer Annahme durch den Verletzten bedarf es hierzu nicht[244].

(1) Ernstlichkeit der Unterlassungserklärung

Die Ernstlichkeit der Unterlassungserklärung spielt insbesondere dann eine Rolle, wenn sie per Telefax oder Fernschreiben abgegeben wird, was aufgrund der in Abmahnschreiben häufig sehr knapp gesetzten Fristen nicht selten der Fall ist[245]. Grundsätzlich ist auch diese Form der Abgabe zur Beseitigung der Wiederholungsgefahr ausreichend[246]. Verlangt der Verletzte allerdings eine schriftli-

---

240 Vgl. v. Gravenreuth, WRP 1986, 191 f., der allerdings einschränkend darauf hinweist, daß bei einem Auseinanderfallen von Marken- und Urheberrecht, die einen identischen Gegenstand (z.B. eine Zeichnung) betreffen, die gegenüber dem Markeninhaber abgegebene Unterlassungserklärung die Wiederholungsgefahr auch gegenüber dem Urheberrechtsinhaber und umgekehrt beseitigt.

241 Zur Angemessenheit einer Vertragsstrafe siehe oben E III 1 c) bb) (4).

242 Liegt lediglich Erstbegehungsgefahr vor, bedarf es nicht in jedem Fall einer Vertragsstrafezusage (vgl. oben C I 2).

243 Vgl. Ingerl/Rohnke, Markengesetz, Vor §§ 14 MarkenG, Rdnr. 21.

244 BGH, Urteil vom 13.5.1982, GRUR 1982, 688 (691) m.w.N.

245 Ausführlich zur Problematik der Ernstlichkeit Baumbach/Hefermehl, Wettbewerbsrecht, Einl. UWG, Rdnr. 272.

246 Vgl. BGH, Urteil vom 8.3.1990, GRUR 1990, 530 (532) für den Fall der Abgabe per Fernschreiben.

che Bestätigung der Erklärung und erfolgt diese nicht, verliert die per Telefax bzw. Fernschreiben abgegebene Erklärung mangels ernstlicher Unterwerfungsbereitschaft ihre Wirkung[247].

(2) Umfang der Unterlassungserklärung

Ob die Unterlassungserklärung den Anspruchsgegenstand uneingeschränkt abdeckt, also auch im Kern gleichartige Verletzungsformen umfaßt[248], muß nicht ausdrücklich, sondern kann auch konkludent zum Ausdruck gebracht sein, wenn Zweifel hinsichtlich des Inhalts der Erklärung, die der Auslegung zugänglich ist, ausgeschlossen sind[249].

(3) Unwiderruflichkeit der Unterlassungserklärung

Wenn der Verletzer die Unterlassungserklärung nicht unwiderruflich und nicht mit Bindungswillen über die Annahmefrist des § 147 BGB hinaus erklärt hat, ist die Wiederholungsgefahr grundsätzlich nicht beseitigt[250]. Allerdings läßt sich aus der heute allgemein anerkannten Wirkungsweise der strafbewehrten Unterlassungserklärung deren Unwiderruflichkeit und der Bindungswille des Verletzers über die Annahmefrist des § 147 BGB hinaus auch ohne ausdrückliche Erklärung herleiten[251].

(4) Bedingte Unterlassungserklärung

Hat der Verletzer einen anerkennenswerten sachlichen Grund, die Erklärung nur unter einer Bedingung oder einem Vorbehalt abzugeben, und ist ihm die bedingungslose Unterwerfung nicht zumutbar, kann eine solche Unterlassungserklärung geeignet sein, die Wiederholungsgefahr zu beseitigen, wenn dem Verletzten gleichwohl die erforderliche Sicherheit vor künftigen Zuwiderhandlungen gewährt wird[252]. Der Bundesgerichtshof und die überwiegende Meinung in der Literatur bejahen dies im wesentlichen in zwei Fällen. Auflösende Bedingungen sollen zum einen dann zulässig sein, wenn einer Partei nicht zugemutet werden

---

247 Vgl. BGH, Urteil vom 8.3.1990, GRUR 1990, 530 (532) für den Fall der Abgabe per Fernschreiben.
248 Siehe oben E III 1 c) bb) (2).
249 Vgl. BGH, Beschluß vom 16.11.1995, GRUR 1997, 379 (380).
250 Ebenso Baumbach/Hefermehl, Wettbewerbsrecht, Einl. UWG, Rdnr. 273, unter Berufung auf BGH, Urteil vom 15.3.1984, GRUR 1984, 593 (595).
251 Teplitzky, Wettbewerbsrechtliche Ansprüche, Kap. 8, Rdnr. 37.
252 Vgl. Schulte, in: Pastor/Ahrens, Der Wettbewerbsprozeß, Kap. 14, Rdnr. 79.

kann, eine strafbewehrte Unterlassungserklärung unabhängig vom Ausgang eines anderen Prozesses, in dem der Verletzte beteiligt ist, abzugeben, und die Parteien wissen, daß die Streitfrage dort endgültig bereinigt wird[253]. Zum anderen sollen auch solche strafbewehrte Unterlassungserklärungen die Wiederholungsgefahr beseitigen, die unter der auflösenden Bedingung einer Änderung der Rechtslage abgegeben werden, wobei als Änderung auch die verbindliche Klärung einer umstrittenen Rechtsfrage dahingehend genügen soll, daß die den Anlaß der Unterwerfung bildende gesetzliche Unterlassungspflicht nicht besteht[254].

Bedingungen dieser Art stellen die Ernsthaftigkeit des Willens, markenverletzendes Handeln zu unterlassen, nicht in Frage, weil der Wegfall der Unterlassungserklärung nur für den Fall vorbehalten wird, daß die Rechtmäßigkeit des beanstandeten Verhaltens zweifelsfrei und allgemein bzw. zumindest gegenüber dem Verletzten verbindlich feststeht. Gegen einen solchen Vorbehalt ist nichts einzuwenden, da sich der vertragliche Unterlassungsanspruch ebenso wie der gesetzliche Anspruch, den er ersetzen soll, ausschließlich auf ein markenverletzendes Handeln beziehen muß und deshalb billigerweise keine Verpflichtung besteht, ihn auf ein rechtmäßiges Verhalten zu erstrecken. Dies durch eine entsprechende auflösende Bedingung bereits in der Unterlassungserklärung selbst auszusprechen, statt eine angemessene Problemlösung bei späteren Rechtsänderungen erst auf dem unter Umständen schwierigeren Weg über den Wegfall der

---

253 Vgl. im einzelnen BGH, Urteil vom 22.1.1965, GRUR 1965, 368 (370); BGH, Urteil vom 12.7.1963, GRUR 1964, 82 (86); BGH, Urteil vom 15.1.1957, GRUR 1957, 352 (354); BGH, Urteil vom 30.10.1956, GRUR 1957, 342 (348); Baumbach/Hefermehl, Wettbewerbsrecht, Einl. UWG, Rdnr. 273 m.w.N.; Teplitzky, Wettbewerbsrechtliche Ansprüche, Kap. 8, Rdnr. 8 m.w.N.

254 BGH, Urteil vom 26.9.1996, WRP 1997, 318 (320); BGH, Urteil vom 1.4.1993, WRP 1993, 480 (482 f.); Baumbach/Hefermehl, Wettbewerbsrecht, Einl. UWG, Rdnr. 273 m.w.N.; Teplitzky, Wettbewerbsrechtliche Ansprüche, Kap. 8, Rdnr. 8 m.w.N. Gibt der Verletzer aber eine strafbewehrte Unterlassungserklärung unter der auflösenden Bedingung ab, daß in einem gegen den Verletzten eingeleiteten Feststellungsklageverfahren die rechtliche Zulässigkeit der vom Verletzten beanstandeten Handlung rechtskräftig festgestellt wird, ist die Wiederholungsgefahr nicht beseitigt. Eine solche Unterlassungserklärung stellt nach Inhalt und Zielsetzung keine Unterwerfung im funktionsgerechten Sinne dieses Begriffs dar, da sie nicht den Unterlassungsanspruch des Verletzten rechtsbeständig, unter dem ausschließlichen Vorbehalt einer Änderung der Rechtslage, erfüllen und den Streit zwischen den Parteien befrieden, sondern ihn mit einem Wechsel der Parteirollen in ein anderes Verfahren verlagern soll, für das der Verletzer als Kläger den ihm genehmen Gerichtsstand selbst bestimmen kann. Eine solche Erklärung zeigt, daß der Verletzer gewillt und entschlossen ist, auf dem ihm am günstigsten erscheinenden Wege eine alsbaldige Fortsetzung des vom Verletzten angegriffenen Verhaltens zu ermöglichen (BGH, Urteil vom 1.4.1993, GRUR 1993, 677 (679)).

Geschäftsgrundlage zu suchen[255], dient der Rechtsklarheit und erscheint daher billigenswert[256].

Die Wiederholungsgefahr ist allerdings nicht beseitigt, wenn die strafbewehrte Unterlassungserklärung unter der in der Praxis „beliebten" auflösenden Bedingung abgegeben wird, daß sich später herausstelle, daß es sich bei der beanstandeten Ware tatsächlich um rechtmäßig gekennzeichnete Produkte gehandelt habe. Hier wird nicht auf eine zweifelsfreie, allgemein bzw. zumindest dem Verletzten gegenüber verbindliche Klärung der Rechtslage abgestellt. Auch ist die Wiederholungsgefahr nicht beseitigt, wenn die Bedingung bzw. der Vorbehalt die strafbewehrte Unterlassungserklärung erst später entstehen lassen, wie insbesondere bei einer Abgabe unter einer aufschiebenden Bedingung[257], da der Verletzte in diesem Fall nicht sofort vor Wiederholungen geschützt ist. Ebenfalls darf der Fortbestand der strafbewehrten Unterlassungserklärung nicht in das Belieben des Verletzers gestellt werden[258].

(5) Befristete Unterlassungserklärung

Befristete strafbewehrte Unterlassungserklärungen beseitigen die Wiederholungsgefahr grundsätzlich nicht. Ausnahmen mögen dort zulässig sein, wo der Unterlassungsanspruch selbst zeitlich befristet ist[259], was im Markenrecht jedoch nicht der Fall ist. Allerdings kommt eine Beseitigung der Wiederholungsgefahr dann in Betracht, wenn die strafbewehrte Unterlassungserklärung mit zeitlicher Befristung lediglich eine solche mit verkappter zulässiger auflösender Bedingung darstellt[260].

---

255 Vgl. dazu ausführlich Teplitzky, Wettbewerbsrechtliche Ansprüche, Kap. 20, Rdnr. 24 ff.

256 Vgl. BGH, Urteil vom 1.4.1993, WRP 1993, 480 (482 f.).

257 Vgl. Teplitzky, Wettbewerbsrechtliche Ansprüche, Kap. 8, Rdnr. 8 m.w.N.

258 Kammergericht, Beschluß vom 9.5.1986, WRP 1987, 322 (323).

259 Für eine zeitliche Begrenzung des wettbewerblichen Schutzes auf eine Saison sprach sich der BGH, dem kurzlebigen Schutzbedürfnis modischer Neuheiten entsprechend, in einem Urteil vom 19.1.1973 aus. Vgl. auch BGH, Urteil vom 19.11.1982, GRUR 1983, 179 (181).

260 Ebenso Teplitzky, Wettbewerbsrechtliche Ansprüche, Kap. 8, Rdnr. 13; bedenklich Baumbach/Hefermehl, Wettbewerbsrecht, Einl. UWG, Rdnr. 273, demzufolge eine befristete Unterlassungserklärung ausreichen soll, wenn z.B. ein technisches Untersuchungsergebnis, von dem die Unterlassung abhänge, noch nicht vorläge und nach Vorlage des Untersuchungsergebnisses die endgültige Unterlassungserklärung sofort abgegeben werde. Diese Fallgestaltung würde in Form einer auflösenden Bedingung nicht zu einer Beseitigung der Wiederholungsgefahr führen.

bb) Annahmegebot und Wirkung der Unterlassungserklärung

Ist die Unterlassungserklärung nach den vorgeschilderten Kriterien objektiv geeignet, die Wiederholungsgefahr zu beseitigen, sollte der Verletzte diese annehmen. Eine Rechtspflicht hierfür besteht freilich nicht. Allerdings riskiert der Verletzte, der sich mit einer die Wiederholungsgefahr ausschließenden Unterlassungserklärung nicht zufrieden geben will und daher gerichtlich vorgeht, zu unterliegen. Mit dem Wegfall der Wiederholungsgefahr als Tatbestandsmerkmal des gesetzlichen Unterlassungsanspruchs erlischt dieser Anspruch und ein vertraglicher Unterlassungsanspruch ist mangels Annahme der Unterlassungserklärung nicht entstanden[261]. Ein Antrag auf Erlaß einer einstweiligen Verfügung bzw. eine Klage würde demgemäß als unbegründet abgewiesen werden[262].

Ist die Unterlassungserklärung dagegen nicht geeignet, die Wiederholungsgefahr zu beseitigen, können dem Verletzten durch die Nichtannahme auch keine Rechtsnachteile entstehen[263]. Nimmt er sie gleichwohl an, erlischt sein gesetzlicher Unterlassungsanspruch trotz fortbestehender Wiederholungsgefahr, da dieser durch die wirksame Vereinbarung aufgehoben und durch den vertraglichen Unterlassungsanspruch ersetzt wurde[264].

Mit Annahme der Unterlassungserklärung kommt nach herrschender Auffassung ein sogenannter Unterwerfungsvertrag zustande, der den gesetzlichen Unterlassungsanspruch durch einen selbständigen vertraglichen Unterlassungsanspruch aufgrund eines abstrakten Schuldversprechens ersetzt[265]. Lag von vornherein kein gesetzlicher Unterlassungsanspruch vor und gibt der vermeintliche Verletzer gleichwohl eine Unterlassungserklärung ab, beschränkt sich deren Wirkung auf die Begründung des vertraglichen Unterlassungsanspruchs.

Gibt der Verletzer keine Unterlassungserklärung ab oder beseitigt eine von ihm abgegebene Erklärung die Wiederholungsgefahr nicht, muß der Verletzte entscheiden, ob er (zunächst) im Wege des einstweiligen Verfügungsverfahrens vorgeht oder Klage erhebt.

---

261 Vgl. Schulte, in: Pastor/Ahrens, Der Wettbewerbsprozeß, Kap. 16, Rdnr. 4 m.w.N., Kap. 15, Rdnr. 2.

262 Vgl. dazu unten E III 2, 4.

263 Dies gilt selbst für den Fall, daß die angebotene Unterlassungserklärung genau der Erklärung entspricht, die zuvor in der Abmahnung verlangt wurde (OLG Karlsruhe, Urteil vom 13.2.1985, WRP 1985, 437 (439)).

264 Ebenso Schulte, in: Pastor/Ahrens, Der Wettbewerbsprozeß, Kap. 15, Rdnr. 4.

265 Schulte, in: Pastor/Ahrens, Der Wettbewerbsprozeß, Kap. 16, Rdnr. 4 m.w.N.

g) Kostenerstattungspflicht

Bei außergerichtlicher Erledigung der Markenstreitsache nach einer vorprozessualen Abmahnung hat der Verletzte einen verschuldensunabhängigen Kostenerstattungsanspruch gegenüber dem Verletzer nach den Vorschriften der Geschäftsführung ohne Auftrag (§§ 683 S. 1, 677, 670 BGB), soweit die Abmahnung für den Geschäftsherren, hier also den abgemahnten Verletzer, objektiv nützlich war und seinem wirklichen oder mutmaßlichen Willen entsprach[266]. Dies ist bei Markenverletzungen regelmäßig der Fall. Die Abmahnung dient zur Beseitigung der rechtswidrigen Störung, zu der der Markenverletzer als Störer verpflichtet ist. Der Abmahnende führt insoweit ein objektiv fremdes Geschäft. Er verfolgt nicht nur eigene Interessen, sondern handelt auch mit dem Willen, für den Abgemahnten tätig zu sein, und zwar im Einklang mit dem Interesse und dem wirklichen oder mutmaßlichen Willen des Abgemahnten, damit ein kostspieliger Prozeß vermieden wird[267]. Handelt der Verletzer schuldhaft, kommt weiterhin eine Kostenerstattung nach § 14 Abs. 6 MarkenG in Betracht[268].

In der Regel läßt der Verletzte durch einen Rechtsanwalt[269] abmahnen, so daß die durch dessen Inanspruchnahme entstandenen Kosten zu erstatten sind. Nachdem die BRAGO keinen besonderen Gebührentatbestand für die Abmahnung vorsieht, bestimmen sich die Gebühren nach dem Auffangtatbestand des § 118 Abs. 1 Nr. 1 BRAGO, der einen Gebührenrahmen von 5/10 bis 10/10 vorsieht. Für die Abmahnung in Wettbewerbs- und Schutzrechtssachen ist die Mittelgebühr von 7,5/10 allgemein anerkannt[270].

---

266 Fezer, Markenrecht, § 14 MarkenG, Rdnr. 547 m.w.N.; Baumbach/Hefermehl, Wettbewerbsrecht, Einl. UWG, Rdnr. 554 ff. m.w.N.

267 Vgl. Baumbach/Hefermehl, Wettbewerbsrecht, Einl. UWG, Rdnr. 554 m.w.N.

268 Fezer, Markenrecht, § 14 MarkenG, Rdnr. 547.

269 Bei Mitwirkung eines Patentanwalts sind dessen Kosten ohne Nachweis der Notwendigkeit gemäß § 140 Abs. 5 MarkenG analog ebenfalls zu erstatten (Ingerl/Rohnke, Markengesetz, Vor §§ 14-19 MarkenG, Rdnr. 95, § 140 MarkenG, Rdnr. 60 m.w.N).

270 Ingerl/Rohnke, Markengesetz, Vor §§ 14-19 MarkenG, Rdnr. 95 m.w.N.; Heerma, WRP 2000, 148 (148), der sich allerdings kritisch mit der Frage auseinandersetzt, ob und wann sich der Gebührenanspruch auf eine 5/10-Gebühr reduziert; vgl. auch Borck, WRP 2001, 20 (21 f.).

2. *Antrag auf Erlaß einer einstweiligen Verfügung*

Nicht nur im Wettbewerbsrecht, sondern auch im Markenrecht ist der vorläufige Rechtsschutz in Form des einstweiligen Verfügungsverfahrens[271] von großer Bedeutung. Er versetzt den Markeninhaber in die Lage, der Verletzung seiner Marke schnell und wirkungsvoll zu begegnen. Gerade in Fällen der Produktpiraterie ist die einstweilige Verfügung das entscheidende Instrument, weiteren Verstößen vorzubeugen, bereits eingetretene Schäden zu begrenzen und den Eintritt weiterer Schäden zu verhindern. Sie soll daher nachstehend etwas ausführlicher behandelt werden.

a) Zuständigkeit

Markensachen gehören zu den bürgerlichen Rechtssachen, für die nach § 13 GVG der Rechtsweg zu den ordentlichen Gerichten eröffnet ist. Für den Erlaß der einstweiligen Verfügung ist gemäß § 937 Abs. 1 ZPO das Gericht der Hauptsache ausschließlich (§ 802 ZPO) zuständig[272]. Insofern findet sich eine besondere Zuständigkeitsregel in § 140 Abs. 1 MarkenG, wonach für alle Klagen, durch die ein Anspruch aus einem der im Markengesetz geregelten Rechtsverhältnisse geltend gemacht wird (Kennzeichenstreitsachen), die Landgerichte ohne Rücksicht auf den Streitwert ausschließlich zuständig sind. Daneben sind die Landesregierungen gemäß § 140 Abs. 2 MarkenG ermächtigt, durch Rechtsverordnung die Kennzeichenstreitsachen insgesamt oder teilweise für die Bezirke mehrerer Landgerichte einem von ihnen zuzuweisen, wobei sie diese Ermächtigung auf die Landesjustizverwaltungen übertragen können. Außerdem können die Länder durch Vereinbarung den Gerichten eines Landes obliegende Aufgaben insgesamt oder teilweise dem zuständigen Gericht eines anderen Landes übertragen. Aufgrund dieser Konzentrationsermächtigung in § 140 Abs. 2 MarkenG wurden in nahezu allen Bundesländern ausschließliche Zuständigkeiten für Kennzeichenstreitsachen begründet[273].

---

271 Ein Überblick zum einstweiligen Verfügungsverfahren findet sich bei Fritze, GRUR Int. 1997, 143 (147 f.).

272 Lediglich ausnahmsweise kann gemäß § 942 Abs. 1 ZPO in dringenden Fällen das Amtsgericht, in dessen Bezirk sich der Streitgegenstand befindet, eine einstweilige Verfügung erlassen unter Bestimmung einer Frist, innerhalb der die Ladung des Gegners zur mündlichen Verhandlung über die Rechtmäßigkeit der einstweiligen Verfügung bei dem Gericht der Hauptsache zu beantragen ist.

273 Übersicht bei Fezer, Markenrecht, § 140 MarkenG, Rdnr. 9 ff.

Entsprechend der Rechtsprechung zum früheren § 32 WZG („Warenzeichenstreitsachen“) ist der Begriff der Kennzeichenstreitsache weit auszulegen[274]. Ausreichend ist, wenn die kennzeichenrechtliche Norm zu den anspruchsbegründenden Tatsachen in keiner sinnfernen Beziehung steht[275], wobei es nicht darauf ankommt, ob der zur Entscheidung des Gerichts gestellte Sachverhalt auch einen Anspruch aus anderen Anspruchsgrundlagen begründen kann[276]. Abzustellen ist auf den Sachvortrag des Antragstellers und die objektive rechtliche Einordnung seines Antragbegehrens, die ausdrückliche Nennung markengesetzlicher Bestimmungen ist nicht erforderlich[277]. In Fällen der Produktpiraterie im Markenbereich liegt eine Kennzeichenstreitsache ohne weiteres vor.

Wird eine Kennzeichenstreitsache vor einem nach § 140 MarkenG unzuständigen Gericht anhängig gemacht, kann sich das angerufene Gericht auf Antrag des Antragstellers für unzuständig erklären und das Verfahren an das zuständige Gericht verweisen. Wird der Verweisungsantrag nicht gestellt, ist der Antrag als unzulässig abzuweisen, wobei zuvor allerdings gemäß § 139 Abs. 2 ZPO eine Hinweispflicht des angerufenen Gerichts besteht.

b) Erscheinungsformen

Bei einstweiligen Verfügungen unterscheidet man zwischen Sicherungsverfügungen (§ 935 ZPO) und Regelungsverfügungen (§ 940 ZPO). Während es bei ersteren um die Sicherung von vertraglich oder gesetzlich begründeten Ansprüchen geht, die nicht auf eine Geldzahlung gerichtet sind, dienen zweitere der sichernden Regelung eines einstweiligen Zustands in Bezug auf ein streitiges Rechtsverhältnis. Geldforderungen oder Ansprüche, die in eine Geldforderung übergehen können, sichert der Arrest (§ 916 ZPO)[278].

Da durch die einstweilige Verfügung lediglich Ansprüche gesichert bzw. Rechtsverhältnisse vorläufig geregelt werden sollen, darf die Entscheidung zur Hauptsache grundsätzlich nicht vorweggenommen und keine sofortige Befriedigung des Antragstellers vorgenommen werden. Ausnahmen werden aber dann zugelassen, wenn der Antragsteller auf die sofortige Anordnung der Befriedigung angewiesen ist, da seine Ansprüche andernfalls vereitelt würden. Man

---

274 KG, Beschluß vom 15.10.1996, WRP 1997, 37 (37); zum Begriff der Warenzeichenstreitsache vgl. OLG München, Beschluß vom 13.10.1983, GRUR 1984, 161 (162); OLG Köln, Beschluß vom 5.1.1973, Mitt. 1973, 76 (76); OLG Frankfurt am Main, Beschluß vom 2.11.1964, GRUR 1965, 505 (506).
275 OLG Düsseldorf, Beschluß vom 1.12.1986, Mitt. 1987, 36 (36).
276 KG, Beschluß vom 15.10.1996, WRP 1997, 37 (37).
277 Ingerl/Rohnke, Markengesetz, § 140 MarkenG, Rdnr. 7 m.w.N.
278 Siehe dazu unten E III 3.

spricht insofern von Leistungsverfügungen, die zum Teil als Unterfall der Regelungsverfügung nach § 940 ZPO, zum Teil als eine auf Rechtsfortbildung beruhende dritte Art einstweiliger Verfügungen angesehen werden[279].

Hinsichtlich der Einordnung der einzelnen hier interessierenden Ansprüche unter die Sicherungs-, Regelungs- und Leistungsverfügung darf auf die nachstehenden Ausführungen zum Verfügungsanspruch[280] verwiesen werden.

c) Voraussetzungen

Der Erlaß einer einstweilige Verfügung erfordert einen Verfügungsanspruch, der für den Anspruchsteller gesichert oder der sich aus dem zu regelnden Rechtsverhältnis für ihn ergeben soll, und einen Verfügungsgrund. Verfügungsanspruch und Verfügungsgrund sind gemäß §§ 920 Abs. 2, 936 ZPO glaubhaft zu machen.

aa) Verfügungsanspruch

Als Verfügungsansprüche kommen die oben erläuterten markenrechtlichen Ansprüche[281] in Betracht. Insofern bedarf es einer Klärung, ob diese dem vorläufigen Rechtsschutz zugänglich sind und gegebenenfalls unter die Sicherungs-, Regelungs- oder Leistungsverfügungen fallen.

(1) Unterlassungsanspruch

Die Sicherung des Unterlassungsanspruchs erfordert den Erlaß eines entsprechenden Verbots[282], da der Unterlassungsanspruch bei Begehung bzw. Fortführung der markenverletzenden Handlungen für den betreffenden Zeitraum endgültig vereitelt wäre. Die Unterlassungsverfügung führt damit zwar praktisch zu einer Befriedigung des Unterlassungsanspruchs, ist ihrer Natur nach jedoch nur vorläufige Sicherungsmaßnahme und daher dem Verfügungsverfahren generell zugänglich[283]. Nachdem sie über die Sicherung der künftigen Befriedigung des materiellen Anspruchs hinaus auf vorläufige Erfüllung des Unterlassungsanspruchs geht, ist sie als eine auf vorläufige Befriedigung gehende Regelungsverfügung einzustufen[284]. Der Unterschied zur Leistungsverfügung liegt darin, daß

279 Vgl. Berneke, Die einstweilige Verfügung in Wettbewerbssachen, Rdnr. 26 m.w.N.
280 Siehe E III 2 c) aa).
281 Siehe C.
282 Siehe dazu unten E III 2 d) aa).
283 Spätgens, in: Gloy, Handbuch des Wettbewerbsrechts, § 79, Rdnr. 4 m.w.N.
284 Ebenso Baumbach/Hefermehl, Wettbewerbsrecht, § 25 UWG, Rdnr. 2 f.; Spätgens, in: Gloy, Handbuch des Wettbewerbsrechts, § 80, Rdnr. 2; a.A. Berneke, Die

bei Aufhebung einer Regelungsverfügung automatisch der alte Zustand wieder eintritt[285].

(2) Auskunftsanspruch

Eine einstweilige Verfügung auf Auskunftserteilung würde entgegen dem Zweck des vorläufigen Rechtsschutzes zu einer vollständigen Befriedigung des Anspruchs führen, die nicht mehr rückgängig zu machen wäre. Aus diesem Grund wird hier grundsätzlich kein einstweiliger Rechtsschutz gewährt[286].

Eine Ausnahme gilt seit dem Inkrafttreten des Produktpirateriegesetzes unter anderem im Markenrecht für den Auskunftsanspruch über die Herkunft und den Vertriebsweg von widerrechtlich gekennzeichneten Gegenständen in Fällen offensichtlicher Rechtsverletzung. § 19 Abs. 3 MarkenG gestattet hier ausdrücklich die Anordnung im Wege der einstweiligen Verfügung. Fälle offensichtlicher Rechtsverletzung liegen laut Regierungsbegründung zum Produktpirateriegesetz vor, wenn die Rechtsverletzung so eindeutig ist, daß eine Fehlentscheidung (oder eine andere Beurteilung im Rahmen des richterlichen Ermessens) und damit eine ungerechtfertigte Belastung des Antragsgegners kaum möglich ist[287]. Insofern ist ein hoher Grad an Wahrscheinlichkeit zu verlangen[288], eine andere Beurteilung in einem Hauptsacheverfahren muß ausgeschlossen erscheinen[289]. Nachdem eine einstweilige Verfügung auf Auskunftserteilung die Entscheidung zur Hauptsache vorwegnimmt und zur sofortigen Befriedigung des Antragstellers führt, handelt es sich um eine Leistungsverfügung.

(3) Vernichtungsanspruch (Verwahrung bzw. Sequestration)

Eine Anordnung, die widerrechtlich gekennzeichneten Gegenstände und Vorrichtungen zu vernichten, kommt nicht in Betracht, da dies nicht mehr rückgän-

---

einstweilige Verfügung in Wettbewerbssachen, Rdnr. 28 f., der von einer Leistungsverfügung ausgeht; vgl. zum Meinungsstreit Spätgens, in: Gloy, Handbuch des Wettbewerbsrechts, § 80, Rdnr. 1 m.w.N.

285 Vgl. Baumbach/Hefermehl, Wettbewerbsrecht, § 25 UWG, Rdnr. 2 m.w.N.

286 Spätgens, in: Ahrens/Spätgens, Einstweiliger Rechtsschutz und Vollstreckung in UWG-Sachen, Rdnr. 41 m.w.N.; Berneke, Die einstweilige Verfügung in Wettbewerbssachen, Rdnr. 39 m.w.N.; Spätgens, in: Gloy, Handbuch des Wettbewerbsrechts, § 79, Rdnr. 11 m.w.N.

287 Regierungsbegründung zum Produktpirateriegesetz, BT-Drucks. 11/4792, S. 32.

288 Fezer, Markenrecht, § 19 MarkenG, Rdnr. 19.

289 Berneke, Die einstweilige Verfügung in Wettbewerbssachen, Rdnr. 41.

gig zu machen wäre[290]. Im einstweiligen Rechtsschutz dürfen grundsätzlich nur Maßnahmen zur vorläufigen Störungsbeseitigung aufgegeben, nicht aber endgültige Verhältnisse geschaffen werden[291].

Allerdings besteht die Möglichkeit, zur Sicherung der Durchsetzung des Vernichtungsanspruchs die Verwahrung oder auch Sequestration der Gegenstände und Vorrichtungen im Wege der einstweiligen Verfügung anordnen zu lassen (§ 938 Abs. 2 ZPO)[292]. Im Unterschied zur schlichten Verwahrung versteht man unter Sequestration die Verwahrung und Verwaltung von Gegenständen und Sachgesamtheiten durch eine Vertrauensperson, wobei die Verwaltungstätigkeit im Vordergrund steht[293]. Die Anordnung der Verwahrung oder Sequestration stellt die klassische Sicherung eines gesetzlich begründeten Anspruchs, nämlich des Vernichtungsanspruchs, dar und fällt damit unstreitig unter den Begriff der Sicherungsverfügung[294].

(4) Schadensersatzanspruch bzw. Bereicherungsanspruch und Anspruch auf Urteilsveröffentlichung

Nachdem im einstweiligen Rechtsschutz grundsätzlich nur Maßnahmen zur vorläufigen Störungsbeseitigung aufgegeben, nicht aber endgültige Verhältnisse geschaffen werden dürfen[295], können Schadensersatz- bzw. Bereicherungsan-

---

290 Ingerl/Rohnke, Markengesetz, § 18 MarkenG, Rdnr. 28; OLG Hamburg, Urteil vom 26.9.1996, WRP 1997, 106 (112); OLG Frankfurt am Main, Urteil vom 13.11.1975, GRUR 1976, 663 (665); OLG Koblenz, Beschluß vom 16.7.1987, GRUR 1987, 730 (731).

291 Vgl. oben E III 2 b).

292 Berneke, Die einstweilige Verfügung in Wettbewerbssachen, Rdnr. 425 m.w.N.; Spätgens, in: Gloy, Handbuch des Wettbewerbsrechts, § 79, Rdnr. 10. Im einstweiligen Verfügungsverfahren kann dem Verfügungsantrag die Möglichkeit weniger einschneidender Maßnahmen als die Vernichtung nicht entgegengehalten werden, da die Sicherung auch in diesem Fall erforderlich ist (Ingerl/Rohnke, Markengesetz, § 18 MarkenG, Rdnr. 28).

293 Fezer, Markenrecht, § 18 MarkenG, Rdnr. 34; vgl. zur Sequestration auch v. Gamm, GRUR 1958, 172 (172 ff.).

294 Berneke, Die einstweilige Verfügung in Wettbewerbssachen, Rdnr. 23 m.w.N.

295 Vgl. oben E III 2 b).

sprüche dort ebensowenig wie ein Anspruch auf Urteilsveröffentlichung[296] geltend gemacht werden[297].

bb) Verfügungsgrund

Ein Verfügungsgrund liegt vor, wenn die begehrte einstweilige Verfügung nötig ist, um einer Vereitelung oder wesentlichen Erschwerung des Anspruchs vorzubeugen bzw. um ein Rechtsverhältnis zu regeln, die Sache also dringlich bzw. eilbedürftig ist. Eine Leistungsverfügung – vorliegend also die Auskunftsverfügung – verlangt darüber hinaus, daß die begehrte Leistungsanordnung unumgänglich ist, um die Vereitelung des Verfügungsanspruchs zu verhindern, der Antragsteller muß auf die sofortige Befriedigung seines Anspruchs dringend angewiesen sein[298].

cc) Glaubhaftmachung

Die Glaubhaftmachung (§ 294 ZPO) stellt eine erleichterte Art der Beweisführung dar, die lediglich die Feststellung der überwiegenden Wahrscheinlichkeit einer Behauptung erfordert[299].

(1) Verfügungsanspruch

Ebenso wie der Antragsteller in einem ordentlichen Klageverfahren diejenigen Tatsachen darzulegen und zu beweisen hat, die seine materiell-rechtlichen Ansprüche begründen, muß er diese im einstweiligen Verfügungsverfahren darlegen und glaubhaft machen. Demgemäß sind in Fällen der Produktpiraterie im Markenbereich die Voraussetzungen der vorstehend genannten markenrechtlichen Ansprüche[300] einschließlich aller Voraussetzungen der Entstehung des Kennzeichenschutzes nach § 4 MarkenG darzulegen und glaubhaft zu ma-

---

296 Nach a.A. kann gerade die Veröffentlichung einer einstweiligen Verfügung, die dem Verstoß unmittelbar folgt, eine wirksamere Bereinigung der Wettbewerbsstreitigkeit zwischen den Parteien erreichen als ein Hauptsacheurteil, das dem konkreten Ereignis nur noch hinterherhinken kann (vgl. Bähr, in: Pastor/Ahrens, Der Wettbewerbsprozeß, Kap. 41, Rdnr. 22).

297 Berneke, Die einstweilige Verfügung in Wettbewerbssachen, Rdnr. 425; Melullis, Handbuch des Wettbewerbsprozesses, Rdnr. 148 m.w.N.

298 Berneke, Die einstweilige Verfügung in Wettbewerbssachen, Rdnr. 28 m.w.N.

299 Fritze, GRUR Int. 1997, 143 (147).

300 Siehe E III 2 c) aa).

chen[301]. Bei der Leistungsverfügung – vorliegend also der Auskunftsverfügung – wird die Glaubhaftmachung der Anspruchsvoraussetzungen einer strengen Prüfung unterzogen[302].

Zusätzlich hat der Antragsteller, solange sich das Verfügungsverfahren im einseitigen Beschlußverfahren[303] befindet, auch das Fehlen derjenigen Einwendungen und Einreden darzulegen und glaubhaft zu machen, für die nach seinem eigenen Vortrag Anhaltspunkte bestehen[304]. Vorliegend zählen hierzu insbesondere das Nichtvorliegen einer Zustimmung des Markeninhabers im Sinne von § 14 Abs. 2 MarkenG und einer Nichterschöpfung des Markenrechts im Sinne von § 24 MarkenG[305]. Dies ist gerechtfertigt, da der Antragsgegner im Beschlußverfahren keine Gelegenheit hat, Stellung zu nehmen. Wird allerdings aufgrund mündlicher Verhandlung entschieden, so gelten nach herrschender Meinung die Grundsätze der Beweislastverteilung wie im Hauptsacheverfahren[306].

(2) Verfügungsgrund

§ 25 UWG begründet für Unterlassungsansprüche aus dem Gesetz gegen den unlauteren Wettbewerb eine widerlegbare Tatsachenvermutung der Dringlichkeit, also des Verfügungsgrundes, so daß der Antragsteller dort von dessen Darlegung und Glaubhaftmachung befreit ist[307]. Nach herrschender Meinung in Literatur und Rechtsprechung findet § 25 UWG durch sinngemäße Auslegung auch bei Unterlassungsansprüchen aus dem Markengesetz, die eine vergleichbare Dringlichkeit wie wettbewerbsrechtliche Unterlassungsansprüche aufweisen, Anwendung[308]. Für den Auskunftsanspruch aus § 19 MarkenG gilt die Dring-

---

301 Siehe dazu im einzelnen Ingerl/Rohnke, Markengesetz, Vor §§ 14-19 MarkenG, Rdnr. 54.

302 Berneke, Die einstweilige Verfügung in Wettbewerbssachen, Rdnr. 28 m.w.N.

303 Siehe dazu unten E III 2 e).

304 Berneke, Die einstweilige Verfügung in Wettbewerbssachen, Rdnr. 107 m.w.N.; Scharen, in: Pastor/Ahrens, Der Wettbewerbsprozeß, Kap. 54, Rdnr. 12 m.w.N.; Melullis, Handbuch des Wettbewerbsprozesses, Rdnr. 191a, 676a m.w.N.; Eichmann, GRUR 1990, 575 (586); OLG Braunschweig, Beschluß vom 22.3.1993, GRUR 1993, 669 (670) m.w.N.

305 Siehe dazu im einzelnen unten E III 7 b), e).

306 Baumbach/Hefermehl, Wettbewerbsrecht, § 25 UWG, Rdnr. 8 m.w.N.; Berneke, Die einstweilige Verfügung in Wettbewerbssachen, Rdnr. 108 m.w.N.; Scharen, in: Pastor/Ahrens, Der Wettbewerbsprozeß, Kap. 54, Rdnr. 13 m.w.N.; a.A. Hartmann, in: Baumbach/Lauterbach/Albers/Hartmann, Zivilprozeßordnung, § 920 ZPO, Rdnr. 8.

307 Spätgens, in: Gloy, Handbuch des Wettbewerbsrechts, § 81, Rdnr. 26 m.w.N.

308 Ingerl/Rohnke, Markengesetz, Vor §§ 14-19 MarkenG, Rdnr. 49 m.w.N.; Fezer, Markenrecht, § 14 MarkenG, Rdnr. 550 m.w.N.; Klaka, in: Althammer/Strö-

lichkeitsvermutung allerdings nicht[309], ebensowenig für die Sicherung des Vernichtungsanspruchs in Form der Anordnung der Verwahrung oder Sequestration der Gegenstände und Vorrichtungen[310]. Gerade in Fällen der Produktpiraterie bereitet die Darlegung und Glaubhaftmachung einer Dringlichkeit hier aber keine Probleme. Der Markeninhaber ist auf die Drittauskunft dringend angewiesen, um Quellen und Vertriebswege der schutzrechtsverletzenden Gegenstände möglichst schnell vollständig zu verschließen[311]. Auch die Sicherung des Vernichtungsanspruchs ist dringlich, da eine Verwertung der Verletzungsgegenstände und neuerliche Verletzungshandlungen in der Regel unmittelbar drohen.

Die Widerlegung der Vermutung der Dringlichkeit ist grundsätzlich Sache des Antragsgegners. Oft folgt sie aber auch aus dem eigenen Vorbringen des Antragstellers, wenn dieser zum Ausdruck bringt, daß ihm die Sache selbst nicht so eilig ist. Dies ist vor allem dann der Fall, wenn der Antragsteller trotz verläßlicher Kenntnis der konkreten Verletzungshandlung und der Person des Täters bei der Verfolgung seiner Ansprüche allzu zögerlich vorgeht[312]. Demgemäß sollte er den Antragsgegner innerhalb angemessener Frist abmahnen und bei Erfolglosigkeit der Abmahnung alsbald die einstweilige Verfügung beantragen. Allerdings ist bei Fällen der Produktpiraterie zu berücksichtigen, daß meist ein Fälschungsgutachten erstellt werden muß und oft unerläßliche Informationen und Glaubhaftmachungsmittel erst durch Einsicht in die Ermittlungsakten beschafft werden können. Sofern die erforderlichen Bemühungen zur Beschaffung dieser Unterlagen unverzüglich aufgenommen werden und ein Verfügungsantrag von vornherein nur mit diesen Unterlagen Aussicht auf Erfolg hat, beginnt die

---

bele/Klaka, Markengesetz, § 14 MarkenG, Rdnr. 140; Baumbach/Hefermehl, Wettbewerbsrecht, § 25 UWG, Rdnr. 5 m.w.N.; Spätgens, in: Gloy, Handbuch des Wettbewerbsrechts, § 81, Rdnr. 31 m.w.N.; Melullis, Handbuch des Wettbewerbsprozesses, Rdnr. 158 m.w.N.; Köhler, in: Köhler/Piper, UWG, § 25 UWG, Rdnr. 14; OLG Köln, Urteil vom 23.12.1999, GRUR 2000, 1073 (1074); OLG Hamburg, Urteil vom 25.3.1999, GRUR 1999, 739 (739); OLG Stuttgart, Urteil vom 27.9.1996, WRP 1997, 118 (121); OLG Hamburg, Urteil vom 26.9.1996, WRP 1997, 106 (112); OLG Hamburg, Urteil vom 27.2.1992, WRP 1992, 493 (494); OLG Bremen, Urteil vom 18.12.1986, GRUR 1987, 241 (241); OLG Hamm, Urteil vom 27.10.1981, GRUR 1982, 172 (173); OLG Hamburg, Urteil vom 1.7.1976, GRUR 1977, 175 (175); a.A. Berneke, Die einstweilige Verfügung in Wettbewerbssachen, Rdnr. 62.

309 Regierungsbegründung zum Produktpirateriegesetz, BT-Drucks. 11/4792, S. 32; Fezer, Markenrecht, § 14 MarkenG, Rdnr. 550 m.w.N. und § 19 MarkenG, Rdnr. 18; a.A. Ingerl/Rohnke, Markengesetz, § 19 MarkenG, Rdnr. 36.

310 Allgemein Baumbach/Hefermehl, Wettbewerbsrecht, § 25 UWG, Rdnr. 5; Berneke, Die einstweilige Verfügung in Wettbewerbssachen, Rdnr. 62.

311 Vgl. Ingerl/Rohnke, Markengesetz, § 19 MarkenG, Rdnr. 5.

312 Vgl. Baumbach/Hefermehl, Wettbewerbsrecht, § 25 UWG, Rdnr. 13a m.w.N.

Dringlichkeitsfrist erst ab Erlangung dieser Glaubhaftmachungsmittel zu laufen[313].

Bedauerlicherweise bestehen je nach OLG-Bezirk unterschiedliche Ansichten zur Dringlichkeitsfrist, die zwischen vier Wochen und sechs Monaten beträgt, wobei zum Teil Regelfristen entwickelt wurden[314], stets aber die besonderen Umstände des Einzelfalls berücksichtigt werden[315]. Die Dringlichkeit kann aber auch nachträglich entfallen, wenn der Antragsteller eine nicht unerhebliche Vertagung bzw. Terminverlegung beantragt oder sich hiermit einverstanden erklärt, es zu einer Zurückweisung des Verfügungsantrags durch Versäumnisurteil kommen läßt, der Gewährung einer nicht unerheblichen Aufbrauchsfrist zustimmt oder eine (unzulässige[316]) Schriftsatzfrist oder Verlegung des Verkündungstermins beantragt[317].

Unterliegt der Antragsteller in erster Instanz, muß er sein Verfügungsbegehren auch in zweiter Instanz zügig weiterverfolgen, um zu vermeiden, daß er die Dringlichkeitsvermutung selbst widerlegt. Demgemäß ist die einfache Beschwerde gegen den Beschluß, mit dem der Verfügungsantrag zurückgewiesen worden ist, unverzüglich zu erheben[318]. Fraglich ist, ob die Ausschöpfung der Berufungs- und Berufungsbegründungsfrist zur Selbstwiderlegung der Dringlichkeitsvermutung führt. Dies wird von der herrschenden Meinung zutreffend grundsätzlich verneint[319]. Es kann dem Antragsteller nicht verwehrt werden, gesetzlich eingeräumte Fristen tatsächlich in Anspruch zu nehmen; dies hat mit der Frage der Dringlichkeit nichts zu tun[320].

---

313 Vgl. Ingerl/Rohnke, Markengesetz, Vor §§ 14-19 MarkenG, Rdnr. 52.

314 OLG München: 1 Monat (z.B. Urteil vom 24.9.1992, WRP 1993, 49 (50)); OLG Koblenz: 3 Monate (z.B. Urteil vom 31.8.1978, GRUR 1978, 718 (720)); OLG Stuttgart: 5 Monate (z.B. Urteil vom 15.5.1981, WRP 1981, 668 (670)); OLG Hamburg: 6 Monate (Urteil vom 8.7.1982, WRP 1983, 101 (102)).

315 Siehe dazu Köhler, in: Köhler/Piper, UWG, § 25 UWG, Rdnr. 15 ff. m.w.N.; Baumbach/Hefermehl, Wettbewerbsrecht, § 25 UWG, Rdnr. 15 ff. m.w.N. Ein umfassender Überblick zur Rechtsprechung der einzelnen Oberlandesgerichte findet sich bei Traub, Wettbewerbsrechtliche Verfahrenspraxis, S. 13 ff.

316 Siehe dazu unten E III 2 f).

317 Berneke, Die einstweilige Verfügung in Wettbewerbssachen, Rdnr. 87 m.w.N.

318 Scharen, in: Pastor/Ahrens, Der Wettbewerbsprozeß, Kap. 55, Rdnr. 58 m.w.N.

319 Vgl. Nachweise bei Berneke, Die einstweilige Verfügung in Wettbewerbssachen, Rdnr. 88.

320 Vgl. OLG München, Urteil vom 9.8.1990, GRUR 1992, 328 (328), das im Beschluß vom 29.7.1980, GRUR 1980, 1017 (1019), noch die gegenteilige Ansicht vertreten hatte.

(3) *Mittel der Glaubhaftmachung*

Grundsätzlich können alle nach der Zivilprozeßordnung zulässigen Beweismittel verwendet werden. Darüber hinaus sind eidesstattliche Versicherungen, anwaltliche Versicherungen, die Bezugnahme auf Entscheidungen und den Akteninhalt anderer Verfahren, amtliche Auskünfte und Parteigutachten zur Glaubhaftmachung möglich[321]. Zu beachten ist, daß die Beweisaufnahme gemäß § 294 Abs. 2 ZPO nur mit präsenten Beweismitteln statthaft ist, also zu vernehmende Zeugen im Termin gestellt werden, zu vernehmende Parteien anwesend sein und Augenscheinsobjekte und Urkunden dem Gericht vorgelegt werden müssen.

d) Inhalt

aa) Unterlassung

Gegenstand des Unterlassungsantrags ist immer die konkrete Verletzungshandlung bzw. beim vorbeugenden Unterlassungsanspruch diejenige bevorstehende Handlung, die, wenn sie begangen worden wäre, die konkrete Verletzungsform wäre[322], wobei gewisse Verallgemeinerungen zulässig sind[323]. Um eine Abweisung wegen unzutreffender, d.h. in der Regel zu weit gehender Fassung des Unterlassungsantrags zu vermeiden, ist es üblich, einem verallgemeinerten Unterlassungsantrag eine sogenannte „insbesondere"-Formulierung[324] anzufügen, die der jeweils begangenen konkreten Verletzungshandlung entspricht, da dem Verfügungsantrag so zumindest ein Teilerfolg gesichert ist[325]. Hierdurch wird in jedem Fall eine vollständige Abweisung des Antrags verhindert, da das erkennende Gericht die Möglichkeit hat, zumindest dem „insbesondere"-Antrag zu entsprechen[326]. Voraussetzung hierfür ist allerdings, daß letzterer die konkrete

---

321 Berneke, Die einstweilige Verfügung in Wettbewerbssachen, Rdnr. 103.

322 Jestaedt, in: Pastor/Ahrens, Der Wettbewerbsprozeß, Kap. 27, Rdnr. 2 f.

323 Vgl. oben C I 3 und E III 1 c) bb) (2).

324 Vgl. auch oben E III 1 c) bb) (2).

325 Vgl. Kurtze, in: Bruchhausen/Hefermehl/Hommelhof/Messer, Festschrift für Rudolf Nirk, S. 571, 576 f. Zum Teil wird allerdings auch die Ansicht vertreten, daß das Gericht den Verbotstenor im einstweiligen Verfügungsverfahren gemäß § 938 Abs. 1 ZPO ohnehin nach freiem Ermessen abweichend von dem Antrag formulieren darf (vgl. dazu ausführlich Jestaedt, in: Pastor/Ahrens, Der Wettbewerbsprozeß, Kap. 60, Rdnr. 3 f. m.w.N.).

326 Kurtze, in: Bruchhausen/Hefermehl/Hommelhof/Messer, Festschrift für Rudolf Nirk, S. 577 ff., setzt sich ausführlich mit den rechtsdogmatischen Problemen des „insbesondere"-Antrags auseinander und kommt zu dem Schluß, daß dieser nach einem verallgemeinernden Unterlassungsantrag nur als dessen beispielhafte Erläute-

Verletzungshandlung und nicht wiederum eine Verallgemeinerung enthält. Ebenso wie in der Unterlassungserklärung bei der außergerichtlichen Abmahnung wird in Fällen der Produktpiraterie im Markenbereich beispielsweise bei Bekleidungsstücken für den Fall, daß beim Verletzer ausschließlich eine Art widerrechtlich gekennzeichneter Textilien, hier am Beispiel T-Shirts, vorgefunden wurde, gängigerweise formuliert: „... Bekleidungsstücke, insbesondere T-Shirts ...“[327]. Einem solchen Antrag wird seitens der Gerichte in aller Regel vollumfassend entsprochen[328].

Die Formulierung des Unterlassungsantrags orientiert sich am Wortlaut des § 14 MarkenG, wobei ein entsprechendes Verbot „bei Meidung eines für jeden Fall der Zuwiderhandlung festzusetzenden Ordnungsgeldes bis zu Euro 250.000, ersatzweise Ordnungshaft bis zu sechs Monaten, oder einer Ordnungshaft bis zu sechs Monaten, im Wiederholungsfalle Ordnungshaft bis zu zwei Jahren,“ beantragt wird[329]. In der Praxis wird auch der Besitz der widerrechtlich gekennzeichneten Gegenstände regelmäßig auf Antrag verboten, was allerdings zu einer unzulässigen Vorwegnahme der Hauptsache führt, da sich der Verletzer des Besitzes entäußern muß. Der aktuelle Besitz widerrechtlich gekennzeichneter Ware kann daher nur Anlaß für eine einstweilige Verfügung auf Sequestration bzw. Inverwahrungnahme sein[330].

Die Androhung der Ordnungsmittel setzt einen entsprechenden Antrag des Antragstellers voraus. Dies folgt einerseits aus § 308 Abs. 1 ZPO, wonach das Gericht nicht befugt ist, einer Partei etwas zuzusprechen, was nicht beantragt ist, und andererseits aus einem Umkehrschluß aus § 890 Abs. 2 ZPO, der für den Fall, daß die Androhung nicht in dem die Verpflichtung aussprechenden Urteil enthalten ist, eine nachträgliche Androhung zuläßt. Die Androhung von Ordnungsmitteln im Unterlassungstitel ist zwingend erforderlich, um die einstweilige Verfügung wirksam zu vollziehen[331].

---

rung oder Klarstellung angesehen werden sollte. Insbesondere könne auf diese Weise der verallgemeinernde Unterlassungsantrag niemals in vollem Umfang abgewiesen werden, sofern die konkrete Verletzungshandlung das begehrte Verbot rechtfertige.

327 Vgl. oben E III 1 c) bb) (2).

328 Vgl. Nachweise oben E III 1 c) bb) (2), Fn. 198.

329 Ein Beispiel für die Formulierung eines Unterlassungsantrags findet sich bei Spitz/Klinger, in: Bartenbach/Buddeberg/Hecker/Klinger/Metzlaff/Pitz/Schulze/Schweyer/Spitz/Volz/Zindel, Formularsammlung zum gewerblichen Rechtsschutz, S. 376.

330 Ebenso OLG Hamburg, WRP 1997, 106 (112); vgl. auch Ingerl/Rohnke, Markengesetz, § 14 MarkenG, Rdnr. 118.

331 Siehe dazu unten E III 2 h) cc) (1).

bb) Auskunft

Die Formulierung des Antrags auf Auskunftserteilung orientiert sich üblicherweise exakt am Wortlaut des § 19 Abs. 2 MarkenG, der die benötigten Angaben zu Herkunft und Vertriebsweg der widerrechtlich gekennzeichneten Gegenstände umfassend aufzählt[332]. Nach der hier vertretenen Auffassung kann daneben die Vorlage der korrespondierenden Belege beantragt werden.

cc) Verwahrung bzw. Sequestration

Da bei Piraterieggegenständen und –vorrichtungen selten eine treuhänderische Verwaltung erforderlich ist, wird in der Regel die kostengünstigere Verwahrung durch einen Gerichtsvollzieher beantragt[333].

Der Markeninhaber muß grundsätzlich damit rechnen, daß der Antragsgegner die Gegenstände und Vorrichtungen nicht freiwillig herausgibt und dem Gerichtsvollzieher die Durchsuchung seiner Räumlichkeiten verwehrt. Aus diesem Grund kann er neben der Inverwahrungnahme bzw. Sequestration beantragen, dem Gerichtsvollzieher zu gestatten, zum Zwecke des Auffindens der Gegenstände und Vorrichtungen die Geschäftsräume des Antragsgegners auch gegen dessen Widerstand zu durchsuchen und dabei verschlossene Türen oder Behältnisse zu öffnen oder öffnen zu lassen.

Da die Inverwahrungnahme bzw. Sequestration in aller Regel gleichzeitig mit der Unterlassung und Auskunftserteilung beantragt wird, mag der Markeninhaber versucht sein, hier auch gleich die Durchsuchung zu beantragen. Auch wenn dies von den angerufenen Landgerichten[334] in aller Regel entsprechend angeordnet wird[335], sind diese hierfür nicht zuständig. Vielmehr hat gemäß

332 Siehe dazu oben C II 3 a). Ein Beispiel für die Formulierung eines Auskunftsantrags findet sich bei Spitz/Klinger, in: Bartenbach/Buddeberg/Hecker/Klinger/Metzlaff/Pitz/Schulze/Schweyer/Spitz/Volz/Zindel, Formularsammlung zum gewerblichen Rechtsschutz, S. 376.

333 Ein Beispiel für die Formulierung eines Verwahrungsantrags findet sich bei Spitz/Klinger, in: Bartenbach/Buddeberg/Hecker/Klinger/Metzlaff/Pitz/Schulze/Schweyer/Spitz/Volz/Zindel, Formularsammlung zum gewerblichen Rechtsschutz, S. 377.

334 Zu deren ausschließlichen Zuständigkeit bei Kennzeichenstreitsachen vgl. oben E III 2 a).

335 Vgl. z.B. LG Stuttgart, Beschluß vom 17.4.1997, Az.: 11 KfH O 56/97; LG München, Beschluß vom 11.9.1996, Az.: 4 HKO 17402/96; LG Koblenz, Beschluß vom 24.7.1996, Az.: 1 HO 123/96; LG Bielefeld, Beschluß vom 17.11.1997, Az.: 11 O 262/97; LG Nürnberg-Fürth, Beschluß vom 7.11.1997, Az.: 4 HKO 9918/97; LG Frankfurt am Main, Beschluß vom 20.6.1997, Az.: 3-12 O 114/97.

§ 758 a Abs. 1 ZPO das Amtsgericht, in dessen Bezirk die Durchsuchung stattfinden soll, die Entscheidung über die Durchsuchungsanordnung zu treffen[336]. Fraglich ist allerdings, ob eine solche überhaupt erforderlich ist. Gemäß § 758 a Abs. 1 S. 2 ZPO ist dies nicht der Fall, wenn die Einholung der Anordnung den Erfolg der Durchsuchung gefährden würde. Es handelt sich hierbei um die von der Rechtsprechung entwickelte Definition der „Gefahr im Verzug" des Art. 13 Abs. 2 GG[337]. Eine solche ist bei einstweiligen Verfügungen auf Inverwahrungnahme bzw. Sequestration widerrechtlich gekennzeichneter Gegenstände und Vorrichtungen in der Regel zu bejahen[338], da diese – wie bereits bei der Frage der Erforderlichkeit einer Abmahnung ausgeführt[339] – überhaupt nur dann Aussicht auf Erfolg haben, wenn der Überraschungseffekt gewahrt bleibt. Verneint man hier mit der überwiegenden Meinung[340] die Erforderlichkeit einer Abmahnung, um zu verhindern, daß der Verletzer die widerrechtlich gekennzeichneten Gegenstände und Vorrichtungen „beiseite schafft", macht es wenig Sinn, ihm diese Gelegenheit im Anschluß bei der Vollziehung der einstweiligen Verfügung auf Inverwahrungnahme bzw. Sequestration einzuräumen. Eine richterliche Anordnung setzt nämlich voraus, daß der Verletzer die Durchsuchung seiner Wohnung gegenüber dem Gerichtsvollzieher zuvor verweigert hat[341]. Allerdings wird die Einholung der Anordnung der Durchsuchung deren Erfolg dann nicht gefährden, wenn es ausnahmsweise einer Abmahnung bedarf, d.h. wenn für den Verletzten konkrete Anhaltspunkte vorliegen, die die zu vermutende Gefahr des Beiseiteschaffens der Waren und/oder anderer Vernebelungsaktionen ausschließen[342].

e) Urteils- und Beschlußverfahren

Grundsätzlich soll über einen Antrag auf Erlaß einer einstweiligen Verfügung mündlich verhandelt werden. Allerdings kann gemäß § 937 Abs. 2 ZPO die Ent-

---

336 Vgl. OLG Frankfurt am Main, Beschluß vom 30.6.1995, WRP 1995, 959 (959), das die Zuständigkeit des Amtsgerichts allerdings noch aus einer analogen Anwendung des durch die 2. Zwangsvollstreckungsnovelle vom 17.12.1997 aufgehobenen § 761 ZPO herleitet.

337 Stöber, in: Zöller, Zivilprozeßordnung, § 758a ZPO, Rdnr. 32.

338 Vgl. Ingerl/Rohnke, Markengesetz, § 18 MarkenG, Rdnr. 28; Thomas/Putzo, Zivilprozeßordnung, § 758a ZPO, Rdnr. 10 f.; Schneider, NJW 1980, 2377 (2378), der bei der Vollstreckung einstweiliger Verfügungen, die ohne mündliche Verhandlungen ergehen, stets „Gefahr im Verzug" annimmt; ähnlich Stöber, in: Zöller, Zivilprozeßordnung, § 758a ZPO, Rdnr. 32.

339 Vgl. oben E III 1 b) bb).

340 Vgl. oben E III 1 b) bb).

341 Thomas/Putzo, Zivilprozeßordnung, § 758a ZPO, Rdnr. 5.

342 Vgl. dazu oben E III 1 b) bb).

scheidung in dringenden Fällen sowie dann, wenn der Antrag auf Erlaß einer einstweiligen Verfügung zurückzuweisen ist, ohne mündliche Verhandlung ergehen. Wird mündlich verhandelt, ergeht die Entscheidung durch Urteil, andernfalls durch Beschluß (§§ 922 Abs. 1 S. 1, 936 ZPO). Ein dringender Fall im Sinne des § 937 Abs. 2 ZPO liegt vor, wenn die Eilbedürftigkeit der Maßnahme über die dem einstweiligen Verfügungsverfahren ohnehin innewohnenden Dringlichkeit hinausgeht und selbst eine innerhalb kürzester Frist terminierte mündliche Verhandlung nicht abgewartet werden kann, oder wenn der Zweck der einstweiligen Verfügung gerade den Überraschungseffekt der Beschlußverfügung erfordert[343].

Ebenso wie in Wettbewerbssachen wird in Produktpirateriefällen überwiegend im Beschlußweg entschieden, obwohl das Gesetz vom Regelfall der mündlichen Verhandlung ausgeht[344]. Dies liegt zum einen daran, daß dem Markeninhaber auch bei einer lediglich kurzfristigen Verzögerung, die aus der Anberaumung einer mündlichen Verhandlung folgt, tatsächlich erheblicher Schaden entstehen kann, der einen möglichen Schaden des Antragsgegners überwiegt; zum anderen aber auch an der „gerichtsbekannten“ Tatsache, daß einstweilige Verfügungen vom Antragsgegner oft akzeptiert und durch Abgabe einer Abschlußerklärung[345] als endgültige Regelung anerkannt werden. Nicht unerwähnt bleiben darf schließlich, daß die Gerichte wegen starken Geschäftsanfalls und der großen Anzahl von Verfügungsanträgen oft gar nicht in der Lage sind, zeitnah zu terminieren, und aus diesem Grund ebenfalls dazu neigen, wenn nicht gar gezwungen sind, ohne mündliche Verhandlung zu entscheiden[346].

Die Zurückweisung des Antrags kann nach dem Wortlaut des Gesetzes unabhängig von der Frage der Dringlichkeit ohne mündliche Verhandlung durch Beschluß erfolgen. Der Gesetzgeber wollte dem Antragsteller durch eine möglichst frühe Entscheidung des Erstgerichts Gelegenheit geben, das Rechtsmittelgericht anzurufen oder seinen Antrag, gegebenenfalls mit neuen Glaubhaftmachungsmitteln, zu wiederholen[347]. Auch sollen durch den Wegfall der mündlichen Verhandlung Parteien und Gerichte entlastet werden.

Allerdings läßt sich eine sofortige Zurückweisung eines Antrags auf Erlaß einer einstweiligen Verfügung in bestimmten Fällen aus prozeßökonomischen Gründen nicht rechtfertigen, so daß eine mündliche Verhandlung geboten ist. Dies gilt insbesondere bei behebbaren Antragsmängeln, Ergänzbarkeit von Vor-

---

343 Vollkommer, in: Zöller, Zivilprozeßordnung, § 937 ZPO, Rdnr. 2.
344 Vgl. Berneke, Die einstweilige Verfügung in Wettbewerbssachen, Rdnr. 134.
345 Siehe zur Abschlußerklärung unten E III 2 j).
346 Vgl. Berneke, Die einstweilige Verfügung in Wettbewerbssachen, Rdnr. 134.
347 Vgl. Vollkommer, in: Zöller, Zivilprozeßordnung, § 937 ZPO, Rdnr. 2a.

bringen und Beweismitteln oder der Aussicht auf eine nichtstreitige Beilegung der Angelegenheit[348].

Gemäß § 944 ZPO kann in dringenden Fällen der Vorsitzende anstatt des Gerichts über Gesuche entscheiden, sofern deren Erledigung eine mündliche Verhandlung nicht erfordert. Da die Dringlichkeit des § 937 Abs. 2 ZPO das Gericht überhaupt erst zu einer Entscheidung ohne mündliche Verhandlung ermächtigt, muß die für die Entscheidungsbefugnis des Vorsitzenden erforderliche Dringlichkeit im Sinne des § 944 ZPO über erstere hinausgehen. Der vorgetragene Sachverhalt muß hier den sofortigen Erlaß einer einstweiligen Verfügung erfordern, da die zeitliche Verzögerung bis zu einem Zusammentreten des Kollegialorgans wegen zu befürchtender irreparabler Rechtsverluste nicht mehr vertretbar ist[349]. In Fällen der Produktpiraterie wird auch die Dringlichkeit des § 944 ZPO in aller Regel bejaht, ohne daß es insofern einer - im Grunde erforderlichen - besonderen Darlegung und Glaubhaftmachung bedarf.

f) Mündliche Verhandlung

In Verfügungssachen finden grundsätzlich die Vorschriften der Zivilprozeßordnung über die mündliche Verhandlung im ordentlichen Klageverfahren Anwendung. Aufgrund des summarischen Charakters des Verfahrens und der Eilbedürftigkeit der Angelegenheit sind allerdings einige Abweichungen zu beachten, die sich im wesentlichen wie folgt zusammenfassen lassen[350]:

- Das Gericht ist zu vorbereitenden Maßnahmen nach § 273 ZPO grundsätzlich nicht verpflichtet.
- Die Parteien haben in der mündlichen Verhandlung Gelegenheit, mit neuem Vorbringen, das grundsätzlich nicht als verspätet zurückgewiesen werden kann, und neuen Glaubhaftmachungsmitteln hervorzutreten.
- Es gilt der Grundsatz, daß nur eine einzige mündliche Verhandlung stattfindet und für einen Schriftsatznachlaß kein Raum ist.

---

348 Vgl. Vollkommer, in: Zöller, Zivilprozeßordnung, § 937 ZPO, Rdnr. 2a; Berneke, Die einstweilige Verfügung in Wettbewerbssachen, Rdnr. 135.

349 Ebenso Vollkommer, in: Zöller, Zivilprozeßordnung, § 944 ZPO, Rdnr. 1; Berneke, Die einstweilige Verfügung in Wettbewerbssachen, Rdnr. 136; Thomas/Putzo, Zivilprozeßordnung, § 944 ZPO, Rdnr. 1; a.A. Ahrens, Wettbewerbsverfahrensrecht, S. 175.

350 Vgl. dazu ausführlich Berneke, Die einstweilige Verfügung in Wettbewerbssachen, Rdnr. 143 ff. m.w.N.

g) Zustellung und Wirksamkeit der einstweiligen Verfügung

aa) Beschlußverfügung

Die Beschlußverfügung ist dem Antragsteller gemäß § 329 Abs. 2 S. 2 ZPO förmlich zuzustellen[351], da mit deren Mitteilung die von ihm zu beachtende Vollziehungsfrist nach §§ 929 Abs. 2, 936 ZPO[352] in Lauf gesetzt wird. An den Antragsgegner erfolgt dagegen von Amts wegen keine Zustellung oder Mitteilung. Vielmehr hat der Antragsteller die Beschlußverfügung gemäß §§ 922 Abs. 2, 936 ZPO zustellen zu lassen, wodurch sie dem Verletzer gegenüber wirksam wird und von ihm zu befolgen ist.

bb) Urteilsverfügung

Die Urteilsverfügung wird gemäß § 317 Abs. 1 S. 1 ZPO beiden Parteien von Amts wegen zugestellt und ist mit ihrer Verkündung wirksam. Ab diesem Zeitpunkt hat sie der Antragsgegner zu befolgen, da der Verletzer alsbald an das Verbot zu binden ist und ihm keine sanktionslosen Verstöße mehr ermöglicht werden dürfen[353].

h) Vollziehung

aa) Inhalt der Vollziehung

Nach §§ 928, 936 ZPO sind auf die Vollziehung der einstweiligen Verfügung die Vorschriften über die Zwangsvollstreckung entsprechend anzuwenden. Hieraus folgt, daß der Gesetzgeber unter „Vollziehung" die Zwangsvollstreckung der einstweiligen Verfügung versteht[354]. Eine „entsprechende" Anwendung der

---

351 Berneke, Die einstweilige Verfügung in Wettbewerbssachen, Rdnr. 172 m.w.N.; Vollkommer, in: Zöller, Zivilprozeßordnung, § 922 ZPO, Rdnr. 11 m.w.N.

352 Siehe dazu unten E III 2 h) bb).

353 Ebenso Berneke, Die einstweilige Verfügung in Wettbewerbssachen, Rdnr. 160 m.w.N., der sich auch ausführlich mit den zum Teil vertretenen Mindermeinungen auseinandersetzt, wonach der Antragsgegner die Urteilsverfügung erst von der Vollziehung an oder auch unabhängig von der Vollziehung mit der Amtszustellung einzuhalten hat. Ein Überblick über die vertretenen Meinungen findet sich auch bei v. der Groeben, GRUR 1999, 674 (674 f.).

354 BGH, Urteil vom 22.10.1992, GRUR 1993, 415 (416 f.) m.w.N.; Teplitzky, Wettbewerbsrechtliche Ansprüche, Kap. 55, Rdnr. 37; Berneke, Die einstweilige Verfügung in Wettbewerbssachen, Rdnr. 296; a.A. Spätgens, in: Gloy, Handbuch des Wettbewerbsrechts, § 93, Rdnr. 1.

Zwangsvollstreckungsvorschriften ist deshalb vorgesehen, da Verfügungsgläubiger im Regelfall lediglich Sicherung, nicht aber Befriedigung verlangen können.

bb) Vollziehungserfordernis – Vollziehungsfrist

Die Vollziehung der einstweiligen Verfügung ist gemäß §§ 929 Abs. 2, 936 ZPO unstatthaft, wenn seit dem Tage, an dem die einstweilige Verfügung verkündet (Urteilsverfügung) oder dem Antragsteller zugestellt worden ist (Beschlußverfügung), ein Monat verstrichen ist. Nachdem entsprechende gesetzliche Bestimmungen fehlen, gemäß § 224 Abs. 2 ZPO aber erforderlich wären, kann diese Frist weder verlängert noch abgekürzt werden. Eine Heilung nach § 295 ZPO kommt nicht in Betracht, ebensowenig eine Wiedereinsetzung in den vorigen Stand[355]. Nach richtiger und herrschender Meinung gilt das Vollziehungserfordernis gleichermaßen für die Beschlußverfügung wie auch für die Urteilsverfügung[356]. Dies folgt schon aus dem Wortlaut des § 929 Abs. 2 ZPO. Auch kann der Antragsteller durch ein Unterlassen der Vollziehung zum Ausdruck bringen, daß er nicht die Absicht hat, von der erwirkten einstweiligen Verfügung Gebrauch zu machen[357], so daß die betreffende Eilmaßnahme nach Ablauf der Vollziehungsfrist wirkungslos wird[358].

Wird die einstweilige Verfügung aufgrund eines Widerspruchs nach §§ 924, 936 ZPO, einer Berufung oder eines Aufhebungsantrags nach §§ 927, 936 ZPO bestätigt, abgeändert oder aufgehoben[359], ergeben sich unterschiedliche Auswirkungen auf das Vollziehungserfordernis. Bei einer Bestätigung der einstweiligen Verfügung, sei es im vollen Umfang oder auch nur teilweise, muß diese nicht nochmals vollzogen werden[360]. Wird die einstweilige Verfügung insgesamt aufgehoben, ist für eine Vollziehung ohnehin kein Raum mehr. Bei einer inhaltli-

---

355 Vgl. dazu Berneke, Die einstweilige Verfügung in Wettbewerbssachen, Rdnr. 304 m.w.N.

356 OLG Frankfurt am Main, Beschluß vom 12.1.2000, WRP 2000, 411 (411); OLG Köln, Urteil vom 31.7.1998, GRUR 1999, 89 (89 f.) m.w.N.; Teplitzky, Wettbewerbsrechtliche Ansprüche, Kap. 55, Rdnr. 38 m.w.N. auch zur Mindermeinung, die die Vollziehung einer Unterlassungsverfügung in Urteilsform für entbehrlich hält. Hierfür tritt auch Knieper, WRP 1997, 815 (815 ff.), mit beachtlichen Argumenten ein. Eine weitere kritische Auseinandersetzung mit dem Vollziehungserfordernis findet sich bei Ahrens, WRP 1999, 1 (1 ff.).

357 Vgl. Berneke, Die einstweilige Verfügung in Wettbewerbssachen, Rdnr. 312.

358 Vgl. nächsten Absatz.

359 Siehe dazu unten E III 2 i).

360 Berneke, Die einstweilige Verfügung in Wettbewerbssachen, Rdnr. 300 m.w.N.; OLG Köln, Urteil vom 31.7.1998, GRUR 1999, 89 (90) m.w.N.

chen Änderung, insbesondere Erweiterung der einstweiligen Verfügung, bedarf es hingegen einer erneuten Vollziehung innerhalb der einmonatigen Frist[361]. Eine solche inhaltliche Änderung liegt allerdings nicht vor, wenn die einstweilige Verfügung in vollem Umfang bestätigt und lediglich die rechtliche Begründung für die Untersagungsverfügung geändert wird[362].

Wird die einstweilige Verfügung nicht innerhalb der Frist nach §§ 929 Abs. 2, 936 ZPO vollzogen, ist eine spätere Vollstreckung unstatthaft, die einstweilige Verfügung ist wirkungslos. Der Antragsgegner kann den Verfügungstitel dann durch Widerspruch nach §§ 924, 936 ZPO oder Antrag nach §§ 927, 936 ZPO aufheben lassen[363].

cc) Vollziehungsformen

(1) Unterlassungsverfügung

Wie vorstehend ausgeführt, finden auf die Vollziehung der einstweiligen Verfügung die Vorschriften über die Zwangsvollstreckung entsprechend Anwendung, so daß für die Unterlassungsverfügung § 890 ZPO einschlägig ist[364]. Hiernach ist der Schuldner auf Antrag des Gläubigers zu einem Ordnungsgeld und für den Fall, daß dieses nicht beigetrieben werden kann, zur Ordnungshaft oder zur Ordnungshaft bis zu sechs Monaten zu verurteilen, wenn er der Verpflichtung, eine Handlung zu unterlassen, zuwiderhandelt[365]. Der Gläubiger ist mithin verpflichtet, innerhalb der Vollziehungsfrist die Festsetzung von Ordnungsmitteln gegen den Schuldner zu beantragen und damit von der einstweiligen Verfügung Gebrauch zu machen[366].

Hält sich der Verletzer allerdings an die Unterlassungsverfügung, ist eine Zwangsvollstreckung im oben genannten Sinne nicht möglich. Die einstweilige Verfügung auf Unterlassung kann daher nach ständiger Rechtsprechung und herrschender Meinung stets auch derart vollzogen werden, daß sie der Antragsteller dem Antragsgegner im Parteibetrieb zustellt[367], nachdem der Antragsteller

---

361 Baumbach/Hefermehl, Wettbewerbsrecht, § 25 UWG, Rdnr. 61 m.w.N.

362 Vgl. KG, Beschluß vom 28.1.2000, GRUR 2000, 554 (554).

363 Siehe dazu unten E III 2 i) aa), dd).

364 BGH, Urteil vom 13.4.1989, WRP 1989, 514 (517). Zur Mindermeinung, die die Vollziehung nur durch eine Parteizustellung gewahrt sieht, vgl. Fn. 368.

365 Siehe dazu im einzelnen unten E III 5 b) aa), 4 c) aa).

366 BGH, Urteil vom 13.4.1989, WRP 1989, 514 (517).

367 Die Frist zur Vollziehung ist gewahrt, wenn der Zustellungsantrag innerhalb der Frist gestellt wird, die Zustellung selbst aber erst demnächst erfolgt (strittig, vgl. OLG Düsseldorf, GRUR-RR 2001, 94 (95) m.w.N.). Zu Zustellungsmängeln und

hierdurch ebenfalls seinen Willen verdeutlicht, daß es ihm mit der Durchsetzung des erwirkten Titels ernst ist[368]. Diese Zustellung ist zugleich die bei der Beschlußverfügung ohnehin erforderliche Wirksamkeitszustellung im Sinne der §§ 922 Abs. 2, 936 ZPO[369] und die für die Durchführung nachfolgender Zwangsvollstreckungsmaßnahmen nach § 890 ZPO erforderliche Zustellung im Sinne der §§ 750 Abs. 1, 929 Abs. 3 S. 2 ZPO[370].

Urteilsverfügungen werden den Parteien, mithin auch dem Antragsgegner, zwar bereits von Amts wegen zugestellt[371]. Gleichwohl kann hierin aber keine Vollziehung der Unterlassungsverfügung gesehen werden, nachdem der erforderliche Vollziehungswille des Antragstellers, der verdeutlicht, daß es ihm mit der Durchsetzung des erwirkten Titels ernst ist, nicht zum Ausdruck kommt[372]. Demgemäß bedürfen auch Urteilsverfügungen zur Vollziehung stets einer Zustellung im Parteibetrieb, sofern keine Vollstreckung nach § 890 ZPO innerhalb der Monatsfrist erfolgt.

Zu beachten ist schließlich, daß in der Parteizustellung einer Unterlassungsverfügung nach herrschender Meinung nur dann eine Vollziehung zu sehen ist, wenn diese bereits eine Ordnungsmittelandrohung enthält[373]. Dies liegt darin begründet, daß der Gesetzgeber unter der Vollziehung die Zwangsvollstreckung der einstweiligen Verfügung versteht[374] und die Parteizustellung lediglich eine „Ersatzhandlung" hierfür darstellt. Diese „Ersatzhandlung" aber muß zumindest der gesetzlich gebotenen Vollstreckungsvollziehung so weit wie möglich angenähert sein, um ebenfalls auszureichen. Dies setzt voraus, daß der Schuldner

---

ihrer Heilung ausführlich Berneke, Die einstweilige Verfügung in Wettbewerbssachen, Rdnr. 315 ff.

368 Wedemeyer, in: Pastor/Ahrens, Der Wettbewerbsprozeß, Kap. 61, Rdnr. 21 m.w.N.; Berneke, Die einstweilige Verfügung in Wettbewerbssachen, Rdnr. 299, 310 ff. m.w.N.; Spätgens, in: Gloy, Handbuch des Wettbewerbsrechts, § 84, Rdnr. 7; Teplitzky, Wettbewerbsrechtliche Ansprüche, Kap. 55, Rdnr. 41; Melullis, Handbuch des Wettbewerbsprozesses, Rdnr. 212, 313. Teilweise wird allerdings auch die Ansicht vertreten, daß die Vollziehung nur durch die Parteizustellung, also nicht über § 890 ZPO, erfolgen kann (vgl. Ulrich, WRP 1991, 361 (366 ff.) und Nachweise bei Wedemeyer, in: Pastor/Ahrens, Der Wettbewerbsprozeß, Kap. 61, Fn. 89). Zu anderen „den Durchsetzungswillen eindeutig bekundende" Vollziehungsmaßnahmen, die dieser allerdings entschieden ablehnt, Wedemeyer, in: Pastor/Ahrens, Der Wettbewerbsprozeß, Kap. 61, Rdnr. 48 f. m.w.N.; OLG Hamburg, Beschluß vom 22.9.1999, GRUR 2000, 167 (167 f.).

369 Siehe dazu oben E III 2 g) aa).

370 Spätgens, in: Gloy, Handbuch des Wettbewerbsrechts, § 84, Rdnr. 7.

371 Siehe dazu oben E III 2 g) bb).

372 Vgl. Berneke, Die einstweilige Verfügung in Wettbewerbssachen, Rdnr. 312.

373 Vgl. Wedemeyer, in: Pastor/Ahrens, Der Wettbewerbsprozeß, Kap. 61, Rdnr. 24.

374 Siehe dazu oben E III 2 h) aa).

durch die Androhung unter den staatlichen Vollstreckungsdruck aus § 890 ZPO gesetzt wird[375].

(2) Auskunftsverfügung

Bei der Auskunftsverfügung ist umstritten, ob diese ebenfalls bereits durch Zustellung im Parteibetrieb innerhalb der Frist des § 929 Abs. 2 ZPO vollzogen ist. Zum Teil wird verlangt, daß über die Parteizustellung hinaus ein Antrag nach § 888 ZPO[376] innerhalb der Frist des § 929 Abs. 2 ZPO gestellt werden muß[377]. Mit der Zustellung des Titels habe der Antragsteller nur eine für die Zwangsvollstreckung unerläßliche Voraussetzung geschaffen, diese selbst aber nicht eingeleitet[378]. Diese Meinung berücksichtigt allerdings nicht die Folgen, die sich für den Antragsteller aus den von ihr verlangten Anforderungen ergeben[379]. Im Gegensatz zu Zahlungstiteln oder sonstigen Titeln können Auskunftsverfügungen nicht ohne Mitwirkung des Schuldners vollzogen werden. Diesem muß zunächst die Möglichkeit eingeräumt werden, seiner von ihm selbst vorzunehmenden Verpflichtung nachzukommen, bevor er hierzu mit Zwangsgeld und gegebenenfalls Zwangshaft angehalten werden darf. Da die Auskunftserteilung oftmals zunächst umfangreiche und zeitraubende Recherchen erfordert, läuft der Gläubiger bei verfrühtem Vollstreckungsantrag Gefahr, daß dieser als unzulässig abgewiesen wird oder er zumindest bei nachfolgender rechtzeitiger Auskunftserteilung die Kosten des Vollstreckungsverfahrens gemäß § 91 a ZPO zu tragen hat. Auch muß dem Gläubiger eine gewisse Zeit zur Prüfung der Vollständigkeit der Auskunft eingeräumt werden, wenn der Schuldner diese bereits aufgrund der Parteizustellung der Beschlußverfügung erteilt. Nach richtiger Auffassung muß es daher genügen, wenn der Antragsteller innerhalb der Frist des § 929 Abs. 2 ZPO gegenüber dem Antragsgegner in geeigneter Weise seinen Willen kundtut, von der einstweiligen Verfügung Gebrauch zu machen, was durch eine im Parteibetrieb bewirkte Zustellung der einstweiligen Verfügung geschehen kann[380].

---

375 Ebenso Wedemeyer, in: Pastor/Ahrens, Der Wettbewerbsprozeß, Kap. 61, Rdnr. 24.
376 Siehe dazu unten E III 4 c) bb).
377 OLG Hamburg, Beschluß vom 6.6.1996, GRUR 1997, 147 (148) m.w.N..
378 OLG Hamburg, Beschluß vom 6.6.1996, GRUR 1997, 147 (148).
379 Vgl. OLG Frankfurt, Urteil vom 20.11.1997, WRP 1998, 223 (224).
380 Ebenso Baumbach/Hefermehl, Wettbewerbsrecht, Einl. UWG, Rdnr. 598; Ahrens, WRP 1999, 1 (6); Ulrich, WRP 1996, 1048 (1048 f.); OLG Frankfurt am Main, Urteil vom 20.11.1997, WRP 1998, 223 (224); LG Koblenz, Beschluß vom 12.6.1997, WRP 1997, 986 (986).

(3) Verwahrungs- bzw. Sequestrationsverfügung

Verwahrungs- bzw. Sequestrationsverfügungen werden vollzogen, indem die Inverwahrungnahme bzw. Sequestration tatsächlich durchgeführt wird; die Parteizustellung reicht hier nicht aus[381]. Letztere genügt als „Ersatzhandlung" zur Vollziehung nur dort, wo in der Regel die "Vollziehung" durch Vollstreckungshandlungen nicht möglich ist, wie insbesondere bei Verboten. Dies ist bei einer Inverwahrungnahme bzw. Sequestration aber nicht der Fall.

Gemäß § 883 Abs. 1 ZPO nimmt der Gerichtsvollzieher dem Verletzer die widerrechtlich gekennzeichneten Gegenstände und Vorrichtungen weg und nimmt sie in Verwahrung bzw. übergibt sie dem Sequester, sofern er nicht selbst als solcher bestellt ist. Für den Fall, daß die herauszugebenden widerrechtlich gekennzeichneten Gegenstände und Vorrichtungen beim Verletzer nicht vorgefunden werden, ist dieser verpflichtet, auf Antrag des Markeninhabers zu Protokoll an Eides Statt zu versichern, daß er diese nicht besitze und auch nicht wisse, wo sie sich befinden. Befinden sich die widerrechtlich gekennzeichneten Gegenstände und Vorrichtungen im Besitz eines Dritten, der nicht zur Herausgabe bereit ist, kann der Markeninhaber die Pfändung und Überweisung des Anspruchs des Verletzers auf Herausgabe gegen den Dritten gemäß § 886 ZPO verlangen, wobei der Antrag an das Vollstreckungsgericht zu richten ist[382]. Grundsätzlich sollte in diesem Fall allerdings besser gegen den Dritten ebenfalls im Wege der einstweiligen Verfügung vorgegangen werden, nachdem die oben erläuterten markenrechtlichen Ansprüche[383] in der Regel auch gegenüber diesem vorliegen und auf diese Weise schnell und effektiv durchgesetzt werden können.

(4) Verschiedene Anordnungen in einer einstweiligen Verfügung

Soweit eine einstweilige Verfügung verschiedene Anordnungen enthält, ist darauf zu achten, daß eine Vollziehung nach den jeweils maßgeblichen Regeln zu erfolgen hat; beispielsweise ist bei einer Anordnung der Verwahrung bzw. Sequestration neben einem Verbot außer der Parteizustellung hinsichtlich der Unterlassung auch die Vollstreckung des Herausgabeanspruchs erforderlich[384].

---

381 OLG Hamm, Urteil vom 14.7.1992, GRUR 1992, 888 (888), das aber bereits den Auftrag an den Gerichtsvollzieher zur Durchführung der Sequestration ausreichen läßt; ebenso Ahrens, WRP 1999, 1 (6).

382 Vollkommer, in: Zöller, Zivilprozeßordnung, § 886 ZPO, Rdnr. 1.

383 Siehe oben E III 2 d).

384 Vgl. Berneke, Die einstweilige Verfügung in Wettbewerbssachen, Rdnr. 309.

i) Aufhebung der einstweiligen Verfügung

Dem vermeintlichen Verletzer stehen verschiedene Möglichkeiten zur Verfügung, eine zu Unrecht gegen ihn erlassene einstweilige Verfügung zu Fall zu bringen. Gegen eine Beschlußverfügung kann er Widerspruch (§§ 924, 936 ZPO), gegen eine Urteilsverfügung Berufung (§ 511 ZPO) einlegen. Daneben kann er wahlweise[385] auch nach § 926 ZPO und § 927 ZPO vorgehen. Erweist sich die Anordnung einer einstweiligen Verfügung als von Anfang an ungerechtfertigt oder wird die angeordnete Maßregel aufgrund des § 926 Abs. 2 ZPO aufgehoben, ist der Antragsteller gemäß § 945 ZPO auch verpflichtet, dem Antragsgegner den Schaden zu ersetzen, der ihm aus der Vollziehung der einstweiligen Verfügung oder dadurch entstanden ist, daß er Sicherheit geleistet hat, um die Vollziehung abzuwenden oder die Aufhebung der einstweiligen Verfügung zu erwirken[386].

Nachdem sich der Markeninhaber bei der Durchsetzung seiner Ansprüche auch hiermit auseinanderzusetzen hat, soll an dieser Stelle kurz auf die einzelnen Rechtsbehelfe eingegangen werden.

aa) Widerspruch

Durch den Rechtsbehelf des Widerspruchs gemäß §§ 924, 936 ZPO gegen die Beschlußverfügung erreicht der Antragsgegner, daß über den Verfügungsantrag nachträglich mündlich verhandelt wird. Der Widerspruch kann gegen Beschlußverfügungen des Gerichts erster Instanz und des Gerichts zweiter Instanz als Gericht der Hauptsache oder Beschwerdegericht eingelegt werden. Zuständig ist das Gericht, das die angegriffene Beschlußverfügung erlassen hat. Eine Ausnahme hiervon besteht lediglich bei Beschlußverfügungen, die auf Beschwerde des Antragstellers vom Gericht zweiter Instanz erlassen worden sind. Hier ist der Widerspruch nicht beim Beschwerdegericht, sondern beim Gericht erster Instanz einzulegen[387].

Der Widerspruch hat grundsätzlich schriftlich zu erfolgen, wobei vor dem Landgericht und Oberlandesgericht gemäß § 78 ZPO Anwaltszwang besteht. Lediglich beim Amtsgericht, das in Fällen der Produktpiraterie bei Markenverletzungen aber nicht zuständig ist[388], kann der Widerspruch gemäß §§ 924 Abs. 2 S. 3, 936 ZPO auch zum Protokoll der Geschäftsstelle erhoben werden. Der

---

385 Berneke, Die einstweilige Verfügung in Wettbewerbssachen, Rdnr. 283 m.w.N.

386 Ausführlich zu § 945 ZPO Ahrens, in: Pastor/Ahrens, Der Wettbewerbsprozeß, Kap. 66.

387 Vollkommer, in Zöller, Zivilprozeßordnung, § 924 ZPO, Rdnr. 6

388 Vgl. oben E III 2 a).

Widerspruch ist nicht fristgebunden, so daß er eingelegt werden kann, solange die Beschlußverfügung besteht. Allerdings kann das Recht zum Widerspruch verwirkt werden, wenn eine längere Zeit seit Zustellung der Beschlußverfügung vergangen ist, der Antragsteller sich auf das Ausbleiben des Widerspruchs eingestellt hat und in seinem Vertrauen schutzwürdig ist[389].

Als Widerspruchsgründe kommen in Betracht, daß die allgemeinen Prozeßvoraussetzungen, der Verfügungsgrund oder der Verfügungsanspruch bei Erlaß der einstweiligen Verfügung nicht vorlagen, letztere also von Anfang an nicht gerechtfertigt war. Aber auch neue Tatsachen, die erst nach Erlaß der Beschlußverfügung eingetreten sind, können vorgetragen werden[390]. Weiterhin rechtfertigen die Versäumung der Vollziehungsfrist nach §§ 929 Abs. 2, 936 ZPO[391] und der Umstand, daß der Antragsteller einer Anordnung zur Klageerhebung nach §§ 926 Abs. 1, 936 ZPO[392] nicht nachgekommen ist, den Widerspruch. Daneben hat der Antragsteller in diesen Fällen wahlweise das Recht, die Aufhebung der einstweiligen Verfügung nach §§ 926 Abs. 2, 936 ZPO[393] bzw. §§ 927, 936 ZPO[394] zu verlangen[395].

Nach §§ 924 Abs. 2 S. 1 ZPO hat der Antragsgegner im Widerspruch die Gründe darzulegen, die er für die Aufhebung der einstweiligen Verfügung geltend machen will. Da es sich insofern nach herrschender Meinung nur um eine Ordnungsvorschrift handelt, macht das Fehlen einer Begründung den Widerspruch aber nicht unwirksam[396].

Aufgrund des Widerspruchs gegen die Beschlußverfügung hat das Gericht gemäß § 924 Abs. 2 S. 2 ZPO unter Wahrung der in Anwaltsprozessen bestehenden einwöchigen Ladungsfrist gemäß § 217 ZPO, die allerdings gemäß § 226 ZPO abgekürzt werden kann, unverzüglich Termin zur mündlichen Verhandlung von Amts wegen zu bestimmen. Die mündliche Verhandlung folgt denselben Regeln wie diejenige, in der erstmals über den Erlaß einer einstweiligen Verfügung entschieden wird[397]. Über die Rechtmäßigkeit der einstweiligen Verfügung, d.h. die Zulässigkeit und Begründetheit des Verfügungsantrags, wird auf der Grundlage des Sach- und Streitstands bei Schluß der mündlichen Verhand-

389 Vgl. dazu Berneke, Die einstweilige Verfügung in Wettbewerbssachen, Rdnr. 185 m.w.N.
390 Vollkommer, in: Zöller, Zivilprozeßordnung, § 925 ZPO, Rdnr. 3.
391 Siehe dazu oben E III 2 h) bb).
392 Siehe dazu unten E III 2 i) cc).
393 Siehe dazu unten E III 2 i) cc).
394 Siehe dazu unten E III 2 i) dd).
395 Berneke, Die einstweilige Verfügung in Wettbewerbssachen, Rdnr. 187.
396 Vollkommer, in: Zöller, Zivilprozeßordnung, § 924 ZPO, Rdnr. 7 m.w.N.
397 Siehe dazu oben E III 2 f).

lung entschieden (§§ 925 Abs. 1, 936 ZPO). An seine Beurteilung bei Erlaß der einstweiligen Verfügung ist das Gericht nicht gebunden[398]. Die Entscheidung ergeht durch Endurteil, in dem die einstweilige Verfügung ganz oder teilweise bestätigt oder abgeändert oder der Verfügungsantrag unter Aufhebung der einstweiligen Verfügung zurückgewiesen wird (§§ 925 Abs. 2, 936 ZPO). Ist der Widerspruch unzulässig, wird er entsprechend § 341 Abs. 1 S. 2 ZPO verworfen[399]. Gemäß § 511 ZPO findet gegen das Endurteil des Gerichts erster Instanz die Berufung statt[400].

Durch die Erhebung des Widerspruchs wird die Vollziehung der einstweiligen Verfügung nicht gehemmt (§§ 924 Abs. 3 S. 1, 936 ZPO). Das Gericht kann aber eine einstweilige Anordnung nach § 707 ZPO treffen (§§ 924 Abs. 3 S. 2, 936 ZPO), wonach die Zwangsvollstreckung gegen oder ohne Sicherheitsleistung einstweilen eingestellt wird oder nur gegen Sicherheitsleistung stattfindet oder die Vollstreckungsmaßregeln gegen Sicherheitsleistung aufzuheben sind. Nach herrschender Meinung ist die Einstellung der Zwangsvollstreckung aus einer Unterlassungsverfügung allerdings grundsätzlich unzulässig und kann nur ausnahmsweise, nämlich bei offenkundigen Aufhebungsgründen (Verjährung, Versäumung der Vollziehungsfrist, Erschleichen des Titels) angeordnet werden[401]. Dies wird zutreffend damit begründet, daß die Einstellung der Zwangsvollstreckung einer Vernichtung des Verfügungsanspruchs für die Zeit der Einstellung gleichkäme. Denn der durch die einstweilige Verfügung zu unterbindende rechtswidrige Zustand würde für diesen Zeitraum unrettbar aufrechterhalten werden. Die einstweilige Verfügung ginge solange ins Leere. Der Antragsteller wäre so gestellt, als ob die auf eine Unterlassung gerichtete einstweilige Verfügung nie ergangen wäre[402].

Will der Antragsgegner zur Vermeidung der Verfahrenskosten gemäß § 93 ZPO ein sofortiges Anerkenntnis abgeben[403], muß er einen sogenannten Kostenwiderspruch einlegen, der in der Erklärung des Verzichts auf den Widerspruch gegen die Sachentscheidung der Beschlußverfügung, verbunden mit dem

---

398 Vollkommer, in: Zöller, Zivilprozeßordnung, § 925 ZPO, Rdnr. 5 m.w.N

399 Berneke, Die einstweilige Verfügung in Wettbewerbssachen, Rdnr. 191 m.w.N.

400 Siehe dazu unten E III 2 i) bb)

401 Ahrens, in: Pastor/Ahrens, Der Wettbewerbsprozeß, Kap. 63 Rdnr. 20 m.w.N.; vgl. auch Nachweise bei Berneke, Die einstweilige Verfügung in Wettbewerbssachen, Rdnr. 197, der allerdings der Ansicht ist, daß die Zwangsvollstreckung aus der Unterlassungsverfügung schon dann eingestellt werden sollte, wenn nach dem Widerspruchsvorbringen die Voraussetzungen für den Fortbestand der Eilmaßnahme nicht mehr zu bejahen sind.

402 Vgl. statt vieler OLG Nürnberg, Beschluß vom 1.9.1982, GRUR 1983, 469 (470).

403 Etwa weil nicht oder nicht ordnungsgemäß abgemahnt wurde; vgl. aber oben E III 1 b) zur Entbehrlichkeit einer Abmahnung.

Angriff auf ihre Kostenentscheidung besteht[404]. Nicht ausreichend ist, zunächst Widerspruch in vollem Umfang einzulegen und dann den Verfügungsantrag in der mündlichen Verhandlung anzuerkennen. Ein solches Anerkenntnis ist nicht mehr als sofort abgegeben anzusehen, da das Verfügungsbegehren schon durch die Einlegung eines bloßen Kostenwiderspruchs hätte anerkannt werden können[405].

bb) Berufung

Ergeht in einer Verfügungssache aufgrund einer zuvor anberaumten mündlichen Verhandlung, die auch aufgrund eines Widerspruchs stattgefunden haben kann, ein erstinstanzliches Endurteil, findet hiergegen gemäß § 511 Abs. 1 ZPO die Berufung statt.

Die Berufung ist gemäß § 517 ZPO innerhalb von einem Monat einzulegen und muß gemäß § 520 Abs. 1 ZPO innerhalb von zwei Monaten begründet werden. Fristbeginn ist jeweils die Zustellung des in vollständiger Form abgefaßten Urteils (§§ 517, 520 Abs. 2 S. 1 ZPO). Die zweimonatige Berufungsbegründungsfrist kann gemäß § 520 Abs. 2 S. 2 und 3 ZPO verlängert werden.

Wie beim Widerspruch kann die Berufung darauf gestützt werden, daß der Verfügungsantrag von Anfang an nicht berechtigt war oder nicht mehr berechtigt ist. Ebenfalls kann die Versäumung der Vollziehungsfrist nach §§ 929 Abs. 2, 936 ZPO[406] und der Umstand, daß der Antragsteller einer Anordnung zur Klageerhebung nach §§ 926 Abs. 1, 936 ZPO[407] nicht nachgekommen ist, geltend gemacht werden. Auch hat der Antragsteller in diesen Fällen daneben wahlweise das Recht, die Aufhebung der einstweiligen Verfügung nach §§ 926 Abs. 2, 936 ZPO[408] bzw. §§ 927, 936 ZPO[409] zu verlangen[410].

Ebenso wie beim Widerspruch ist Termin zur mündlichen Verhandlung im Interesse des Antragsgegners kurzfristig zu bestimmen. Die mündliche Verhandlung folgt denselben Regeln wie die mündliche Verhandlung im Wider-

---

404 Dazu ausführlich Berneke, Die einstweilige Verfügung in Wettbewerbssachen, Rdnr. 199 ff.

405 Vgl. Scharen, in: Pastor/Ahrens, Der Wettbewerbsprozeß, Kap. 55, Rdnr. 42 m.w.N.

406 Siehe dazu oben E III 2 h) bb).

407 Siehe dazu unten E III 2 i) cc).

408 Siehe dazu unten E III 2 i) cc).

409 Siehe dazu unten E III 2 i) dd).

410 Im einzelnen Berneke, Die einstweilige Verfügung in Wettbewerbssachen, Rdnr. 216.

spruchsverfahren[411]. Das Gericht zweiter Instanz verwirft bzw. weist die Berufung zurück oder weist den Antrag auf Erlaß einer einstweiligen Verfügung unter Aufhebung bzw. Abänderung des angefochtenen Urteils ganz bzw. teilweise zurück. Eine Revision gegen Berufungsurteile im Verfügungsverfahren findet gemäß § 542 Abs. 2 S. 1 ZPO nicht statt.

Durch die Einlegung der Berufung wird der mit dem angefochtenen Urteil erlassenen oder bestätigten einstweiligen Verfügung nicht die Vollstreckbarkeit genommen. Allerdings gelten die §§ 707, 719 Abs. 1 ZPO, nach denen die Zwangsvollstreckung aus einem mit der Berufung angefochtenen Urteil einstweilen eingestellt werden kann, auch für das Verfügungsverfahren[412]. Nach herrschender Meinung ist die Einstellung der Zwangsvollstreckung aus einer Unterlassungsverfügung aber grundsätzlich unzulässig und kann nur ausnahmsweise, nämlich bei offenkundigen Aufhebungsgründen, angeordnet werden[413]. Dies muß erst recht im Berufungsverfahren gelten, in dem der angegriffenen Entscheidung, die erst nach einer mündlichen Verhandlung erging, nicht durch eine noch summarischere Entscheidung – ohne mündliche Verhandlung – die Wirkung genommen werden darf[414].

cc) Antrag auf Aufhebung der einstweiligen Verfügung wegen Versäumung der Hauptsacheklageerhebung

Nicht nur der Antragsteller hat das Recht, neben dem einstweiligen Verfügungsverfahren Hauptsacheklage zu erheben, um einen endgültigen Titel zu erlangen[415], sondern auch der Antragsgegner kann den Antragsteller gemäß §§ 926, 936 ZPO zur Erhebung der Hauptsacheklage veranlassen[416]. Dies kommt dann in Betracht, wenn sich der Antragsgegner zu Unrecht in Anspruch genommen sieht und demgemäß an einer umfassenden Klärung interessiert ist, die im Verfü-

---

411 Siehe dazu oben E III 2 i) aa). Zu beachten ist allerdings, daß neue Tatsachen im Hinblick auf §§ 513 Abs. 1, 529 Abs. 1 Nr. 2 ZPO nur noch eingeschränkt vorgebracht werden können (Vollkommer, in: Zöller, Zivilprozeßordnung, § 925 ZPO, Rdnr. 12).

412 Berneke, Die einstweilige Verfügung in Wettbewerbssachen, Rdnr. 224.

413 Siehe dazu oben E III 2 i) aa).

414 Berneke, Die einstweilige Verfügung in Wettbewerbssachen, Rdnr. 224.

415 Siehe dazu unten E III 4.

416 Der Antragsgegner kann auch auf Feststellung, daß der Verfügungsanspruch nicht bestehe, klagen, doch hat der Antrag auf Anordnung der Klageerhebung den Vorteil, daß das Hauptsacheverfahren in denselben Parteirollen betrieben wird wie das Verfügungsverfahren (vgl. Berneke, Die einstweilige Verfügung in Wettbewerbssachen, Rdnr. 256).

gungsverfahren mit seinen eingeschränkten Erkenntnismöglichkeiten nicht durchführbar ist.

Gemäß §§ 926 Abs. 1, 936 ZPO hat das Gericht, das die einstweilige Verfügung erlassen hat[417], auf Antrag ohne mündliche Verhandlung anzuordnen[418], daß die Partei, die die einstweilige Verfügung erwirkt hat, binnen einer zu bestimmenden Frist Klage zu erheben hat, sofern die Hauptsache nicht anhängig ist, d.h. die Klage noch nicht erhoben, die erhobene Klage wieder zurückgenommen oder als unzulässig zurückgewiesen ist[419]. Das für den Antrag weiterhin erforderliche Rechtsschutzbedürfnis fehlt, wenn von der einstweiligen Verfügung keine Gefahr mehr ausgeht oder die Aufhebung der einstweiligen Verfügung auf einfacherem Weg – ohne Umweg über ein Hauptsacheverfahren – möglich ist[420].

Das Gericht entscheidet durch Beschluß, in dem die oben genannte Klageerhebung innerhalb einer angemessenen Frist, die mindestens zwei Wochen betragen sollte[421], angeordnet oder der Antrag zurückgewiesen wird. Wird die Klageerhebung angeordnet, muß die Klage des Antragstellers, um der Anordnung zu entsprechen, den Anspruch oder das Rechtsverhältnis betreffen, dessen Sicherung oder Regelung die erlassene einstweilige Verfügung dient. Entscheidend ist hierbei, ob die Klage – auch nur inzident – zur Überprüfung der Rechtmäßigkeit der Eilmaßnahme führt[422]. In Fällen der Produktpiraterie, in denen durch die einstweilige Verfügung Ansprüche auf Unterlassung, Auskunft und Inverwahrungnahme der widerrechtlich gekennzeichneten Gegenstände und Vorrichtungen durchgesetzt werden, müssen die Klageanträge demgemäß auf dasselbe Unterlassungs- und Auskunftsgebot[423] gerichtet sein wie die einstweilige Verfügung, wobei weitergehende Anträge allerdings nicht schaden[424]. Da die Inver-

---

417 Hat das Beschwerde- oder Berufungsgericht die einstweilige Verfügung erlassen, ist allerdings nach ganz herrschender Meinung gleichwohl das erstinstanzliche Gericht zuständig (vgl. Vollkommer, in: Zöller, Zivilprozeßordnung, § 926 ZPO, Rdnr. 6 m.w.N.).

418 Gemäß § 20 Nr. 14 RPflG ist die Anordnung dem Rechtspfleger übertragen.

419 Vollkommer, in: Zöller, Zivilprozeßordnung, § 926 ZPO, Rdnr. 10.

420 Fallbeispiele bei Vollkommer, in: Zöller, Zivilprozeßordnung, § 926 ZPO, Rdnr. 12.

421 Vgl. Berneke, Die einstweilige Verfügung in Wettbewerbssachen, Rdnr. 261 m.w.N.

422 Vollkommer, in: Zöller, Zivilprozeßordnung, § 926 ZPO, Rdnr. 30.

423 Ist die Auskunft bereits erteilt, muß diese nicht mehr zum Gegenstand der Hauptsacheklage gemacht werden. Insofern fehlt es dem Antragsgegner am Rechtsschutzbedürfnis für den Antrag auf Anordnung der Klageerhebung nach §§ 926, 936 ZPO.

424 Vgl. Berneke, Die einstweilige Verfügung in Wettbewerbssachen, Rdnr. 263 m.w.N.

wahrungnahme der Sicherung des Vernichtungsanspruchs dient, ist im Hauptsacheverfahren letzterer geltend zu machen.

Die Klageschrift muß innerhalb der nach § 926 Abs. 1 ZPO gesetzten Frist zugestellt werden, wobei allerdings eine Überschreitung des Termins unter den Voraussetzungen des § 231 Abs. 2 ZPO oder des § 270 Abs. 3 ZPO unschädlich ist[425]. Gemäß § 231 Abs. 2 ZPO kann die Klageerhebung nachgeholt werden, solange die mündliche Verhandlung über den Aufhebungsantrag gemäß §§ 926 Abs. 2, 936 ZPO nicht geschlossen ist. Gemäß § 270 Abs. 3 ZPO wirkt die demnächst nach Klageeinreichung erfolgte Zustellung auf den Zeitpunkt der Klageeinreichung zurück, da durch diese die Frist des § 926 Abs. 1 ZPO gewahrt werden soll. Voraussetzung ist hier allerdings, daß die Klage vor Ablauf der gesetzten Frist eingereicht worden ist[426].

Unterläßt es der Antragsteller, die erforderliche Hauptsacheklage zu erheben, kann der Antragsgegner bei dem Gericht, das die einstweilige Verfügung erlassen hat[427], gemäß §§ 926 Abs. 2, 936 ZPO beantragen, die Aufhebung der einstweiligen Verfügung auszusprechen. Das Aufhebungsverfahren folgt den Regeln des einstweiligen Verfügungsverfahrens; auch hier ist die Sache weiterhin beschleunigt zu behandeln, zur Feststellung von Tatsachen reicht die Glaubhaftmachung aus und entschieden wird aufgrund mündlicher Verhandlung[428].

Der Aufhebungsantrag ist zulässig, solange die einstweilige Verfügung besteht, also weder im Widerspruchs- noch im Rechtsmittelverfahren aufgehoben oder für erledigt erklärt worden ist und dem Antragsteller zulässigerweise eine Frist zur Klageerhebung gesetzt ist. Demgemäß müssen auch für die Aufhebung die Voraussetzungen für die Fristsetzung, insbesondere auch das Rechtsschutzbedürfnis des Antragsgegners, vorliegen[429]. Begründet ist der Aufhebungsantrag, wenn die Hauptsacheklage nicht rechtzeitig erhoben wurde oder eine innerhalb der Frist erhobene Klage wieder zurückgenommen oder als unzulässig zurückgewiesen wurde[430].

Auf einen zulässigen und begründeten Antrag des Antragsgegners ist die Aufhebung der einstweiligen Verfügung durch Endurteil auszusprechen. Die

---

425 Ahrens, in: Pastor/Ahrens, Der Wettbewerbsprozeß, Kap. 65, Rdnr. 12 m.w.N.

426 Ebenso Ahrens, in: Pastor/Ahrens, Der Wettbewerbsprozeß, Kap. 65, Rdnr. 14.

427 Ist die einstweilige Verfügung allerdings auf eine Beschwerde oder Berufung hin durch das Gericht zweiter Instanz erlassen worden, ist gleichwohl das erstinstanzliche Gericht zuständig, da andernfalls eine Instanz verloren ginge (strittig, vgl. Vollkommer, in: Zöller, Zivilprozeßordnung, § 926 ZPO, Rdnr. 22).

428 Berneke, Die einstweilige Verfügung in Wettbewerbssachen, Rdnr. 269.

429 Vollkommer, in: Zöller, Zivilprozeßordnung, § 926 ZPO, Rdnr. 23.

430 Vollkommer, in: Zöller, Zivilprozeßordnung, § 926 ZPO, Rdnr. 24.

einstweilige Verfügung ist in diesem Fall rückwirkend beseitigt[431]. Andernfalls wird der Aufhebungsantrag durch Endurteil zurückgewiesen. Wird dann allerdings der Verfügungsanspruch in der Hauptsacheentscheidung verneint, liegt ein veränderter Umstand vor, der gemäß §§ 927, 936 ZPO ebenfalls zur Aufhebung der einstweiligen Verfügung bei entsprechender Antragstellung durch den Antragsgegner führt[432].

Das die einstweilige Verfügung aufhebende Urteil ist gemäß § 708 Nr. 6 ZPO, das den Antrag zurückweisende Urteil je nach Höhe der Kosten gemäß § 708 Nr. 11 ZPO oder § 709 S. 1 ZPO von Amts wegen für vorläufig vollstreckbar zu erklären. Die Aufhebung der einstweiligen Verfügung wirkt mit Erlaß des Urteils[433].

dd) Antrag auf Aufhebung der einstweiligen Verfügung wegen veränderter Umstände

Gemäß §§ 927 Abs. 1, 936 ZPO kann wegen veränderter Umstände die Aufhebung der einstweiligen Verfügung auch nach ihrer Bestätigung beantragt werden, wenn deren Fortbestand nicht gerechtfertigt ist, die Voraussetzungen für die Eilmaßnahme also nachträglich entfallen sind[434].

Die veränderten Umstände können die allgemeinen Prozeßvoraussetzungen, den Verfügungsanspruch und den Verfügungsgrund betreffen. Ausreichend ist auch eine neue Beweislage, selbst wenn es sich um Beweismittel handelt, die im Zeitpunkt des Erlasses der einstweiligen Verfügung schon vorlagen, der Antragsgegner sie damals aber noch nicht benutzen konnte[435].

Veränderte Umstände sind insbesondere das nachträgliche Erlöschen oder der Verlust der Durchsetzbarkeit des Verfügungsanspruchs, das Erbieten zur Sicherheitsleistung durch den Antragsgegner[436], die Nichterbringung einer dem Antragsteller aufgegebenen Sicherheitsleistung innerhalb der hierzu gesetzten

431 Spätgens, in: Gloy, Handbuch des Wettbewerbsrechts, § 88, Rdnr. 22.

432 Siehe dazu unten E III 2 i) dd).

433 Strittig, vgl. Vollkommer, in: Zöller, Zivilprozeßordnung, § 926 ZPO, Rdnr. 27, § 925 ZPO, Rdnr. 10 m.w.N.

434 Vgl. Berneke, Die einstweilige Verfügung in Wettbewerbssachen, Rdnr. 275.

435 Vgl. Vollkommer, in: Zöller, Zivilprozeßordnung, § 927 ZPO, Rdnr. 4.

436 Hier ist allerdings § 939 ZPO zu beachten, wonach die Aufhebung einer einstweiligen Verfügung gegen Sicherheitsleistung nur unter besonderen Umständen gestattet werden kann. Derartige besondere Umstände sind in Fällen der Produktpiraterie allerdings kaum vorstellbar, nachdem die Marke des Antragstellers erheblichen Schaden erleiden würde, wenn das Unterlassungsgebot wieder aufgehoben und die dringend benötigte Auskunft zu Herkunft und Vertriebsweg der Piraterieware nicht erteilt werden würde.

Frist, das Ergehen eines mit der einstweiligen Verfügung übereinstimmenden Urteils oder eines den Verfügungsanspruch verneinenden Urteils, die Änderung oder Aufhebung einer der einstweiligen Verfügung zugrundeliegenden Norm, die Versäumung der Vollziehungsfrist nach §§ 929 Abs. 2, 936 ZPO oder der Frist zur Erhebung der Hauptsacheklage nach §§ 926 Abs. 1, 936 ZPO und schließlich die Änderung der Rechtsprechung, die allerdings regelmäßig nur Berücksichtigung finden kann, wenn insofern zunächst eine den Verfügungsanspruch verneinende Entscheidung zur Hauptsache ergangen ist[437].

Ebenso wie bei §§ 926, 936 ZPO folgt das Aufhebungsverfahren nach §§ 927, 936 ZPO den Regeln des einstweiligen Verfügungsverfahrens; auch hier ist die Sache weiterhin beschleunigt zu behandeln, zur Feststellung von Tatsachen reicht die Glaubhaftmachung aus und entschieden wird aufgrund mündlicher Verhandlung[438].

Da eine Aufhebung der einstweiligen Verfügung niemals von Amts wegen oder „automatisch" erfolgt, ist ein Antrag des Schuldners oder seines Rechtsnachfolgers zwingend erforderlich (§ 927 Abs. 1 ZPO); der Gläubiger oder Dritte können diesen hingegen nicht stellen[439]. Auch muß auf Seiten des Schuldners ein Rechtsschutzbedürfnis vorliegen, was grundsätzlich der Fall ist, solange die einstweilige Verfügung besteht. Es fehlt allerdings, wenn der Antragsgegner Widerspruch oder Berufung gegen die einstweilige Verfügung eingelegt hat, da dort die umfassendere Prüfung erfolgt und der Antragsgegner sich bereits hierin auf die veränderten Umstände berufen kann[440]. Das Rechtsschutzbedürfnis entfällt weiterhin, wenn der Antragsteller auf seine Rechte aus der Verfügung einschließlich des Kostenausspruchs endgültig verzichtet und dem Antragsgegner den Titel ausgehändigt hat[441].

Gemäß §§ 927 Abs. 2, 936 ZPO entscheidet das Gericht, das die einstweilige Verfügung erlassen hat[442], durch Endurteil. Bei anhängiger Hauptsache ist allerdings gemäß §§ 927 Abs. 2, 936 ZPO das Gericht der Hauptsache zuständig. Das Gericht kann den Antrag zurückweisen, die einstweilige Verfügung aufheben, sie abändern oder eine Sicherheitsleistung anordnen, wenn der Antragsteller des

---

437 Vgl. im einzelnen Berneke, Die einstweilige Verfügung in Wettbewerbssachen, Rdnr. 277ff.; Ahrens, in: Pastor/Ahrens, Der Wettbewerbsprozeß, Kap. 64, Rdnr. 7-31; Spätgens, in: Gloy, Handbuch des Wettbewerbsrechts, § 89, Rdnr. 11.

438 Berneke, Die einstweilige Verfügung in Wettbewerbssachen, Rdnr. 288.

439 Vollkommer, in: Zöller, Zivilprozeßordnung, § 927 ZPO, Rdnr. 9.

440 Spätgens, in: Gloy, Handbuch des Wettbewerbsrechts, § 89, Rdnr. 7 m.w.N.

441 Spätgens, in: Gloy, Handbuch des Wettbewerbsrechts, § 89, Rdnr. 7 m.w.N.

442 Auch hier gilt allerdings, daß das erstinstanzliche Gericht zuständig bleibt, wenn die einstweilige Verfügung auf Beschwerde oder Berufung hin vom Gericht zweiter Instanz erlassen worden ist (vgl. Berneke, Die einstweilige Verfügung in Wettbewerbssachen, Rdnr. 284 m.w.N.).

Verfügungsverfahrens mit letzterer einverstanden ist[443]. Wird die einstweilige Verfügung aufgehoben, wirkt dies nur in die Zukunft, der Aufhebungsentscheidung kommt keine rückwirkende Kraft zu[444].

Hinsichtlich der vorläufigen Vollstreckbarkeit wird auf die Ausführungen zum Antrag auf Aufhebung der einstweiligen Verfügung wegen Versäumung der Hauptsacheklageerhebung gemäß §§ 926, 936 ZPO verwiesen[445]. Aufhebende Urteile werden ab ihrer Verkündung als wirksam angesehen[446].

j) Abschlußerklärung und Abschlußschreiben

aa) Abschlußerklärung

Da die einstweilige Verfügung nur einen vorläufigen Titel darstellt, der dauernd von der Aufhebung bedroht ist, wäre der Antragsteller gezwungen, trotz bereits erwirkter einstweiliger Verfügung Hauptsacheklage zu erheben, um zu einer endgültigen, rechtskräftigen Entscheidung zu gelangen. Auf der anderen Seite hat auch der Antragsgegner an der Durchführung eines solchen weitere Kosten verursachenden Verfahrens – gerade in Produktpirateriefällen, die sachlich und rechtlich meist eindeutig sind – oft wenig Interesse. Aus diesem Grund wurde das Rechtsinstitut der Abschlußerklärung entwickelt, das dem Antragsgegner die Möglichkeit gibt, den Verfügungstitel in den Rang eines Hauptsachetitels zu erheben, so daß es eines weiteren Verfahrens nicht bedarf. Der Verfügungstitel wird auf diese Weise also einem endgültigen Titel gleichgestellt.

Die Abschlußerklärung erfolgt im Wege eines dreifachen Verzichts, nämlich auf die oben erläuterten Rechte aus § 924 ZPO (Beschlußverfügung) bzw. § 511 ZPO (Urteilsverfügung)[447], aus § 926 ZPO und – in bestimmtem Umfang – aus § 927 ZPO. Im Hinblick auf § 927 ZPO muß darauf verzichtet werden, die einstweilige Verfügung aus Gründen anzugreifen, die gegen einen Hauptsachetitel mit der Vollstreckungsabwehrklage nach § 767 ZPO nicht angeführt werden können, und darauf, die Aufhebung der einstweiligen Verfügung wegen Verjäh-

---

443 Vollkommer, in: Zöller, Zivilprozeßordnung, § 927 ZPO, Rdnr. 11.

444 Vgl. Spätgens, in: Gloy, Handbuch des Wettbewerbsrechts, § 89, Rdnr. 13.

445 Siehe oben E III 2 i) cc).

446 Strittig, vgl. Berneke, Die einstweilige Verfügung in Wettbewerbssachen, Rdnr. 290 m.w.N.

447 Ist die Urteilsverfügung durch Ablauf der Berufungsfrist bereits rechtskräftig oder ein Berufungsurteil auf Zurückweisung oder Bestätigung ergangen, muß auf § 511 ZPO selbstverständlich nicht mehr verzichtet werden (Baumbach/Hefermehl, Wettbewerbsrecht, § 25 UWG, Rdnr. 101).

rung des Verfügungsanspruchs zu verlangen[448]. Ein vollständiger Verzicht auf die Rechte aus § 927 ZPO ist nicht erforderlich, da der Antragsgegner sonst schlechter stünde, als wenn ein rechtskräftiger Titel in der Hauptsache gegen ihn ergangen wäre.

bb) Abschlußschreiben

Gibt der Antragsgegner die Abschlußerklärung nicht bereits von sich aus ab, ist der Antragsteller gehalten, diesen hierzu vor Klageerhebung mit einem sogenannten Abschlußschreiben entsprechend aufzufordern[449]. Andernfalls läuft er Gefahr, bei sofortigem Anerkenntnis des Schuldners im Klageverfahren gemäß § 93 ZPO mit den gesamten Kosten dieses Verfahrens belastet zu werden. Notwendige Voraussetzung der Hauptsacheklageerhebung ist das Abschlußschreiben ebenso wie die Abmahnung aber nicht[450].

Inhaltlich muß im Abschlußschreiben lediglich der Wille des Gläubigers deutlich werden, daß die einstweilige Verfügung durch die verlangte Erklärung innerhalb einer bestimmten Frist einem Urteil in der Hauptsache gleichgestellt werden soll[451]. Es bedarf weder der Aufführung der einzelnen zu einer Abschlußerklärung gehörenden Verzichtserklärungen noch einer Belehrung über die Berechtigung des verfolgten Begehrens oder den Sinn der Abschlußerklärung. Auch eine Androhung der Hauptsacheklage ist nicht erforderlich[452]. Anders als bei der Abmahnung ist aufgrund des bereits vorliegenden Titels offensichtlich, daß ohne die Abgabe einer Abschlußerklärung ein Klageverfahren notwendig wird.

---

448 Berneke, Die einstweilige Verfügung in Wettbewerbssachen, Rdnr. 338 m.w.N. Aufgrund der Auslegungsprobleme, die sich im Hinblick auf den nur eingeschränkt zu erklärenden Verzicht betreffend § 927 ZPO ergeben, wird in der Literatur neuerdings vertreten, daß eine Erklärung, die zum Ausdruck bringt, daß der ergangene Titel die gleiche Wirkung wie eine rechtskräftige Entscheidung im Hauptsacheverfahren hat, also als solcher anerkannt werden soll, ausreicht (Melullis, Handbuch des Wettbewerbsprozesses, Rdnr. 673 m.w.N.).

449 Ahrens, in: Pastor/Ahrens, Der Wettbewerbsprozeß, Kap. 62, Rdnr. 35 f.

450 Vgl. oben E III 1 a).

451 Ein Beispiel für die Formulierung eines Abschlußschreibens findet sich bei Pitz/Spitz, in: Bartenbach/Buddeberg/Hecker/Klinger/Metzlaff/Pitz/Schulze/Schweyer/Spitz/Volz/Zindel, Formularsammlung zum gewerblichen Rechtsschutz, S. 24 f.

452 Umstritten, vgl. im einzelnen Teplitzky, Wettbewerbsrechtliche Ansprüche, Kap. 43, Rdnr. 18 ff.; Berneke, Die einstweilige Verfügung in Wettbewerbssachen, Rdnr. 351 m.w.N.

Die für die Abgabe der Abschlußerklärung gesetzte Frist muß angemessen sein[453]. In Anlehnung an die Rechtsmittelfristen verlangt die überwiegende Meinung in Literatur und Rechtsprechung, dem Schuldner eine Frist von einem Monat ab Zugang des Abschlußschreibens zur Abgabe der Abschlußerklärung einzuräumen[454]. Teilweise werden aber auch zwei Wochen für ausreichend erachtet und Differenzierungen teils nach dem Schwierigkeitsgrad des Falls und/oder danach, ob vor Erwirkung der einstweiligen Verfügung abgemahnt worden ist, teils danach vorgenommen, mit welchem zeitlichen Abstand ab Verkündung oder Zustellung das Abschlußschreiben versandt worden ist und diese Zeit auf die Monatsfrist angerechnet[455].

Nach herrschender Meinung in Literatur und Rechtsprechung ist das Abschlußschreiben nicht dem Verfügungsverfahren, sondern als vorbereitende Tätigkeit dem Hauptsacheverfahren zuzuordnen, so daß eine Abgeltung der insoweit anfallenden Rechtsanwaltsgebühren durch die Prozeßgebühr des Verfügungsverfahrens nicht stattfindet[456]. Demgemäß steht dem Gläubiger – im Fall einer Erledigung des Streits durch Abschlußerklärung – bei Inanspruchnahme anwaltlicher Hilfe in Höhe der dem Rechtsanwalt zustehenden 5/10 Gebühr ein materiell-rechtlicher Kostenerstattungsanspruch zu, der aus Geschäftsführung ohne Auftrag bzw. bei schuldhaftem Handeln des Schuldners aus dem Gesichtspunkt des Schadensersatzes folgt[457]. Kommt es hingegen zum Hauptsacheverfahren, werden die durch das Abschlußschreiben entstehenden Gebühren auf die dort entstehenden Gebühren angerechnet. Allerdings hat der Gläubiger auch bei Erledigung durch Abschlußerklärung grundsätzlich keinen Anspruch auf Erstattung der ihm durch das Abschlußschreiben entstandenen Kosten, wenn das Abschlußschreiben unmittelbar nach Vollziehung der Beschlußverfügung bzw. nach Amtszustellung des Verfügungsurteils abgesandt wird, da dem Schuldner in der Regel eine Bedenkfrist einzuräumen ist, innerhalb der er darüber entscheiden kann, ob er die Abschlußerklärung kostenfrei aufgrund eigener Initiative abgibt[458]. Als Bedenkfrist genügen zwei Wochen ab Zustellung der einstweiligen Verfügung[459].

---

453 Berneke, Die einstweilige Verfügung in Wettbewerbssachen, Rdnr. 352.

454 Vgl. Teplitzky, Wettbewerbsrechtliche Ansprüche, Kap. 43, Rdnr. 22 m.w.N.

455 Vgl. im einzelnen Teplitzky, Wettbewerbsrechtliche Ansprüche, Kap. 43, Rdnr. 22 m.w.N.

456 Im einzelnen Spätgens, in: Gloy, Handbuch des Wettbewerbsrechts, § 92, Rdnr. 13 m.w.N.

457 Ingerl/Rohnke, Markengesetz, Vor §§ 14-19 MarkenG, Rdnr. 94 f.; vgl. dazu auch oben E III 1 g).

458 Ahrens, in: Pastor/Ahrens, Der Wettbewerbsprozeß, Kap. 62, Rdnr. 37 m.w.N.

459 Ebenso Berneke, Die einstweilige Verfügung in Wettbewerbssachen, Rdnr. 404 m.w.N. Aufgrund der Neuregelung des § 204 Abs. 1 Nr. 9 BGB spricht sich Scha-

k) Unterlassungserklärung statt Abschlußerklärung

Nicht selten gibt insbesondere der sogenannte Kleinverletzer nach ergangener einstweiliger Verfügung eine Unterlassungserklärung ab, sei es, daß er die vom Markeninhaber in der Abmahnung gesetzte Frist nicht ausreichend ernst genommen hat, sei es, daß er nach Kenntnisnahme von der gerichtlichen Entscheidung deren vermeintliche Folgen durch nachträgliche Abgabe der Unterlassungserklärung abwenden zu können glaubt. Es stellt sich mithin die Frage, wie der Markeninhaber hierauf zu reagieren hat.

Die Unterlassungserklärung ist das geeignete Instrument zur Streiterledigung vor Erlaß einer einstweiligen Verfügung. Ist eine solche aber bereits ergangen, hat sich die Rechtsposition des Markeninhabers entscheidend verändert. Die strafbewehrte Unterlassungserklärung räumt ihm lediglich einen vertraglichen Unterlassungsanspruch mit Vertragsstrafeversprechen ein, die einstweilige Verfügung stellt hingegen einen Titel dar, der die Vollstreckungsmöglichkeiten des § 890 ZPO bietet. Demgemäß braucht der Markeninhaber eine Unterlassungserklärung nicht annehmen, wenn er bereits eine einstweilige Verfügung erwirkt hat[460]. Die Wiederholungsgefahr ist durch die spätere Unterlassungserklärung in diesem speziellen Fall nicht beseitigt, so daß der Markeninhaber bei Verweigerung der Abschlußerklärung durch ein Hauptsacheverfahren eine endgültige Regelung herbeiführen kann[461]. Die gegenteilige Auffassung, wonach es dem Verletzer frei steht, entweder eine Abschlußerklärung abzugeben oder sich zu unterwerfen[462], verkennt, daß bei dieser Fallkonstellation bereits eine titulierte,

---

benberger, WRP 2002, 293 (300) dafür aus, dem Schuldner als Bedenkfrist die Berufungsfrist zuzugestehen, wenn eine einstweilige Verfügung nach mündlicher Verhandlung durch Urteil erlassen oder bestätigt worden ist.

460 Ebenso Ahrens, in: Pastor/Ahrens, Der Wettbewerbsprozeß, Kap. 62, Rdnr. 6; OLG Köln, Urteil vom 24.11.1995, WRP 1996, 333 (338); Scherf, WRP 1969, 393 (398), der in diesem Zusammenhang auch auf § 939 ZPO hinweist, wonach die Aufhebung einer einstweiligen Verfügung nur unter besonderen Umständen gegen Sicherheitsleistung gestattet werden kann.

461 OLG Köln, Urteil vom 24.11.1995, WRP 1996, 333 (338); Nieder, WRP 1999, 583 (585), der allerdings der Auffassung ist, daß der Verletzte eine abgegebene Unterlassungserklärung annehmen kann, auf die sich dann der gerichtliche Unterlassungstitel zu stützen hat.

462 Teplitzky, Wettbewerbsrechtliche Ansprüche, Kap. 43, Rdnr. 37 m.w.N. Eine vermittelnde Auffassung geht davon aus, daß die Verfügung für den Zeitpunkt bis zum Eingang der Unterlassungserklärung, die den Wegfall der Wiederholungsgefahr bewirkt, zu bestätigen und im übrigen in der Hauptsache erledigt ist (vgl. dazu und zum Problem der Vollstreckung von Unterlassungstiteln nach § 890 ZPO bei Erledigung des Titels Hees, GRUR 1999, 128 (128 ff.) m.w.N.; Bernreuther, GRUR 2001, 400 (401); LG Hildesheim Urteil vom 17.8.1999, Az.: 10 O 74/99).

wenn auch vorläufige Entscheidung vorliegt, die zu einer anderen Ausgangssituation führt. Diese ist nicht vergleichbar mit einem Klageverfahren, bei dem der Verletzer vor oder noch in der letzten mündlichen Verhandlung eine strafbewehrte Unterlassungserklärung abgibt, so daß die Klage in der Hauptsache für erledigt erklärt werden kann.

l) Hemmung der Verjährung

Vor Inkrafttreten des Gesetzes zur Modernisierung des Schuldrechts[463] hatte eine einstweilige Verfügung keinen Einfluß auf die Verjährung. Weder die Beantragung einer einstweiligen Verfügung noch die Anberaumung eines Termins zur mündlichen Verhandlung noch die Zustellung des Antrags an den Antragsgegner noch der Erlaß einer einstweiligen Verfügung unterbrachen die Verjährung des Verfügungsanspruchs[464]. Auch die Zustellung einer auf Unterlassung gerichteten einstweiligen Verfügung im Parteibetrieb gemäß §§ 929 Abs. 2, 936 ZPO unterbrach die Verjährung nicht, selbst wenn die einstweilige Verfügung die Androhung von Ordnungsmitteln enthielt und der Antragsgegner die Anordnung befolgte[465]. Der Verletzte war daher – sofern der Verletzer keine ordnungsgemäße Abschlußerklärung abgab – gehalten, so rechtzeitig Hauptsacheklage[466] zu erheben, daß die Verjährung noch durch Zustellung der Klageschrift unterbrochen werden konnte (§ 209 Abs. 1 BGB a.F.).

Durch die Neuregelung des § 204 Abs. 1 Nr. 9 BGB wird die Verjährung nunmehr durch die Zustellung eines Antrags auf Erlaß einer einstweiligen Verfügung gehemmt. Wird der Antrag nicht zugestellt, tritt die Hemmung mit der Einreichung des Antrags auf Erlaß einer einstweiligen Verfügung ein, wenn die einstweilige Verfügung innerhalb eines Monats seit Verkündung oder Zustellung an den Gläubiger dem Schuldner zugestellt wird.

---

463 BGBl. I 3138.

464 Berneke, Die einstweilige Verfügung in Wettbewerbssachen, Rdnr. 119, 165 m.w.N. Eine kritische Auseinandersetzung mit der damaligen mangelnden Unterbrechung der Verjährung in einstweiligen Verfügungsverfahren findet sich bei Traub, WRP 1997, 903 (903 ff.).

465 Teplitzky, Wettbewerbsrechtliche Ansprüche, Kap. 16, Rdnr. 44 m.w.N.; a.A. Ulrich, in: Pastor/Ahrens, Der Wettbewerbsprozeß, Kap. 38, Rdnr. 26, der für eine zumindest analoge Anwendung des § 209 Abs. 2 Nr. 5 BGB a.F. plädierte.

466 Siehe zur Hauptsacheklage unten E III 4.

3. *Dinglicher Arrest in das bewegliche und unbewegliche Vermögen des Verletzers zur vorläufigen Sicherung der Kostenerstattungsansprüche*

Schutzrechtsverletzungen werden nicht selten durch ausländische Unternehmen begangen, die nicht in der Bundesrepublik Deutschland ansässig sind. Häufige Fälle sind insbesondere die Einfuhr oder Durchfuhr von Piraterieware. Erwirkt der Verletzte eine einstweilige Verfügung gegen den Verletzer, steht er vor dem Problem, daß er die ihm entstandenen Verfahrenskosten im Ausland vollstrecken muß, was zumindest langwierig, oft aber auch praktisch überhaupt nicht möglich ist. Sofern der Verletzer im Inland über Vermögen verfügt, was beispielsweise in Form eines Lagers mit nicht schutzrechtsverletzenden Waren der Fall sein kann, hat der Verletzte die Möglichkeit, einen Antrag auf Erlaß eines dinglichen Arrestbefehls zu stellen, durch den der dingliche Arrest in das gesamte Vermögen des Verletzers angeordnet werden kann. Voraussetzung hierfür ist allerdings, daß dem Verletzten das Vermögen des Verletzers, das nicht immer ohne weiters ermittelt werden kann, im Inland bekannt ist.

Zuständig für die Anordnung des Arrests ist gemäß § 919 ZPO sowohl das Gericht der Hauptsache, vorliegend also das Landgericht, das die einstweilige Verfügung erlassen hat, als auch das Amtsgericht, in dessen Bezirk der mit Arrest zu belegende Gegenstand sich befindet. Die Anordnung des Arrests findet statt, wenn ein Arrestanspruch (§ 916 ZPO) und ein Arrestgrund (§ 917 ZPO) vorliegen, die der Verletzte gemäß § 920 Abs. 2 ZPO glaubhaft zu machen hat.

Arrestanspruch ist die Hauptsacheforderung, deren Vollstreckung für den Fall ihrer in der Regel späteren Titulierung gesichert werden soll[467]. Gemäß § 916 Abs. 1 ZPO muß es sich um eine Geldforderung, also Ansprüche auf Zahlung einer Summe Geldes, oder einen Anspruch, der in eine Geldforderung übergehen kann, handeln. In den Fällen der hier behandelten Art kann der Verletzte mithin sämtliche Kostenerstattungsansprüche sichern lassen, die er zur Festsetzung im Kostenfestsetzungsverfahren betreffend die einstweilige Verfügung und den Arrestbefehl beantragt hat bzw. beantragen wird.

Ein Arrestgrund liegt gemäß § 917 Abs. 1 ZPO vor, wenn zu besorgen ist, daß ohne eine Verhängung des Arrests die Vollstreckung des Urteils (hier: zu erlassende Kostenfestsetzungsbeschlüsse betreffend die einstweilige Verfügung und den Arrestbefehl) vereitelt oder wesentlich erschwert werden würde. Dies ist gemäß § 917 Abs. 2 ZPO stets der Fall, wenn das Urteil im Ausland vollstreckt werden müßte, es sei denn, das Übereinkommen vom 27. September 1968 über die gerichtliche Zuständigkeit und die Vollstreckung gerichtlicher Entscheidungen in Zivil- und Handelssachen und die Beitrittsübereinkommen dazu oder das

467 Vollkommer, in: Zöller, Zivilprozeßordnung, § 916 ZPO, Rdnr. 1.

Übereinkommen vom 16. September 1988 über die gerichtliche Zuständigkeit und die Vollstreckung gerichtlicher Entscheidungen in Zivil- und Handelssachen[468] finden Anwendung.

Das Gericht entscheidet über den Arrestantrag (§ 920 ZPO) entweder ohne mündliche Verhandlung durch Beschluß oder nach mündlicher Verhandlung durch Urteil (§ 922 Abs. 1 S. 1 ZPO). Zwar läßt sich dem Gesetz nicht entnehmen, daß die Entscheidung grundsätzlich ohne mündliche Verhandlung getroffen werden soll, doch ist dies zumindest bei Sachverhalten der eingangs genannten Art regelmäßig der Fall. Dies ist auch geboten, nachdem sich die Verfahrensdauer aufgrund des Auslandsbezugs verlängern und den Zweck des Arrests hierdurch regelmäßig vereiteln würde[469].

Gemäß § 923 ZPO ist im Arrestbefehl stets von Amts wegen ein Geldbetrag festzustellen, durch dessen Hinterlegung die Vollziehung des Arrests gehemmt und der Schuldner zum Antrag auf Aufhebung des vollzogenen Arrests berechtigt wird. Entgegen dem Wortlaut des § 923 ZPO ist nicht nur die Hinterlegung eines Geldbetrags als Sicherheit ausreichend, vielmehr bestimmt das Gericht Art und Höhe der Sicherheitsleistung nach § 108 ZPO, so daß beispielsweise auch die Bürgschaft einer Großbank in Betracht kommt[470].

Die Vollziehung des Arrestbefehls (§ 928 ZPO) erfolgt durch dessen Zustellung und den Antrag des Gläubigers beim zuständigen Vollstreckungsorgan auf Vornahme von Vollstreckungshandlungen innerhalb der Monatsfrist des § 929 Abs. 2 ZPO; während beim Beschlußarrest gemäß § 922 Abs. 2 ZPO eine Zustellung im Parteibetrieb erforderlich ist, genügt beim Urteilsarrest die Zustellung von Amts wegen[471]. § 929 Abs. 3 S. 1 ZPO erlaubt die Vollziehung vor Zustellung des Arrestbefehls, wobei die Zustellung zur Wirksamkeit dann gemäß § 929 Abs. 3 S. 2 ZPO innerhalb einer Woche nach der Vollziehung und vor Ablauf der Monatsfrist erfolgen muß. Soll die Zustellung im Ausland oder öffentlich erfolgen, reicht zur Fristwahrung die Einreichung des Zustellungsersuchens, wenn die Zustellung demnächst erfolgt (§ 207 Abs. 1 ZPO)[472].

Weist der Schuldner dem Gerichtsvollzieher eine Sicherheitsleistung nach § 923 ZPO nach, ist der Arrest gemäß §§ 928, 775 Nr. 3 ZPO nicht zu vollziehen. Hinterlegt der Schuldner die Lösungssumme erst nach Vollziehung des Ar-

---

468 BGBl. II 2658, 3772.

469 Vgl. Hartmann, in: Baumbach/Lauterbach/Albers/Hartmann, Zivilprozeßordnung, § 921 ZPO, Rdnr. 2 m.w.N.

470 Hartmann, in: Baumbach/Lauterbach/Albers/Hartmann, Zivilprozeßordnung, § 923 ZPO, Rdnr. 1.

471 Vgl. im einzelnen Vollkommer, in: Zöller, Zivilprozeßordnung, § 929 ZPO, Rdnr. 10 f.

472 Vollkommer, in: Zöller, Zivilprozeßordnung, § 929 ZPO, Rdnr. 24 m.w.N.

rests, kann er nach § 934 ZPO die Aufhebung des vollzogenen Arrests beim Vollstreckungsgericht beantragen. Der Arrest bleibt bis zu seiner Aufhebung bestehen, erst im Anschluß kann die Rückgabe der Sicherheit verlangt werden[473].

4. Hauptsacheklage

Die Erhebung der Hauptsacheklage ist jederzeit, also vor Einleitung des Verfügungsverfahrens[474], in seinem Verlauf und auch nach der Erwirkung der einstweiligen Verfügung zulässig[475]. Soll die Hauptsacheklage allerdings nach erlassener einstweiliger Verfügung erhoben werden, ist zu beachten, daß der Markeninhaber den Verletzer zur Vermeidung einer Prozeßkostentragung nach § 93 ZPO regelmäßig zuvor zur Angabe einer Abschlußerklärung aufzufordern hat[476].

Während der Markeninhaber im einstweiligen Verfügungsverfahren nur die Sicherung seines Anspruchs bzw. vorläufige Regelung des streitigen Rechtsverhältnisses im Wege einer Eilmaßnahme erreicht, erlangt er im Hauptsacheverfahren einen endgültigen Titel. Demgemäß entfällt das Rechtsschutzbedürfnis für die Erhebung der Hauptsacheklage grundsätzlich erst mit Abgabe einer Abschlußerklärung, durch die der Antragsgegner die einstweilige Verfügung unter Verzicht auf die gegebenen Rechtsmittel als endgültige Regelung anerkennt und in ihrer Bestandskraft dem im Hauptsacheverfahren zu erstreitenden Titel gleichstellt[477].

a) Zuständigkeit

Zur Sonderzuständigkeit in Kennzeichenstreitsachen wird auf die Ausführungen unter E III 2 a) verwiesen.

---

473 Vollkommer, in: Zöller, Zivilprozeßordnung, § 923 ZPO, Rdnr. 2.

474 Allerdings kann die Erhebung der Hauptsacheklage dafür sprechen, daß die Sache für den Verletzten nicht eilig ist, so daß für die beantragte einstweilige Verfügung die Dringlichkeit fehlt (vgl. Baumbach/Hefermehl, Wettbewerbsrecht, § 25 UWG, Rdnr. 18a).

475 Vgl. Berneke, Die einstweilige Verfügung in Wettbewerbssachen, Rdnr. 324.

476 Siehe dazu oben E III 2 j) bb).

477 Berneke, Die einstweilige Verfügung in Wettbewerbssachen, Rdnr. 326.

b) *Inhalt*

aa) *Unterlassung*

Der Antrag auf Unterlassung in der Hauptsacheklage entspricht demjenigen im einstweiligen Verfügungsverfahren, so daß auf die dortigen Ausführungen[478] verwiesen werden darf.

bb) *Auskunft*

Auch der Antrag auf Auskunft in der Hauptsacheklage entspricht demjenigen im einstweiligen Verfügungsverfahren, soweit Auskunft über die Herkunft und den Vertriebsweg der widerrechtlich gekennzeichneten Gegenstände im Sinne von § 19 MarkenG begehrt wird. Insofern darf ebenfalls auf die dortigen Ausführungen[479] verwiesen werden.

Der Antrag auf Auskunftserteilung aus § 242 BGB ist nach der hier vertretenen Meinung entsprechend den Ausführungen unter C II 3 b) bis d) umfassend unter Einschluß von Rechnungslegung und Belegvorlage zu formulieren[480], wenngleich aufgrund der gegenwärtigen Haltung der Rechtsprechung mit einer teilweisen Abweisung zu rechnen ist.

cc) *Vernichtung*

Aufgrund der bestehenden Unsicherheit, was der Markeninhaber im Rahmen seines Vernichtungsanspruchs geltend zu machen berechtigt ist[481], empfiehlt es sich, den Klageantrag durch mehrere Hilfsanträge „abzusichern"[482]. Dieser sollte

- auf Herausgabe der widerrechtlich gekennzeichneten Gegenstände und Vorrichtungen an den Markeninhaber zum Zwecke der Vernichtung,

---

478 Siehe oben E III 2 d) aa).

479 Siehe oben E III 2 d) bb).

480 Ein Beispiel für die Formulierung eines Auskunftsantrags findet sich bei Spitz/Klinger, in: Bartenbach/Buddeberg/Hecker/Klinger/Metzlaff/Pitz/Schulze/Schweyer/Spitz/Volz/Zindel, Formularsammlung zum gewerblichen Rechtsschutz, S. 395 f.

481 Siehe dazu oben C III 5 a).

482 Ein Beispiel für die Formulierung eines Vernichtungsantrags findet sich bei Spitz/Klinger, in: Bartenbach/Buddeberg/Hecker/Klinger/Metzlaff/Pitz/Schulze/Schweyer/Spitz/Volz/Zindel, Formularsammlung zum gewerblichen Rechtsschutz, S. 396.

- hilfsweise auf Herausgabe der widerrechtlich gekennzeichneten Gegenstände und Vorrichtungen an einen von der Gerichtsvollzieherverteilerstelle zu bestimmenden und vom Markeninhaber zu beauftragenden Gerichtsvollzieher zum Zwecke der Vernichtung,
- hilfsweise auf Vernichtung der widerrechtlich gekennzeichneten Gegenstände und Vorrichtungen durch den Verletzer selbst unter Anwesenheit und Kontrolle einer vom Markeninhaber zu benennender Kontrollperson,
- hilfsweise auf Vernichtung der widerrechtlich gekennzeichneten Gegenstände und Vorrichtungen durch den Verletzer selbst unter Anwesenheit und Kontrolle eines von der Gerichtsvollzieherverteilerstelle zu benennenden und vom Markeninhaber zu beauftragenden Gerichtsvollziehers und schließlich
- hilfsweise auf Vernichtung der widerrechtlich gekennzeichneten Gegenstände und Vorrichtungen durch den Verletzer selbst

lauten.

Befinden sich die widerrechtlich gekennzeichneten Gegenstände und Vorrichtungen aufgrund einer Sicherstellung bzw. Beschlagnahme bei einer Behörde oder aufgrund einer Sequestration bzw. Verwahrung durch eine zuvor erwirkte einstweilige Verfügung bei einem Gerichtsvollzieher, ändert sich der Antrag geringfügig.

Dieser sollte dann

- auf Einwilligung in die Herausgabe der widerrechtlich gekennzeichneten Gegenstände und Vorrichtungen durch die Behörde bzw. den Gerichtsvollzieher an den Markeninhaber zum Zwecke der Vernichtung,
- hilfsweise auf Einwilligung in die Vernichtung der widerrechtlich gekennzeichneten Gegenstände und Vorrichtungen durch die Behörde[483] bzw. den Gerichtsvollzieher,

---

483 Im Vorfeld sollte der Markeninhaber selbstverständlich abklären, ob die Behörde zu einer Vernichtung bereit ist. Ist das nicht der Fall, muß der Antrag auf Einwilligung in die Herausgabe der widerrechtlich gekennzeichneten Gegenstände an einen von der Gerichtsvollzieherverteilerstelle zu benennenden und vom Markeninhaber zu beauftragenden Gerichtsvollzieher zum Zwecke der Vernichtung lauten. Ist ungewiß, ob die Behörde nach rechtskräftigem Abschluß des Zivilverfahrens zu einer Vernichtung bereit ist, sollte der Antrag alternativ formuliert werden, d.h. auf Einwilligung in die Vernichtung durch die Behörde oder den Gerichtsvollzieher. Die Tenorierung mehrerer Beseitigungsalternativen muß nach diesseitiger Auffassung in diesem Fall angesichts der Gleichwertigkeit des Rechtsschutzziels zulässig sein, zudem nicht im Unklaren bleibt, was verlangt wird (vgl. auch Retzer, in: Erdmann/Gloy/Herber, Festschrift für Henning Piper, S. 430 f.).

- hilfsweise auf Vernichtung der widerrechtlich gekennzeichneten Gegenstände und Vorrichtungen durch den Verletzer selbst unter Anwesenheit und Kontrolle einer vom Markeninhaber zu benennender Kontrollperson,
- hilfsweise auf Vernichtung der widerrechtlich gekennzeichneten Gegenstände und Vorrichtungen durch den Verletzer selbst unter Anwesenheit und Kontrolle eines von der Gerichtsvollzieherverteilerstelle zu benennenden und vom Markeninhaber zu beauftragenden Gerichtsvollziehers und schließlich
- hilfsweise auf Vernichtung der widerrechtlich gekennzeichneten Gegenstände und Vorrichtungen durch den Verletzer selbst

lauten.

Bei der Tenorierung hat das Gericht einige Besonderheiten zu beachten[484]. Tenoriert es auf Herausgabe der widerrechtlich gekennzeichneten Gegenstände und Vorrichtungen an den Gerichtsvollzieher zum Zwecke der Vernichtung oder auf Einwilligung in die Vernichtung der widerrechtlich gekennzeichneten Gegenstände und Vorrichtungen durch den Gerichtsvollzieher bzw. die Behörde für den Fall, daß sich diese bereits in dortigem Gewahrsam befinden, lautet das Urteil nur allgemein auf Vernichtung, d.h. es werden keine konkreten Vernichtungsmaßnahmen angeordnet. Hier entscheidet dann der Gerichtsvollzieher bzw. die Behörde über die konkrete Art und Weise der Vernichtung. Ebensowenig bedarf es einer Anordnung konkreter Vernichtungsmaßnahmen, wenn dem Verletzer die Vernichtung überlassen bleibt. Soll die Vernichtung allerdings aufgrund der Beschaffenheit der Sache nur auf eine bestimmte Art und Weise, beispielsweise zum Schutz der Umwelt, erfolgen, kommt auch eine Verurteilung zu dieser konkreten Vernichtungsmaßnahme in Betracht.

Tenoriert das Gericht hingegen auf Herausgabe der widerrechtlich gekennzeichneten Gegenstände und Vorrichtungen an den Markeninhaber zum Zwecke der Vernichtung, sollte es – zumindest auf Antrag des Verletzers – eine konkrete Art und Weise der Vernichtung bestimmen. Andernfalls stünde die Vernichtungsmethode allein im Ermessen des Markeninhabers und wären die Kosten der Vernichtung für den Verletzer nicht vorhersehbar, was selbst bei weiter Auslegung mit dem Wortlaut des § 18 MarkenG nicht mehr vereinbar ist und wofür es auch an einem schutzwürdigen Interesse des Markeninhabers fehlt.

dd) Schadensersatz und ungerechtfertigte Bereicherung

Beim Schadensersatz unterscheidet man zwei Klageformen: die sogenannte Schadensersatzfeststellungsklage, die auf Feststellung einer Schadensersatzver-

484 Vgl. dazu im einzelnen Fezer, Markenrecht, § 18 MarkenG, Rdnr. 31.

pflichtung gerichtet ist, und die auf Zahlung eines Geldbetrages gerichtete Leistungsklage.

Entsprechendes gilt für die ungerechtfertigte Bereicherung, die ebenfalls zunächst im Wege der Feststellungsklage und im Anschluß durch bezifferte Zahlungsklage geltend gemacht wird. In der Praxis empfiehlt es sich, die ungerechtfertigte Bereicherung hilfsweise zum Schadensersatz geltend zu machen, wenn ein Verschulden des Verletzers nicht zweifelsfrei feststeht und bewiesen werden kann. Die nachstehenden Ausführungen zur Schadensersatzfeststellungs- und Zahlungsklage gelten für die ungerechtfertigte Bereicherung entsprechend.

(1) Schadensersatzfeststellungsklage

Im Markenrecht wird die Unterlassungs- und Auskunftsklage wie im Wettbewerbsrecht üblicherweise zunächst mit der Schadensersatzfeststellungsklage kombiniert[485], da der Schaden entweder noch in der Entwicklung begriffen und seinem Umfang nach nicht abzusehen ist oder mangels erteilter Auskunft nicht oder nur unzureichend dargelegt und beziffert werden kann[486]. Eine solche Kombination hat im übrigen gegenüber der grundsätzlich ebenfalls möglichen Stufenklage gemäß § 254 ZPO den Vorteil, daß der Schadensersatzanspruch bei einem stattgebenden Feststellungsurteil gemäß § 197 Abs. 1 Nr. 3 BGB erst in 30 Jahren verjährt.

Bei der Feststellungsklage muß der Kläger ein rechtliches Interesse an der alsbaldigen Feststellung positiv darlegen, da die Klage andernfalls mangels Rechtsschutzinteresses unzulässig ist. An diese Darlegung stellen die Gerichte in Schadensersatzfeststellungsklagen bei Markenverletzungen – wie in allen Schutzrechtssachen – allerdings keine hohen Anforderungen[487]. Ausreichend ist schon die entfernte Möglichkeit eines noch so ungewissen Schadenseintritts. Das Feststellungsinteresse folgt aus den Schadensberechnungsschwierigkeiten einerseits und dem Verjährungshemmungsinteresse andererseits[488].

Für die Begründetheit der Feststellungsklage reicht es aus, daß die Wahrscheinlichkeit eines Schadenseintritts dargetan ist; der Eintritt des Schadens muß nach der Lebenserfahrung in der Zukunft mit einiger Sicherheit zu erwarten sein,

---

485 Vgl. Schulte, in: Pastor/Ahrens, Der Wettbewerbsprozeß, Kap. 67, Rdnr. 1.

486 Vgl. Teplitzky, Wettbewerbsrechtliche Ansprüche, Kap. 52, Rdnr. 9, Fn. 15, der allerdings entgegen BGH, Urteil vom 19.11.1971, GRUR 1972, 180 (183), für den Fall, daß ausschließlich noch die Berechnung des Schadensersatzes von der Auskunft des Verletzers abhängt, die Stufenklage als vorrangig ansieht.

487 Vgl. Ingerl/Rohnke, Markengesetz, Vor §§ 14-19 MarkenG, Rdnr. 71 m.w.N.

488 Ingerl/Rohnke, Markengesetz, Vor §§ 14-19 MarkenG, Rdnr. 71, der allerdings noch von Verjährungsunterbrechungsinteresse spricht.

nicht erforderlich ist, daß der Schaden für die Gegenwart oder Zukunft endgültig feststeht[489]. Bei Verletzung benutzter Marken, die sich in Fällen der Produktpiraterie darüber hinaus in der Regel großer Bekanntheit erfreuen, ist die Wahrscheinlichkeit eines Schadenseintritts, zumindest in Form eines Marktverwirrungsschadens, praktisch immer gegeben[490].

(2) Zahlungsklage

Ist die Klage – in der Regel nach der Auskunftserteilung – auf Zahlung eines Geldbetrags gerichtet, muß dieser im Klageantrag gemäß § 253 Abs. 2 Nr. 2 ZPO grundsätzlich beziffert werden. Etwas anderes gilt dann, wenn die Bestimmung des Betrages von der Ermittlung der Schadenshöhe durch Beweisaufnahme, von einer gerichtlichen Schätzung oder vom billigen Ermessen des Gerichts abhängig ist. In diesen Fällen kann von der Bezifferung abgesehen werden und die zahlenmäßige Feststellung dem Gericht überlassen werden, wenn diesem zugleich die tatsächlichen Grundlagen gegeben werden, die ihm die Feststellung der Höhe des gerechtfertigten Klageanspruchs ermöglichen[491]. Insofern dient die Bestimmung des § 287 ZPO dazu, dem Verletzten den Schadensnachweis zu erleichtern, indem sie die bloße Wahrscheinlichkeit anstatt des sonst beim Beweis erforderlichen Gewißheitsgrades genügen läßt und an die Stelle der sonst erforderlichen Einzelbegründung das freie Ermessen des Gerichts setzt[492]. Gerade in Fällen der Produktpiraterie im Markenbereich bietet es sich an, den Schaden nach der gewählten Schadensberechnungsart[493] – sofern möglich – genau zu beziffern und daneben hinsichtlich des entstandenen Marktverwirrungsschadens eine Schätzung des Gerichts zu verlangen.

ee) Urteilsveröffentlichung

Der Antrag auf Urteilsveröffentlichung muß, um dem Bestimmtheitsgebot des § 253 Abs. 2 Nr. 2 ZPO zu genügen, die Veröffentlichungsbefugnis, das Format und die Veröffentlichungszeiträume angeben. Er lautet üblicherweise auf Ermächtigung des Markeninhabers, den verfügenden Teil des Urteils innerhalb einer bestimmten Zeit ab Zustellung auf Kosten des Verletzers in einem bestimmten Format und in einer oder mehreren bestimmten Zeitungen zu veröffentli-

---

489 Fezer, Markenrecht, § 14 MarkenG, Rdnr. 524 m.w.N.
490 Ebenso Ingerl/Rohnke, Markengesetz, Vor §§ 14-19 MarkenG, Rdnr. 72.
491 Schulte, in: Pastor/Ahrens, Der Wettbewerbsprozeß, Kap. 67, Rdnr. 8 m.w.N.
492 Teplitzky, Wettbewerbsrechtliche Ansprüche, Kap. 52, Rdnr. 35.
493 Vgl. dazu oben C IV 3 a).

chen[494]. Die Kostenregelung des § 23 Abs. 2 UWG, wonach die Kosten der Veröffentlichung der unterliegenden Partei bereits im Urteil auferlegt werden, ist analog anwendbar, so daß diese Kosten im Kostenfestsetzungsverfahren des Unterlassungsprozesses geltend gemacht werden können[495].

c) Vollstreckung

aa) Titel auf Unterlassung

Die Vollstreckung des Titels auf Unterlassung erfolgt gemäß § 890 ZPO. Voraussetzung sind ein formal und inhaltlich ordnungsgemäßer, vollstreckbarer Unterlassungstitel, eine Ordnungsmittelandrohung durch das Gericht, die Zustellung des Titels und der Ordnungsmittelandrohung an den Schuldner sowie eine zeitlich nach der Ordnungsmittelandrohung liegende schuldhafte Zuwiderhandlung des Titelschuldners gegen das Unterlassungsgebot[496].

Gemäß § 890 Abs. 1 ZPO ordnet das Prozeßgericht des ersten Rechtszuges auf Antrag des Gläubigers nach Anhörung des Schuldners bei freigestellter mündlicher Verhandlung durch Beschluß (§ 891 ZPO) an, daß dem Schuldner wegen Zuwiderhandlung gegen die Verpflichtung, eine Handlung zu unterlassen, ein Ordnungsgeld und für den Fall, daß dieses nicht beigetrieben werden kann, Ordnungshaft (Ersatzhaft) oder direkt Ordnungshaft auferlegt wird. Zwischen der Verhängung von Ordnungsgeld und der Anordnung von Ordnungshaft kann das Gericht nach seinem pflichtgemäßen Ermessen wählen[497]. Der Beschluß ist zu begründen[498] und dem Schuldner gemäß § 329 Abs. 3 ZPO von Amts wegen zuzustellen.

Das Mindestmaß des Ordnungsgelds beträgt gemäß Art. 6 Abs. 1 EGStGB fünf, das Höchstmaß des einzelnen Ordnungsgelds gemäß § 890 Abs. 1 S. 2 ZPO 250.000 Euro. Die Dauer der Ersatzhaft ist ebenso wie bei der primären Anordnung von Ordnungshaft nach Ermessen des Gerichts festzusetzen[499]. Gemäß Art. 6 Abs. 2 EGStGB beträgt deren Mindestmaß einen Tag, deren Höchstmaß ge-

494 Vgl. Jestaedt, in: Pastor/Ahrens, Der Wettbewerbsprozeß, Kap. 27, Rdnr. 37.

495 Ebenso Bähr, in: Pastor/Ahrens, Der Wettbewerbsprozeß, Kap. 41, Rdnr. 17; a.A. Baumbach/Hefermehl, Wettbewerbsrecht, § 23 UWG, Rdnr. 11, wonach die Kosten der Veröffentlichung Kosten der Zwangsvollstreckung und als solche gemäß § 788 ZPO beizutreiben sind.

496 Vgl. Teplitzky, Wettbewerbsrechtliche Ansprüche, Kap. 57, Rdnr. 2.

497 Baumbach/Hefermehl, Wettbewerbsrecht, Einl. UWG, Rdnr. 591 m.w.N.; a.A. aufgrund verfassungsrechtlicher Bedenken Teplitzky, Wettbewerbsrechtliche Ansprüche, Kap. 57, Rdnr. 32.

498 Teplitzky, Wettbewerbsrechtliche Ansprüche, Kap. 57, Rdnr. 29.

499 Stöber, in: Zöller, Zivilprozeßordnung, § 890 ZPO, Rdnr. 18 f.

mäß §§ 890 Abs. 1 S. 1 ZPO sechs Monate. Bei der Bemessung der Ordnungsmittel ist zu berücksichtigen, daß sie zum einen den Verstoß gegen das gerichtliche Verbot ahnden, zum anderen aber vor allem den Schuldner veranlassen sollen, dieses jedenfalls künftig einzuhalten[500].

Bei wiederholter Zuwiderhandlung, d.h. mehreren selbständigen Verstößen, kann das Ordnungsgeld mehrfach bis je zu einem Höchstbetrag von Euro 250.000, ebenfalls die Ordnungshaft mehrfach bis je zu einer Dauer von sechs Monaten, allerdings begrenzt auf eine Höchstdauer von insgesamt zwei Jahren (§ 890 Abs. 1 S. 2 ZPO), festgesetzt werden[501]. Allerdings ist auch hier der Rechtsgedanke des Fortsetzungszusammenhangs zu beachten, der nach seiner für die zivilrechtliche Vertragsstrafe anerkannten Bedeutung zu verstehen ist, so daß auch die Einbeziehung fahrlässiger Zuwiderhandlungen statthaft ist[502]. Demgemäß ist für die zu einer Zuwiderhandlung im Rechtssinne zusammenzufassenden Verletzungshandlungen nur ein Ordnungsmittel zu verhängen. Zu beachten ist aber, daß durch die Zustellung des Bestrafungsbeschlusses der Fortsetzungszusammenhang unterbrochen wird[503]. Nachdem dem Fortsetzungszusammenhang im Verfahren nach § 890 ZPO eine eigenständige Bedeutung zukommt, bleibt die geänderte Rechtsprechung des Bundesgerichtshofs in Teilbereichen des Strafrechts unerheblich[504].

Das Ordnungsgeld wird von Amts wegen nach der Justizbeitreibungsordnung gemäß § 1 Abs. 1 Nr. 3 JBeitrO vollstreckt, wobei Vollstreckungsbehörde der Vorsitzende des Prozeßgerichts ist. Ebenfalls wird die Ordnungshaft von Amts wegen durch das Prozeßgericht vollstreckt. Gemäß § 31 Abs. 3, § 4 Abs. 2 Nr. 2 a RPflG ist die Durchführung der Vollstreckung von Ordnungsmitteln dem

---

500 Vgl. dazu Melullis, Handbuch des Wettbewerbsprozesses, Rdnr. 920.

501 Stöber, in: Zöller, Zivilprozeßordnung, § 890 ZPO, Rdnr. 20.

502 Vgl. oben E III 1 c) bb) (5).

503 Stöber, in: Zöller, Zivilprozeßordnung, § 890 ZPO, Rdnr. 20.

504 Ebenso Schuschke, WRP 2000, 1008 (1012 f.); Stöber, in: Zöller, Zivilprozeßordnung, § 890 ZPO, Rdnr. 20; Baumbach/Hefermehl, Wettbewerbsrecht, Einl. UWG, Rdnr. 592; KG, Beschluß vom 16.2.1998, WRP 1998, 627 (629) m.w.N; OLG Celle, Beschluß vom 9.11.1995, WRP 1997, 89 (89); OLG Frankfurt am Main, Beschluß vom 6.6.1995, WRP 1995, 647 (648); OLG Frankfurt am Main, WRP 1998, 222 (222); Spätgens, in: Gloy, Handbuch des Wettbewerbsrechts, § 93, Rdnr. 54; a.A. Teplitzky, Wettbewerbsrechtliche Ansprüche, Kap. 57, Rdnr. 35; Melullis, Handbuch des Wettbewerbsprozesses, Rdnr. 946; Mankowski, WRP 1996, 1144 (1148); OLG Nürnberg, Beschluß vom 19.8.1998, WRP 1999, 1184 (1186). Vgl. auch oben E III 1 c) bb) (5) zum Fortsetzungszusammenhang bei der zivilrechtlichen Vertragsstrafe.

Rechtspfleger übertragen. Dieser kann eine Verhaftung durch einen Gerichtsvollzieher durchführen lassen[505].

Gegen den Ordnungsmittelbeschluß steht dem Schuldner die sofortige Beschwerde gemäß § 793 Abs. 1 ZPO zur Verfügung, ebenso dem Gläubiger gegen die Zurückweisung des Gläubigerantrags sowie die zu niedrige Bemessung eines Ordnungsmittels[506].

bb) Titel auf Auskunft

(1) Abgrenzung vertretbare Handlung – unvertretbare Handlung

Bei der Vollstreckung des Titels auf Auskunft stellt sich die Frage, ob es sich bei der Auskunftserteilung um eine vertretbare oder unvertretbare Handlung handelt. Im ersten Fall könnte der Gläubiger gemäß § 887 Abs. 1 ZPO dazu ermächtigt werden, die Auskunft durch einen Dritten erteilen zu lassen (Ersatzvornahme), im zweiten Fall könnte gemäß § 888 Abs. 1 ZPO nur Beugezwang ausgeübt werden.

In der Regierungsbegründung zum Produktpirateriegesetz heißt es in diesem Zusammenhang zum Drittauskunftsanspruch, daß eine Ersatzvornahme dann möglich sein werde, wenn die Auskunft in Form eines Auszugs aus Karteien oder sonstigen Buchführungsunterlagen auch durch einen Dritten erteilt werden könne[507]. Die Auskunftspflicht werde regelmäßig eine vertretbare Handlung darstellen, da der Umfang der Auskunft durch den Wortlaut der Regelung genau umschrieben und eingegrenzt werde und die Angaben, hinsichtlich derer die Auskunftspflicht bestehe, in aller Regel aus den Buchführungsunterlagen entnommen werden könnten. Könne die Auskunft dagegen nur durch den Verpflichteten selbst erteilt werden, etwa weil keine schriftlichen Unterlagen vorlägen, werde Zwangsgeld und Zwangshaft anzuordnen sein, wenn der Auskunftsverpflichtete die geschuldete Auskunft aus seinem Gedächtnis erteilen könnte.

Demgegenüber geht die herrschende Meinung in Literatur und Rechtsprechung – zumindest für den Regelfall – sowohl beim Auskunftsanspruch aus § 242 BGB[508] als auch beim Drittauskunftsanspruch aus § 19 MarkenG[509] zu-

505 Stöber, in: Zöller, Zivilprozeßordnung, § 890 ZPO, Rdnr. 23.

506 Vgl. dazu im einzelnen Baumbach/Hefermehl, Wettbewerbsrecht, Einl. UWG, Rdnr. 593.

507 Regierungsbegründung zum Produktpirateriegesetz, BT-Drucks. 11/4792, S. 34.

508 Samwer, in: Gloy, Handbuch des Wettbewerbsrechts, § 74, Rdnr. 18; Baumbach/Hefermehl, Wettbewerbsrecht, Einl. UWG, Rdnr. 598 m.w.N.

509 Fezer, Markenrecht, § 19 MarkenG, Rdnr. 15 m.w.N.; Ingerl/Rohnke, Markengesetz, § 19 MarkenG, Rdnr. 33 m.w.N.; Klaka, in: Althammer/Ströbele/Klaka, Mar-

treffend von einer unvertretbaren Handlung und damit einer Vollstreckung nach § 888 ZPO aus. Daß der Schuldner grundsätzlich eine unvertretbare Handlung zu bewirken hat, zeigt sich nicht zuletzt darin, daß dieser die Vollständigkeit und Richtigkeit seiner Auskunft unter bestimmten Umständen[510] eidesstattlich zu versichern hat. Auch wäre eben dieser Anspruch auf Abgabe einer eidesstattlichen Versicherung nicht durchsetzbar, wenn die Auskunft gemäß § 887 ZPO ersatzweise durch Dritte erteilt werden könnte, nachdem die Richtigkeit von Erklärungen Dritter nicht an Eides Statt versichert werden kann[511].

(2) Verfahren

Ähnlich wie im Verfahren nach § 890 ZPO ordnet das Prozeßgericht des ersten Rechtszuges gemäß § 888 Abs. 1 ZPO auf Antrag des Gläubigers nach Anhörung des Schuldners bei freigestellter mündlicher Verhandlung durch Beschluß (§ 891 ZPO) an, daß dem Schuldner wegen Nichterteilung der Auskunft ein Zwangsgeld und für den Fall, daß dieses nicht beigetrieben werden kann, Zwangshaft (Ersatzhaft) oder direkt Zwangshaft auferlegt wird. Zwischen der Verhängung von Zwangsgeld und der Anordnung von Zwangshaft wählt das Gericht nach pflichtgemäßem Ermessen; seinen Beschluß hat es zu begründen[512] und dem Schuldner gemäß § 329 Abs. 3 ZPO von Amts wegen zuzustellen.

Das Mindestmaß des Zwangsgelds beträgt gemäß Art. 6 Abs. 1 EGStGB fünf, das Höchstmaß des einzelnen Zwangsgelds gemäß § 888 Abs. 1 S. 2 ZPO 25.000 Euro. Die Dauer der Ersatzhaft ist im Verhältnis zur Höhe des Zwangsgeldes festzusetzen[513]. Bei der primären Anordnung von Zwangshaft wird eine bestimmte Dauer dagegen nicht festgesetzt[514]. Gemäß Art. 6 Abs. 2 EGStGB beträgt deren Mindestmaß einen Tag, deren Höchstmaß gemäß §§ 888 Abs. 1 S. 3, 913 ZPO sechs Monate. Sowohl Zwangsgeld als auch Zwangshaft können, allerdings erst nach Vollstreckung eines zuvor festgesetzten Zwangsmittels, in beliebiger Reihenfolge nacheinander und beide auch wiederholt angeordnet werden[515].

Die Zwangshaft wird auf Antrag des Gläubigers aufgrund eines durch das Prozeßgericht auszustellenden Haftbefehls nach §§ 904 – 913 ZPO vollstreckt

---

kengesetz, § 19 MarkenG, Rdnr. 30; Jestaedt, in: Pastor/Ahrens, Der Wettbewerbsprozeß, Kap. 60, Rdnr. 10.

510 Siehe dazu oben C II 7 b).

511 Ebenso Eichmann, GRUR 1990, 575 (581).

512 Eichmann, GRUR 1990, 575 (581) m.w.N.

513 Stöber, in: Zöller, Zivilprozeßordnung, § 888 ZPO, Rdnr. 9.

514 Stöber, in: Zöller, Zivilprozeßordnung, § 888 ZPO, Rdnr. 10.

515 Stöber, in: Zöller, Zivilprozeßordnung, § 888 ZPO, Rdnr. 8.

und nach § 171 StVollzG vollzogen. Bei der Vollstreckung von Zwangsgeld ist umstritten, ob diese auf Antrag des Gläubigers oder von Amts wegen erfolgt[516]. Nach richtiger Ansicht ist ein Antrag des Gläubigers, zugunsten der Staatskasse zu vollstrecken, erforderlich, da es diesem überlassen bleiben muß, zur Durchsetzung seines Anspruchs auf die unvertretbare Handlung die Vollstreckung des Zwangsgeldes zu betreiben oder davon abzusehen[517]. Insofern finden die Bestimmungen über die Zwangsvollstreckung wegen Geldforderungen (§§ 803-882a ZPO) Anwendung.

Der Schuldner kann die Vollstreckung zu jedem Zeitpunkt durch Erfüllung, also Erteilung der Auskunft, abwenden. Gegen den Zwangsmittelbeschluß steht ihm, ebenso wie dem Gläubiger gegen den Beschluß, der den Antrag zurückweist, gemäß § 793 Abs. 1 ZPO die sofortige Beschwerde zur Verfügung. Darüber hinaus kann der Schuldner mit der Vollstreckungsabwehrklage gemäß § 767 ZPO geltend machen, daß er den Anspruch vor oder auch nach Erlaß des angefochtenen Beschlusses erfüllt hat[518].

cc) Titel auf Vernichtung

Die Vollstreckung des Titels auf Vernichtung gestaltet sich je nach Tenorierung des Gerichts unterschiedlich.

(1) Herausgabe zum Zwecke der Vernichtung

Lautet der Tenor auf Herausgabe der widerrechtlich gekennzeichneten Gegenstände und Vorrichtungen an den Markeninhaber oder Gerichtsvollzieher zum Zwecke der Vernichtung, findet § 883 ZPO Anwendung. Gemäß § 883 Abs. 1 ZPO hat der Gerichtsvollzieher diese dem Verletzer wegzunehmen und zu vernichten bzw. dem Markeninhaber zu diesem Zweck zu übergeben. Werden die widerrechtlich gekennzeichneten Gegenstände und Vorrichtungen nicht vorgefunden, ist der Verletzer gemäß § 883 Abs. 2 ZPO verpflichtet, auf Antrag des Markeninhabers eine entsprechende eidesstattliche Versicherung zu Protokoll zu geben. Befinden sich die widerrechtlich gekennzeichneten Gegenstände und Vorrichtungen im Besitz eines Dritten, der nicht zur Herausgabe bereit ist, kann der Markeninhaber die Pfändung und Überweisung des Anspruchs des Verletzers auf Herausgabe gegen den Dritten gemäß § 886 ZPO verlangen. Grundsätz-

516 Vgl. Eichmann, GRUR 1990, 575 (582) m.w.N.
517 Ebenso Stöber, in: Zöller, Zivilprozeßordnung, § 888 ZPO, Rdnr. 13.
518 Vgl. im einzelnen Eichmann, GRUR 1990, 575 (582) m.w.N.; Stöber, in: Zöller, Zivilprozeßordnung, § 888 ZPO, Rdnr. 15.

lich sollte in diesem Fall aber auch gegen den Dritten im Wege der einstweiligen Verfügung vorgegangen werden, nachdem entsprechende Ansprüche in der Regel vorliegen. Sofern der Markeninhaber von dem Dritten erstmals bei der Vollstreckung gegen den Verletzer erfährt, ergeben sich auch keine Probleme im Hinblick auf die erforderliche Dringlichkeit.

(2) Vernichtung durch den Verletzer

Lautet der Tenor auf Vernichtung der widerrechtlich gekennzeichneten Gegenstände und Vorrichtungen durch den Verletzer selbst, erfolgt die Zwangsvollstreckung gemäß § 887 ZPO. Kommt der Verletzer seiner Pflicht zur Vernichtung nicht nach, ordnet das Prozeßgericht des ersten Rechtszuges gemäß § 887 Abs. 1 ZPO auf Antrag des Gläubigers nach Anhörung des Schuldners bei freigestellter mündlicher Verhandlung durch Beschluß (§ 891 ZPO) an, daß der Gläubiger ermächtigt werde, die nach dem vollstreckbaren Urteil dem Schuldner obliegende Vernichtung der Gegenstände und Vorrichtungen auf Kosten des Schuldners vornehmen zu lassen oder selbst vorzunehmen[519]. Der Beschluß ist zu begründen[520] und dem Schuldner gemäß § 329 Abs. 3 ZPO von Amts wegen zuzustellen. Leistet der Schuldner bei der Ersatzvornahme Widerstand, kann der Gläubiger gemäß § 892 ZPO zur Beseitigung des Widerstands einen Gerichtsvollzieher zuziehen, der zu prüfen hat, inwieweit das Verlangen des Gläubigers oder ein Widerstand des Schuldners gerechtfertigt ist[521].

Gleichzeitig, aber auch nach Erlaß des Ermächtigungsbeschlusses gemäß § 887 Abs. 1 ZPO, kann der Schuldner gemäß § 887 Abs. 2 ZPO auf Antrag des Gläubigers durch Beschluß zur Vorauszahlung der Kosten verurteilt werden, die durch die Vernichtung entstehen werden, unbeschadet des Rechts auf eine Nachforderung, wenn die Vornahme der Handlung einen größeren Kostenaufwand verursacht. Die Höhe des Vorschusses bestimmt das Gericht nach billigem Ermessen, indem es die voraussichtlichen Kosten schätzt[522]. Der Beschluß stellt einen Vollstreckungstitel nach § 794 Abs. 1 Nr. 3 ZPO dar, so daß die Beitreibung mittels Geldvollstreckung nach den §§ 803 ff. ZPO (Zwangsvollstreckung wegen Geldforderungen) erfolgt.

---

519 Entgegen dem Wortlaut des § 887 Abs. 1 ZPO („vornehmen zu lassen") kann der Gläubiger auch ermächtigt werden, die Handlung selbst vorzunehmen (Stöber, in: Zöller, Zivilprozeßordnung, § 887 ZPO, Rdnr. 7 m.w.N.).

520 Vollkommer, in: Zöller, Zivilprozeßordnung, § 329 ZPO, Rdnr. 24 m.w.N.

521 Stöber, in: Zöller, Zivilprozeßordnung, § 892 ZPO, Rdnr. 1.

522 Stöber, in: Zöller, Zivilprozeßordnung, § 887 ZPO, Rdnr. 10.

Sowohl der Ermächtigungsbeschluß gemäß § 887 Abs. 1 ZPO als auch der Beschluß über den Kostenvorschuß gemäß § 887 Abs. 2 ZPO[523] sind mit der sofortigen Beschwerde gemäß § 793 ZPO anfechtbar. Allerdings kann der Schuldner mit der Beschwerde nicht geltend machen, er wolle die geschuldete Handlung noch vornehmen, also seine Verpflichtung nachträglich erfüllen[524]. Hat der Schuldner erfüllt, kann er stets eine Vollstreckungsabwehrklage gemäß § 767 ZPO erheben[525].

(3) Einwilligung in die Herausgabe zum Zwecke der Vernichtung oder in die Vernichtung

Lautet der Tenor auf Einwilligung in die Herausgabe der widerrechtlich gekennzeichneten Gegenstände und Vorrichtungen an den Markeninhaber zum Zwecke der Vernichtung oder in die Vernichtung durch die Behörde bzw. den Gerichtsvollzieher, gilt diese gemäß § 894 Abs. 1 ZPO als abgegeben, sobald das Urteil Rechtskraft erlangt hat. Weitere Vollstreckungsmaßnahmen sind demgemäß weder erforderlich noch zulässig[526]. Ist der Markeninhaber laut Urteil selbst zur Vernichtung befugt, kann er diese ab Rechtskraft des Urteils durchführen, andernfalls den Gerichtsvollzieher bzw. die Behörde unter Übersendung des Urteils hiermit beauftragen.

dd) Titel auf Schadensersatz und Bereicherung

Während das Feststellungsurteil seinem Wesen nach nicht vollstreckungsfähig ist, aber durch seine Rechtskraft wirkt, richtet sich die Vollstreckung des Zahlungstitels nach den §§ 803 ff. ZPO (Zwangsvollstreckung wegen Geldforderungen). Hierbei ergeben sich keine Besonderheiten.

ee) Titel auf Urteilsveröffentlichung

Macht die obsiegende Partei von ihrer Veröffentlichungsbefugnis Gebrauch, stellt dies keinen Akt der Zwangsvollstreckung im eigentlichen Sinne dar, mit der eine Maßnahme gegenüber der unterlegenen Partei zwangsweise durchgesetzt werden muß. Die Befugnis zur Urteilsveröffentlichung bewirkt vielmehr

---

523 Gemäß § 567 Abs. 2 S. 2 ZPO allerdings erst bei einem Beschwerdewert über Euro 50.

524 Stöber, in: Zöller, Zivilprozeßordnung, § 887 ZPO, Rdnr. 13 m.w.N.

525 Hartmann, in: Baumbach/Lauterbach/Albers/Hartmann, Zivilprozeßordnung, § 887 ZPO, Rdnr. 16.

526 Stöber, in: Zöller, Zivilprozeßordnung, § 894 ZPO, Rdnr. 5.

nur, daß sich die unterlegene Partei dagegen nicht zur Wehr setzten kann[527]. Das Urteil sollte in analoger Anwendung des § 103 Abs. 1 S. 2 UrhG erst nach Rechtskraft veröffentlicht werden dürfen, wenn das Gericht nicht etwas anderes bestimmt[528].

5. Vorgehen im Wiederholungsfall (Neuverstoß)

Verstößt der Verletzer erneut gegen die Markenrechte des Markeninhabers, ist für das weitere Vorgehen zu unterscheiden, ob zuvor eine strafbewehrte Unterlassungserklärung abgegeben und ein Unterwerfungsvertrag zustande gekommen ist oder ein Titel gegen den Verletzer erwirkt wurde.

a) Vorliegen einer Unterlassungserklärung

aa) Verwirkung der Vertragsstrafe

Eine Zuwiderhandlung gegen den Unterwerfungsvertrag führt grundsätzlich nur dann zu einer Verwirkung der Vertragsstrafe, wenn sie schuldhaft begangen wurde[529]. Der Markeninhaber ist allerdings lediglich für die objektive Zuwiderhandlung beweispflichtig[530], für ein etwaiges mangelndes Verschulden dagegen der Verletzer[531], wobei an die Entkräftung des Verschuldensvorwurfs bei feststehendem Verstoß strenge Anforderungen zu stellen sind[532].

In Fällen der Produktpiraterie im Markenbereich berufen sich Händler regelmäßig darauf, aufgrund der Perfektion der Nachahmung nicht erkannt zu haben, daß es sich um widerrechtlich gekennzeichnete Ware handelte. Hiergegen

---

527 Bähr, in: Pastor/Ahrens, Der Wettbewerbsprozeß, Kap. 41, Rdnr. 20 m.w.N.

528 Ebenso Bähr, in: Pastor/Ahrens, Der Wettbewerbsprozeß, Kap. 41, Rdnr. 20.

529 Schulte, in: Pastor/Ahrens, Der Wettbewerbsprozeß, Kap. 17, Rdnr. 16 m.w.N. Etwas anderes gilt lediglich dann, wenn eine vom Verschulden unabhängige Garantiehaftung vereinbart wurde (Baumbach/Hefermehl, Wettbewerbsrecht, Einl. UWG, Rdnr. 291 m.w.N.; Schulte, in: Pastor/Ahrens, Der Wettbewerbsprozeß, Kap. 17, Rdnr. 16, der allerdings darauf hinweist, daß eine Garantiehaftung letztlich nicht der Funktion der Unterwerfungsvereinbarung entspreche, den künftigen Willen des Schuldners zu beeinflussen, da dieser nur von solchen Handlungen abgeschreckt werden könne, die auch im Einflußbereich seines Willen lägen).

530 Vgl. OLG Karlsruhe, Urteil vom 17.12.1986, WRP 1987, 684 (685); Teplitzky, Wettbewerbsrechtliche Ansprüche, Kap. 20, Rdnr. 15.

531 Urteil des BGH vom 13.5.1982, GRUR 1982, 688 (691); Schulte, in: Pastor/Ahrens, Der Wettbewerbsprozeß, Kap. 17, Rdnr. 15.

532 Teplitzky, Wettbewerbsrechtliche Ansprüche, Kap. 20, Rdnr. 15 m.w.N.

läßt sich aber einwenden, daß ein solcher Verletzer aufgrund der von ihm bereits abgegebenen Unterlassungserklärung zu erhöhter Sorgfalt verpflichtet war und bei „genauerem Hinsehen“ die in der Regel erkennbaren Unterschiede zur Originalware hätte erkennen müssen, so daß zumindest fahrlässiges Handeln vorliegt.

Für ein schuldhaftes Verhalten seines Erfüllungsgehilfen haftet der Verletzer gemäß § 278 BGB, wenn er diese Haftung nicht ausdrücklich ausgeschlossen hat[533]. Soweit demgegenüber vereinzelt vertreten wird, § 278 BGB werde schon durch ergänzende Vertragsauslegung ausgeschlossen, selbst wenn dies nicht ausdrücklich bestimmt sei, kann dem nicht gefolgt werden[534]. Die hierfür angeführte Begründung, bei dem nach § 890 ZPO zu vollstreckenden Unterlassungstiteln könne auch nur bei eigenem Verschulden des Schuldners vollstreckt werden, geht fehl. Zutreffend weist der Bundesgerichtshof darauf hin, daß die Verhängung eines Ordnungsgeldes nach § 890 ZPO und die Verwirkung einer Vertragsstrafe insoweit nicht miteinander vergleichbar seien[535]. Während das Ordnungsgeld im Sinne von § 890 ZPO eine strafähnliche Sanktion für die Übertretung des gerichtlichen Verbots darstelle und daher eine persönliche Schuld des Betroffenen voraussetze, sei die Vertragsstrafe im Sinne von § 339 BGB lediglich eine schuldrechtlich vereinbarte Leistung zur Sicherung der Vertragserfüllung und zur Schadensersatzpauschalierung. Die Voraussetzungen für den Anspruch auf diese Ersatzleistung, insbesondere die Art des hierfür erforderlichen Verschuldens, könnten von den Beteiligten im Rahmen der Vertragsfreiheit frei vereinbart werden. Daher sei es angemessen, daß – wie auch sonst bei der Verletzung von schuldrechtlichen Verpflichtungen – der Schuldner grundsätzlich für das Verschulden seiner Erfüllungsgehilfen einzustehen habe, sofern nichts Gegenteiliges vereinbart sei[536].

Verstößt der Verletzer mehrfach gegen den Unterwerfungsvertrag, wird die Vertragsstrafe für jede einzelne Handlung fällig, sofern diese nicht eine soge-

---

533 Vgl. BGH, Urteil vom 15.5.1985, GRUR 1985, 1065 (1066); BGH, Urteil vom 30.4.1987, GRUR 1987, 648 (649); BGH, Urteil vom 30.3.1988, GRUR 1988, 561 (562); BGH, Urteil vom 7.12.1989, GRUR 1990, 534 (534); Baumbach/Hefermehl, Wettbewerbsrecht, Einl. UWG, Rdnr. 292.

534 Vgl. Nachweise bei Schulte, in: Pastor/Ahrens, Der Wettbewerbsprozeß, Kap. 17, Rdnr. 18.

535 BGH, Urteil vom 15.5.1985, GRUR 1985, 1065 (1066).

536 Schließt der Verletzer seine Haftung für das Verschulden eines Erfüllungsgehilfen nach § 278 BGB in seiner Unterlassungserklärung allerdings gegen den Willen des Markeninhabers aus, wird die Vermutung der Wiederholungsgefahr nicht ausgeräumt (strittig, vgl. dazu Schulte, in: Pastor/Ahrens, Der Wettbewerbsprozeß, Kap. 17, Rdnr. 19 ff.).

nannte natürliche Handlungseinheit bilden oder im Fortsetzungszusammenhang stehen[537].

bb) Erhöhung des Vertragsstrafeversprechens

Handelt der Verletzer einer von ihm abgegebenen Unterlassungserklärung zuwider und stellt diese Zuwiderhandlung zugleich materiell-rechtlich einen Markenverstoß dar, hat der Markeninhaber einen neuen gesetzlichen Unterlassungsanspruch, der ihn berechtigt, eine Erhöhung des bereits abgegebenen Vertragsstrafeversprechens zu verlangen, da dieses offensichtlich nicht geeignet war, die Wiederholungsgefahr auszuräumen[538].

cc) Einstweilige Verfügung und/oder Klage

Alternativ zur erhöhten Vertragsstrafe kann der Markeninhaber den neuen gesetzlichen Unterlassungsanspruch im Wege der einstweiligen Verfügung und/oder Klage durchsetzen[539]. Hierfür nimmt die daneben bestehende Möglichkeit, aus der Unterlassungserklärung vorzugehen und Zahlung der Vertragsstrafe zu verlangen, dem Markeninhaber nicht das Rechtsschutzbedürfnis[540]. Zum einen sind Vertragsstrafeanspruch und Unterlassungsanspruch nicht gleichwertig, nachdem die Vollstreckung des Unterlassungsanspruchs nach § 890 ZPO einen anderweitigen und im Grunde umfassenderen Rechtsschutz bietet[541]. Zum anderen besteht für den Unterlassungsgläubiger ein gerechtfertigtes Interesse daran, neben der bestehen bleibenden Unterlassungserklärung zusätzlich einen Unterlassungstitel zu erwirken, um einen renitenten Verletzer bei weiteren Zuwiderhandlungen in doppelter Weise zur Rechenschaft ziehen zu können, also durch die Vertragsstrafe und das Vollstreckungsverfahren nach § 890 ZPO[542].

---

537 Vgl. dazu oben E III 1 c) bb) (5).

538 Vgl. Schulte, in: Pastor/Ahrens, Der Wettbewerbsprozeß, Kap. 17, Rdnr. 27; BGH, Urteil vom 7.12.1989, GRUR 1990, 534 (534); ausführlich zur Wiederholungsgefahr in diesem Fall Teplitzky, Wettbewerbsrechtliche Ansprüche, Kap. 8, Rdnr. 46 ff.

539 Vgl. dazu ausführlich mit zahlreichen Rechtsprechungs- und Literaturhinweisen Gruber, WRP 1991, 279 (279 ff.).

540 Teplitzky, Wettbewerbsrechtliche Ansprüche, Kap. 12, Rdnr. 12 m.w.N.

541 Köhler, in: Jacobs/Lindacher/Teplitzky, UWG Großkommentar, Vor § 13 UWG, Abschnitt B, Rdnr. 67; Baumbach/Hefermehl, Wettbewerbsrecht, Einl. UWG, Rdnr. 293a.

542 Ebenso Schulte, in: Pastor/Ahrens, Der Wettbewerbsprozeß, Kap. 17, Rdnr. 28; Teplitzky, Wettbewerbsrechtliche Ansprüche, Kap. 20, Rdnr. 22.

b) Vorliegen eines Titels

aa) Ordnungsgeld, Ordnungsmittel

Handelt der Schuldner einem gegen ihn ergangenen Unterlassungstitel schuldhaft zuwider, ist er gemäß § 890 ZPO auf Antrag des Gläubigers zu einem Ordnungsgeld und für den Fall, daß dieses nicht beigetrieben werden kann, zur Ordnungshaft oder zur Ordnungshaft bis zu sechs Monaten zu verurteilen. Insofern darf auf die Ausführungen unter E III 4 c) aa) verwiesen werden.

bb) Erneute einstweilige Verfügung und/oder Klage

Fraglich ist, ob der Verletzte bei Vorliegen eines Titels neben der Zwangsvollstreckung auch im Wege eines Antrags auf Erlaß einer einstweiligen Verfügung und/oder einer Unterlassungsklage vorgehen kann.

Liegt bereits eine rechtskräftige Entscheidung zur Hauptsache vor, steht einer erneuten Klage die Rechtskraft dieser früheren Entscheidung entgegen. Für einen Antrag auf Erlaß einer einstweiligen Verfügung, der mit der bloßen Sicherung bzw. vorläufigen Regelung ein anderes Rechtsschutzziel verfolgt, fehlt es am Verfügungsgrund[543]. Allerdings wird in der Rechtsprechung teilweise vertreten, daß bei einer im Tatsächlichen geänderten Wettbewerbshandlung erneut durch Unterlassungsklage oder auch einstweilige Verfügung vorgegangen werden könne, selbst wenn diese Handlung lediglich eine unwesentliche Abweichung vom Verbotstenor darstelle und noch von diesem mitumfaßt werde[544]. Hiergegen wird aber zu Recht eingewandt, daß spätestens im (zweiten) Hauptsacheverfahren nach der in der Literatur vorherrschenden und vom Bundesgerichtshof vertretenen ne-bis-in-idem-Lehre die Klage als unzulässig abgewiesen werden müßte, da Identität der Streitgegenstände besteht[545].

Liegt lediglich bereits eine einstweilige Verfügung vor, ist ein Hauptsacheverfahren dagegen immer zulässig. Aufgrund des unterschiedlichen Streitgegen-

543 Berneke, Die einstweilige Verfügung in Wettbewerbssachen, Rdnr. 56.

544 OLG Düsseldorf, Beschluß vom 10.12.1992, WRP 1993, 487 (488); vgl. auch OLG Frankfurt am Main, Beschluß vom 12.11.1996, 51 (51 f.), wonach der Unterlassungsgläubiger, der bereits einen Titel besitzt, gleichwohl ein Rechtsschutzbedürfnis hat, anstelle eines Vollstreckungsverfahrens oder neben einem Vollstreckungsverfahren wegen einer abgewandelten Verletzungshandlung mit einem (weiteren) Eilantrag gegen den Verletzer vorzugehen, wenn aus der Sicht des Gläubigers die ernsthafte Befürchtung besteht, daß sich der Schuldner darauf berufen wird, mit der abgewandelten Verletzungshandlung der titulierten Unterlassungsverpflichtung Rechnung getragen zu haben.

545 Teplitzky, Wettbewerbsrechtliche Ansprüche, Kap. 57, Rdnr. 16c m.w.N.

stands steht diesem weder die Rechtshängigkeit bzw. Rechtskraft einer einstweiligen Verfügung entgegen[546] noch wird dem Verletzten hierdurch das Rechtsschutzbedürfnis genommen[547]. Etwas anderes gilt allerdings dann, wenn die einstweilige Verfügung bereits durch eine Abschlußerklärung einer endgültigen Regelung gleichgestellt wurde. In diesem Fall ist für ein Hauptsacheverfahren entsprechend den vorstehenden Ausführungen kein Raum mehr. Ebenso steht die Rechtshängigkeit bzw. Rechtskraft einer einstweiligen Verfügung einem neuerlichen Antrag auf Erlaß einer einstweiligen Verfügung entgegen.

6. Persönliche Haftung des GmbH-Geschäftsführers

Gerade in Fällen der Produktpiraterie ist es keine Seltenheit, daß sich der Geschäftsführer einer GmbH, der oftmals als Haupt- oder Alleingesellschafter wirtschaftlicher Nutznießer des Unternehmens ist, der Rechtskraftwirkung eines gegen die GmbH ergangenen Urteils dadurch entzieht, daß er auf eine andere GmbH ausweicht oder eine neue GmbH gründet, um die Verletzungshandlungen unter deren Dach ungestört fortsetzen zu können. Auch treten bei derartigen Gesellschaften nach erfolgreichem Abschluß einer gerichtlichen Auseinandersetzung oftmals unvermittelt Liquiditätsengpässe ein, so daß die titulierten Schadensersatzansprüche ins Leere gehen, obwohl der verantwortliche Geschäftsführer unter Umständen durchaus vermögend ist.

Vor diesem Hintergrund ist es im gewerblichen Rechtsschutz und Urheberrecht zwischenzeitlich gängige Praxis, bei Schutzrechtsverletzungen und Wettbewerbsverstößen einer GmbH neben der Gesellschaft auch den Geschäftsführer persönlich auf Unterlassung und Schadensersatz in Anspruch zu nehmen[548]. Fraglich sind allerdings die Voraussetzungen und die Reichweite einer solchen Haftung, die den Geschäftsführer einem erheblichen finanziellen Risiko aussetzt. Diesbezüglich kommen sowohl Ansprüche im als auch außerhalb des Gesellschaftsrechts in Betracht.

a) Ansprüche im Gesellschaftsrecht

Gemäß § 43 Abs. 2 GmbHG haften Geschäftsführer, welche ihre Obliegenheiten verletzen, der Gesellschaft solidarisch für den entstandenen Schaden. Nach dem eindeutigen Wortlaut betrifft diese Vorschrift allerdings lediglich das Verhältnis

546 Berneke, Die einstweilige Verfügung in Wettbewerbssachen, Rdnr. 92, 95.
547 Berneke, Die einstweilige Verfügung in Wettbewerbssachen, Rdnr. 325 m.w.N.
548 Götting, GRUR 1994, 6 (6) m.w.N.

des Geschäftsführers zur Gesellschaft, nicht dagegen zu außerhalb der Gesellschaft stehenden Dritten. Weitere Vorschriften, die eine persönliche Verantwortlichkeit des Geschäftsführers regeln, finden sich im GmbHG nicht. Vielmehr wird im Gegenteil die Gesellschaft gemäß § 36 GmbHG durch die in ihrem Namen von den Geschäftsführern vorgenommenen Rechtsgeschäfte berechtigt und verpflichtet und ihr gemäß § 31 BGB analog deliktische Handlungen, die ihre Geschäftsführer im Rahmen ihrer Aufgaben als Organ begehen, zugerechnet[549]. Ein Handeln des Organs wird mithin als Handeln der juristischen Person gewertet.

Hinzu kommt, daß in § 13 Abs. 2 GmbHG weiterhin ausdrücklich geregelt ist, daß für die Verbindlichkeiten der Gesellschaft den Gläubigern derselben nur das Gesellschaftsvermögen haftet. Dieses sogenannte Trennungsprinzip, d.h. die strikte Trennung der Vermögensmassen zwischen der juristischen Person und den dahinter stehenden Gesellschaftern, wird allerdings ausnahmsweise bei Vorliegen ganz besonderer Tatbestände durch den sogenannten Haftungsdurchgriff durchbrochen, wonach der oder die Gesellschafter für die Verbindlichkeiten der Gesellschaft in Abweichung von § 13 Abs. 2 GmbHG persönlich in Anspruch genommen werden können[550]. Besondere Tatbestände sind hier meist die Verletzung von Treu und Glauben und eine sittenwidrige Schädigungsabsicht. Gleichwohl läßt sich die persönliche Verantwortlichkeit des Geschäftsführers einer GmbH im gewerblichen Rechtsschutz und Urheberrecht auch nicht als eine Erscheinungsform des Haftungsdurchgriffs qualifizieren. Zum einen richtet sich der Haftungsdurchgriff gegen den Gesellschafter und nicht gegen den Geschäftsführer als solchen, zum anderen haftet der Geschäftsführer, anders als der Gesellschafter beim Haftungsdurchgriff, nicht für die Schuld der GmbH, sondern neben der GmbH aufgrund einer ihn selbst treffenden, persönlichen Verpflichtung, ohne daß dies auf seltene Fälle des Mißbrauchs beschränkt bliebe[551].

b) Ansprüche außerhalb des Gesellschaftsrechts

Auch im gewerblichen Rechtsschutz und Urheberrecht fehlt es an speziellen Bestimmungen für eine persönlichen Haftung des Geschäftsführers. Rechtsprechung und Literatur greifen daher auf die allgemeinen deliktsrechtlichen Grundsätze zurück, wobei sie zwischen einer Haftung für eigenes aktives Tun und Unterlassen unterscheiden[552].

---

549 Heinrichs, in: Palandt, Bürgerliches Gesetzbuch, § 31 BGB, Rdnr. 3 m.w.N.
550 Rowedder, in: Rowedder, Gesetz betreffend die Gesellschaften mit beschränkter Haftung, § 13 GmbHG, Rdnr. 22.
551 Vgl. Götting, GRUR 1994, 6 (8).
552 Götting, GRUR 1994, 6 (9).

aa) Haftung für eigenes aktives Tun

Der Geschäftsführer einer GmbH ist nach gängiger Meinung in Rechtsprechung und Literatur einer persönlichen Haftung ausgesetzt, wenn er als Störer für die Rechtsverletzung ursächlich ist[553]. Störer in diesem Sinne ist jedenfalls derjenige, der selbst durch eine eigene Handlung einen Wettbewerbsverstoß bzw. eine Schutzrechtsverletzung verursacht hat; dieser kann hierfür ohne weiteres auch persönlich neben der GmbH in Anspruch genommen werden[554]. Übernimmt der Geschäftsführer beispielsweise den Einkauf und/oder Vertrieb der Piraterieware, was insbesondere bei der sogenannten Ein-Mann-GmbH häufig der Fall ist, haftet er dem Markeninhaber neben der GmbH persönlich auf Unterlassung und – im Verschuldensfall – auf Schadensersatz.

bb) Haftung für Unterlassen

Fraglich ist die Haftung des Geschäftsführers, wenn der Wettbewerbsverstoß oder die Schutzrechtsverletzung auf ein Unterlassen desselben zurückzuführen ist. Hierunter sind hauptsächlich die Fälle zu subsumieren, in denen ein Angestellter oder Mitarbeiter der GmbH rechtswidrig gehandelt hat, ohne daß dies durch den Geschäftsführer verhindert worden wäre. Eine Haftung des Geschäftsführers könnte dann aus dem Vorwurf resultieren, er habe seine Überwachungs- und Organisationspflichten verletzt, die aus seiner Stellung als verantwortliches Organ erwachsen[555].

(1) Organisationshaftung kraft Gesetzes

Gemäß § 14 Abs. 7 MarkenG kann der Unterlassungsanspruch auch gegen den Inhaber eines Betriebes geltend gemacht werden, wenn die Verletzungshandlung

553 BGH, Urteil vom 26.9.1985, GRUR 1986, 248 (250) m.w.N.; BGH, Urteil vom 26.9.1985, GRUR 1986, 252 (253); BGH, Urteil vom 19.6.1963, GRUR 1964, 88 (89); BGH, Urteil vom 5.6.1975, GRUR 1975, 652 (653); BGH, Urteil vom 13.11.1979, GRUR 1980, 242 (244 f.); vgl. auch BGH, Urteil vom 12.3.1996, WiB 1996, 813 (813 f.); BGH, Urteil vom 30.10.1956, GRUR 1957, 342 (347); BGH, Urteil vom 12.4.1957, GRUR 1959, 428 (429); Baumbach/Hefermehl, Wettbewerbsrecht, Einl. UWG, Rdnr. 329 m.w.N.; vgl. zur Störer-Haftung auch Schünemann, WRP 1998, 120 (120 ff.).

554 BGH, Urteil vom 26.9.1985, GRUR 1986, 248 (250); BGH, Urteil vom 26.9.1985, GRUR 1986, 252 (253); BGH, Urteil vom 13.11.1979, GRUR 1980, 242 (244 f.); Baumbach/Hefermehl, Wettbewerbsrecht, Einl. UWG, Rdnr. 329; Klaka, GRUR 1988, 729 (730) m.w.N.; Götting, GRUR 1994, 6 (9) m.w.N.

555 Vgl. Götting, GRUR 1994, 6 (9).

von einem Angestellten oder Beauftragen begangen wird. Handelt der Angestellte oder Beauftragte vorsätzlich oder fahrlässig, gilt dies auch für den Schadensersatzanspruch. Diese Haftungsregelung soll verhindern, daß sich der Inhaber eines Betriebes bei Markenverletzungen, die ihm zugute kommen, hinter den von ihm abhängigen Dritten verschanzt[556]. Betriebsinhaber ist aber die Person, in deren Namen der Betrieb geführt wird und die im Rechtsverkehr die Verantwortung übernommen hat, bei einer Kapitalgesellschaft also die juristische Person, nicht der Geschäftsführer[557].

Aufgrund der vorstehenden Erwägungen muß auch die Möglichkeit einer persönlichen Inanspruchnahme des Geschäftsführers aus § 831 Abs. 1 BGB verneint werden. Angestellte und Mitarbeiter der GmbH sind Verrichtungsgehilfen der GmbH und nicht des Geschäftsführers[558]. Ebenso scheidet § 831 Abs. 2 BGB als Anspruchsgrundlage aus. Zwar trifft hiernach denjenigen eine Haftung, der für den Geschäftsherrn die Besorgung eines der in Absatz 1 S. 2 dieser Vorschrift bezeichneten Geschäfte, also insbesondere auch die Überwachung von Verrichtungsgehilfen, durch Vertrag übernimmt. Gleichwohl findet diese Vorschrift auf den Geschäftsführer einer GmbH keine Anwendung. Für die Frage der Haftpflicht ist nämlich darauf abzustellen, daß die Rechtsstellung des Geschäftsführers entscheidend von seiner Organstellung geprägt ist. Insoweit bestimmt das gesellschaftsrechtliche Element den Rechtscharakter des Anstellungsverhältnisses zwischen der GmbH und ihrem Geschäftsführer. Dementsprechend gilt für die vertragliche Haftung allein § 43 Abs. 2 GmbHG, wonach Geschäftsführer, welche ihre Obliegenheiten verletzen, nur der Gesellschaft, nicht aber deren Gläubigern haften[559].

(2) Garantenstellung aufgrund von Organisationsverpflichtung

Nachdem eine spezielle gesetzliche Grundlage für eine Organisationshaftung fehlt, finden die allgemeinen Grundsätze für eine Haftung wegen Unterlassung Anwendung. Hiernach haftet auch derjenige, der es trotz rechtlicher und tatsäch-

556 Fezer, Markenrecht, § 14 MarkenG, Rdnr. 531 m.w.N.

557 Fezer, Markenrecht, § 14 MarkenG, Rdnr. 538 m.w.N.

558 Ebenso Götting, GRUR 1994, 6 (9) m.w.N.

559 Götting, GRUR 1994, 6 (10) m.w.N., der darüber hinaus zutreffend darauf hinweist, daß, wenn § 43 Abs. 2 GmbHG dem Geschäftsführer eine Haftung für die Verletzung von Obliegenheitspflichten nur gegenüber der Gesellschaft auferlege, hierin eine verbindliche Begrenzung zu sehen sei und die gegenüber der Gesellschaft bestehenden internen vertraglichen Verpflichtungen nicht über § 831 Abs. 2 BGB zur Grundlage einer externen Haftung gegenüber Dritten umfunktioniert werden dürfe.

licher Möglichkeiten unterläßt, den störenden Zustand zu verhindern oder abzustellen[560]. Voraussetzung ist allerdings, daß eine Garantenstellung, d.h. eine Rechtspflicht zum Handeln besteht, die sich aus Gesetz, Vertrag, Vertrauen und Ingerenz (vorangegangenem gefährlichen Tun) ergeben kann[561]. Eine solche liegt in der Person des Geschäftsführers als Organisationsverpflichtung vor, soweit in seinem Unternehmen von vornherein eine besondere Gefährdung oder die Verletzung von Schutzrechten Dritter zu besorgen ist[562]. Dies ist bei einem Unternehmen, das sich mit dem Vertrieb von Markenware beschäftigt, in der Regel der Fall. Sind einem solchen Geschäftsführer daher die in seinem Unternehmen begangenen Kennzeichenverletzungen positiv bekannt, kann er persönlich in Anspruch genommen werden, wenn er nicht für die gebotene Abhilfe sorgt[563].

Wußte der Geschäftsführer von den Rechtsverletzungen nichts, kann er nicht persönlich haftbar gemacht werden[564]. Andernfalls würde die Tätigkeit des gesetzlichen Vertreters mit einem hohen Risiko belastet, das insbesondere bei Markenkonflikten, deren Beurteilung vielfach vertretbaren Zweifeln unterliegt[565], kaum kalkulierbar wäre.

---

560 Samwer, WRP 1999, 67 (68) m.w.N.

561 Götting, GRUR 1994, 6 (10) m.w.N.

562 Vgl. Klaka, GRUR 1988, 729 (731) m.w.N.; ähnlich Maier, WRP 1986, 71 (74 f.); vgl. auch Samwer, WRP 1999, 67 (69); a.A. Götting, GRUR 1994, 6 (12).

563 Vgl. BGH, Urteil vom 26.9.1985, GRUR 1986, 248 (251) m.w.N.; Ingerl/Rohnke, Markengesetz, Vor §§ 14-19 MarkenG, Rdnr. 10 m.w.N.; Melullis, Handbuch des Wettbewerbsprozesses, Rdnr. 498a f., der eine Garantenstellung des Geschäftsführers einer GmbH sogar generell annimmt.

564 BGH, Urteil vom 26.9.1985, GRUR 1986, 248 (251), der allerdings im konkreten Fall eine Unterlassungsverpflichtung unter dem Gesichtspunkt der Erstbegehungsgefahr bejaht. Im Zeitpunkt der letzten mündlichen Verhandlung seien dem gesetzlichen Vertreter der GmbH die rechtswidrigen Handlungen seiner Angestellten bekannt gewesen. Für die Prüfung der künftigen Verletzungshandlungen sei daher davon auszugehen, daß der Geschäftsführer nunmehr die Möglichkeit erneuter gleichartiger Handlungen seiner Angestellten kenne und für sein eigenes Verhalten, insbesondere für seine Verpflichtung zur Störungsbeseitigung, in Rechnung stellen müsse. Vgl. auch Götting, GRUR 1994, 6 (10 f.) m.w.N.; Melullis, Handbuch des Wettbewerbsprozesses, Rdnr. 498 m.w.N.; a.A. OLG Frankfurt, Urteil vom 11.5.2000, GRUR-RR 2001, 198 (199); Maier, WRP 1986, 71 (74 f.); Klaka, GRUR 1988, 729 (732).

565 In Fällen der Produktpiraterie ist sogar oftmals auf den ersten Blick gar nicht erkennbar, daß es sich um widerrechtlich gekennzeichnete Gegenstände handelt.

7. Sonderproblem: Die Beweislastverteilung bei Markenverletzungen

In Fällen der Produktpiraterie stellt sich im Klageverfahren vor Gericht häufig die Frage, ob der Markeninhaber das Vorliegen von „Fälschungen" oder der Verletzer das Vorliegen von „Originalen" zu beweisen hat. Regelmäßig reduziert sich die „Verteidigungsstrategie" des Verletzers auf die – vermeintlich einzig erfolgversprechende – Behauptung, es handle sich um Originalware. Legt der Markeninhaber dann die Unterschiede der widerrechtlich gekennzeichneten Ware zur Originalware dar, behauptet der Verletzer, daß diese Unterschiede lediglich auf Unregelmäßigkeiten bei der Produktion des Markeninhabers beruhten. Verständlicherweise hat aber der Markeninhaber wenig Interesse, hierauf seinen gesamten Produktionsablauf offenzulegen. Da auf der anderen Seite auch der Verletzer den Vertriebsweg (bis zum Markeninhaber) oftmals nicht offenlegen will oder kann, entbrennt nicht selten ein heftiger Streit über die Frage der Beweislastverteilung. Nachstehend soll daher zunächst kurz auf die Grundregel der Beweislastverteilung eingegangen, sodann der Begriff der „Fälschung" unter die gesetzlichen Vorschriften subsumiert und im Anschluß die Frage der Beweislastverteilung unter Zugrundelegung dieser Vorschriften einer Klärung zugeführt werden. Schließlich soll noch die Übertragbarkeit der gefundenen Erkenntnisse auf das in Fällen der Produktpiraterie häufig anzutreffende einstweilige Verfügungsverfahren angesprochen werden.

a) Die Grundregel der Beweislastverteilung

Die ungeschriebene Grundregel der Beweislastverteilung lautet in ihrer heute anerkannten Form, daß der Anspruchsteller die Beweislast für die rechtsbegründenden und der Anspruchsgegner die Beweislast für die rechtsvernichtenden, rechtshindernden und rechtshemmenden Tatbestandsmerkmale trägt[566]. Der Gesetzgeber hat durch positive oder negative Formulierung von Tatbestandsmerkmalen und durch die Konstruktion von Regel- und Ausnahmetatbeständen in vielen Fällen zum Ausdruck gebracht, wer nach vorstehender Grundregel das Risiko der Beweislosigkeit tragen soll[567].

---

566 Greger, in: Zöller, Zivilprozeßordnung, Vor § 284 ZPO, Rdnr. 17a; ausführlich zur Beweislastverteilung und den diesbezüglich vertretenen Theorien Baumgärtel, Beweislastpraxis im Privatrecht, Rdnr. 148 ff.

567 Greger, in: Zöller, Zivilprozeßordnung, Vor § 284 ZPO, Rdnr. 17a.

Dem Markengesetz sind die Begriffe „Original“ und „Fälschung“ fremd. Gleichwohl finden sie bei Fällen der Produktpiraterie in gerichtlichen Entscheidungen im Rahmen der Beweislastverteilung nahezu ausnahmslos Verwendung. So führt beispielsweise das Landgericht Bochum aus, daß die Abmahnung der Klägerin unabhängig davon, ob es sich bei den beschlagnahmten Produkten um Fälschungen oder um Originale handle, gerechtfertigt sei[568]. Die Klägerin gehe ausdrücklich nicht nur vom Sachverhalt der Fälschung, sondern auch davon aus, daß die Beklagte Produkte in den Verkehr gebracht habe oder habe bringen wollen, die mit der verfahrensgegenständlichen Marke versehen gewesen seien, ohne vom Markeninhaber oder mit dessen Zustimmung von Dritten in den Verkehr gebracht worden zu sein[569]. Ebenso läßt es das Landgericht Mannheim unter diesem Gesichtspunkt dahingestellt, ob die verfahrensgegenständlichen Produkte gefälscht oder vom Markeninhaber hergestellt worden seien[570]. Das OLG Karlsruhe schließt sich dem an[571]. Auch das Landgericht Düsseldorf ist in einem Beschluß vom 06.12.1996 der Ansicht, daß für den Fall, daß der Beklagten der Nachweis der Erschöpfung gelänge, anschließend dennoch der Frage nachgegangen werden müßte, ob es sich um Fälschungen handele, da davon auszugehen sei, daß der Markeninhaber keine gefälschte Ware in dem nach § 24 MarkenG bezeichneten Wirtschaftsraum in den Verkehr gebracht habe[572].

All diesen Entscheidungen ist gemeinsam, daß nicht einmal der Versuch unternommen wird, die Begriffe „Original“ bzw. „Fälschung“ unter die gesetzlichen Vorschriften zu subsumieren. Diese werden vielmehr als selbständige Tatbestände dargestellt, obwohl sich hierfür im Gesetz keinerlei Anhaltspunkte finden. „Fälschungen“ lassen sich den oben genannten Entscheidungen zufolge durch Sachverständigengutachten nachweisen und begründen stets eine Kennzeichenverletzung, während letzteres bei „Originalen“ nur dann der Fall ist, wenn diese nicht vom Markeninhaber oder mit seiner Zustimmung im Sinne von § 24 Abs. 1 MarkenG in den Verkehr gebracht worden sind. Aus diesem Grund ordnen die Gerichte regelmäßig die Einholung eines Sachverständigengutachtens an, wenn die Fälschungseigenschaft in Frage steht. Ob dies richtig ist, soll nachstehend anhand der gesetzlichen Vorschriften überprüft werden.

Gemäß § 14 Abs. 1 MarkenG gewährt der Erwerb des Markenschutzes nach § 4 MarkenG dem Markeninhaber ein ausschließliches Recht. Dritten ist es ge-

568 LG Bochum, Urteil vom 14.11.1996, Az.: 14 O 114/96.
569 LG Bochum, Urteil vom 14.11.1996, Az.: 14 O 114/96.
570 LG Mannheim, Urteil vom 26.11.1997, Az.: 21 O 12/97.
571 OLG Karlsruhe, Urteil vom 26 8.1998, GRUR 1999, 343 (344).
572 LG Düsseldorf, Beschluß vom 6.12.1996, Az.: 38 O 128/96.

mäß § 14 Abs. 2 Nr. 1 MarkenG, der der Einfachheit halber stellvertretend für die übrigen Verletzungstatbestände des § 14 Abs. 2 MarkenG herangezogen werden soll, untersagt, ohne Zustimmung des Markeninhabers im geschäftlichen Verkehr ein mit der Marke identisches Zeichen für Waren zu benutzen, die mit denjenigen identisch sind, für die sie Schutz genießt[573]. Der Markeninhaber kann demgemäß gemäß § 14 Abs. 5 MarkenG generell von jedem Unterlassung verlangen, dem er nicht seine Zustimmung zur Nutzung der Marke für die geschützten Waren erteilt hat. Das ausschließliche Recht des Markeninhabers wird allerdings durch § 24 MarkenG durchbrochen, wonach dieser Dritten die Benutzung der Marke für Waren, die unter dieser Marke von ihm oder mit seiner Zustimmung im Inland, in einem der übrigen Mitgliedstaaten der Europäischen Union oder in einem anderen Vertragsstaat des Abkommens über den Europäischen Wirtschaftsraum in den Verkehr gebracht worden sind, nicht untersagen kann[574].

Demgemäß kommt es nicht darauf an, daß eine „Fälschung" vorliegt, entscheidend ist allein, daß der Markeninhaber der konkreten Benutzung seiner Marke durch den vermeintlichen Verletzer nicht zugestimmt hat und die mit seiner Marke gekennzeichnete Ware nicht von ihm selbst oder mit seiner Zustimmung im Inland, in der EU oder im EWR in den Verkehr gebracht worden ist. Die in Fällen der Produktpiraterie durch Beweisbeschluß angeordnete Einholung eines Sachverständigengutachtens zur Klärung der Frage, ob es sich bei der verfahrensgegenständlichen Ware um „Fälschungen" handelt, kann folglich allenfalls indizielle Bedeutung für das Vorliegen einer Markenverletzung haben[575]. Ein Sachverständiger ist nicht in der Lage, festzustellen, ob dem Verletzer eine Zustimmung für die konkrete Benutzungshandlung durch den Markeninhaber erteilt wurde oder ob die verfahrensgegenständliche Ware durch den Markeninhaber oder einen von ihm legitimierten Dritten in den Verkehr gebracht wurde. Er kann lediglich einen Vergleich zwischen einem vom Markeninhaber zur Verfügung gestellten und dem verfahrensgegenständlichen Produkt anstellen. Sofern hierbei Unterschiede festgestellt werden, spricht dies selbstverständlich dafür, daß weder eine Zustimmung des Markeninhabers zur konkreten Benutzung vorliegt noch das Produkt durch den Markeninhaber bzw. einen legitimierten Dritten in den Verkehr gebracht wurde. Markeninhaber sind in ihrem eigenen Interesse insbesondere im Hinblick auf den Qualitätsstandard regelmäßig um eine einheitliche Fertigung bemüht. Zum einen läßt sich nur hierdurch der aufgebaute Ruf einer Marke dauerhaft festigen, zum anderen kann der Markeninhaber bei

573 Vgl. oben B I.
574 Siehe zur Erschöpfung gemäß § 24 MarkenG oben D V.
575 Vgl. aber im einstweiligen Verfügungsverfahren unten E III 7 e).

Unterschieden leicht erkennen, daß das in Frage stehende Produkt weder durch ihn noch einen von ihm legitimierten Dritten in den Verkehr gebracht wurde.

Allerdings steht es dem Markeninhaber frei, auch vom sonstigen (Qualitäts-) Standard abweichende Ware unter seiner Marke in den Verkehr zu bringen. Hier würde ein Sachverständiger aufgrund der festgestellten Unterschiede zur „Standardware" von einer „Fälschung" ausgehen, obwohl die Ware vom Markeninhaber in den Verkehr gebracht wurde und damit als „Original" angesehen werden muß. Auf der anderen Seite käme ein Sachverständiger bei vom Markeninhaber entsprechend seinem (Qualitäts-) Standard selbst hergestellter und gekennzeichneter Ware, von der er sich anschließend aber – aus welchen Gründen auch immer – distanziert hat und die ohne seine Zustimmung in den Verkehr gebracht wurde, zu dem Schluß, daß es sich um „Originale" handelt, obwohl das Inverkehrbringen eine Markenverletzung darstellt.

Nach alledem ist im Rahmen der Beweislastverteilung nicht entscheidend, ob der Markeninhaber das Vorliegen von „Fälschungen" oder der Verletzer das Vorliegen von „Originalen" zu beweisen hat, sondern vielmehr, wer das Vorliegen bzw. Nichtvorliegen einer „Zustimmung" im Sinne von § 14 Abs. 2 MarkenG und einer markenrechtliche Erschöpfung im Sinne von § 24 Abs. 1 MarkenG zu beweisen hat.

c) Die Beweislastverteilung hinsichtlich einer Zustimmung des Markeninhabers im Sinne von § 14 Abs. 2 MarkenG

Im früheren Warenzeichengesetz stand im Verletzungstatbestand des § 24 WZG, der dem § 14 MarkenG vergleichbar war, statt der Formulierung „ohne Zustimmung des Inhabers der Marke" noch das Merkmal „widerrechtlich". Gleichwohl folgt die Wendung in § 14 MarkenG nunmehr lediglich dem Sprachgebrauch des Art. 5 Abs. 1 der Markenrechtslinie. Die neue Formulierung beruht vor allem darauf, daß mit ihr der Charakter des Markenrechts als Ausschließlichkeitsrecht durch den Hinweis betont wird, daß eine zulässige Benutzung der Marke durch Dritte von der Zustimmung des Markeninhabers abhängen soll[576]. Der Sache nach handelt es sich bei der Wendung „ohne Zustimmung des Inhabers der Marke" nach wie vor um das Merkmal der Rechtswidrigkeit[577].

Demgemäß folgt § 14 MarkenG, ebenso wie §§ 9, 10 PatG und § 97 UrhG[578], dem dreistufigen Deliktsaufbau des bürgerlichrechtlichen Rechts der

576 BGH, Beschluß vom 11.5.2000, MarkenR 2000, 266 (268).
577 Schricker, Rechtsgutachten zur Beweislast bei Markenverletzungen, S. 3.
578 Während der Verletzungstatbestand in §§ 9, 10 PatG ebenfalls als Patentbenutzung „ohne Zustimmung" des Patentinhabers definiert wird, heißt es in § 97 UrhG übereinstimmend mit dem früheren WZG weiterhin „widerrechtlich".

unerlaubten Handlung, nämlich Tatbestandsmäßigkeit, Rechtswidrigkeit und Verschulden[579]. Nach der Grundregel der Beweislastverteilung[580] muß der verletzte Eigentümer, Patentinhaber oder Urheber hier die maßgeblichen Haftungsvoraussetzungen behaupten und im Bestreitensfall beweisen. Die Widerrechtlichkeit des Verletzerverhaltens gehört zwar unabhängig davon, ob sie mit der Formulierung „rechtswidrig" oder „ohne Zustimmung des Rechtsinhabers" bezeichnet ist, zu den Haftungsvoraussetzungen, wird aber durch den tatbestandsmäßigen Rechtseingriff indiziert, also vermutet[581]. Dies zugrunde gelegt, muß der Verletzer Rechtfertigungsgründe, also insbesondere die Zustimmung des Verletzten, darlegen und im Bestreitensfall beweisen, nicht etwa trifft den Rechtsinhaber die Beweislast für das Fehlen seiner Zustimmung.

So wird aufgrund der Vermutung der Widerrechtlichkeit der Verletzung eines der durch § 823 Abs. 1 BGB geschützten Rechte oder Rechtsgüter allgemein vertreten, daß der Schädiger für das Fehlen der Widerrechtlichkeit die Darlegungs- und Beweislast trägt[582]. Auch eine Einwilligung des Patentinhabers stellt nach gängiger Meinung eine vom Verletzer darzulegende und zu beweisende Einwendung dar[583]. Der Bundesgerichtshof stellt in diesem Zusammenhang ausdrücklich klar, daß insofern der Verletzer nach den allgemein gültigen Regeln über die Behauptungs- und Beweislast die tatsächlichen Umstände, die die Anwendung des für ihn günstigen Rechtssatzes rechtfertigen, vorzutragen und notfalls zu beweisen hat[584]. Im Urheberrecht heißt es ebenfalls, daß die Tatbestandsmäßigkeit die Rechtswidrigkeit, die bei Einwilligung des Rechtsinhabers nicht besteht[585], indiziert; wer sich auf einen Rechtfertigungsgrund beruft, muß ihn beweisen[586].

Aus welchem Grund im Markenrecht etwas anderes gelten soll, ist nicht ersichtlich. § 14 MarkenG folgt derselben Grundkonstellation wie die entsprechenden Vorschriften im bürgerlichrechtlichen Deliktsrecht, Patent- und Urheberrecht, nämlich der Rechtswidrigkeitsindikation der Tatbestandserfüllung und

579 Ebenso Schricker, Rechtsgutachten zur Beweislast bei Markenverletzungen, S. 4; BGH, Beschluß vom 11.5.2000, MarkenR 2000, 266 (268).
580 Siehe dazu oben E III 7 a).
581 Ganz herrschende Meinung bei Ausschlußrechten, vgl. Larenz/Canaris, Lehrbuch des Schuldrechts, § 75 II 2c.
582 Thomas, in: Palandt, Bürgerliches Gesetzbuch, § 823 BGB, Rdnr. 173; Baumgärtel, in: Baumgärtel, Handbuch der Beweislast im Privatrecht, § 823 BGB, Rdnr. 18 m.w.N.; vgl. auch Larenz/Canaris, Lehrbuch des Schuldrechts, § 75 II 2c.
583 Vgl. Bruchhausen, in: Benkard, Patentgesetz, § 9 PatG, Rdnr. 58 m.w.N.
584 BGH, Urteil vom 3.6.1976, GRUR 1976, 579 (581); BGH, Urteil vom 14.12.1999, GRUR 2000, 299 (301).
585 Wild, in: Schricker, Urheberrecht, § 97 UrhG, Rdnr. 19.
586 Wild, in: Schricker, Urheberrecht, § 97 UrhG, Rdnr. 26 m.w.N.

der Einordnung der Zustimmung als Rechtfertigungsgrund. Demgemäß muß die Beweislast für eine Zustimmung des Verletzten auch hier beim Verletzer liegen[587]. Soweit Literatur[588] und Rechtsprechung[589] dies vereinzelt anders sehen, wird unzutreffend allein auf den Wortlaut des § 14 Abs. 2 MarkenG abgestellt und der Charakter des Markenrechts als Ausschließlichkeitsrecht verkannt.

d) Die Beweislastverteilung hinsichtlich einer Erschöpfung des Markenrechts im Sinne von § 24 Abs. 1 MarkenG

Die Erschöpfung des Markenrechts findet sich nicht unter den Voraussetzungen des Verletzungstatbestands, sondern in der davon abgesetzten Vorschrift des § 24 Abs. 1 MarkenG, der wie die Vorschriften der Verjährung (§ 20 MarkenG), der Verwirkung (§ 21 MarkenG), der Erlaubnis zur Benutzung des Namens und beschreibender Angaben (§ 23 MarkenG) und des Benutzungszwangs (§§ 25, 26 MarkenG) unter dem Abschnitt „Schranken des Schutzes" steht. § 24 Abs. 1 MarkenG stellt demgemäß eine von mehreren Ausnahmevorschriften vom Verbietungsrecht des Markeninhabers dar, also eine Einwendung, auf die sich der Verletzer zu seiner Verteidigung berufen kann. Nach der Grundregel der Beweislastverteilung[590] ist daher der als Verletzer Angegriffene für die Voraussetzungen der Erschöpfung darlegungs- und beweisbelastet[591]. Auch im Patentrecht

587 BGH, Beschluß vom 11.5.2000, MarkenR 2000, 266 (268 f.); Fezer, Markenrecht, § 24 MarkenG, Rdnr. 58a; Schricker, Rechtsgutachten zur Beweislast bei Markenverletzungen, S. 8; LG Mannheim, Urteil vom 26.11.1997, Az.: 21 O 12/97, S. 9; Walchner, Der Beseitigungsanspruch im gewerblichen Rechtsschutz und Urheberrecht, S. 162; vgl. auch Oppermann, Der Auskunftsanspruch im gewerblichen Rechtsschutz und Urheberrecht, S. 126; v. Gamm, Warenzeichengesetz, § 24 WZG, Rdnr. 10.

588 Meyer-Kessel, GRUR 1997, 878 (879); Pickrahn, GRUR 1996, 383 (385); Plassmann, WRP 1999, 1011 (1013); wohl auch Ingerl/Rohnke, Markengesetz, § 14 MarkenG, Rdnr. 26; Busse/Starck, Warenzeichengesetz, § 24 WZG, Rdnr. 10.

589 OLG Düsseldorf, Urteil vom 8.7.1997, Mitt. 1998, 372 (374); OLG Hamburg, Urteil vom 6.11.1997, NJW-RR 1998, 402 (403); vgl. auch OLG Köln, Beschluß vom 24.9.1986, GRUR 1987, 709 (709) zu § 24 WZG.

590 Vgl. oben E III 7 a).

591 Ebenso OLG München, Urteil vom 22.10.1998, Mitt. 1998, 186 (187); OLG Köln, Beschluß vom 28.10.1998, GRUR 1999, 346 (347); OLG Karlsruhe, Urteil vom 26.8.1998, GRUR 1999, 343 (345); OLG Düsseldorf, Urteil vom 5.7.2001, Az.: 20 U 41/99; LG München I, Urteil vom 3.12.1997, Az.: 7 HKO 8937/97; LG München I, Beschluß vom 4.2.1998, Az.: 1 HKO 21420/95; LG Mannheim, Urteil vom 26.11.1997, Az.: 21 O 12/97; LG Bochum, Urteil vom 14.11.1996, Az.: 14 O 114/96; LG München I, Beschluß vom 27.11.1995, Az.: 1 HKO 21420/95; Schrikker, Rechtsgutachten zur Beweislast bei Markenverletzungen, S. 11; Fezer, Markenrecht, § 24 MarkenG, Rdnr. 58a; Klados, WRP 1999, 1018 (1021); Fezer, GRUR

hat der Bundesgerichtshof ausdrücklich festgestellt, daß die Erschöpfung eine Ausnahme gegenüber den Ausschließlichkeitsrechten des Patentinhabers darstellt, für deren Voraussetzungen grundsätzlich derjenige darlegungs- und beweispflichtig ist, der sich auf die Erschöpfung beruft[592]. Im Urheberrecht ist ebenfalls anerkannt, daß die Darlegungs- und Beweislast der Erschöpfung des Verbreitungsrechts als Einwand dem Verletzer obliegt[593].

In der Literatur wird gleichwohl vereinzelt die Auffassung vertreten, daß der Verletzte im Markenrecht die Darlegungs- und Beweislast für eine Nichterschöpfung trägt[594]. Der Tatbestand des § 24 Abs. 1 MarkenG enthalte genau wie derjenige des § 14 Abs. 2 MarkenG das Merkmal "ohne Zustimmung". Es sei deshalb schon vom Wortlaut beider Vorschriften her keineswegs ausgeschlossen, den Erschöpfungseinwand des § 24 Abs. 1 MarkenG lediglich als nähere Ausformung des Tatbestandes von § 14 Abs. 2 MarkenG aufzufassen[595]. Die fehlende Zustimmung des Markeninhabers in § 14 Abs. 2 MarkenG gehöre aber zu den von ihm zu beweisenden haftungsbegründenden Tatbestandsvoraussetzungen[596],

---

1999, 99 (105 f.), demzufolge sich allerdings auch ausnahmsweise für den Verletzten Darlegungs- und Beweispflichten ergeben können, insbesondere, wenn dieser mit Leichtigkeit die notwendige und zumutbare Aufklärung geben kann, ohne daß unternehmerische Interessen von einer solchen Aufklärung erheblich berührt sind; BGH, Beschluß vom 11.5.2000, MarkenR 2000, 266 (268), der das Revisionsverfahren allerdings ausgesetzt und den Gerichtshof der Europäischen Gemeinschaften um Vorabentscheidung gebeten hat, ob die Art. 28, 30 EG dahin auszulegen sind, daß sie die Anwendung nationaler Rechtsvorschriften erlauben, nach denen ein in Anspruch genommener Verletzer, der sich auf die Erschöpfung des Markenrechts beruft, darzulegen und gegebenenfalls zu beweisen hat, daß die von ihm vertriebene Ware zuvor erstmals bereits vom Markeninhaber selbst oder mit seiner Zustimmung im Europäischen Wirtschaftsraum in den Verkehr gebracht worden ist; hierin hat der Gerichtshof der Europäischen Gemeinschaften aber in der Entscheidung „Docksides/Sebago“, MarkenR 1999, 240 (242) offenbar kein Problem gesehen, nachdem es dort ausdrücklich heißt, daß eine solche Zustimmung nur dann vorliegt, wenn sie sich auf jedes Exemplar der Ware erstreckt, für das Erschöpfung geltend gemacht wird; vgl. in diesem Zusammenhang zur Frage der Beweislastverteilung auch Johannes, MarkenR 2000, 251 (251 f.); Drijber, MarkenR 2001, 1 (9f.); Klaka, in: Althammer/Ströbele/Klaka, Markengesetz, § 24 MarkenG, Rdnr. 15 m.w.N.

592 BGH, Urteil vom 14.12.1999, GRUR 2000, 299 (301); vgl. auch OLG Düsseldorf, Urteil vom 13.4.1978, GRUR 1978, 588 (589).

593 BGH, Urteil vom 21.3.1985, GRUR 1985, 924 (926); BGH, Urteil vom 28.10.1987, GRUR 1988, 373 (375); vgl. auch OLG Karlsruhe, Urteil vom 27.6.1979, GRUR 1979, 771 (772); Schricker, Urheberrecht, § 17 UrhG, Rdnr. 45 m.w.N.

594 Pickrahn, GRUR 1996, 383 (385 f.); Meyer-Kessel, GRUR 1997, 878 (879).

595 Meyer-Kessel, GRUR 1997, 878 (879).

596 Meyer-Kessel, GRUR 1997, 878 (879); Pickrahn, GRUR 1996, 383 (385).

so daß er auch darzulegen und zu beweisen habe, daß die konkrete Ware nicht schon zuvor mit seiner Zustimmung im europäischen Wirtschaftsraum in den Verkehr gebracht worden sei[597]. Nach einer ebenfalls anzutreffenden vermittelnden Auffassung liegt die Beweislast einer Erschöpfung demgegenüber zwar grundsätzlich beim angegriffenen Verletzer, gleichwohl habe der klagende Markeninhaber in Fällen, in denen das grundsätzlich von ihm darzulegende Fehlen seiner Zustimmung zur Markenbenutzung in § 14 Abs. 2 MarkenG in seinen tatsächlichen Merkmalen mit den Voraussetzungen des Erschöpfungseinwands aus § 24 Abs. 1 MarkenG zusammenfalle, zunächst zur Zustimmungslage vorzutragen, d.h. Umstände darzulegen, die einige Anhaltspunkte dafür böten und eine gewisse Wahrscheinlichkeit dafür begründeten, daß die in Frage stehenden Markenwaren ohne seine Zustimmung in der EU oder im EWR in den Verkehr gebracht worden seien[598].

Beide Ansichten verkennen zum einen, daß nicht der Markeninhaber hinsichtlich des Nichtvorhandenseins seiner Zustimmung im Sinne von § 14 Abs. 2 MarkenG beweisbelastet ist, sondern vielmehr der als Verletzer in Anspruch genommene das Vorliegen der Zustimmung des Markeninhabers zu beweisen hat, wenn er sich darauf berufen will[599]. Zum anderen wird vernachlässigt, daß es sich bei der Zustimmung nach § 14 Abs. 2 MarkenG um eine rechtsgeschäftliche Verfügung des Markeninhabers über sein Markenrecht handelt, während das nach § 24 Abs. 1 MarkenG maßgebliche Inverkehrsetzen oder die Zustimmung des Markeninhabers hierzu unmittelbar bewirkt, daß die gesetzlich vorgesehene, jeder rechtsgeschäftlichen Verfügung des Markeninhabers entzogene Erschöpfung des Markenrechts eintritt[600]. Demgemäß macht nicht die Zustimmung als solche den Vertrieb nach eingetretener Erschöpfung rechtmäßig, sondern die Tatsache des Inverkehrbringens durch den Markeninhaber oder durch einen von

---

597 Pickrahn, GRUR 1996, 383 (385 f.); Meyer-Kessel, GRUR 1997, 878 (879).

598 OLG Düsseldorf, Urteil vom 8.7.1997, Mitt. 1998, 372 (374); OLG Hamburg, Urteil vom 6.11.1997, NJW-RR 1998, 402 (403); OLG Düsseldorf, Urteil vom 10.8.1999, Az.: 20 U 27/99; OLG Düsseldorf, Urteil vom 29.6.1999, Az.: 20 U 30/99; LG Düsseldorf, Urteil vom 27.10.1999, Az.: 34 O 90/99; LG Düsseldorf, Urteil vom 24.2.1999, Az.: 34 O 113/96; wohl auch LG München I, Urteil vom 21.8.1996, WRP 1997, 123 (124 f.); Joller, GRUR 1998, 751 (763); Wolter/Lubberger, GRUR 1999, 17 (30); Bayreuther, WRP 2000, 349 (356 f.); Lubberger, WRP 2001, 75 (78); ähnlich OLG Frankfurt am Main, Urteil vom 18.11.1999, GRUR 2000, 1060 (1061); Plassmann, WRP 1999, 1011 (1016 ff.), der allerdings je nach den konkreten Umständen des Einzelfalls sowohl dem Markeninhaber als auch dem als Verletzer in Anspruch Genommenen Beweiserleichterungen zukommen läßt.

599 Vgl. oben E III 7 c).

600 BGH, Beschluß vom 11.5.2000, MarkenR 2000, 266 (269).

ihm legitimierten Dritten[601]. Die Erschöpfung stellt also keinen Unterfall des Rechtfertigungsgrundes der Zustimmung in § 14 Abs. 2 MarkenG dar, sondern ist vielmehr eine Einwendung eigener Art, die einem Dritten zusteht, weil der Markeninhaber die im Zeichenrecht liegenden Vorteile wahrgenommen hat und seinem weiteren Verbietungsrecht die Bedürfnisse des Wirtschaftsverkehrs entgegenstehen[602].

Hinzu kommt, daß die aus diesen Ansichten mehr oder weniger resultierende Umkehrung der Beweislast systemfremd wäre, weil damit im Markenrecht ohne durchgreifenden Grund das oben skizzierte Deliktsschema verlassen und der Markeninhaber gegenüber dem bloßen Interesse des Verletzers an einem ungehinderten Vertrieb von Originalware unangemessen in seinem Ausschließlichkeitsrecht beeinträchtigt würde[603]. Darüber hinaus würde die nur europaweite Erschöpfung des § 24 MarkenG in ihrer Wirkung praktisch derart eingeschränkt, daß sie nahezu obsolet sein könnte, obwohl der angegriffene Verletzer als Abnehmer der Ware deren Ursprung – zumindest bei zuvor getroffenen Vorkehrungen – leicht feststellen und gegebenenfalls darlegen und beweisen könnte[604]. Diesem ist zuzumuten, bei der Beschaffung der Ware für geeignete Nachweise der Herkunft zu sorgen. Insbesondere bei Ware, die erfahrungsgemäß nicht selten gefälscht wird, handelt der Verletzer auf eigene Gefahr, wenn er sich mit Warenposten befaßt, deren Spur sich im Dunkeln verliert[605].

Im Ergebnis bleibt festzuhalten, daß der Verletzer für die Voraussetzungen der Erschöpfung darlegungs- und beweisbelastet ist. Er muß daher den Nachweis erbringen, daß die Ware unter der Marke vom Markeninhaber oder mit dessen Zustimmung in den Verkehr gebracht worden ist, dieses Inverkehrbringen im Inland, in einem der übrigen Mitgliedstaaten der EU oder in einem anderen Vertragsstaat des EWR erfolgt ist und die konkreten Stücke der Ware Gegenstand des relevanten Inverkehrbringens sind[606].

e) Übertragbarkeit der gefundenen Erkenntnisse auf das einstweilige Verfügungsverfahren

Wie oben bereits an anderer Stelle ausgeführt[607], gelten die vorstehend dargestellten Grundsätze zur Beweislastverteilung allerdings nicht im „einseitigen“

601 Vgl. Schricker, Rechtsgutachten zur Beweislast bei Markenverletzungen, S. 10.
602 Schricker, Rechtsgutachten zur Beweislast bei Markenverletzungen, S. 10 f.
603 BGH, Beschluß vom 11.5.2000, MarkenR 2000, 266 (268).
604 BGH, Beschluß vom 11.5.2000, MarkenR 2000, 266 (268).
605 Schricker, Rechtsgutachten zur Beweislast bei Markenverletzungen, S. 19.
606 Schricker, Rechtsgutachten zur Beweislast bei Markenverletzungen, S. 14.
607 Siehe oben E III 2 c) cc) (1).

einstweiligen Verfügungsverfahren, d.h. im Beschlußverfahren, in dem der Antragsgegner nicht gehört und nur auf Grundlage des Vorbringens des Antragstellers entschieden wird. Hier hat der Antragsteller nach herrschender Meinung Einwendungen und Einreden zu entkräften, die nach seinem allein maßgeblichen Vorbringen naheliegen[608]. Die Glaubhaftmachungslast hinsichtlich dem Nichtvorliegen einer Zustimmung des Markeninhabers im Sinne von § 14 Abs. 2 MarkenG und einer Nichterschöpfung des Markenrechts im Sinne von § 24 MarkenG liegt demgemäß beim Markeninhaber, da es sich hier um naheliegende Einwände handelt, deren Vorbringen dem Verletzer nicht mit Hilfe eines erst nachträglich zu erhebenden Widerspruchs überlassen werden kann. Ausreichend ist hier die Vorlage eines „Fälschungsgutachtens“ in Form einer eidesstattlichen Versicherung des Markeninhabers, in dem die einzelnen Merkmale, in denen die Ware von der Originalware abweicht, erläutert werden. Eine überwiegende Wahrscheinlichkeit, daß der Markeninhaber hier nicht zugestimmt hat und die Ware auch nicht von ihm oder mit seiner Zustimmung in den Verkehr gebracht wurde, ist dann zu bejahen.

Im Urteilsverfahren, in dem wie im „normalen“ Zivilprozeß auch das Vorbringen des Antragsgegners zu berücksichtigen ist, ist dagegen nach herrschender Meinung kein Grund gegeben, von den Grundsätzen abzuweichen, die in einem Klageverfahren hinsichtlich der Verteilung der Darlegungs- und Beweislast gelten würden[609].

IV. Grenzbeschlagnahmeverfahren

Da Piraterieware häufig im Ausland gefertigt wird und von dort aus in die Bundesrepublik Deutschland gelangt, ist das sogenannte Grenzbeschlagnahmeverfahren ein wirkungsvolles Instrument, um eine Verteilung der Ware im Inland bereits bei der Einfuhr zu unterbinden[610]. Es eröffnet dem Markeninhaber die Möglichkeit, nicht nur große Mengen von Piraterieware „auf einen Schlag“ aus dem Verkehr zu ziehen[611], sondern auch Produktpiraten aufzuspüren und deren Vertriebswege aufzudecken.

608 Siehe oben E III 2 c) cc) (1).
609 Siehe oben E III 2 c) cc) (1).
610 Vgl. Wölfel, Rechtsfolgen von Markenverletzungen und Maßnahmen zur Bekämpfung der Markenpiraterie, S. 149.
611 Vgl. Braun, CR 1994, 726 (730).

1. Rechtsgrundlage des Grenzbeschlagnahmeverfahrens

Beim Grenzbeschlagnahmeverfahren unterscheidet man zwei verschiedene, aber ähnlich ausgestaltete und ineinandergreifende Verfahren, die in den §§ 146 ff. MarkenG und in der VO (EG) Nr. 3295/94[612] (geändert durch VO (EG) Nr. 241/1999[613]) geregelt sind[614]. Hierbei sind die §§ 146 ff. MarkenG und die VO (EG) Nr. 3295/94 gemäß § 146 Abs. 1 S.1 MarkenG dergestalt voneinander abgegrenzt, daß Waren, die dem Anwendungsbereich der VO (EG) Nr. 3295/94 und damit der Aussetzung der Überlassung bzw. Zurückhaltung unterfallen, von der Beschlagnahme nach § 146 Abs. 1 MarkenG nicht erfaßt werden[615].

Nachdem sich die VO (EG) Nr. 3295/94 ausschließlich auf Waren bezieht, die aus Drittländern in den zollrechtlich freien Verkehr der EG oder in ein Nichterhebungsverfahren[616] eingeführt oder ausgeführt werden, kommt eine Grenzbeschlagnahme nach § 146 Abs. 1 MarkenG an den Binnengrenzen bei Einfuhren aus anderen Mitgliedstaaten der EG in Betracht[617]. Allerdings finden seit dem 1.1.1993 im Warenverkehr zwischen den Mitgliedstaaten grundsätzlich keine Zollkontrollen mehr statt[618], so daß § 146 MarkenG hier kaum Bedeutung hat. Er spielt in diesem Zusammenhang praktisch nur noch eine Rolle, wenn es sich bei den widerrechtlich gekennzeichneten Gegenständen um Nichtgemeinschaftswaren, die sich in einem Zollverfahren befinden, oder um Gemeinschaftswaren handelt, die im Rahmen von sogenannten Hinterlandkontrollen durch mobile Kontrollgruppen festgestellt werden.

Da die VO (EG) Nr. 3295/94 gemäß Art. 1 Abs. 2 lit. a VO (EG) Nr. 3295/94 voraussetzt, daß die verletzte Marke rechtsgültig eingetragen ist, erfaßt § 146

---

612 Verordnung (EG) Nr. 3295/94 des Rates vom 22.12.1994 über Maßnahmen, welche das Verbringen von Waren, die bestimmte Rechte am geistigen Eigentum verletzen, in die Gemeinschaft sowie ihre Ausfuhr und Wiederausfuhr aus der Gemeinschaft betreffen (ABl. EG Nr. L 341 vom 30.12.1994).

613 Verordnung (EG) Nr. 241/1999 des Rates vom 25.1.1999 zur Änderung der Verordnung (EG) Nr. 3295/94 über Maßnahmen zum Verbot der Überführung nachgeahmter Waren und unerlaubt hergestellter Vervielfältigungsstücke oder Nachbildungen in den zollrechtlich freien Verkehr oder in ein Nichterhebungsverfahren sowie zum Verbot ihrer Ausfuhr und Wiederausfuhr (ABl. EG Nr. L 27 vom 2.2.1999).

614 Vgl. Klaka, in: Althammer/Ströbele/Klaka, Markengesetz, § 146 MarkenG, Rdnr. 3.

615 Auch wenn die VO (EG) Nr. 3295/94 lediglich die Aussetzung der Überlassung bzw. Zurückhaltung und nicht die Beschlagnahme regelt, spricht man doch einheitlich vom Grenzbeschlagnahmeverfahren (vgl. Scherbauer, Die Grenzbeschlagnahme von Produktpirateriewaren im Immaterialgüterrecht, S. 217).

616 Zum Nichterhebungsverfahren siehe unten E IV 2 d).

617 Vgl. Fezer, Markenrecht, § 146 MarkenG, Rdnr. 5.

618 Ingerl/Rohnke, Markengesetz, § 146 MarkenG, Rdnr. 2.

Abs. 1 MarkenG weiterhin die ohne Eintragung geschützten Marken im Sinne von § 4 Nr. 2 und 3 MarkenG sowie die hier nicht behandelten geschäftlichen Bezeichnungen im Sinne von § 5 MarkenG unabhängig davon, ob sie aus Drittländern oder aus Mitgliedstaaten der EG eingeführt werden.

Ist die VO (EG) Nr. 3295/94 einschlägig, sind in deren Verfahren gemäß § 150 MarkenG gleichwohl die §§ 146 bis 149 MarkenG entsprechend anzuwenden, soweit sie nichts anderes bestimmt.

2. Grenzbeschlagnahme und Aussetzung der Überlassung bzw. Zurückhaltung

a) Antrag

Sowohl die Grenzbeschlagnahme als auch die Aussetzung der Überlassung bzw. Zurückhaltung setzen zuvor einen entsprechenden Antrag voraus (§ 146 Abs. 1 S. 1 MarkenG bzw. Art. 3 Abs. 1 S. 1 VO (EG) Nr. 3295/94)[619]. Der Antrag ist gemäß § 148 Abs. 1 S. 1 MarkenG für beide Verfahren bei der Oberfinanzdirektion Nürnberg, Außenstelle München (im folgenden: Oberfinanzdirektion), die ausschließlich für die Entgegennahme und Bearbeitung von Anträgen auf Grenzbeschlagnahme nach § 146 Abs. 1 MarkenG und nach der VO (EG) Nr. 3295/94 zuständig ist, zu stellen[620]. Er hat für zwei Jahre Wirkung, sofern keine kürzere Geltungsdauer beantragt wird, und kann beliebig oft wiederholt werden (§ 148 Abs. 1 S. 1 MarkenG bzw. Art. 3 Abs. 5 S. 2 VO (EG) Nr. 3295/94).

Antragsberechtigt für das Verfahren nach §§ 146 ff. MarkenG ist gemäß § 146 Abs. 1 S. 1 MarkenG der Rechtsinhaber, also der Markeninhaber oder dessen Vertreter. Demgegenüber läßt die VO (EG) Nr. 3295/94 gemäß Art. 1 Abs. 2 lit. b auch jede andere zur Benutzung der Marke befugte Person oder deren Vertreter ausreichen, d.h. auch den ausschließlichen oder einfachen Lizenznehmer oder auch deutsche Tochterfirmen eines ausländischen Rechtsinhabers[621].

Auch wenn für die Stellung des Antrags keine besonderen Formvorschriften gelten, empfiehlt es sich, die Antragsformulare der Oberfinanzdirektion zu verwenden. Während die §§ 146 ff. MarkenG auch keine Regelung hinsichtlich der inhaltlichen Ausgestaltung des Antrags enthalten, schreibt Art. 3 Abs. 2 VO

---

619 Gemäß Art. 4 VO (EG) Nr. 3295/94 können die Zollbehörden den Rechtsinhaber allerdings auch von Amts wegen davon unterrichten, daß eine Schutzrechtsverletzung vorliegt, wenn dies für sie offensichtlich ist, und die zollamtliche Abfertigung für maximal drei Arbeitstage aussetzen und die Ware zurückhalten, damit der Rechtsinhaber einen entsprechenden Antrag stellen kann.

620 Vgl. Fezer, Markenrecht, § 148 MarkenG, Rdnr. 3.

621 Klaka, in: Althammer/Ströbele/Klaka, Markengesetz, § 146 MarkenG, Rdnr. 8.

(EG) Nr. 3295/94 eine hinreichend genaue Beschreibung der Waren vor, die es den Zollbehörden ermöglicht, diese zu erkennen; erforderlich ist hiernach weiterhin ein Nachweis darüber, daß der Antragsteller Inhaber der Marke für die betreffenden Waren ist[622]. Darüber hinaus empfiehlt es sich, alle sonstigen zweckdienlichen Informationen beizubringen, damit die zuständige Zollbehörde in voller Kenntnis der Sachlage entscheiden kann. In diesem Zusammenhang sind zumindest Informationen über Erkennungsmerkmale für echte und gefälschte Ware hilfreich. Findet die Abfertigung von Originalware nur bei bestimmten Zollstellen statt, empfiehlt die Oberfinanzdirektion, diese bekannt zu geben. Gleiches gilt, wenn Originalware nur in bestimmten Zollverfahren abgefertigt wird oder nur über ein bestimmtes Vertriebssystem eingeführt, ausgeführt oder in den Verkehr gebracht wird. Auch sollten Firmen und Personen benannt werden, die als Hersteller, Vertriebsunternehmen, Vermittler, Beförderer, Einführer, Empfänger oder Ausführer von schutzrechtsverletzenden Erzeugnissen auftreten oder in der Vergangenheit in Erscheinung getreten sind. Schließlich ist von Interesse, ob bereits aufgrund eines angemeldeten Zollwerts auf das Vorliegen schutzrechtsverletzender Ware geschlossen werden kann, etwa weil selbst der niedrigste Einkaufspreis eines rechtmäßigen Erzeugnisses den Preis für Plagiate deutlich übersteigt[623].

Gemäß § 146 Abs. 1 S. 1 MarkenG hat der Antragsteller eine Sicherheit zu leisten, die grundsätzlich Voraussetzung für die Weiterleitung des Antrags an die Zollstellen ist[624]. Allerdings bearbeitet die Oberfinanzdirektion den Antrag bei „Gefahr in Verzug“ auch gegen die Zusicherung, die Sicherheit alsbald zu leisten[625]. Die Sicherheitsleistung wird von der Oberfinanzdirektion nach pflichtgemäßem Ermessen festgesetzt und soll die voraussichtlich entstehenden Auslagen sowie die Höhe des Schadens berücksichtigen, für den der von der Grenzbeschlagnahme Betroffene den Antragsteller gemäß § 149 MarkenG ersatzpflichtig machen könnte[626]. Sie ist grundsätzlich in Form einer selbstschuldnerischen Bankbürgschaft zu erbringen, wobei in der Regel Sicherheiten zwischen Euro 10.000,- und Euro 25.000,- festgesetzt werden.

In Art. 3 Abs. 6 VO (EG) Nr. 3295/94 ist die Sicherheitsleistung als Kann-Vorschrift ausgestaltet. Nachdem aber der Antrag auf Aussetzung der Überlas-

---

622 Hier bietet sich die Vorlage eines beglaubigten Registerauszugs an.

623 Ergänzendes Merkblatt zur Grenzbeschlagnahme, herausgegeben von der Oberfinanzdirektion Nürnberg, Außenstelle München.

624 Hier irrt Fezer, Markenrecht, § 146 MarkenG, Rdnr. 11, demzufolge die Sicherheit erst nach erfolgter Beschlagnahme durch die Zollbehörden geleistet werden muß.

625 Vgl. Klaka, in: Althammer/Ströbele/Klaka, Markengesetz, § 146 MarkenG, Rdnr. 10.

626 Ingerl/Rohnke, Markengesetz, § 146 MarkenG, Rdnr. 7.

sung oder Zurückhaltung nach der VO (EG) Nr. 3295/94 in der Regel zusammen mit dem Antrag auf Grenzbeschlagnahme nach § 146 MarkenG gestellt wird, setzt die Oberfinanzdirektion grundsätzlich eine einheitlich zu leistende Sicherheit fest.

Wird der Antrag positiv beschieden, teilt die Oberfinanzdirektion dies ebenso wie jegliche Änderung oder Verlängerung, aber auch sämtliche späteren Hinweise auf Fälschungsmerkmale und dergleichen, allen Zollstellen im Bundesgebiet und dem Zollkriminalamt mit. Darüber hinaus werden Bewilligungen und Verlängerungen der Oberfinanzdirektion vom Bundesministerium der Finanzen veröffentlicht[627].

b) Gegenstand der Grenzbeschlagnahme und der Aussetzung der Überlassung bzw. Zurückhaltung

§ 146 Abs. 1 S. 1 MarkenG bezeichnet als Gegenstand der Grenzbeschlagnahme Waren, die widerrechtlich mit einer geschützten Marke oder einer – hier nicht behandelten – geschäftlichen Bezeichnung versehen sind. Da hierdurch auf die Verletzungstatbestände des Markengesetzes Bezug genommen wird, ist der Tatbestand der widerrechtlichen Kennzeichnung anhand des § 14 MarkenG zu prüfen, so daß auch die Anbringung des verletzenden Zeichens auf der Umhüllung ausreicht[628]. Gleiches muß für gesondert hergestellte und eingeführte Kennzeichnungsmittel (Etiketten, Anhänger etc.) im Sinne von § 14 Abs. 4 MarkenG sowie spezielle Vorrichtungen zur widerrechtlichen Kennzeichnung gelten. Da diese dem Vernichtungsanspruch des § 18 MarkenG unterfallen und die Grenzbeschlagnahme auch der Sicherung der Durchsetzung eines solchen Vernichtungsanspruchs dient, ist eine Beschlagnahme nach § 146 MarkenG im Interesse des Markenschutzes durch großzügige Auslegung des Begriffs „Ware“ oder durch Analogie zulässig[629].

Gegenstand der Aussetzung der Überlassung bzw. Zurückhaltung sind gemäß Art. 6 Abs. 1 VO (EG) Nr. 3295/94 „nachgeahmte Waren“ im Sinne von Art. 1 Abs. 2 lit. a VO (EG) Nr. 3295/94, „auf denen ohne Zustimmung Marken oder Zeichen angebracht sind, die mit Marken oder Zeichen identisch sind, die für derartige Waren rechtsgültig eingetragen sind oder die in ihren wesentlichen Merkmalen nicht von solchen Marken oder Zeichen zu unterscheiden sind und

627 Ergänzendes Merkblatt zur Grenzbeschlagnahme, herausgegeben von der Oberfinanzdirektion Nürnberg, Außenstelle München.

628 Ingerl/Rohnke, Markengesetz, § 146 MarkenG, Rdnr. 3.

629 Ebenso Klaka, in: Althammer/Ströbele/Klaka, Markengesetz, § 146 MarkenG, Rdnr. 15; Fezer, Markenrecht, § 146 MarkenG, Rdnr. 13 f.; a.A. Ingerl/Rohnke, Markengesetz, § 146 MarkenG, Rdnr. 3.

damit nach den Rechtsvorschriften der Gemeinschaft oder denjenigen des Mitgliedstaates, bei denen der Antrag auf Tätigwerden der Zollbehörden gestellt wird, die Rechte des Inhabers der betreffenden Marke verletzen". Im Gegensatz zu § 146 Abs. 1 S. 1 MarkenG werden hier auch die Verpackungen der Waren und „alle gegebenenfalls auch gesondert gestellten Kennzeichnungsmittel (wie Embleme, Anhänger, Aufkleber, Prospekte, Bedienungs- oder Gebrauchsanweisungen, Garantiedokumente)" sowie „Verpackungen, die gesondert gestellt werden" genannt. Im Ergebnis entspricht somit der Gegenstand der Aussetzung der Überlassung bzw. Zurückhaltung gemäß Art. 6 Abs. 1 VO (EG) Nr. 3295/94 der Grenzbeschlagnahme gemäß § 146 Abs. 1 S. 1 MarkenG mit Ausnahme der ohne Eintragung geschützten Marken im Sinne von § 4 Nr. 2 und 3 MarkenG sowie der hier nicht behandelten geschäftlichen Bezeichnungen im Sinne von § 5 MarkenG.

c) Offensichtlichkeit bzw. Verdacht der Kennzeichenverletzung

Gemäß § 146 Abs. 1 S. 1 MarkenG unterliegen widerrechtlich gekennzeichnete Waren der Grenzbeschlagnahme, sofern die Rechtsverletzung „offensichtlich" ist, d.h. bereits vorausgegangen ist oder bevorsteht[630]. Waren sollen nur dann beschlagnahmt werden können, wenn die Rechtsverletzung gewissermaßen „auf der Hand liegt", d.h. für jeden durchschnittlich geschulten Zollbeamten ohne längere Prüfung erkennbar ist[631]. Fälle, bei denen zwischen den sich gegenüberstehenden Kennzeichen mehr als nur ganz minimale Unterschiede bestehen, scheiden demgemäß aus[632]. Bei Piraterieware ist allerdings oftmals überhaupt kein Unterschied zu erkennen, was die Feststellung einer Kennzeichenverletzung ebenfalls erschwert. Hier zeigt sich, wie wichtig es ist, die Oberfinanzdirektion möglichst umfassend darüber zu informieren, anhand welcher Merkmale und/oder Umstände Falsifikate von Originalen unterschieden werden können[633].

Gemäß Art. 1 Abs. 1 lit. a VO (EG) Nr. 3295/94 regelt die Verordnung die Voraussetzungen für ein Tätigwerden der Zollbehörden hinsichtlich der Waren, bei denen der Verdacht besteht, daß es sich um nachgeahmte Waren handelt. Eine offensichtliche Rechtsverletzung ist nicht erforderlich. Für die Aussetzung der Überlassung bzw. Zurückhaltung genügt – gegebenenfalls nach Konsultierung des Rechtsinhabers – die Feststellung, daß die in Frage stehenden Waren den in der Grenzbeschlagnahmeentscheidung beschriebenen Waren im Sinne des

630 Regierungsbegründung zum Produktpirateriegesetz, BT-Drucks. 11/4792, S. 35.
631 Klaka, in: Althammer/Ströbele/Klaka, Markengesetz, § 146 MarkenG, Rdnr. 17.
632 Ingerl/Rohnke, Markengesetz, § 146 MarkenG, Rdnr. 4.
633 Siehe dazu oben E IV 2 a).

Art. 1 Abs. 2 lit. a VO (EG) Nr. 3295/94 entsprechen (Art. 6 Abs. 1 S. 1 VO (EG) Nr. 3295/94)[634]. Die VO (EG) Nr. 3295/94 hat demgemäß den Vorteil, daß für ein Einschreiten der Zollbehörden bereits der Verdacht einer Rechtsverletzung ausreicht, während § 146 Abs. 1 S. 1 MarkenG eine offensichtliche Rechtsverletzung verlangt, d.h. die Zollbehörden andernfalls erst gar nicht tätig werden dürfen.

d) Einfuhr, Ausfuhr, Durchfuhr

Gemäß § 146 Abs. 1 S. 1 MarkenG erfolgt eine Beschlagnahme bei der Einfuhr oder Ausfuhr der widerrechtlich gekennzeichneten Ware. Entgegen der Rechtslage im früheren § 28 WZG a.F. sieht der Gesetzeswortlaut eine Grenzbeschlagnahme bei der Durchfuhr nicht mehr vor. Wie an anderer Stelle schon ausgeführt[635], heißt es in der Regierungsbegründung zum Markenrechtsänderungsgesetz 1996 diesbezüglich, daß die bloße Durchfuhr einer Ware, die aus dem Ausland kommt und für das Ausland bestimmt sei, nach der bisher herrschenden Rechtsprechung und Lehre kein Inverkehrbringen im Inland und damit wegen des Grundsatzes der Territorialität des Rechts des geistigen Eigentums keine Verletzung eines deutschen Schutzrechts bedeute. Aufgrund der unter B III 2 d) aufgezeigten Gründe muß aber davon ausgegangen werden, daß die Durchfuhr widerrechtlich gekennzeichneter Ware eine Verletzung des inländischen Markenrechts darstellt, so daß es nicht gerechtfertigt ist, den Durchfuhrtatbestand aus der Regelung der Grenzbeschlagnahme gemäß § 146 Abs. 1 S. 1 MarkenG auszuklammern[636]. Der Gesetzgeber sollte hier dringend eine entsprechende Ergänzung vornehmen[637].

---

634 Hoffmeister, ddz 1998, 25 (28); Hoffmeister/Harte-Bavendamm, Handbuch der Markenpiraterie in Europa, § 5, Rdnr. 206; Scheja, CR 1995, 714 (719); Klaka, in: Althammer/Ströbele/Klaka, Markengesetz, § 146 MarkenG, Rdnr. 17. Auch in dem der Verordnung vorangestellten Erwägungsgrund Nr. 8 heißt es ausdrücklich, daß das Tätigwerden der Zollbehörden darin bestehen muß, im Falle von Waren, bei denen der *Verdacht* besteht, daß sie nachgeahmte Waren oder unerlaubt hergestellte Vervielfältigungsstücke oder Nachbildungen sind, für die Zeit, die für die Prüfung der Frage, ob es sich tatsächlich um solche Waren handelt, erforderlich ist, entweder die Überlassung dieser Waren auszusetzen oder diese Waren zurückzuhalten.

635 Siehe oben B III 2 d).

636 Ebenso Fezer, Markenrecht, § 146 MarkenG, Rdnr. 9; Meister, WRP 1995, 1005 (1013). Auch die Deutsche Vereinigung für gewerblichen Rechtsschutz und Urheberrecht empfahl bereits in ihrer Eingabe zum Referentenentwurf vom 29.11.1995, GRUR 1996, 181 (181), den Durchfuhrtatbestand in den Katalog des § 146 MarkenG aufzunehmen. A.A. ohne Begründung Ingerl/Rohnke, Markengesetz, § 146 MarkenG, Rdnr. 5; Klaka, in: Althammer/Ströbele/Klaka, Markengesetz, § 146 MarkenG, Rdnr. 15, der es aufgrund des Streits, ob eine bloße Durchfuhr nach § 14

Die VO (EG) Nr. 3295/94 erlaubt ein Tätigwerden der Zollbehörden, wenn die Ware zur Überführung in den zollrechtlich freien Verkehr, zur Ausfuhr oder Wiederausfuhr angemeldet werden sowie wenn sie im Zusammenhang mit ihrer zollamtlichen Überwachung mit ihrer Überführung in ein Nichterhebungsverfahren oder anläßlich der Mitteilung ihrer Wiederausfuhr oder Verbringung in eine Freizone oder ein Freilager im Rahmen einer zollamtlichen Prüfung entdeckt werden (Art. 1 Abs. 1 lit. a VO (EG) Nr. 3295/94). Die Überführung in den zollrechtlich freien Verkehr verleiht einer Nichtgemeinschaftsware den zollrechtlichen Status einer Gemeinschaftsware, beschreibt mithin die Einfuhr in die Gemeinschaft[638]. Die Überführung in ein Nichterhebungsverfahren bezeichnet diejenigen zollrechtlichen Vorgänge, mit denen Nichtgemeinschaftsware überführt wird. Sie umfaßt insbesondere das interne Versandverfahren, d.h. ein Zollverfahren, in dem Nichtgemeinschaftsware zwischen zwei innerhalb des Zollgebietes der Gemeinschaft gelegenen Orten befördert werden kann, ohne daß diese Ware Einfuhrabgaben und anderen Abgaben nach dem Zollkodex der Gemeinschaften unterliegt, und das externe Versandverfahren, in dem Nichtgemeinschaftsware versiegelt durch das Gebiet der Zollunion hindurchtransportiert und erst am Bestimmungsort zollrechtlich abgefertigt wird[639]. Durch die Aufnahme des Versandverfahrens in die VO (EG) Nr. 3295/94 ist klargestellt, daß auch die reine Durchfuhr durch die Gemeinschaft Abwehrmaßnahmen auslöst[640].

Soweit die VO (EG) Nr. 3295/94 eine Anmeldung der Ware voraussetzt, ist darauf hinzuweisen, daß eine solche auch konkludent abgegeben werden kann. Hiernach liegt eine Anmeldung auch dann vor, wenn der grüne Ausgang „anmeldefreie Waren“ der Zollstelle benutzt wird oder bei Passieren einer Zollstelle, die über keine getrennten Kontrollausgänge verfügt, keine Zollanmeldung abgegeben wird[641]. Demgemäß gilt auch in den im Produktpirateriebereich häufig vorkommenden „Schmuggelfällen“ eine Anmeldung als konkludent abgegeben, so daß die VO (EG) Nr. 3295/94 Anwendung findet.

MarkenG eine Markenverletzung darstellt, an der erforderlichen Offensichtlichkeit der Verletzung scheitern läßt.

637 Ebenso Hoffmeister/Harte-Bavendamm, Handbuch der Markenpiraterie in Europa, § 5, Rdnr. 223.

638 Vgl. Scherbauer, Die Grenzbeschlagnahme von Produktpirateriewaren im Immaterialgüterrecht, S. 186 f.

639 Vgl. zum Nichterhebungsverfahren im einzelnen Knaak, in: Harte-Bavendamm, Handbuch der Markenpiraterie in Europa, § 4, Rdnr. 12 f.; Scherbauer, Die Grenzbeschlagnahme von Produktpirateriewaren im Immaterialgüterrecht, S. 188.

640 Vgl. EuGH, Urteil vom 6.4.2000, MarkenR 2000, 169 (171).

641 Vgl. dazu ausführlich Scherbauer, Die Grenzbeschlagnahme von Produktpirateriewaren im Immaterialgüterrecht, S. 190 ff.

e) *Waren zum persönlichen Bedarf*

Soweit eine Einfuhr, Ausfuhr oder Durchfuhr widerrechtlich gekennzeichneter Gegenstände außerhalb des geschäftlichen Verkehrs erfolgt, wird sie von den Verletzungstatbeständen des § 14 MarkenG nicht erfaßt[642], so daß auch eine Grenzbeschlagnahme nach § 146 MarkenG, die auf diese Bezug nimmt, nicht stattfindet[643].

Auch in der VO (EG) Nr. 3295/94 ist in Art. 10 geregelt, daß von deren Anwendungsbereich Waren ohne kommerziellen Charakter, die im persönlichen Gepäck der Reisenden enthalten sind, in den Grenzen ausgenommen sind, die für die Gewährung einer Zollbefreiung festgelegt sind. Art. 10 VO (EG) Nr. 3295/94 hat gegenüber § 146 MarkenG den Vorteil, daß die Freimenge genau definiert ist. Problematisch ist in diesem Zusammenhang allerdings, daß auch eine Warenmenge, die den Zollfreibetrag überschreitet, privater Natur sein kann, so daß § 14 MarkenG keine Anwendung findet. Das bedeutet, daß der Rechtsinhaber keine Möglichkeit hat, die nach der VO (EG) Nr. 3295/94 erforderliche gerichtliche Entscheidung zu erwirken[644].

Ist fraglich, ob Einfuhr, Ausfuhr oder Durchfuhr widerrechtlich gekennzeichneter Gegenstände privat veranlaßt ist, hängt die Beschlagnahmepraxis der Zollbehörden sehr stark von der Mitwirkung des Antragstellers ab. Legt dieser im Falle eines Widerspruchs durch den Verfügungsberechtigten regelmäßig bereits ab 10 Stück beschlagnahmter oder von der Überlassung ausgesetzter bzw. zurückgehaltener Waren eine gerichtliche Entscheidung vor[645], wird zumeist diese Menge als Grenzwert für eine Beschlagnahme oder Aussetzung der Überlassung bzw. Zurückhaltung angenommen. Zeigt der Antragsteller dagegen erst bei höheren Stückzahlen „Engagement", finden diese bei der Entscheidungsfindung der Zollbehörden Berücksichtigung. Auch auf die Art der Waren und die Person des Betroffenen wird in diesem Zusammenhang abgestellt. Mag die Einfuhr von 20 unterschiedlichen Textilien in der Konfektionsgröße des Verfügungsberechtigten noch privat veranlaßt sein, ist dies bei 10 Armbanduhren eher fraglich. Bei einem Händler, der nur einige wenige Artikel bei sich führt, handelt es sich in aller Regel um Musterstücke, so daß eine Beschlagnahme oder Aussetzung der Überlassung bzw. Zurückhaltung stets gerechtfertigt erscheint.

---

642 Vgl. dazu oben B II.

643 Fezer, Markenrecht, § 146 MarkenG, Rdnr. 10.

644 Siehe zur Erforderlichkeit einer gerichtlichen Entscheidung unten E IV 4 b).

645 Siehe dazu unten E IV 4.

3. *Unterrichtung von der Beschlagnahme und Aussetzung der Überlassung bzw. Zurückhaltung, Auskunftsanspruch und Besichtigungsrecht*

Gemäß § 146 Abs. 2 S. 1 MarkenG sind sowohl der vermeintliche Verletzer als Verfügungsberechtigter als auch der Rechtsinhaber als Antragsteller des Grenzbeschlagnahmeantrags von einer Beschlagnahme unverzüglich zu unterrichten. Der Verfügungsberechtigte ist gleichzeitig ausdrücklich darauf aufmerksam zu machen, daß die beschlagnahmte Ware eingezogen wird, wenn der Beschlagnahme nicht innerhalb von zwei Wochen widersprochen wird[646]. Dem Antragsteller sind gemäß § 146 Abs. 2 S. 2 MarkenG Herkunft, Menge und Lagerort der Waren sowie Name und Anschrift des Verfügungsberechtigten mitzuteilen. Gemäß § 146 Abs. 2 S. 3 MarkenG wird das Brief- und Postgeheimnis (Art. 10 GG) insoweit eingeschränkt. Schließlich ist dem Antragsteller gemäß § 146 Abs. 2 S. 4 MarkenG Gelegenheit zu geben, die Waren zu besichtigen, soweit hierdurch nicht in Geschäfts- oder Betriebsgeheimnisse eingegriffen wird. In der Praxis übersenden die Zollbehörden dem Antragsteller in diesem Zusammenhang in der Regel auf Anforderung ein Muster der beschlagnahmten Ware, auch wenn dies gesetzlich nicht ausdrücklich geregelt ist.

Gemäß Art. 6 Abs. 1 S. 2 VO (EG) Nr. 3295/94 setzt die Zollstelle bei einer Aussetzung der Überlassung oder Zurückhaltung unverzüglich die Zollbehörde, die den Antrag nach Art. 3 VO (EG) Nr. 3295/94 bearbeitet hat, d.h. die Oberfinanzdirektion, in Kenntnis. Letztere setzt gemäß Art. 6 Abs. 1 S. 3 VO (EG) Nr. 3295/94 unverzüglich den vermeintlichen Verletzer als Anmelder sowie den Rechtsinhaber als Antragsteller in Kenntnis. In der Praxis erfolgt zur Beschleunigung allerdings stets eine Unterrichtung des Antragstellers und des Anmelders unmittelbar durch die aussetzende bzw. zurückhaltende Zollstelle; die Oberfinanzdirektion wird parallel informiert. Gemäß Art. 6 Abs. 1 S. 4 VO (EG) Nr. 3295/94 sind dem Antragsteller auf Antrag Namen und Anschrift des Anmelders und, soweit bekannt, des Empfängers nach Maßgabe der nationalen Rechtsvorschriften über den Schutz von personenbezogenen Daten, von Geschäfts- und Betriebsgeheimnissen sowie Berufs- und Amtsgeheimnissen mitzuteilen, damit er die für die Entscheidung in der Sache zuständigen Stellen befassen kann. Nach Rechtsprechung des Europäischen Gerichtshofs steht die VO (EG) Nr. 3295/94 insofern nationalen Vorschriften entgegen, nach denen die Identität des Anmelders oder des Empfängers eingeführter Waren, bei denen der Markeninhaber festgestellt hat, daß es sich um nachgeahmte Waren handelt, nicht bekannt gegeben werden darf[647]. Die Oberfinanzdirektion vertritt demgemäß zutreffend

646 Regierungsbegründung zum Produktpirateriegesetz, BT-Drucks. 11/4792, S. 41.
647 EuGH, Urteil vom 14.10.1999, WRP 1999, 1269 (1272).

die Auffassung, daß aufgrund des Steuergeheimnisses eine Bekanntgabe der oben genannten Informationen noch nicht bei Aussetzung der Überlassung bzw. Zurückhaltung erfolgen dürfe, da sich die Zollstelle zu diesem Zeitpunkt noch in der Prüfungsphase befinde, ob tatsächlich widerrechtlich gekennzeichnete Produkte vorlägen[648]. Auskunft wird erst dann erteilt, wenn der Antragsteller nach Begutachtung der Ware oder eines Musters bestätigt hat, daß es sich um Falsifikate handelt, oder aber die Zollstelle bei „offensichtlichen" Rechtsverletzungen selbst von der widerrechtlichen Kennzeichnung überzeugt ist. Gemäß Art. 6 Abs. 1 S. 4 VO (EG) Nr. 3295/94 räumt die Zollstelle dem Antragsteller und den von ihrer Maßnahme betroffenen Personen schließlich die Möglichkeit ein, die Waren, deren Überlassung ausgesetzt ist oder die zurückgehalten worden sind, zu beschauen. Gemäß Art. 6 Abs. 1 S. 5 VO (EG) Nr. 3295/94 kann die Zollstelle bei der Prüfung der Waren Proben entnehmen, um das weitere Verfahren zu erleichtern, so daß die Übersendung von Mustern im Gegensatz zu § 146 MarkenG hier vorgesehen sein dürfte.

4. *Verfahren nach durchgeführter Grenzbeschlagnahme und Aussetzung der Überlassung bzw. Zurückhaltung*

a) *Grenzbeschlagnahme*

Nach erfolgter Beschlagnahme hat der Verfügungsberechtigte gemäß § 147 Abs. 1 MarkenG die Möglichkeit, innerhalb von zwei Wochen nach Zustellung der Mitteilung der Beschlagnahme dieser zu widersprechen. Macht er hiervon keinen Gebrauch, ordnet die Zollbehörde die Einziehung der beschlagnahmten Waren an. Mit Rechtskraft der Einziehungsanordnung geht das Eigentum an den Waren auf den Staat über[649] und kann deren Verwertung – im Regelfall Vernichtung oder Aufbewahrung für Schulungsmaßnahmen der Zollbehörde – betrieben werden[650].

Legt der Verfügungsberechtigte Widerspruch gegen die Beschlagnahme ein, unterrichtet die Zollbehörde hiervon unverzüglich den Antragsteller (§ 147 Abs. 2 S. 1 MarkenG). Dieser hat daraufhin gegenüber der Zollbehörde unverzüglich,

---

648 Vgl. Hoffmeister, ddz 1998, 25 (28).

649 Klaka, in: Althammer/Ströbele/Klaka, Markengesetz, § 147 MarkenG, Rdnr. 5, der zutreffend darauf hinweist, daß § 74 e StGB, wonach das Eigentum mit Rechtskraft der Entscheidung auf den Staat übergeht, einen allgemeinen Grundsatz enthält, der auch auf die Einziehung nach § 147 MarkenG anwendbar ist.

650 Hoffmeister, ddz 1998, 33 (33).

d.h. ohne schuldhaftes Zögern[651], zu erklären, ob er den Antrag auf Beschlagnahme in Bezug auf die beschlagnahmten Waren aufrecht erhält (§ 147 Abs. 2 S. 2 MarkenG). Nimmt der Antragsteller den Antrag zurück, hebt die Zollbehörde die Beschlagnahme unverzüglich auf und gibt die Waren frei (§ 147 Abs. 3 S. 1 MarkenG). Hält der Antragsteller den Antrag aufrecht, hat er binnen zwei Wochen nach Zustellung der Mitteilung über den Widerspruch eine vollziehbare gerichtliche Entscheidung vorzulegen, die die Verwahrung der Waren oder eine Verfügungsbeschränkung anordnet (§ 147 Abs. 3 S. 2 MarkenG i.V.m. § 147 Abs. 4 S. 1 MarkenG). Die Beschlagnahme wird gemäß § 147 Abs. 4 S. 2 MarkenG für längstens zwei weitere Wochen aufrecht erhalten, wenn der Antragsteller nachweist, daß er die gerichtliche Entscheidung beantragt hat, ihm diese aber noch nicht zugegangen ist. Legt der Antragsteller innerhalb der vorgenannten Fristen die gerichtliche Entscheidung nicht vor, hebt die Zollbehörde die Beschlagnahme auf und gibt die Waren frei (§ 147 Abs. 4 S. 1 MarkenG).

Aufgrund der kurzen Fristen ist als vollziehbare gerichtliche Entscheidung regelmäßig eine einstweilige Verfügung, die die Sequestration oder Verwahrung durch den Gerichtsvollzieher oder ein Verfügungsverbot anordnet, vorzulegen. Die Waren werden dann an den für die Verwahrung zuständigen Sequester oder Gerichtsvollzieher herausgegeben bzw., wenn lediglich ein Verfügungsverbot angeordnet wurde, von der Zollbehörde bis zum Vorliegen einer rechtskräftigen Entscheidung verwahrt. Eine Vernichtung darf erst dann erfolgen, wenn über eine solche im Hauptsacheverfahren rechtskräftig entschieden ist oder sich der Verfügungsberechtigte hiermit einverstanden erklärt, wozu er im Abschlußschreiben aufgefordert werden sollte.

Allerdings ist der Antragsteller nicht auf ein einstweiliges Verfügungsverfahren beschränkt. Als kostengünstige Alternative bietet es sich an, über ein strafprozessuales Ermittlungsverfahren die Sicherstellung der Waren nach §§ 94 ff. StPO als Beweismittel und nach §§ 111b f. StPO zum Zwecke späterer Einziehung zu erreichen. Widerspricht der Verfügungsberechtigte auch dieser strafprozessualen Sicherstellung, was regelmäßig der Fall ist, kann vom Strafgericht eine strafprozessuale Beschlagnahme angeordnet bzw. eine solche bestätigt werden[652]. Das weitere Verfahren bestimmt sich dann nach den für dieses Verfahren geltenden Grundsätzen. Der Antragsteller sollte demgemäß bereits bei der Mitteilung der Beschlagnahme stets die Einleitung eines Ermittlungsverfahrens veranlassen, indem er bei der Zollbehörde einen Strafantrag gegen den Einführer

651 Vgl. § 121 BGB.

652 Vgl. Cremer, Mitt. 1992, 153 (168); Fezer, Markenrecht, § 147 MarkenG, Rdnr. 4; vgl. beispielhaft AG Frankfurt (Oder), Beschluß vom 21.1.1998, Az.: 4.2 Gs 19/98; AG Wunsiedel, Beschluß vom 15.2.1999, Az.: Gs 22/99.

bzw. Empfänger und, sofern bekannt, Absender der widerrechtlich gekennzeichneten Waren stellt. Die Zollbehörde leitet diesen Strafantrag dann an ihre interne Strafsachenstelle bzw. das zuständige Zollfahndungsamt oder die Staatsanwaltschaft weiter. Allerdings darf nicht unerwähnt bleiben, daß diese Vorgehensweise stets mit dem Risiko behaftet ist, daß die jeweilige Ermittlungsbehörde im Falle eines Widerspruchs gegen die Grenzbeschlagnahme nicht innerhalb der dem Antragsteller gesetzten Fristen tätig wird und die Ware aufgrund dessen freigegeben wird.

Die zweiwöchige Frist zur Einlegung des Widerspruch gemäß § 147 Abs. 1 MarkenG ist keine Ausschlußfrist. Das Unterlassen des Widerspruchs führt lediglich zur Zulässigkeit des vereinfachten Einziehungsverfahrens gemäß § 147 Abs. 1 MarkenG, nicht jedoch zur Bestandskraft der Beschlagnahme[653]. Dies folgt nicht nur aus dem Wortlaut des § 147 Abs. 1 und 2 MarkenG, sondern auch aus folgender Überlegung: Wäre die Widerspruchsfrist eine Ausschlußfrist, würde einerseits das bloße Versäumen des Widerspruchs gegen die Beschlagnahme innerhalb der zweiwöchigen Frist des § 147 Abs. 1 MarkenG bereits zum Verlust des Eigentums an den Waren führen, andererseits wären die Rechtsmittel des § 148 Abs. 3 MarkenG für diesen Eigentumsverlust praktisch ohne Bedeutung[654]. Die auf Antrag des Verfügungsberechtigten ergehende gerichtliche Entscheidung gemäß § 148 Abs. 3 MarkenG i.V.m. § 62 OWiG würde die Beschlagnahme wegen versäumten bzw. nicht rechtzeitig eingelegten Widerspruchs bestätigen. Ein Einspruch gemäß § 148 Abs. 3 MarkenG i.V.m. §§ 87 Abs. 3, 67 OWiG gegen die Einziehung würde aufgrund der bestandskräftigen Beschlagnahme, die eine Einziehung rechtfertigt, zurückgewiesen.

Demzufolge kann der Widerspruch gemäß § 147 Abs. 1 MarkenG bis zur rechtskräftigen Einziehungsanordnung, die zum Eigentumsverlust an den Waren führt, eingelegt werden. Legt der Verfügungsberechtigte, oftmals in der Annahme, wegen der Versäumung der zweiwöchigen Frist für die Einlegung des Widerspruchs zu einem solchen nicht mehr berechtigt zu sein, lediglich Einspruch gegen die Einziehungsverfügung nach § 148 Abs. 3 MarkenG i.V.m. §§ 87, 67 Abs. 1 OWiG ein, liegt hierin zugleich der Widerspruch gegen die Beschlagnahme, wodurch das vorgeschilderte Verfahren ausgelöst wird, das den Antragsteller verpflichtet, eine gerichtliche Entscheidung vorzulegen[655].

Gemäß § 148 Abs. 3 S. 1 MarkenG können die Beschlagnahme und die Einziehung auch mit den Rechtsmitteln angefochten werden, die im Bußgeldverfah-

653 OLG München, Beschluß vom 19.3.1997, WRP 1997, 975 (977).
654 Vgl. OLG München, Beschluß vom 19.3.1997, WRP 1997, 975 (977).
655 Fezer, Markenrecht, § 147 MarkenG, Rdnr. 3; OLG München, Beschluß vom 19.3.1997, WRP 1997, 975 (977).

ren nach dem Gesetz über Ordnungswidrigkeiten gegen die Beschlagnahme und Einziehung zulässig sind. Demgemäß kann der Verfügungsberechtigte gegen die Beschlagnahmeverfügung unbefristet gerichtliche Entscheidung beantragen (§ 62 OWiG) und gegen die Einziehungsverfügung innerhalb von zwei Wochen Einspruch einlegen (§§ 87 Abs. 3, 67 OWiG). Für die Entscheidung zuständig ist jeweils das Amtsgericht (§§ 62 Abs. 2 S. 1, 68 Abs. 1 S. 1 OWiG). Der Antragsteller ist gemäß § 148 Abs. 3 S. 2 MarkenG zu hören. Gegen ablehnende Entscheidungen steht dem Verfügungsberechtigten die binnen einer Woche einzulegende sofortige Beschwerde gemäß § 148 Abs. 3 S. 3 MarkenG i.V.m. § 46 OWiG, § 311 StPO zur Verfügung. Über diese entscheidet gemäß § 148 Abs. 3 S. 4 MarkenG das Oberlandesgericht. Die Bedeutung der Rechtsmittel ist in der Praxis gering, da die Parteien den Streit über die Rechtmäßigkeit der Beschlagnahme- oder Einziehungsverfügung regelmäßig in einem zivilrechtlichen Verletzungsprozeß austragen, den der Verfügungsberechtigte durch einen Widerspruch ohne weiteres initiieren kann[656].

b) Aussetzung der Überlassung bzw. Zurückhaltung

Nach Mitteilung einer Aussetzung der Überlassung bzw. Zurückhaltung ist die Zollstelle gemäß Art. 7 Abs. 1 VO (EG) Nr. 3295/94 innerhalb von zehn Arbeitstagen, wobei diese Frist erforderlichenfalls um höchstens zehn Arbeitstage verlängert werden kann, von der Befassung der gemäß Art. 6 Abs. 2 VO (EG) Nr. 3295/94 für die Entscheidung in der Sache zuständigen Stelle oder über die von der hierzu befugten Stelle getroffenen einstweiligen Maßnahmen in Kenntnis zu setzen. Andernfalls erfolgt die Überlassung an den Verfügungsberechtigten, sofern alle Zollformalitäten erfüllt sind, oder es wird die Zurückhaltung aufgehoben. Fraglich und umstritten ist, was unter der „für die Entscheidung in der Sache zuständigen Stelle“ zu verstehen ist.

Die Oberfinanzdirektion und Teile der Literatur sind der Ansicht, daß die Zollbehörde bzw. Zollstelle eine solche in der Bundesrepublik Deutschland „für Entscheidungen in der Sache zuständige Stelle“ sei[657]. Dies ergebe sich aus Art. 6 Abs. 2 lit. a VO (EG) Nr. 3295/94, wonach die Befassung auch von der Zollbehörde oder der Zollstelle selbst vorgenommen werden könne. Auch sei der

656 Vgl. Klaka, in: Althammer/Ströbele/Klaka, Markengesetz, § 148 MarkenG, Rdnr. 11.

657 Vgl. Hoffmeister, ddz 1998, 25 (29); Knaak, in: Harte-Bavendamm, Handbuch der Markenpiraterie in Europa, § 4, Rdnr. 54 f.; Hoffmeister/Harte-Bavendamm, Handbuch der Markenpiraterie in Europa, § 5, Rdnr. 208, 227; Scherbauer, Die Grenzbeschlagnahme von Produktpirateriewaren im Immaterialgüterrecht, S. 249 f.; Braun/Heise, GRUR Int. 2001, 28 (29).

Zollstelle in § 146 Abs. 1 MarkenG eine Prüfungs- und Entscheidungskompetenz zugewiesen, da sie nach Feststellung der offensichtlichen Rechtsverletzung, die insofern deren „Sachentscheidung“ darstelle, die Beschlagnahme anordnen könne.

Diese Auffassung begegnet allerdings erheblichen Bedenken. Soweit dort argumentiert wird, daß nach Art. 6 Abs. 2 lit. a VO (EG) Nr. 3295/94 die Befassung auch von der Zollbehörde oder der Zollstelle selbst vorgenommen werden könne, wird der Wortlaut dieser Bestimmung verkannt. In Art. 6 Abs. 2 lit. a VO (EG) Nr. 3295/94 heißt es: „... sofern *diese* Befassung nicht von der Zollbehörde oder der Zollstelle selbst vorgenommen wird ...“. Nachdem es sich, wie in dieser Vorschrift zuvor im ersten Teilsatz klargestellt, bei „dieser Befassung“ um die „Befassung der für Entscheidungen zuständigen Stellen“ handelt, ist der mit „sofern“ beginnende Satzteil gedanklich entsprechend zu ergänzen und würde vervollständigt lauten: ... sofern diese Befassung *der für Entscheidungen zuständigen Stellen* nicht von der Zollbehörde oder der Zollstelle selbst vorgenommen wird ... . Demgemäß bestimmt Art. 6 Abs. 2 lit. a VO (EG) Nr. 3295/94 entgegen der oben genannten Auffassung der Oberfinanzdirektion und Teilen der Literatur mitnichten, daß sich die Zollbehörde oder Zollstelle selbst mit der gemäß Art. 7 Abs. 1 VO (EG) Nr. 3295/94 erforderlichen Entscheidung über das Vorliegen einer widerrechtlichen Kennzeichnung befassen kann, sondern lediglich, daß für den Fall, daß die Zollbehörde oder Zollstelle die Befassung *der für Entscheidungen zuständigen Stellen* selbst vornimmt, ihre Unterrichtung über diese Befassung nicht erforderlich ist, so daß die nationalen Rechtsvorschriften insofern nicht zur Anwendung kommen[658].

Auch der Hinweis, daß sich die Zuständigkeit der Zollstelle aus § 146 Abs. 1 MarkenG ergebe, der dieser eine Prüfungs- und Entscheidungskompetenz zuweise, geht fehl. § 146 Abs.1 MarkenG sieht über eine Beschlagnahme hinausgehende Befugnisse der Zollstelle nicht vor[659]. Da die Beschlagnahme aber der Aussetzung der Überlassung sowohl in der Ausgestaltung als auch in der Wirkung ähnlich ist, kann aus ihr weder eine Zuständigkeit der Zollstelle „für die Entscheidung in der Sache“ hergeleitet, noch in ihr gar eine Entscheidung bzw. einstweilige Maßnahme im Sinne von Art. 7 VO (EG) Nr. 3295/94 gesehen werden.

Vielmehr folgt aus Art. 6 Abs. 2 lit. a VO (EG) Nr. 3295/94, wonach für die Befassung der für Entscheidungen in der Sache zuständigen Stellen die Rechtsvorschriften des Mitgliedstaates gelten, daß in der Bundesrepublik Deutschland

---

658 Im Ergebnis ebenso OLG München, Beschluß vom 19.3.1997, WRP 1997, 975 (979).

659 OLG München, Beschluß vom 19.3.1997, WRP 1997, 975 (979).

nicht die Zollbehörde oder die Zollstellen, sondern gemäß §§ 147 Abs. 3, 140 Abs. 1 und 2 MarkenG die Zivilgerichte, nämlich die Landgerichte ohne Rücksicht auf den Streitwert zuständig sind[660]. Hierfür spricht auch, daß Art. 6 Abs. 2 lit. a VO (EG) Nr. 3295/94 zwar ausdrücklich den (Sonder-)Fall einer Befassung der zuständigen Stellen durch die Zollbehörde oder die Zollstelle selbst erwähnt, nicht dagegen den Fall, daß die Zollbehörde oder die Zollstelle selbst zuständig ist, so daß dies offensichtlich nicht in Betracht gezogen wurde.

Aus der Bestimmung des Art. 7 Abs. 1 VO (EG) Nr. 3295/94 folgt ebenfalls, daß nicht die Zollbehörde oder Zollstellen für Entscheidungen in der Sache zuständige Stellen sein können. Die Zollstellen ordnen gemäß § 146 Abs. 1 MarkenG eine Beschlagnahme an, wenn nach ihrer Auffassung eine offensichtliche Rechtsverletzung vorliegt. Grundlage dieser „Entscheidung" ist das vom Antragsteller zur Verfügung gestellte Informationsmaterial zur Erkennung von Falsifikaten bzw. dessen entsprechende Erklärung nach Begutachtung der Ware. Art. 7 Abs. 1 VO (EG) Nr. 3295/94 zielt aber auf die Entscheidung einer von der Zollbehörde bzw. den Zollstellen und dem Antragsteller unabhängigen Stelle ab, nachdem er das Schicksal der Aussetzung der Überlassung von der Entscheidung der zuständigen bzw. befugten Stelle abhängig macht. Hieraus wird deutlich, daß gerade nicht die die Aussetzung anordnende Zollstelle selbst ihre Anordnung der Aussetzung – noch dazu auf Grundlage der Angaben des Antragstellers – überprüfen soll, sondern vielmehr eine dritte Stelle, also regelmäßig ein Gericht, das die materielle Berechtigung der Aussetzung beurteilen kann[661].

Ein anderes Ergebnis läßt sich auch nicht aus Art. 8 Abs. 1 VO (EG) Nr. 3295/94 herleiten. Hiernach treffen die Mitgliedstaaten unbeschadet der sonstigen Rechtsbehelfe, die der Antragsteller einlegen kann, die erforderlichen Maßnahmen, damit die zuständigen Stellen

- in der Regel die als rechtsverletzend erkannten Waren gemäß den einschlägigen innerstaatlichen Rechtsvorschriften ohne Entschädigung und ohne Kosten für die Staatskasse vernichten oder aus dem Marktkreislauf nehmen können, um eine Schädigung des Antragstellers zu verhindern, und
- im Hinblick auf diese Waren jede andere Maßnahme treffen können, die zur Folge hat, daß die betreffenden Personen tatsächlich um den wirtschaftlichen Gewinn aus diesem Geschäft gebracht werden.

Art. 8 VO (EG) Nr. 3295/94 richtet sich nach seinem eindeutigen Wortlaut an die *Mitgliedstaaten*, die die „erforderlichen Maßnahmen" zu treffen haben,

660 OLG München, Beschluß vom 19.3.1997, WRP 1997, 975 (976 f.).
661 Vgl. Scheja, CR 1995, 714 (719).

und nicht unmittelbar an die Zollstellen. Auch ist die Prüfung und Entscheidung, ob eine Rechtsverletzung tatsächlich vorliegt und ob eine Entfernung der Marken, mit denen die nachgeahmte Ware rechtswidrig versehen ist, eine zur Wahrung der Rechte des Antragstellers ausreichende Maßnahme ist sowie aus dem Ergebnis dieser Prüfung Folgen abzuleiten, nach deutschem Recht vom zuständigen Gericht im Rechtsstreit zwischen dem Antragsteller und dem Verfügungsberechtigten zu klären[662].

Daß den Zollstellen durch Art. 8 VO (EG) Nr. 3295/94 keine weitergehenden Befugnisse als oben beschrieben eingeräumt werden sollen, zeigt auch der der Verordnung vorangestellte Erwägungsgrund Nr. 8, der den Aufgabenbereich der Zollstellen beschreibt. Hiernach muß deren Tätigwerden darin bestehen, im Falle von Waren, bei denen der Verdacht besteht, daß sie nachgeahmte Waren sind, für die Zeit, die für die Überprüfung der Frage, ob es sich tatsächlich um solche Waren handelt, erforderlich ist, entweder die Überlassung dieser Waren auszusetzen oder diese Waren zurückzuhalten. Es kann daher nicht davon ausgegangen werden, daß Art. 8 VO (EG) Nr. 3295/94 der Zollbehörde darüber hinausgehende Kompetenzen zuweisen wollte[663].

Als Zwischenergebnis ist somit festzustellen, daß die „für Entscheidungen zuständigen Stellen" in der Bundesrepublik Deutschland entgegen der oben genannten Ansicht der Oberfinanzdirektion und Teilen der Literatur die Landgerichte sind[664].

Fraglich ist allerdings, ob aus dem Wortlaut des Art. 6 Abs. 2 VO (EG) Nr. 3295/94, wonach die Rechtsvorschriften des Mitgliedstaates für „die Befassung der für Entscheidungen zuständigen Stellen" und „die Entscheidungsfindung dieser Stellen" gelten, geschlossen werden kann, daß die Mitgliedstaaten über des „Ob" einer solchen Befassung eine unabhängige Regelung treffen können[665]. In diesem Fall könnte entsprechend § 147 MarkenG die Befassung des Gerichts nur im Falle eines Widerspruchs des Anmelders erforderlich sein. Hiergegen sprechen aber der der Verordnung vorangestellte Erwägungsgrund Nr. 10 und Art. 7 Abs. 1 VO (EG) Nr. 3295/94. In ersterem heißt es, daß die Rechtsvorschriften der Mitgliedstaaten über die Zuständigkeit der Justizbehörden und die gerichtlichen Verfahren unberührt bleiben, was darauf hindeutet, daß nur das „Wie" der Befassung bei den Mitgliedstaaten verbleibt. Nachdem Art. 7 Abs. 1 VO (EG) Nr. 3295/94 darüber hinaus unmißverständlich vorschreibt, daß die

---

662 Vgl. ausführlich OLG München, Beschluß vom 19.3.1997, WRP 1997, 975 (978).

663 OLG München, Beschluß vom 19.3.1997, WRP 1997, 975 (978).

664 Ebenso OLG München, Beschluß vom 19.3.1997, WRP 1997, 975 (977 ff.), das in diesem Zusammenhang auch ausführlich auf die Entstehungsgeschichte der VO (EG) Nr. 3295/94 eingeht.

665 So Scheja, CR 1995, 714 (720).

Überlassung der Ware zu erfolgen hat, wenn die Zollstelle nicht innerhalb von längstens 20 Arbeitstagen von der Befassung der zuständigen Stelle oder einer getroffenen einstweiligen Maßnahme in Kenntnis gesetzt worden ist, steht fest, daß das „Ob" der Befassung nicht einer Regelung des nationalen Gesetzgebers überlassen werden sollte.

Nach alledem ist bei einer Aussetzung der Überlassung bzw. Zurückhaltung im Gegensatz zu einer Beschlagnahme nach § 146 Abs. 1 MarkenG stets ein Gericht zu befassen, wobei aufgrund der kurzen Fristen eine einstweilige Verfügung wie im Verfahren nach den §§ 146 ff. MarkenG im Falle eines Widerspruchs zu beantragen ist[666]. Eine Vernichtung der Ware darf erst dann erfolgen, wenn über eine solche im Hauptsacheverfahren rechtskräftig entschieden ist oder sich der Verfügungsberechtigte mit ihr einverstanden erklärt. Wird kein Gericht befaßt, ist die Ware dem Anmelder nach Ablauf von längstens 20 Werktagen zu überlassen. Dies gilt auch dann, wenn gleichzeitig eine Beschlagnahme ausgesprochen wurde, die ebenso wie eine gegebenenfalls im Anschluß erfolgte Einziehung aufzuheben ist, da es insoweit aufgrund der in Art. 7 Abs. 1 VO (EG) Nr. 3295/94 von § 147 MarkenG abweichenden und gemäß § 150 MarkenG zu beachtenden Bestimmung auf das Unterlassen des rechtzeitigen Widerspruchs nicht ankommt[667].

Die Praxis der Zollstellen sieht allerdings anders aus, was für den Markeninhaber äußerst vorteilhaft ist. Der oben dargestellten Auffassung der Oberfinanzdirektion folgend wird zunächst die Überlassung ausgesetzt, um im Anschluß mit Hilfe des Antragstellers oder der zur Verfügung stehenden Unterlagen festzustellen, ob die betreffenden Waren widerrechtlich gekennzeichnet sind. In der Regel wird der Antragsteller in diesem Zusammenhang aufgefordert, innerhalb von 10 Werktagen, längstens 20 Werktagen, eine Klärung herbeizuführen. Im Anschluß trifft die Zollstelle „die Entscheidung in der Sache", nämlich, daß es sich entweder um widerrechtlich gekennzeichnete Ware oder um Originalware handelt. Im ersten Fall spricht sie die Beschlagnahme gemäß § 146 Abs. 1 MarkenG aus, im zweiten Fall überläßt sie die Ware dem Verfügungsberechtigten. Das weitere Verfahren nach einer Beschlagnahme wird gemäß den §§ 146 ff. MarkenG durchgeführt, d.h. das nationale Recht kommt zur Anwendung[668].

Nachdem im Schnitt in nur 5 % der Fälle der erfolgten Beschlagnahme widersprochen wird[669], ist die Praxis der Zollstellen nicht nur wesentlich wirtschaftlicher, sondern führt auch zu einer Entlastung der Gerichte. Der europä-

---

666 Vgl. oben E IV 4 a).
667 Vgl. OLG München, Beschluß vom 19.3.1997, WRP 1997, 975 (977).
668 Siehe dazu oben E IV 4 a).
669 Vgl. den zweiten Produktpirateriebericht der Bundesregierung, BT-Drucks. 14/2111, S. 9.

ische Gesetzgeber ist hier gefordert, die VO (EG) Nr. 3295/94 dahingehend „nachzubessern“, daß eine Entscheidung der in der Sache zuständigen Stelle – entsprechend der Ausgestaltung in § 147 MarkenG – lediglich im Falle eines Widerspruchs des Verfügungsberechtigten vorzulegen ist. Dies würde auch der Intention der Verordnung, dem Instrument der Grenzbeschlagnahme europaweit mehr Bedeutung zu verleihen, weit mehr entsprechen[670].

5. *Schadensersatz bei ungerechtfertigter Beschlagnahme und Aussetzung der Überlassung bzw. Zurückhaltung*

Gemäß § 149 MarkenG hat der Antragsteller den dem Verfügungsberechtigten durch die Beschlagnahme entstandenen Schaden zu ersetzen, wenn sich die Beschlagnahme als von Anfang an ungerechtfertigt erweist und er den Grenzbeschlagnahmeantrag in Bezug auf die beschlagnahmten Waren aufrechterhalten hat oder sich nicht gemäß § 147 Abs. 2 MarkenG unverzüglich darüber erklärt hat, ob er den Beschlagnahmeantrag aufrechterhält. Ein Schadensersatzanspruch nach § 149 MarkenG scheidet demgemäß aus, wenn der Antrag auf Beschlagnahme unverzüglich nach Benachrichtigung über die erfolgte Beschlagnahme oder über den Widerspruch des Verfügungsberechtigten zurückgenommen oder die Freigabe der Waren verlangt wird[671]. Neben § 149 MarkenG kommt auch ein Schadensersatzanspruch aus §§ 826, 823 Abs. 2 i.V.m. Normen des Strafgesetzbuchs in Betracht[672].

Gemäß Art. 9 VO Abs. 3 (EG) Nr. 3295/94 bestimmt sich die etwaige zivilrechtliche Haftung des Antragstellers nach dem Recht desjenigen Mitgliedstaats, in dem die betreffenden Waren zur Überführung in den zollrechtlich freien Verkehr, zur Ausfuhr oder Wiederausfuhr angemeldet werden oder bei ihrer Überführung in ein Nichterhebungsverfahren, anläßlich der Mitteilung ihrer Wiederausfuhr oder Verbringung in eine Freizone oder ein Freilager entdeckt werden. Demgemäß kommt auch hier § 149 MarkenG zur Anwendung.

---

670 Vgl. Scheja, CR 1995, 714 (720).

671 Vgl. Fezer, Markenrecht, § 149 MarkenG, Rdnr. 3.

672 Vgl. Klaka, in: Althammer/Ströbele/Klaka, Markengesetz, § 149 MarkenG, Rdnr. 8.

F. Zusammenfassung

Produktpiraterie ist kein Kavaliersdelikt, sondern eine etablierte und ernst zu nehmende Form der Wirtschaftskriminalität. Der allein in Deutschland angerichtete Schaden ist enorm, wobei neben dem wirtschaftlichen Schaden und dem damit einhergehenden Verlust von Arbeitsplätzen auch Gefahr für Leben, Gesundheit und öffentliche Sicherheit zu beklagen ist. Durch das am 1. Juli 1990 in Kraft getretene Produktpirateriegesetz wurden die Möglichkeiten der Durchsetzung markenrechtlicher Ansprüche gegenüber Produktpiraten im Straf-, Zivil- und Grenzbeschlagnahmeverfahren entscheidend verbessert, wenngleich das gesetzliche Instrumentarium noch immer Schwächen aufweist.

I. Markenrechtliche Ansprüche

Gemäß § 14 Abs. 5 MarkenG steht dem Markeninhaber ein verschuldensunabhängiger Unterlassungsanspruch zu, sofern die Verletzungshandlung bereits begangen wurde oder die ernsthafte Gefahr einer unmittelbar bevorstehenden Verletzung besteht. Ein ebenfalls verschuldensunabhängiger Anspruch auf Auskunft über die Herkunft und den Vertriebsweg widerrechtlich gekennzeichneter Gegenstände folgt aus § 19 MarkenG. Daneben besteht der sogenannte akzessorische Auskunftsanspruch aus § 242 BGB, dem die Funktion zukommt, den Schadensersatz- bzw. den Bereicherungsanspruch des Markeninhabers vorzubereiten. Bezieht er sich auf den Schadensersatzanspruch, setzt er ein Verschulden des Verletzers voraus. § 18 MarkenG gewährt dem Markeninhaber einen verschuldensunabhängigen Anspruch auf Vernichtung widerrechtlich gekennzeichneter Gegenstände und Kennzeichnungsvorrichtungen, es sei denn, daß der durch die Rechtsverletzung verursachte Zustand auf andere Weise beseitigt werden kann und gleichzeitig die Vernichtung für den Verletzer oder Eigentümer im Einzelfall unverhältnismäßig ist. Gemäß § 14 Abs. 6 MarkenG ist der schuldhaft handelnde Verletzer zum Ersatz des durch die Verletzungshandlung entstandenen Schadens verpflichtet, wobei dem Markeninhaber drei Möglichkeiten der Schadensberechnung zur Verfügung stehen. Er kann wahlweise Geldentschädigung einschließlich entgangenem Gewinn, Zahlung einer angemessenen Lizenzgebühr oder Herausgabe des auf der Markenverletzung beruhenden Verletzergewinns verlangen. Neben diesen drei Berechnungsarten ist der Markeninhaber berechtigt, jeweils als zusätzliche Schadensposition den sogenannten Marktverwirrungsschaden zu liquidieren. Gegen den schuldlos handelnden Verletzer hat der Markeninhaber gemäß §§ 812 Abs. 1, 818 Abs. 2 BGB einen Bereicherungsanspruch auf Zahlung einer angemessenen und üblichen Lizenzgebühr. Gemäß § 18 Abs. 3 MarkenG i.V.m. § 1004 BGB bzw. aus dem Gesichtspunkt des Schadensersatzes gemäß § 249 BGB steht dem Markeninhaber schließlich ein Anspruch auf Urteilsveröffentlichung zu.

II. Strafverfahren

Bei der Durchsetzung der markenrechtlichen Ansprüche liefern die Ermittlungsergebnisse der Strafverfolgungsbehörden dem Markeninhaber oftmals nicht nur wertvolle Erkenntnisse im Hinblick auf Herkunft und Vertriebsweg der widerrechtlich gekennzeichneten Ware, sondern auch Beweismaterial für ein zivilrechtliches Vorgehen. Demgemäß empfiehlt es sich, vor oder auch parallel zu einem zivilrechtlichen Vorgehen Strafanzeige zu erstatten und Strafantrag zu stellen. In Fällen der Produktpiraterie kommen mehrere Straftatbestände in Betracht.

Gemäß § 143 Abs. 1 MarkenG wird die vorsätzlich begangene Markenverletzung mit Freiheitsstrafe bis zu drei Jahren oder mit Geldstrafe bestraft. Der Versuch ist gemäß § 143 Abs. 3 MarkenG strafbar. Die Grundtatbestände des § 143 Abs. 1 MarkenG setzen gemäß § 143 Abs. 4 MarkenG einen Strafantrag voraus, es sei denn, die Strafverfolgungsbehörde hält wegen des besonderen öffentlichen Interesses ein Einschreiten von Amts wegen für geboten. Aber auch, wenn der Markeninhaber Strafantrag gestellt hat, erhebt die Staatsanwaltschaft gemäß § 376 StPO nur bei öffentlichem Interesse Klage, da es sich bei einfachen Kennzeichenverletzungen nach § 143 Abs. 1 MarkenG gemäß § 374 Abs. 1 Nr. 8 StPO um Privatklagedelikte handelt. Handelt der Täter gewerbsmäßig, ist die Strafe gemäß § 143 Abs. 2 MarkenG Freiheitsstrafe bis zu fünf Jahren oder Geldstrafe. Die gewerbsmäßige Kennzeichenverletzung als Offizialdelikt ist von Amts wegen zu verfolgen, ein Strafantrag ist nicht erforderlich. Gemäß § 143 Abs. 6 MarkenG ist auf Antrag des Markeninhabers, der ein berechtigtes Interesse darzutun hat, anzuordnen, daß die Verurteilung auf Verlangen öffentlich bekanntgemacht wird. Neben § 143 MarkenG kommt eine Strafbarkeit gemäß § 4 UWG (strafbare Werbung), § 15 UWG (geschäftliche Verleumdung), § 17 UWG (Verrat von Geschäfts- oder Betriebsgeheimnissen), § 18 UWG (Verwertung von Vorlagen), §§ 372, 374 AO (Bannbruch), § 258 StGB (Strafvereitelung) und § 263 StGB (Betrug) in Betracht. Eine Strafbarkeit gemäß § 266 StGB (Untreue) kann dann vorliegen, wenn das hierfür erforderliche Vertragsverhältnis zwischen

Markeninhaber und Verletzer Elemente der Geschäftsbesorgung aufweist oder die Stellung eines Händlers der eines Kommissionärs angenähert ist. Eine Strafbarkeit gemäß § 267 StGB (Urkundenfälschung) kommt nur in Betracht, wenn der Täter neben der widerrechtlichen Kennzeichnung sonstige Erklärungen des angeblichen Erzeugers auf der Ware anbringt. Eine Strafbarkeit gemäß § 257 StGB (Begünstigung) und § 258 StGB (Strafvereitelung) scheidet in der Regel aus. Eine Strafbarkeit gemäß §§ 242, 246 StGB (Diebstahl und Unterschlagung), § 259 StGB (Hehlerei) und §§ 186, 187 StGB (üble Nachrede und Verleumdung) kommt nicht in Betracht.

Im Strafverfahren unterliegen widerrechtlich gekennzeichnete Gegenstände ebenso wie Vorrichtungen zur Produktion derselben der Einziehung gemäß § 74 Abs. 1 StGB und § 143 Abs. 5 MarkenG. Voraussetzung der Einziehung ist eine vorsätzliche Straftat und eine mindestens verminderte Schuldfähigkeit des Täters oder Teilnehmers. Weiterhin müssen die Gegenstände zur Zeit der Entscheidung dem Täter oder Teilnehmer gehören oder zustehen oder nach ihrer Art und den Umständen die Allgemeinheit gefährden oder es muß die Gefahr bestehen, daß sie der Begehung rechtswidriger Taten dienen werden. In den beiden letzteren Fällen ist eine Einziehung auch zulässig, wenn der Täter ohne Schuld gehandelt hat. Die Allgemeinheit gefährdende Gegenstände sind beispielsweise widerrechtlich gekennzeichnete Arzneimittel, Pflanzenschutzmittel, medizinische Geräte oder Ersatzteile für Luft- und Straßenfahrzeuge. Eine Gefahr, daß widerrechtlich gekennzeichnete Gegenstände der Begehung rechtswidriger Taten dienen werden, ist bei einer Vielzahl gleichartiger Piraterieprodukte, für die keine sinnvolle Möglichkeit der Eigennutzung durch den Besitzer besteht, gegeben. Mit Rechtskraft der Entscheidung über die Einziehung geht das Eigentum an den Gegenständen gemäß § 74e Abs. 1 StGB auf den Staat über, der regelmäßig die Vernichtung veranlaßt. Sind Gründe für die Annahme vorhanden, daß die Voraussetzungen einer Einziehung vorliegen, können die Gegenstände gemäß § 111b Abs. 1 StPO durch Beschlagnahme nach § 111c StPO sichergestellt werden. Daneben oder alternativ sind die Gegenstände, die als Beweismittel für die strafrechtliche Untersuchung von Bedeutung sein können, gemäß § 94 Abs. 1 StPO in Verwahrung zu nehmen oder in anderer Weise sicherzustellen. Einer Beschlagnahme bedarf es gemäß § 94 Abs. 2 StPO, wenn sich die Gegenstände in Gewahrsam einer Person befinden und nicht freiwillig herausgegeben werden.

III. Zivilverfahren

Zivilrechtlich werden die markenrechtlichen Ansprüche im Wege der Abmahnung, einstweiligen Verfügung und Klage durchgesetzt. In der Abmahnung wird das Verhalten des Verletzers als Markenrechtsverstoß beanstandet und dieser unter Androhung gerichtlicher Schritte zur Abgabe einer strafbewehrten Unterlassungserklärung innerhalb einer bestimmten Frist aufgefordert. Gibt der Verletzer keine oder nur eine ungenügende Unterlassungserklärung ab, kann entweder ein einstweiliges Verfügungsverfahren, das sich aufgrund der Eilbedürftigkeit in Pirateriefällen empfiehlt, eingeleitet oder Klage erhoben werden. Im Rahmen der einstweiligen Verfügung kann neben der Unterlassung auch Auskunftserteilung nach § 19 MarkenG und Verwahrung oder Sequestration der widerrechtlich gekennzeichneten Gegenstände und Vorrichtungen zur Sicherung der Durchsetzung des Vernichtungsanspruchs gefordert werden. Zur vorläufigen Sicherung der dortigen Kostenerstattungsansprüche kann Antrag auf Erlaß eines dinglichen Arrestbefehls in das bewegliche und unbewegliche Vermögen des Verletzers gestellt werden. Gibt der Verletzer hinsichtlich einer erlassenen einstweiligen Verfügung keine Abschlußerklärung ab, muß Klage erhoben werden, da die einstweilige Verfügung nur einen vorläufigen Titel darstellt und dauernd von der Aufhebung bedroht ist. In der Klage kann Unterlassung, Auskunftserteilung nach § 19 MarkenG und § 242 BGB, Vernichtung, Schadensersatz bzw. Bereicherungsherausgabe und die Veröffentlichung des Urteils geltend gemacht werden.

Bei der gerichtlichen Geltendmachung markenrechtlicher Ansprüche reduziert sich die „Verteidigungsstrategie“ des Verletzers regelmäßig auf die Behauptung, es handle sich in seinem Fall um Originalware. Dem Markengesetz sind die Begriffe „Original“ und „Fälschung“ allerdings fremd. Entscheidend für eine erfolgreiche Verteidigung des Verletzers ist in diesem Zusammenhang allein, ob der Markeninhaber der konkreten Benutzung seiner Marke durch den vermeintlichen Verletzer zugestimmt hat (§ 14 Abs. 2 MarkenG) oder das Markenrecht erschöpft, d.h. die mit der Marke gekennzeichnete Ware vom Markeninhaber selbst oder mit seiner Zustimmung im Inland, in der EU oder im EWR in den Verkehr gebracht worden ist (§ 24 MarkenG). Die Beweislast hierfür liegt nach zutreffender herrschender Meinung beim Verletzer.

Verstößt der Verletzer schuldhaft gegen einen nach Annahme der Unterlassungserklärung zustande gekommenen Unterwerfungsvertrag, ist die vereinbarte Vertragsstrafe verwirkt. Daneben kann der Markeninhaber eine Erhöhung des bereits abgegebenen Vertragsstrafeversprechens verlangen oder den neuen gesetzlichen Unterlassungsanspruch im Wege der einstweiligen Verfügung und/oder Klage durchsetzen. Handelt der Verletzer einem gegen ihn ergangenen Unterlassungstitel schuldhaft zuwider, ist er gemäß § 890 ZPO auf Antrag des Markeninhabers zu einem Ordnungsgeld und für den Fall, daß dieses nicht beigetrieben werden kann, zur Ordnungshaft oder zur Ordnungshaft bis zu sechs Monaten zu verurteilen.

Gerade in Fällen der Produktpiraterie entzieht sich der Geschäftsführer einer GmbH nach einem gegen letztere ergangenen Urteil häufig seiner Verantwortung, indem er auf eine andere GmbH ausweicht oder eine neue GmbH gründet, um die Verletzungshandlungen unter deren Dach ungestört fortsetzen zu können. Aus diesem Grund wird bei Markenverletzungen neben der Gesellschaft regelmäßig auch der Geschäftsführer persönlich in Anspruch genommen. Der Geschäftsführer einer GmbH ist einer persönlichen Haftung ausgesetzt, wenn er selbst als Störer für die Kennzeichenverletzung ursächlich ist. Aber auch wenn er an der Verletzung nicht beteiligt war, kann er persönlich in Anspruch genommen werden, wenn ihm die Verletzung positiv bekannt war und er nicht für die gebotene Abhilfe gesorgt hat.

IV. Grenzbeschlagnahmeverfahren

Werden widerrechtlich gekennzeichnete Gegenstände aus Drittländern eingeführt, ausgeführt oder durchgeführt, setzt die jeweilige Zollstelle gemäß Art. 6 Abs. 1 VO (EG) Nr. 3295/94 deren Überlassung aus oder hält sie zurück, sofern auf diesen der geschützten Marke identische oder nahezu identische Zeichen angebracht sind und der Markeninhaber einen entsprechenden schriftlichen Antrag gestellt hat. Gemäß Art. 6 Abs. 1 S. 4 VO (EG) Nr. 3295/94 sind dem Markeninhaber auf Antrag Namen und Anschrift des Anmelders und, soweit bekannt, des Empfängers mitzuteilen, damit er die für die Entscheidung in der Sache zuständigen Stellen – in der Bundesrepublik Deutschland nach der hier vertretenen Auffassung die Landgerichte – befassen kann. Nach Mitteilung der Aussetzung der Überlassung bzw. Zurückhaltung ist die Zollstelle gemäß Art. 7 Abs. 1 VO (EG) Nr. 3295/94 innerhalb von zehn Arbeitstagen, wobei diese Frist erforderlichenfalls um höchstens zehn Arbeitstage verlängert werden kann, von dieser Befassung oder über die getroffenen einstweiligen Maßnahmen in Kenntnis zu setzen. Eine Vernichtung der Ware darf erst dann erfolgen, wenn über eine solche im Hauptsacheverfahren rechtskräftig entschieden ist oder sich der Verfügungsberechtigte mit ihr einverstanden erklärt. Wird kein Gericht befasst, ist die Ware gemäß Art. 7 Abs. 1 VO (EG) Nr. 3295/94 dem Verfügungsberechtigten zu überlassen, sofern alle Zollformalitäten erfüllt sind, oder die Zurückhaltung aufzuheben.

Widerrechtlich gekennzeichnete Gegenstände, die dem Anwendungsbereich der VO (EG) Nr. 3295/94 nicht unterfallen, werden gemäß § 146 Abs. 1 MarkenG auf Antrag und gegen Sicherheitsleistung des Markeninhabers bei ihrer Einfuhr oder Ausfuhr beschlagnahmt, sofern die Rechtsverletzung offensichtlich ist. Dem Markeninhaber sind gemäß § 146 Abs. 2 S. 2 MarkenG Herkunft,

Menge und Lagerort der Waren sowie Namen und Anschrift des Verfügungsberechtigten mitzuteilen. Macht der Verfügungsberechtigte von seinem Widerspruchsrecht gemäß § 147 Abs. 1 MarkenG innerhalb von zwei Wochen keinen Gebrauch, ordnet die Zollbehörde die Einziehung der beschlagnahmten Waren an. Mit Rechtskraft der Einziehungsanordnung geht das Eigentum an den Waren auf den Staat über und es kann deren Verwertung, die im Regelfall in einer Vernichtung oder Aufbewahrung für Schulungsmaßnahmen der Zollbehörde besteht, betrieben werden. Legt der Verfügungsberechtigte Widerspruch gegen die Beschlagnahme ein, hat der Markeninhaber unverzüglich zu erklären, ob er den Antrag auf Beschlagnahme in Bezug auf die beschlagnahmten Waren aufrecht erhält (§ 147 Abs. 2 S. 2 MarkenG). Nimmt er den Antrag zurück, hebt die Zollbehörde die Beschlagnahme unverzüglich auf, die Ware wird freigegeben (§ 147 Abs. 3 S. 1 MarkenG). Hält er den Antrag aufrecht, hat er binnen zwei Wochen nach Zustellung der Mitteilung über den Widerspruch eine vollziehbare gerichtliche Entscheidung vorzulegen, die die Verwahrung der Waren oder eine Verfügungsbeschränkung anordnet (§ 147 Abs. 3 S. 2 i.V.m. § 147 Abs. 4 S. 1 MarkenG). Die Beschlagnahme wird gemäß § 147 Abs. 4 S. 2 MarkenG für längstens zwei weitere Wochen aufrecht erhalten, wenn der Antragsteller nachweist, daß er die gerichtliche Entscheidung beantragt hat, ihm diese aber noch nicht zugegangen ist. Eine Vernichtung der Ware darf wie im Verfahren nach der VO (EG) Nr. 3295/94 erst dann erfolgen, wenn über eine solche im Hauptsacheverfahren rechtskräftig entschieden ist oder sich der Verfügungsberechtigte mit ihr einverstanden erklärt. Legt der Antragsteller innerhalb der vorgenannten Fristen keine gerichtliche Entscheidung vor, hebt die Zollbehörde die Beschlagnahme auf und gibt die Ware frei (§ 147 Abs. 4 S. 1 MarkenG).

V. Schwächen des gesetzlichen Instrumentariums

Auch wenn nicht zuletzt durch das Produktpirateriegesetz ein System geschaffen wurde, das dem Markeninhaber ein im großen und ganzen effektives Vorgehen gegen Produktpiraten ermöglicht, weist das zur Verfügung stehende gesetzliche Instrumentarium vereinzelt – teilweise auch bedingt durch die Umsetzung in der Praxis – noch Schwächen auf, die einer Korrektur bedürfen.

1. Geschäftlicher Verkehr

Die vorliegende Untersuchung hat gezeigt, daß die erstinstanzliche Rechtsprechung den Begriff des geschäftlichen Verkehrs, der Voraussetzung für die Annahme einer Markenverletzung im Sinne von § 14 MarkenG ist, in bestimmten Teilbereichen bei der Markenbenutzung durch den privaten Letztverbraucher zu weit auslegt. Spätestens einer Überprüfung durch den Bundesgerichtshof wird diese Rechtsprechung nicht standhalten. Gleichwohl sollte der private Letztverbraucher lediglich berechtigt sein, Einzelstücke für seinen eigenen persönlichen Bedarf und allenfalls zur Weitergabe im Familien- und Freundeskreis zu verwenden. Andernfalls wird die Nachfrage nach widerrechtlich gekennzeichneten Produkten auf Kosten eines wirksamen Markenschutzes unnötig gesteigert. Es wäre somit angezeigt, den Begriff des geschäftlichen Verkehrs im Gesetz durch eine Formulierung zu ersetzen, die dem gerecht wird.

2. Durchfuhr

Die Durchfuhr einer Ware unter einem fremden Zeichen sollte ausnahmslos als selbständige Benutzungshandlung im Sinne des § 14 Abs. 2 MarkenG behandelt werden, auch wenn sie in § 14 Abs. 3 Nr. 4 MarkenG nicht erwähnt ist. Nachdem die Regierungsbegründung zum Markenrechtsreformgesetz zu § 14 Abs. 3 Nr. 4 MarkenG und die Regierungsbegründung zum Markenrechtsänderungsgesetz 1996 zu § 146 MarkenG insofern widersprüchlich sind, besteht eine erhebliche Rechtsunsicherheit, die der Gesetzgeber durch ausdrückliche Aufnahme der Durchfuhr in § 14 Abs. 3 Nr. 4 MarkenG beseitigen sollte.

3. Auskunft

Die Ansicht des Bundesgerichtshofs, daß der Verletzte im Markenrecht – anders als im Leistungsschutzrecht – keiner Auskunft gemäß § 242 BGB über Lieferdaten, Lieferpreise oder Abnehmer oder einer internen Aufschlüsselung der Unkosten bedürfe, sondern nur der Angabe der jeweiligen Verletzerumsätze, aufgegliedert nach den in Frage kommenden Zeitabständen und räumlichen Bereichen, sowie allenfalls noch über Art und Umfang der getätigten Werbung, überzeugt nicht. Die vorliegende Untersuchung hat gezeigt, daß im Rahmen des § 242 BGB im Markenrecht in gleichem Umfang wie im Leistungsschutzrecht vollumfassend Auskunft erteilt werden sollte. Ebenfalls ist die zeitliche Begrenzung auf die erste nachgewiesene Verletzungshandlung, die im Rahmen des Auskunftsanspruchs nach § 242 BGB zum Teil vertreten wird, aufzugeben.

Auch sollte ein Belegvorlageanspruch im Rahmen eines Rechnungslegungsanspruchs seitens der Rechtsprechung generell zugebilligt und als Ergänzung des Drittauskunftsanspruchs gemäß § 19 MarkenG gesetzlich normiert werden.

Weiterhin ist die Schaffung eines besonderen Anspruchs des Verletzten auf Einsichtnahme in die Geschäftsbücher des Auskunftsverpflichteten durch einen neutralen Sachverständigen angezeigt.

Schließlich sollte – wie bereits ursprünglich im Produktpirateriegesetz vorgesehen – eine gesetzliche Pflicht eingeführt werden, wonach eine vom Verletzer zu erteilende Auskunft von vornherein von einer eidesstattlichen Versicherung über deren Richtigkeit und Vollständigkeit begleitet werden muß.

4. Vernichtung

Der Vernichtungsanspruch ist in § 18 Abs. 2 MarkenG im Hinblick auf den bei Vorrichtungen zu erbringenden Nachweis einer ausschließlichen oder nahezu ausschließlichen Benutzung oder Bestimmung zur widerrechtlichen Kennzeichnung unbefriedigend ausgestaltet. Hier sollte der Gesetzestext von „ausschließlich oder nahezu ausschließlich" in „überwiegend" umformuliert werden.

Auch das in § 18 Abs. 2 MarkenG statuierte Eigentumserfordernis auf seiten des Verletzers läßt sich durch Miete, Leasing oder Verwahrung zu einfach umgehen. Ebenso wie bei widerrechtlich gekennzeichneten Gegenständen sollte der Gesetzgeber hier bereits den Besitz ausreichen lassen.

Schließlich führt der Umstand, daß der Gesetzgeber die Art und Weise der vorzunehmenden Vernichtung nicht geregelt hat, zu erheblichen Problemen bei der gerichtlichen Durchsetzung. Hier sollte dem Markeninhaber per Gesetz ein Wahlrecht eingeräumt werden, wonach er die widerrechtlich gekennzeichneten Gegenstände an sich oder einen Gerichtsvollzieher zum Zwecke der Vernichtung herausverlangen oder sich mit einer Vernichtung durch den Verletzer selbst einverstanden erklären kann.

5. Schadensersatz

Beim Schadensersatzanspruch ist zu bemängeln, daß sich die theoretisch bestehende Möglichkeit der dreifachen Schadensberechnung in der Praxis auf die sogenannte Lizenzanalogie reduziert. Daher sollten die Gerichte dort zumindest bestehende Verletzervorteile im Vergleich zum rechtstreuen Lizenznehmer stärker als bisher bei ihrer Schadensbemessung zugrunde legen.

6. *Strafverfahren*

Die Erfahrungen mit der strafrechtlichen Bekämpfung der Produktpiraterie sind mehr als ernüchternd. Dies liegt aber nicht im geschriebenen Recht, sondern vielmehr in der Tatsache begründet, daß die Strafverfolgungsbehörden nur in Ausnahmefällen ausreichend ermitteln, noch seltener zur Anklageerhebung schreiten und eine Verurteilung die Ausnahme darstellt. Verfahren enden nur allzu oft mit ihrer Einstellung. Hier ist eine grundlegende Sensibilisierung der Strafverfolgungsbehörden nach wie vor dringend angezeigt.

7. *Grenzbeschlagnahmeverfahren*

Im Grenzbeschlagnahmeverfahren ist die derzeitige Praxis der Zollstellen, bei Aussetzung der Überlassung oder Zurückhaltung gemäß Art. 6 Abs. 1 VO (EG) Nr. 3295/94 die „Entscheidung in der Sache" selbst zu treffen, also keine Vorlage einer gerichtlichen Verfügung zu verlangen, für den Markeninhaber äußerst vorteilhaft. Gleichwohl hält diese Praxis einer gerichtlichen Überprüfung nicht stand. Hier wäre der europäische Gesetzgeber gefordert, die VO (EG) Nr. 3295/94 dahingehend „nachzubessern", daß eine Entscheidung der in der Sache zuständigen Stelle – entsprechend der Ausgestaltung in § 147 MarkenG – lediglich im Falle eines Widerspruchs des Verfügungsberechtigten vorzulegen ist.

Im Hinblick auf § 146 MarkenG ist zu bemängeln, daß dieser die Durchfuhr widerrechtlich gekennzeichneter Waren nicht erfaßt. Nachdem die Durchfuhr aber eine Verletzung des inländischen Markenrechts darstellt, sollte sie ebenso wie bei § 14 Abs. 3 Nr. 4 MarkenG ausdrücklich in den Gesetzestext aufgenommen werden.

Peter Lang · Europäischer Verlag der Wissenschaften

Volker Schoene

Der Benutzungszwang im Markengesetz

Grundsätze und Einzelfragen unter Berücksichtigung der Verordnung über die Gemeinschaftsmarke

Frankfurt am Main, Berlin, Bern, Bruxelles, New York, Oxford, Wien, 2003.
288 S., 1 Tab., 5 Graf.
Europäische Hochschulschriften: Reihe 2, Rechtswissenschaft. Bd. 3596
ISBN 3-631-39771-2 · br. € 45.50*

Nach Darstellung der Grundlagen wird gezeigt, daß Markenrechte, anders als Urheberrechte, nicht einen Schöpfungsakt belohnen. Sie rechtfertigen sich erst durch den Einsatz der Marke „als Marke" auf dem Markt. Darum die These, daß die rechtserhaltende Benutzung die spezifische, nämlich die „entmaterialisierte" Herkunftsfunktion der Marke realisieren muß. Der Tatbestand der „gerechtfertigten Nichtbenutzung" ist ein Auffangtatbestand, wenn zwar keine echte rechtserhaltende Benutzung vorliegt, der Verfall der Marke aber auch nicht angemessen wäre. Der größte Teil der Arbeit behandelt ausführlich einzelne materiell- und verfahrensrechtliche Probleme. Insbesondere hier ist sie für Praktiker relevant, da sie einen schnellen und punktuellen Zugriff auf bisherige und auf zahlreiche neue Gedanken zu Einzelfragen ermöglicht.

Aus dem Inhalt: Markenfunktion in rechtsverletzender und -erhaltender Benutzung · Bestellzeichen · Betriebsinterne Benutzung · Zeichenabwandlungen · Drittbenutzung · Export-, Transitmarke · Benutzungsfrist · Heilung, Koexistenz von Marken · Beweislast, Verspätung, Bindungswirkung von Entscheidungen

FSC
www.fsc.org
MIX
Papier | Fördert gute Waldnutzung
FSC® C083411

Kolibri 360 GmbH
Ferdinand-Jühlke-Straße 7
99095 Erfurt, Deutschland
produktsicherheit@kolibri360.de

Druck:
CPI Druckdienstleistungen GmbH
im Auftrag der
Kolibri 360 GmbH
Ferdinand-Jühlke-Str. 7
99095 Erfurt